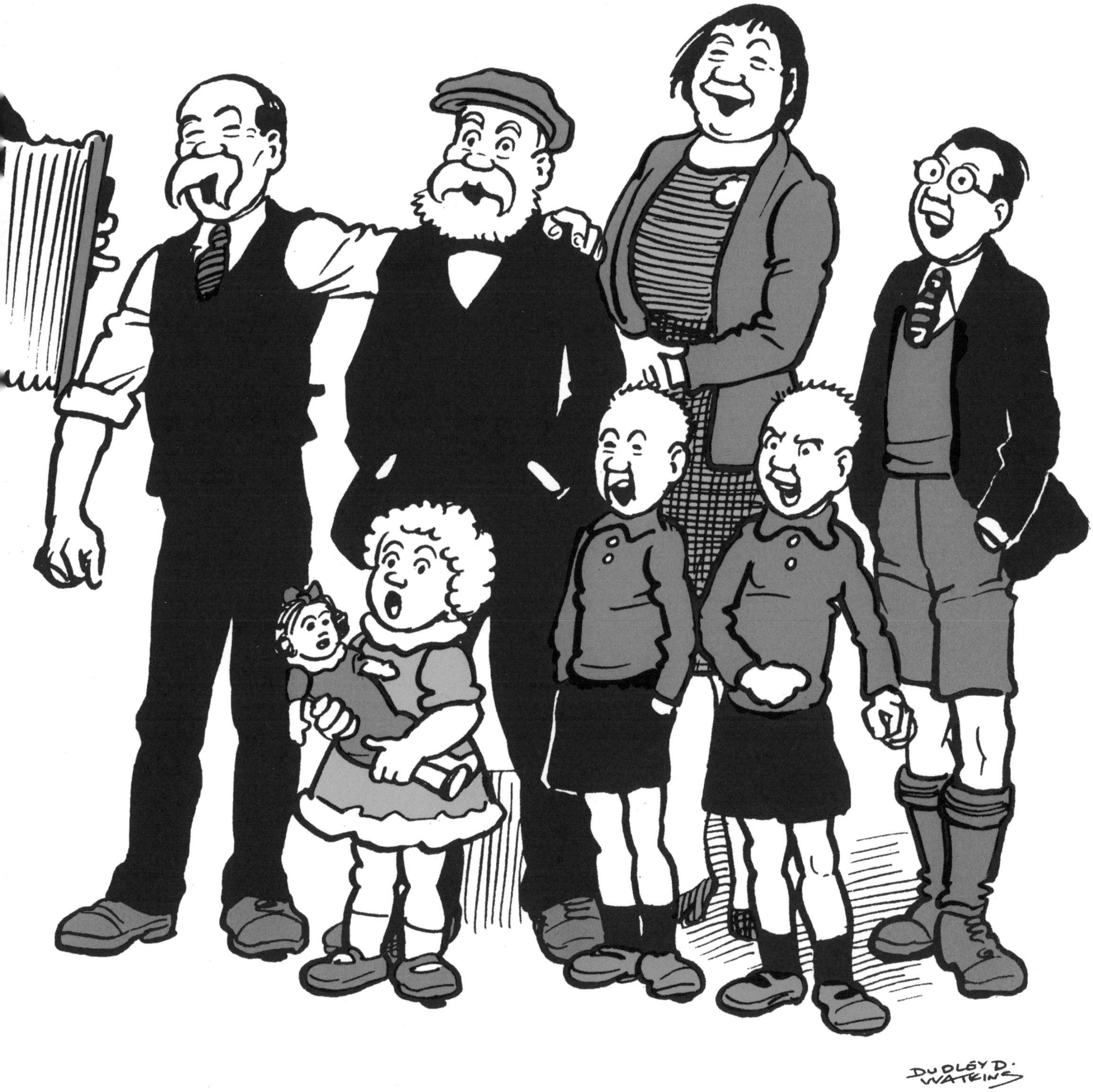
DUDLEY D. WATKINS

# THE BROONS

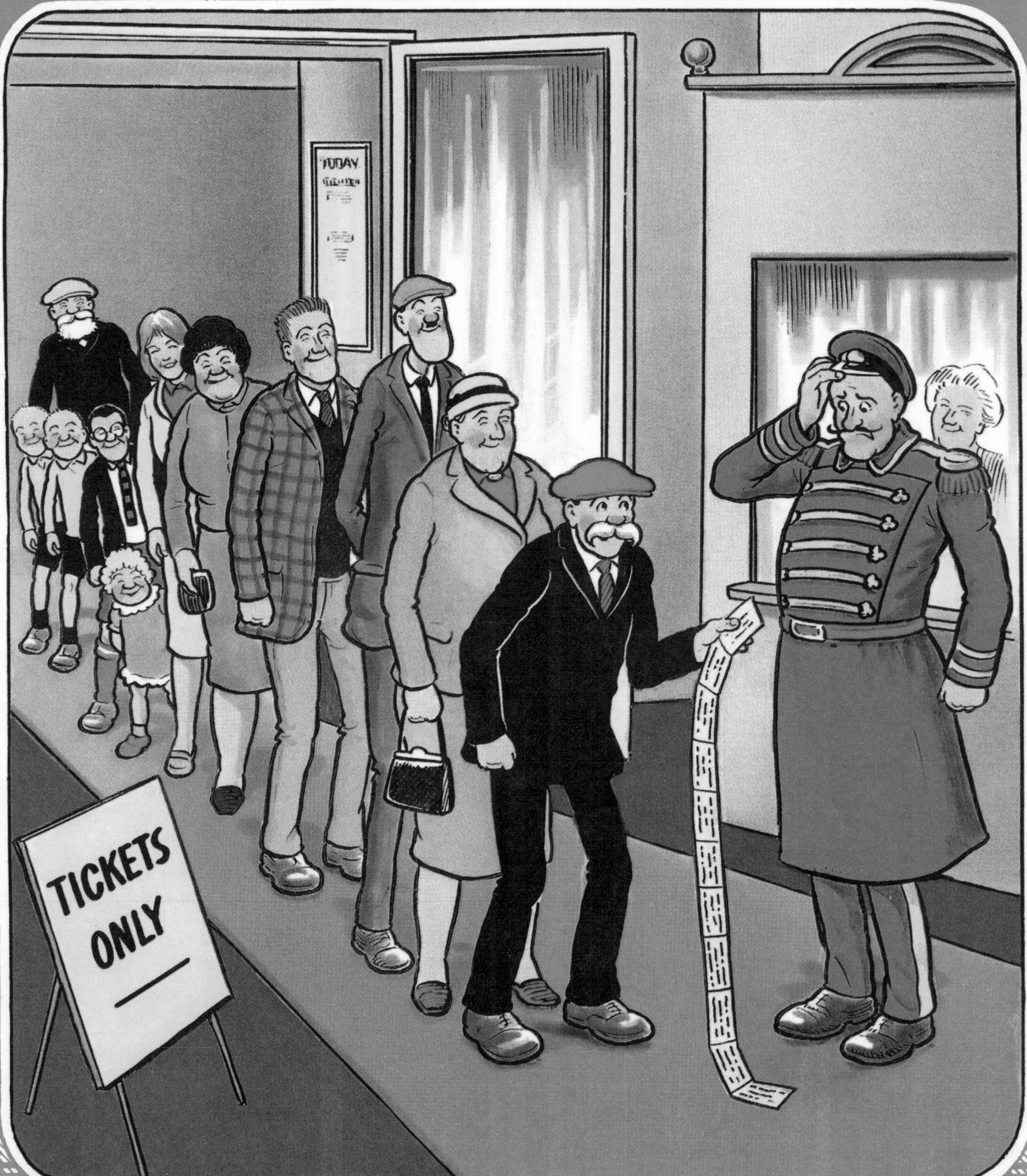
TICKETS ONLY

# OOR WULLIE

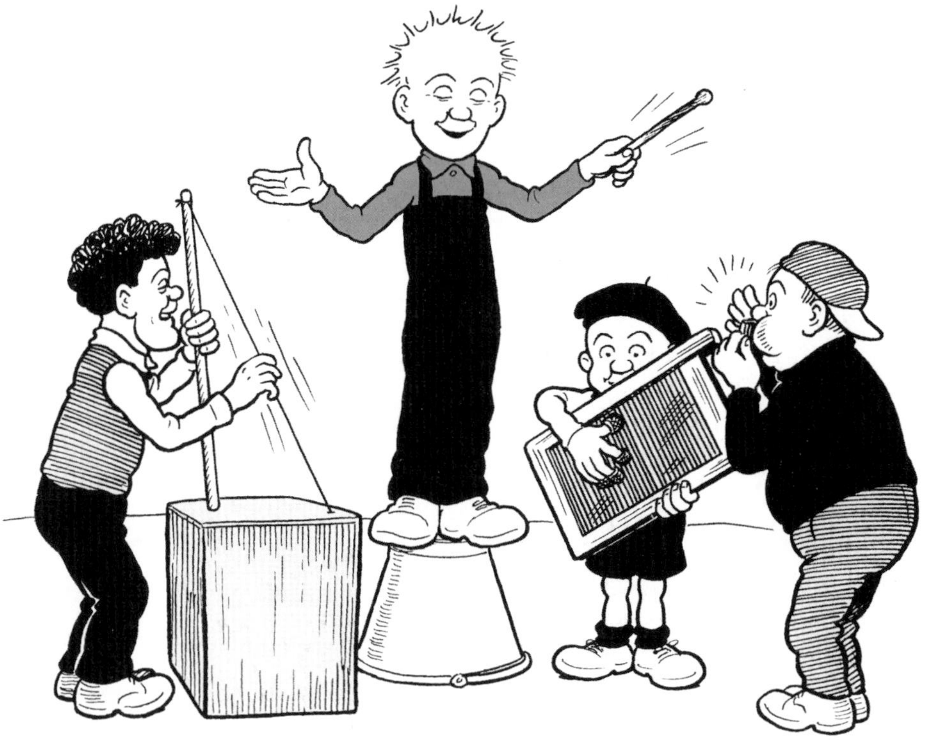

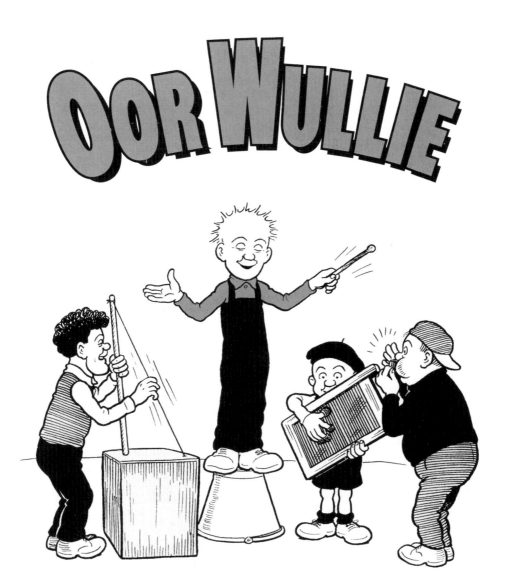

## Thon's Entertainment!

It didn't take long for The Broons and Oor Wullie to prove they were Scotland's top entertainers when they debuted in DC Thomson's Fun Section in The Sunday Post. And they've cemented their place in comic history, remaining there to this very day. Beginning in 1936, Scotland's favourite son and the happy family that makes every family happy have made it to the page every week, delivering smiles and laughter to the nation!

We are proud to present this fun-packed production. Collecting some of the best from the periodical's past, alongside some more modern comic strip capers featuring Oor Wullie's wily westie, Wee Harry, and Auchenshoogle's very own laughing policeman, PC Murdoch. So, if your funny bone's been acting up lately, we're sure there's something in these pages that'll fair tickle ye!


D.C. Thomson and Co. Ltd.,
185 Fleet Street,
London EC4A 2HS.

Printed in the EU.

Some pages may contain references which are of their time but would not be considered suitable today.

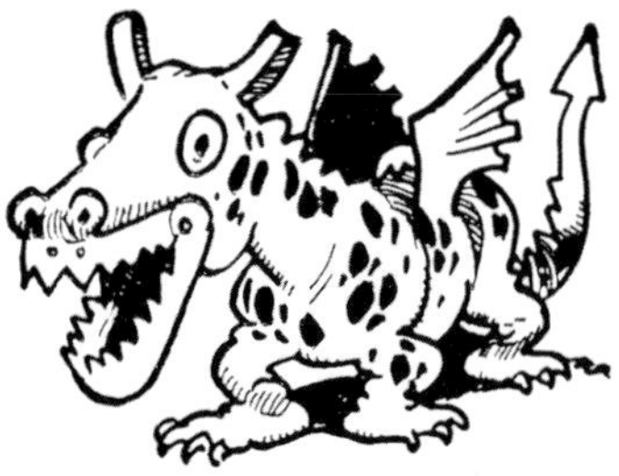

*When Wullie Has To Act The Dragon*

*You Bet Your Boots The Tail Keeps Waggin'.*

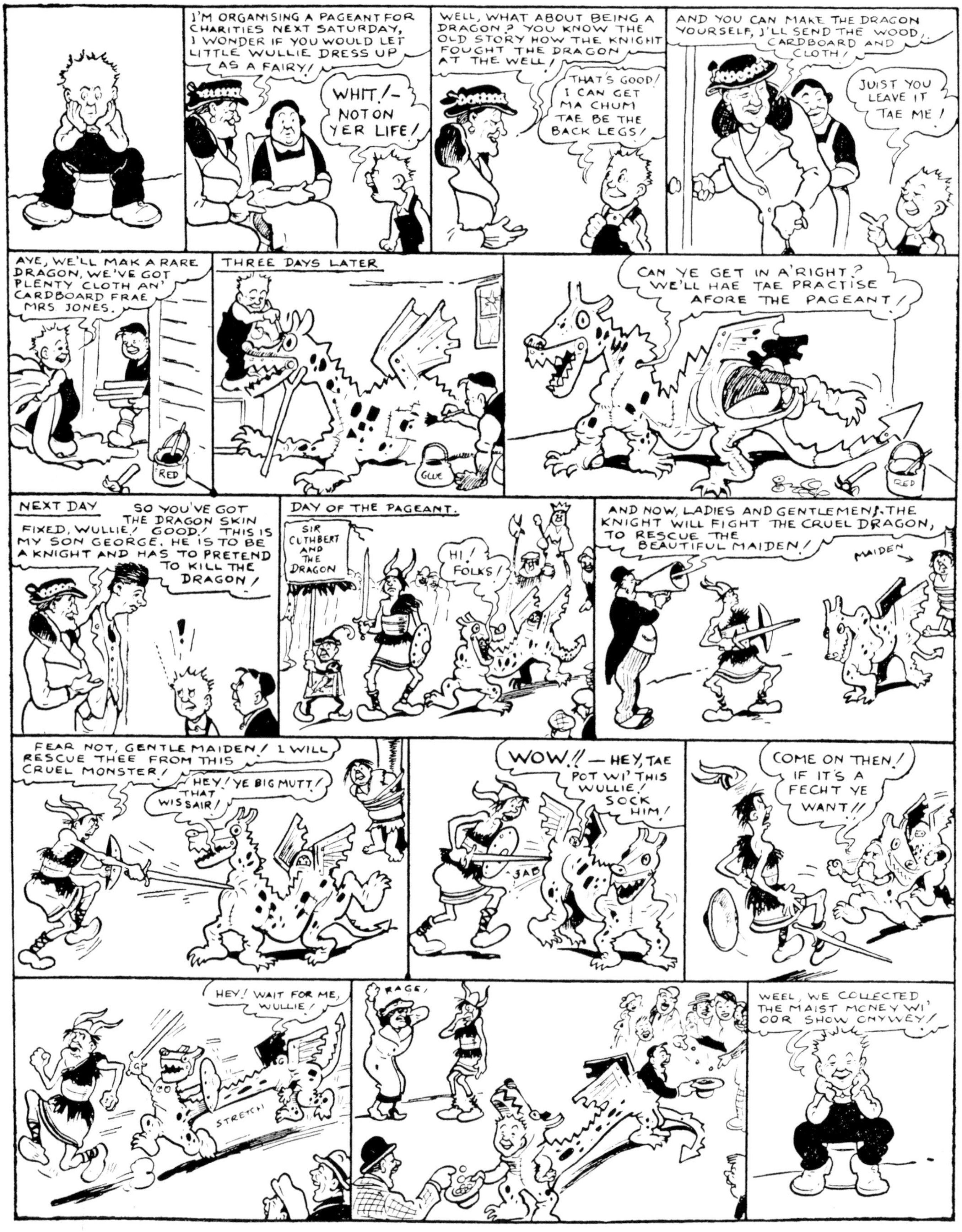
I'M ORGANISING A PAGEANT FOR CHARITIES NEXT SATURDAY, I WONDER IF YOU WOULD LET LITTLE WULLIE DRESS UP AS A FAIRY!
WHIT!— NOT ON YER LIFE!
WELL, WHAT ABOUT BEING A DRAGON? YOU KNOW THE OLD STORY HOW THE KNIGHT FOUGHT THE DRAGON AT THE WELL!
THAT'S GOOD! I CAN GET MA CHUM TAE BE THE BACK LEGS!
AND YOU CAN MAKE THE DRAGON YOURSELF, I'LL SEND THE WOOD, CARDBOARD AND CLOTH!
JUIST YOU LEAVE IT TAE ME!
AYE, WE'LL MAK A RARE DRAGON, WE'VE GOT PLENTY CLOTH AN' CARDBOARD FRAE MRS JONES.
RED
THREE DAYS LATER
GLUE
CAN YE GET IN A'RIGHT? WE'LL HAE TAE PRACTISE AFORE THE PAGEANT!
RED
NEXT DAY
SO YOU'VE GOT THE DRAGON SKIN FIXED, WULLIE! GOOD! THIS IS MY SON GEORGE. HE IS TO BE A KNIGHT AND HAS TO PRETEND TO KILL THE DRAGON!
!
DAY OF THE PAGEANT.
SIR CUTHBERT AND THE DRAGON
HI! FOLKS!
AND NOW, LADIES AND GENTLEMEN! THE KNIGHT WILL FIGHT THE CRUEL DRAGON, TO RESCUE THE BEAUTIFUL MAIDEN!
MAIDEN
FEAR NOT, GENTLE MAIDEN! I WILL RESCUE THEE FROM THIS CRUEL MONSTER!
HEY! YE BIG MUTT! THAT WIS SAIR!
WOW!! — HEY, TAE POT WI' THIS WULLIE! SOCK HIM!
JAB
COME ON THEN! IF IT'S A FECHT YE WANT!!
HEY! WAIT FOR ME, WULLIE!
STRETCH
RAGE!
WEEL, WE COLLECTED THE MAIST MONEY WI' OOR SHOW ONYWEY!

## *The "Turn" That Saw Oor Wullie Through Was The One He Didn't Intend To Do.*

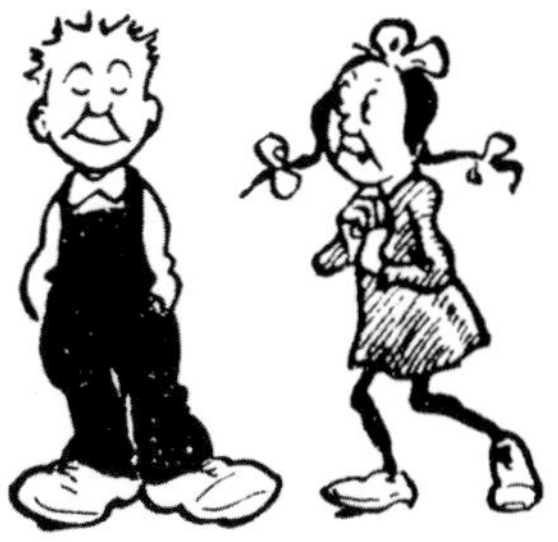

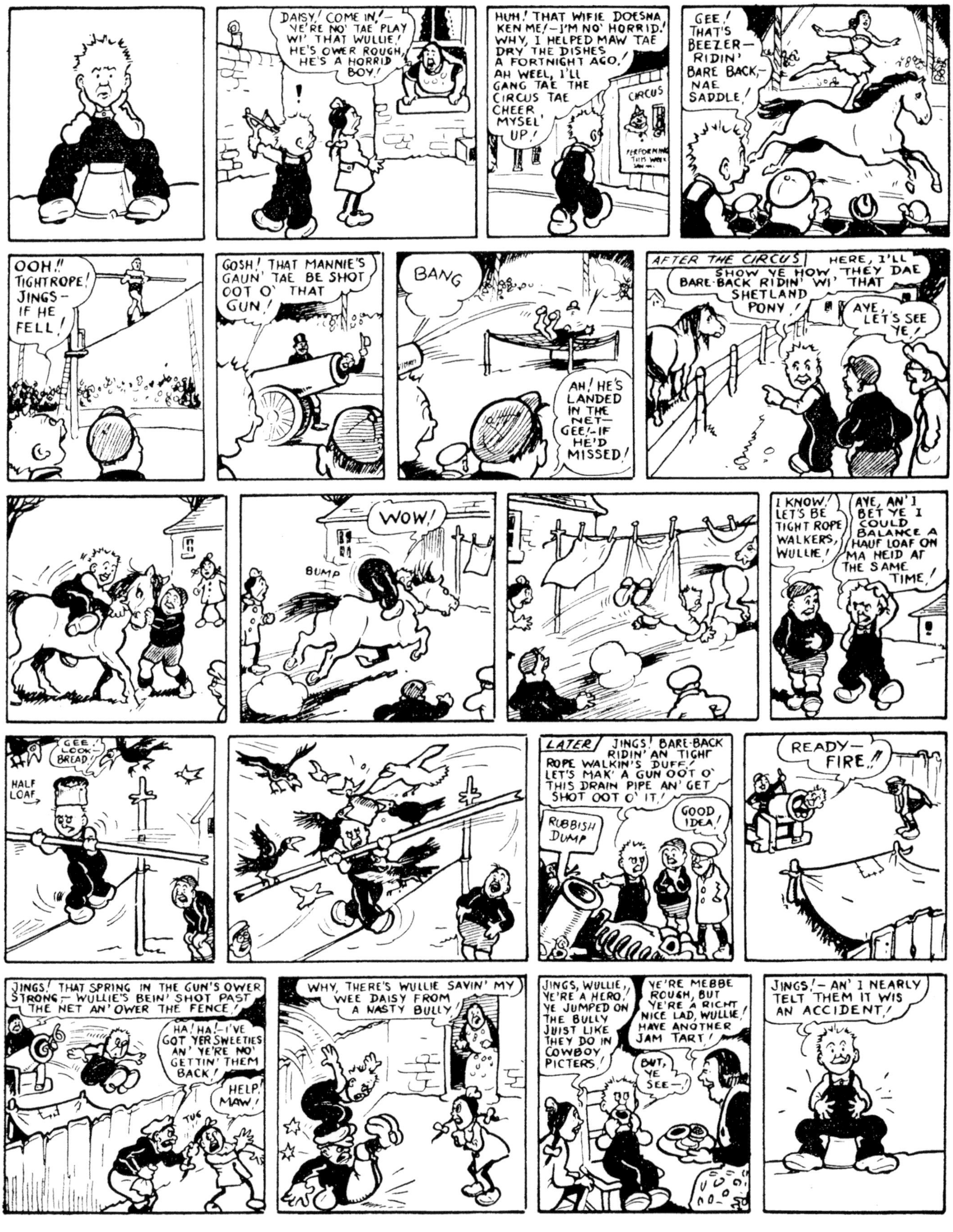

DAISY! COME IN! — YE'RE NO' TAE PLAY WI' THAT WULLIE! HE'S OWER ROUGH, HE'S A HORRID BOY!
!
HUH! THAT WIFIE DOESNA KEN ME! — I'M NO' HORRID! WHY, I HELPED MAW TAE DRY THE DISHES A FORTNIGHT AGO! AH WEEL, I'LL GANG TAE THE CIRCUS TAE CHEER MYSEL' UP!
CIRCUS
PERFORMING THIS WEEK
GEE! THAT'S BEEZER—RIDIN' BARE BACK,—NAE SADDLE!
OOH!! TIGHTROPE! JINGS—IF HE FELL!
GOSH! THAT MANNIE'S GAUN' TAE BE SHOT OOT O' THAT GUN!
BANG
AH! HE'S LANDED IN THE NET—GEE!—IF HE'D MISSED!
AFTER THE CIRCUS
HERE, I'LL SHOW YE HOW THEY DAE BARE-BACK RIDIN' WI' THAT SHETLAND PONY!
AYE, LET'S SEE YE!
WOW!
BUMP
I KNOW! LET'S BE TIGHT ROPE WALKERS, WULLIE!
AYE, AN' I BET YE I COULD BALANCE A HAUF LOAF ON MA HEID AT THE SAME TIME!
GEE! LOOK—BREAD!
HALF LOAF
LATER
JINGS! BARE-BACK RIDIN' AN' TIGHT ROPE WALKIN'S DUFF! LET'S MAK' A GUN OOT O' THIS DRAIN PIPE AN' GET SHOT OOT O' IT!
GOOD IDEA!
RUBBISH DUMP
READY—FIRE!!
JINGS! THAT SPRING IN THE GUN'S OWER STRONG—WULLIE'S BEIN' SHOT PAST THE NET AN' OWER THE FENCE!
HA! HA!—I'VE GOT YER SWEETIES AN' YE'RE NO' GETTIN' THEM BACK!
HELP! MAW!
TUG
WHY, THERE'S WULLIE SAVIN' MY WEE DAISY FROM A NASTY BULLY!
JINGS, WULLIE, YE'RE A HERO, YE JUMPED ON THE BULLY JUIST LIKE THEY DO IN COWBOY PICTERS!
YE'RE MEBBE ROUGH, BUT YE'RE A RICHT NICE LAD, WULLIE! HAVE ANOTHER JAM TART!
BUT, YE SEE—!
JINGS!—AN' I NEARLY TELT THEM IT WIS AN ACCIDENT!

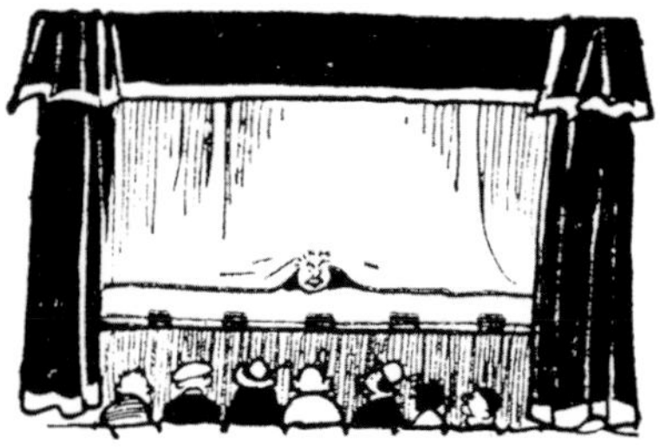

*Wullie Made Certain Folk Would Know*

*That None But Wullie Was The Show.*

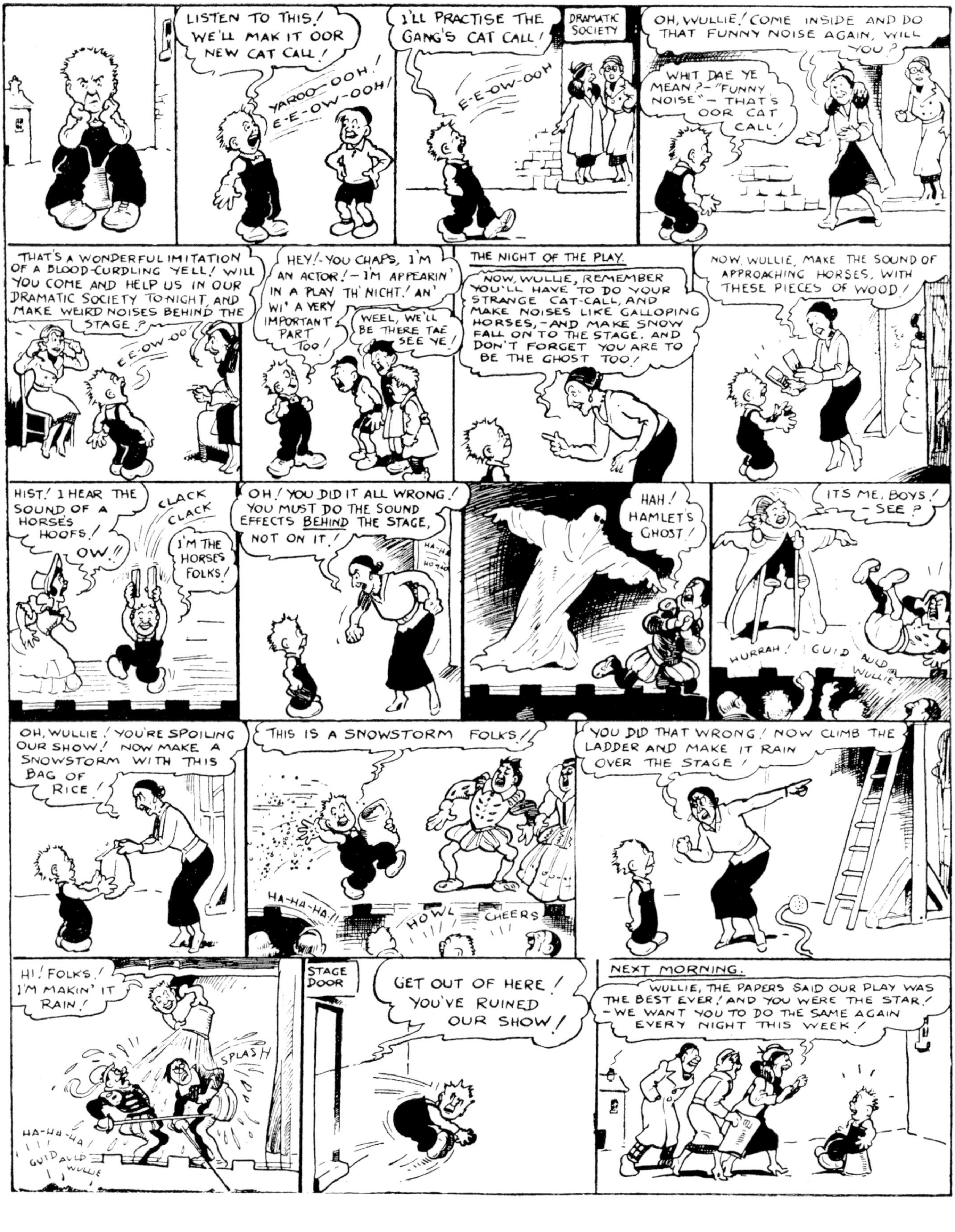

LISTEN TO THIS! WE'LL MAK IT OOR NEW CAT CALL!
YAROO-OOH! E-E-OW-OOH!
I'LL PRACTISE THE GANG'S CAT CALL!
E-E-OW-OOH
DRAMATIC SOCIETY
OH, WULLIE! COME INSIDE AND DO THAT FUNNY NOISE AGAIN, WILL YOU?
WHIT DAE YE MEAN?-"FUNNY NOISE"-THAT'S OOR CAT CALL!
THAT'S A WONDERFUL IMITATION OF A BLOOD-CURDLING YELL! WILL YOU COME AND HELP US IN OUR DRAMATIC SOCIETY TO-NIGHT, AND MAKE WEIRD NOISES BEHIND THE STAGE?
E-E-OW-OO
HEY!-YOU CHAPS, I'M AN ACTOR!-I'M APPEARIN' IN A PLAY TH' NICHT! AN' WI' A VERY IMPORTANT PART TOO!
WEEL, WE'LL BE THERE TAE SEE YE!
THE NIGHT OF THE PLAY.
NOW, WULLIE, REMEMBER YOU'LL HAVE TO DO YOUR STRANGE CAT-CALL, AND MAKE NOISES LIKE GALLOPING HORSES,-AND MAKE SNOW FALL ON TO THE STAGE. AND DON'T FORGET YOU ARE TO BE THE GHOST TOO!
NOW, WULLIE, MAKE THE SOUND OF APPROACHING HORSES, WITH THESE PIECES OF WOOD!
HIST! I HEAR THE SOUND OF A HORSE'S HOOFS!
CLACK CLACK
OW!!
I'M THE HORSES FOLKS!
OH! YOU DID IT ALL WRONG! YOU MUST DO THE SOUND EFFECTS BEHIND THE STAGE, NOT ON IT!
HA-HA
HO-HO
HAH! HAMLET'S GHOST!
IT'S ME, BOYS! -SEE?
HURRAH! GUID AULD WULLIE
OH, WULLIE! YOU'RE SPOILING OUR SHOW! NOW MAKE A SNOWSTORM WITH THIS BAG OF RICE!
THIS IS A SNOWSTORM FOLKS!
HA-HA-HA!
HOWL
CHEERS
YOU DID THAT WRONG! NOW CLIMB THE LADDER AND MAKE IT RAIN OVER THE STAGE!
HI! FOLKS! I'M MAKIN' IT RAIN!
SPLASH
HA-HA-HA
GUID AULD WULLIE
STAGE DOOR
GET OUT OF HERE! YOU'VE RUINED OUR SHOW!
NEXT MORNING.
WULLIE, THE PAPERS SAID OUR PLAY WAS THE BEST EVER! AND YOU WERE THE STAR! -WE WANT YOU TO DO THE SAME AGAIN EVERY NIGHT THIS WEEK!

*When Wullie Made A Goat Of Percy,*

*Oor Wullie's Maw Had Little Mercy.*

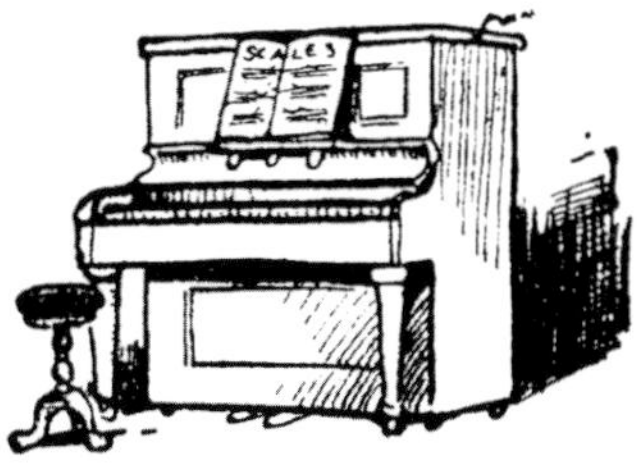

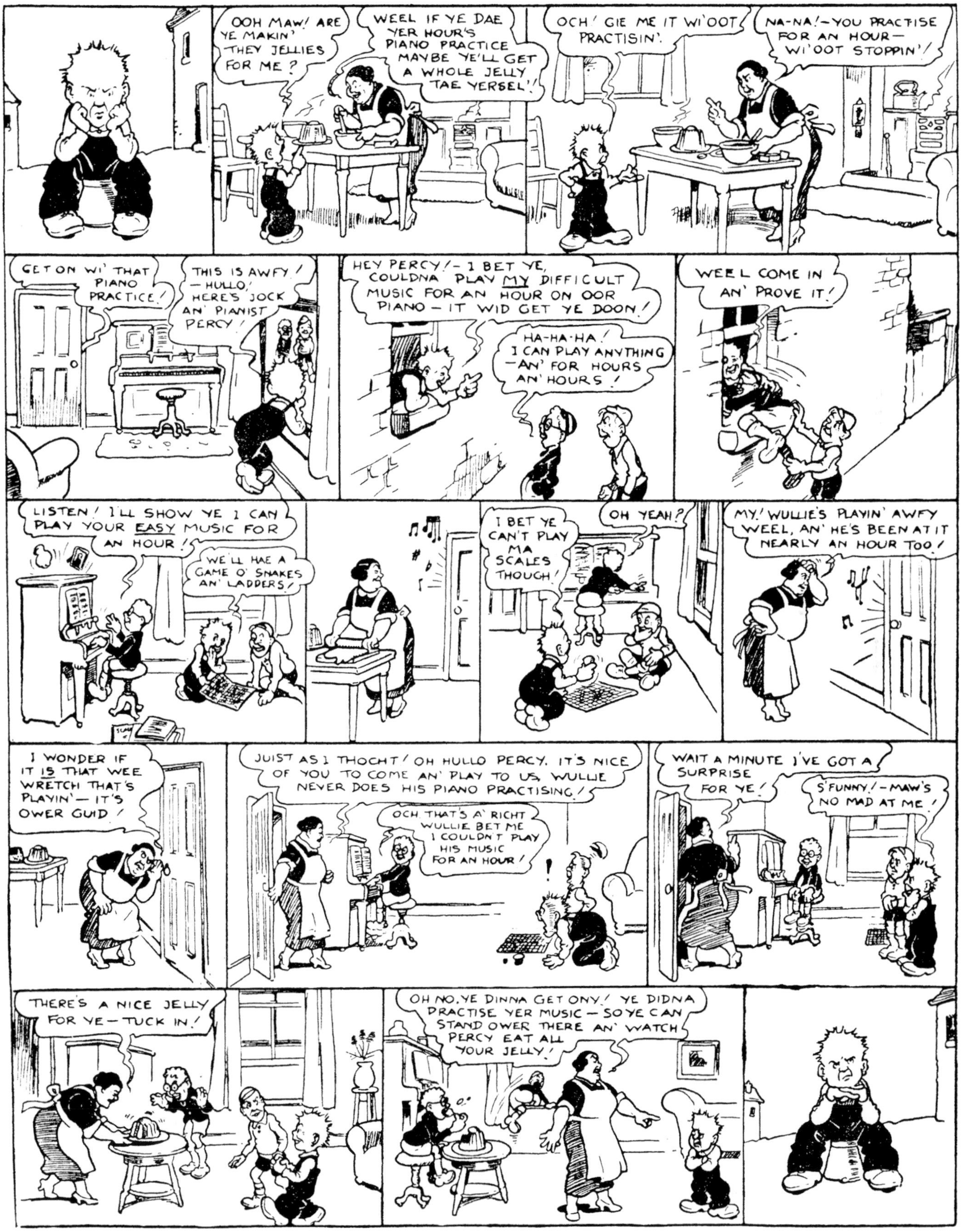
OOH MAW! ARE YE MAKIN' THEY JELLIES FOR ME?
WEEL IF YE DAE YER HOUR'S PIANO PRACTICE MAYBE YE'LL GET A WHOLE JELLY TAE YERSEL'!
OCH! GIE ME IT WI'OOT PRACTISIN'.
NA-NA!—YOU PRACTISE FOR AN HOUR—WI'OOT STOPPIN'!
GET ON WI' THAT PIANO PRACTICE!
THIS IS AWFY! —HULLO, HERE'S JOCK AN' PIANIST PERCY!
HEY PERCY!—I BET YE, COULDNA PLAY MY DIFFICULT MUSIC FOR AN HOUR ON OOR PIANO—IT WID GET YE DOON!
HA-HA-HA! I CAN PLAY ANYTHING—AN' FOR HOURS AN' HOURS!
WEEL COME IN AN' PROVE IT!
LISTEN! I'LL SHOW YE I CAN PLAY YOUR EASY MUSIC FOR AN HOUR!
WE'LL HAE A GAME O' SNAKES AN' LADDERS!
I BET YE CAN'T PLAY MA SCALES THOUGH!
OH YEAH?
MY! WULLIE'S PLAYIN' AWFY WEEL, AN' HE'S BEEN AT IT NEARLY AN HOUR TOO!
I WONDER IF IT IS THAT WEE WRETCH THAT'S PLAYIN'—IT'S OWER GUID!
JUIST AS I THOCHT! OH HULLO PERCY. IT'S NICE OF YOU TO COME AN' PLAY TO US. WULLIE NEVER DOES HIS PIANO PRACTISING!
OCH THAT'S A' RICHT WULLIE BET ME I COULDN'T PLAY HIS MUSIC FOR AN HOUR!
WAIT A MINUTE I'VE GOT A SURPRISE FOR YE!
S'FUNNY!—MAW'S NO MAD AT ME!
THERE'S A NICE JELLY FOR YE—TUCK IN!
OH NO, YE DINNA GET ONY! YE DIDNA PRACTISE YER MUSIC—SO YE CAN STAND OWER THERE AN' WATCH PERCY EAT ALL YOUR JELLY!

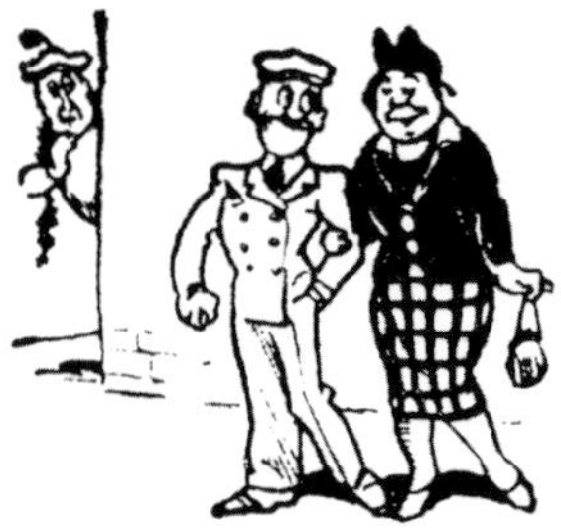

*The News Is All Around The Toon—*

*Love Has Come To Horace Broon!*

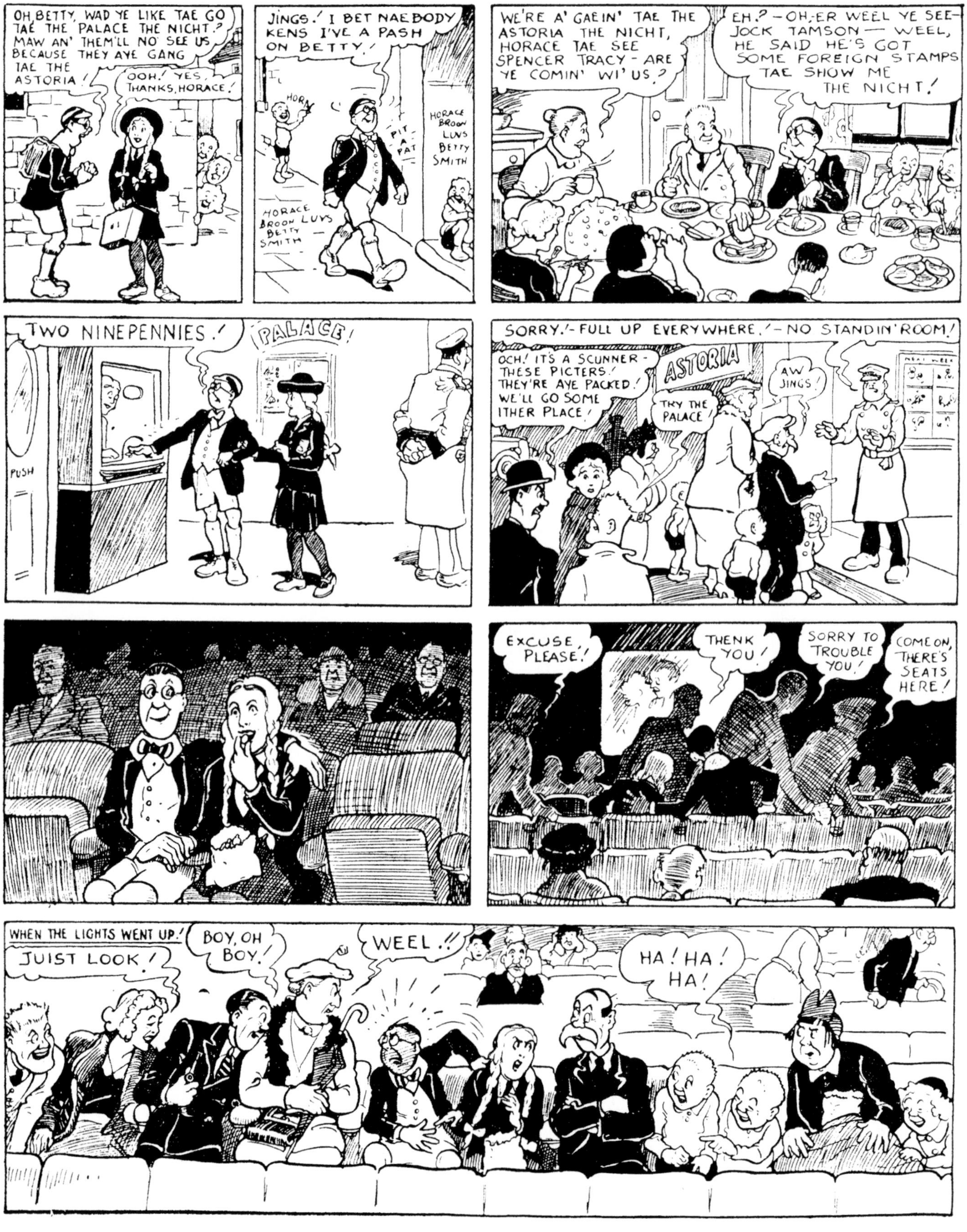

OH, BETTY, WAD YE LIKE TAE GO TAE THE PALACE THE NICHT? MAW AN' THEM'LL NO SEE US BECAUSE THEY AYE GANG TAE THE ASTORIA!
OOH! YES, THANKS, HORACE!
JINGS! I BET NAEBODY KENS I'VE A PASH ON BETTY!
PIT A PAT
HORACE BROON LUVS BETTY SMITH
HORACE BROON LUVS BETTY SMITH
WE'RE A' GAEIN' TAE THE ASTORIA THE NICHT, HORACE TAE SEE SPENCER TRACY - ARE YE COMIN' WI' US?
EH? - OH, ER WEEL YE SEE - JOCK TAMSON — WEEL, HE SAID HE'S GOT SOME FOREIGN STAMPS TAE SHOW ME THE NICHT!
TWO NINEPENNIES!
PALACE
PUSH
SORRY! - FULL UP EVERYWHERE! - NO STANDIN' ROOM!
OCH! IT'S A SCUNNER - THESE PICTERS! THEY'RE AYE PACKED! WE'LL GO SOME ITHER PLACE!
ASTORIA
TRY THE PALACE!
AW JINGS!
EXCUSE PLEASE!
THENK YOU!
SORRY TO TROUBLE YOU!
COME ON, THERE'S SEATS HERE!
WHEN THE LIGHTS WENT UP!
JUIST LOOK!
BOY, OH BOY!
WEEL!!
HA! HA! HA!

*What's The Noise About?*

*"The Noise To End Noise," Says Paw.*

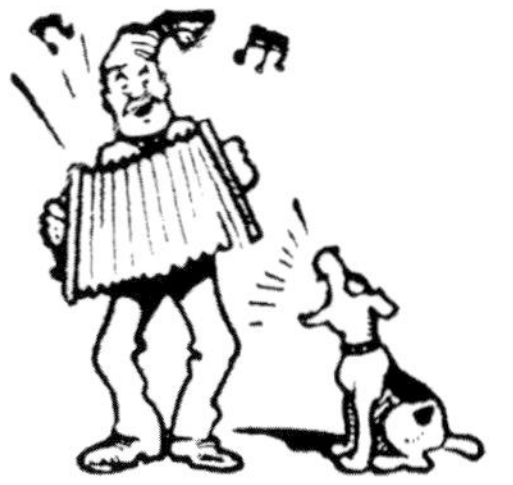

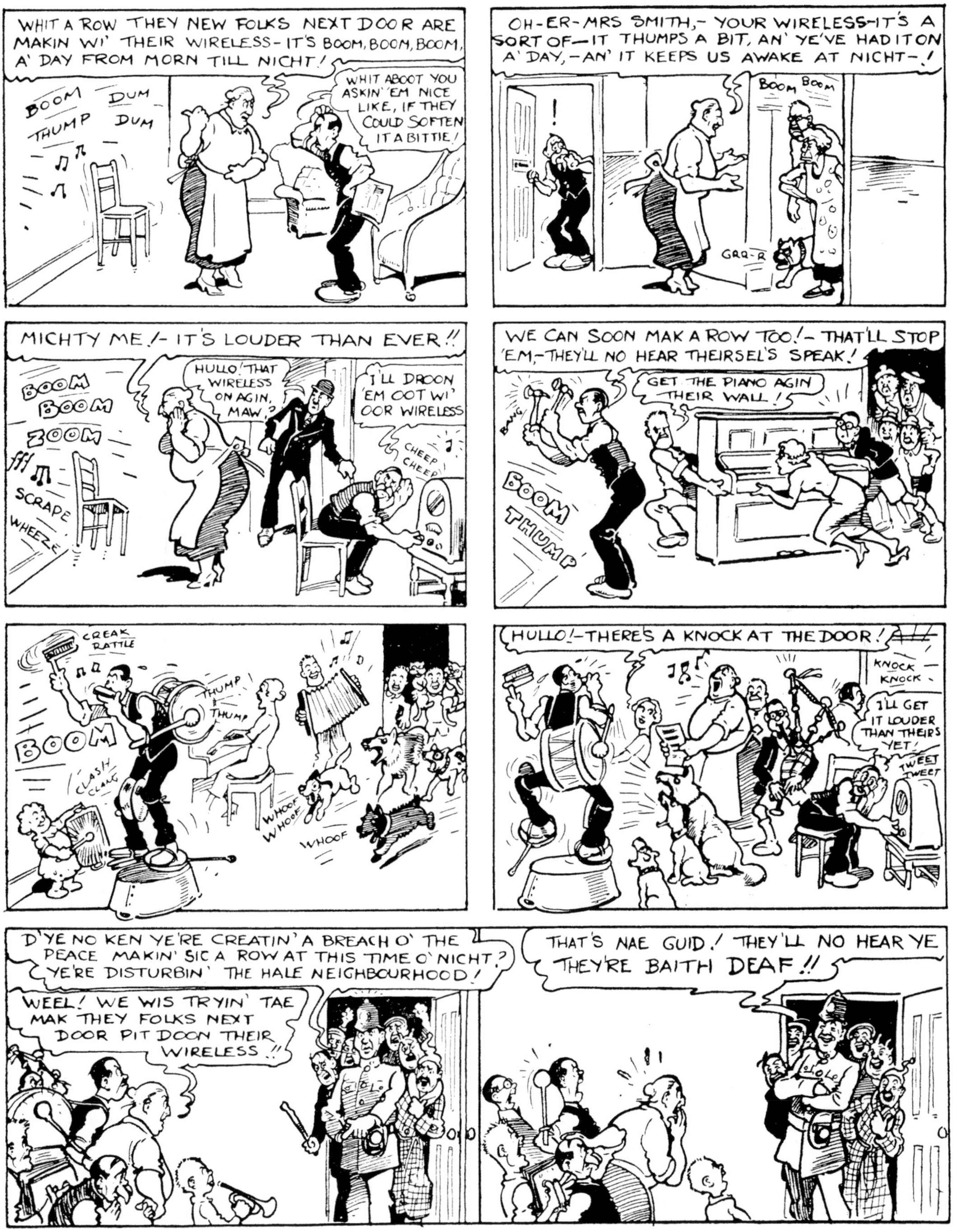
WHIT A ROW THEY NEW FOLKS NEXT DOOR ARE MAKIN WI' THEIR WIRELESS- IT'S BOOM, BOOM, BOOM, A' DAY FROM MORN TILL NICHT!
BOOM
DUM
THUMP
DUM
WHIT ABOOT YOU ASKIN' 'EM NICE LIKE, IF THEY COULD SOFTEN IT A BITTIE!
OH-ER-MRS SMITH,- YOUR WIRELESS-IT'S A SORT OF-IT THUMPS A BIT, AN' YE'VE HAD IT ON A' DAY,-AN' IT KEEPS US AWAKE AT NICHT-!
!
BOOM BOOM
GRR-R
MICHTY ME!- IT'S LOUDER THAN EVER!!
HULLO! THAT WIRELESS ON AGIN, MAW?
I'LL DROON 'EM OOT WI' OOR WIRELESS
BOOM
BOOM
ZOOM
SCRAPE
WHEEZE
CHEEP CHEEP
WE CAN SOON MAK A ROW TOO!- THAT'LL STOP 'EM,-THEY'LL NO HEAR THEIRSEL'S SPEAK!
GET THE PIANO AGIN THEIR WALL!
BANG
BOOM
THUMP
CREAK RATTLE
THUMP
THUMP
BOOM
CLASH CLANG
WHOOF WHOOF
WHOOF
HULLO!-THERE'S A KNOCK AT THE DOOR!
KNOCK KNOCK
I'LL GET IT LOUDER THAN THEIRS YET!
TWEET TWEET
D'YE NO KEN YE'RE CREATIN' A BREACH O' THE PEACE MAKIN' SIC A ROW AT THIS TIME O' NICHT? YE'RE DISTURBIN' THE HALE NEIGHBOURHOOD!
WEEL! WE WIS TRYIN' TAE MAK THEY FOLKS NEXT DOOR PIT DOON THEIR WIRELESS!!
THAT'S NAE GUID! THEY'LL NO HEAR YE THEY'RE BAITH DEAF!!

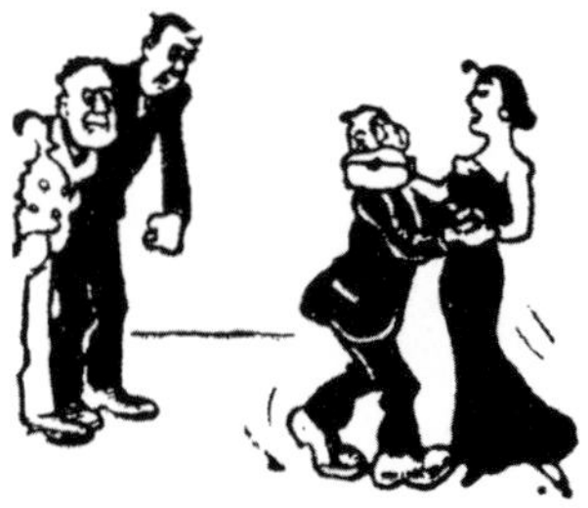

*Paw Tried To Keep The Broons At Home*

*But Off They Go Again To Roam!*

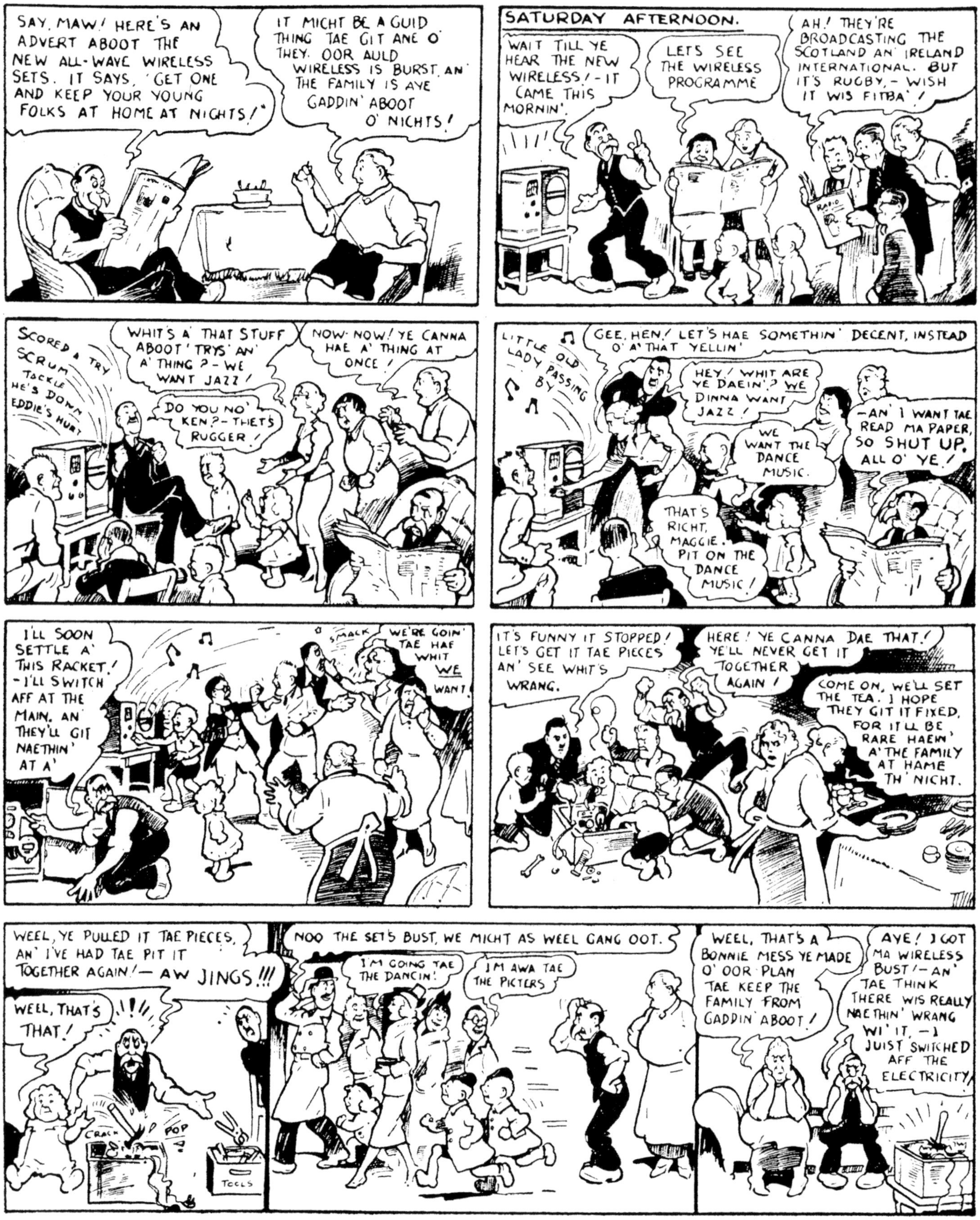
SAY, MAW! HERE'S AN ADVERT ABOOT THE NEW ALL-WAVE WIRELESS SETS. IT SAYS, 'GET ONE AND KEEP YOUR YOUNG FOLKS AT HOME AT NIGHTS!'
IT MICHT BE A GUID THING TAE GIT ANE O' THEY. OOR AULD WIRELESS IS BURST, AN' THE FAMILY IS AYE GADDIN' ABOOT O' NICHTS!
SATURDAY AFTERNOON.
WAIT TILL YE HEAR THE NEW WIRELESS! - IT CAME THIS MORNIN'.
LET'S SEE THE WIRELESS PROGRAMME
AH! THEY'RE BROADCASTING THE SCOTLAND AN' IRELAND INTERNATIONAL. BUT IT'S RUGBY, - WISH IT WIS FITBA'!
RADIO
SCORED A TRY SCRUM TACKLE HE'S DOWN EDDIE'S HURT
WHIT'S A' THAT STUFF ABOOT 'TRYS' AN' A' THING? - WE WANT JAZZ!
NOW-NOW! YE CANNA HAE A' THING AT ONCE!
DO YOU NO' KEN? - THET'S RUGGER!
LITTLE OLD LADY PASSING BY
GEE, HEN! LET'S HAE SOMETHIN' DECENT, INSTEAD O' A' THAT YELLIN'
HEY! WHIT ARE YE DAEIN'? WE DINNA WANT JAZZ!
WE WANT THE DANCE MUSIC.
-AN' I WANT TAE READ MA PAPER, SO SHUT UP, ALL O' YE!
THAT'S RICHT, MAGGIE. PIT ON THE DANCE MUSIC!
I'LL SOON SETTLE A' THIS RACKET! - I'LL SWITCH AFF AT THE MAIN, AN' THEY'LL GIT NAETHIN' AT A'
SMACK
WE'RE GOIN' TAE HAE WHIT WE WANT!
IT'S FUNNY IT STOPPED! LET'S GET IT TAE PIECES AN' SEE WHIT'S WRANG.
HERE! YE CANNA DAE THAT! YE'LL NEVER GET IT TOGETHER AGAIN!
COME ON, WE'LL SET THE TEA. I HOPE THEY GIT IT FIXED, FOR IT'LL BE RARE HAEIN' A' THE FAMILY AT HAME TH' NICHT.
WEEL, YE PULLED IT TAE PIECES, AN' I'VE HAD TAE PIT IT TOGETHER AGAIN! — AW JINGS!!!
WEEL, THAT'S THAT!
CRACK
POP
TOOLS
NOO THE SET'S BUST, WE MICHT AS WEEL GANG OOT.
I'M GOING TAE THE DANCIN'!
I'M AWA TAE THE PICTERS
WEEL, THAT'S A BONNIE MESS YE MADE O' OOR PLAN TAE KEEP THE FAMILY FROM GADDIN' ABOOT!
AYE! I GOT MA WIRELESS BUST! - AN' TAE THINK THERE WIS REALLY NAETHIN' WRANG WI' IT, - I JUIST SWITCHED AFF THE ELECTRICITY!

# *The Broons Fair Landed In A Fix, When They Gaed Gaddin' Tae The "Flicks"!*

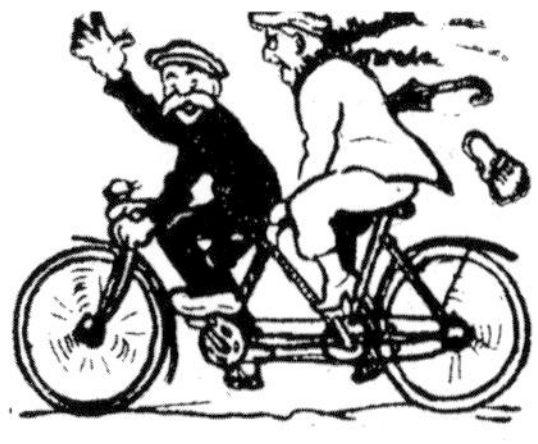

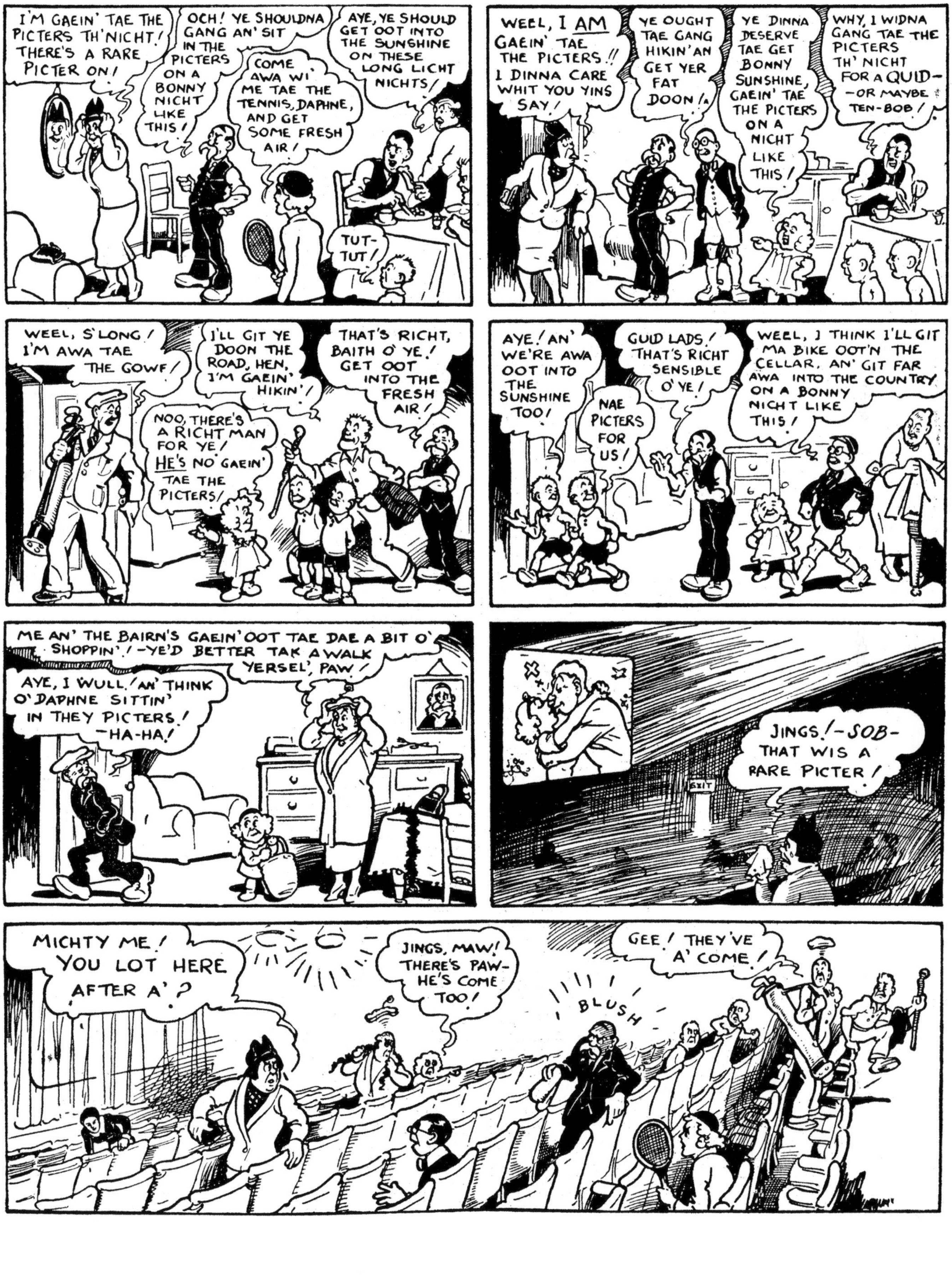

I'M GAEIN' TAE THE PICTERS TH'NICHT! THERE'S A RARE PICTER ON!
OCH! YE SHOULDNA GANG AN' SIT IN THE PICTERS ON A BONNY NICHT LIKE THIS!
COME AWA WI' ME TAE THE TENNIS, DAPHNE, AND GET SOME FRESH AIR!
AYE, YE SHOULD GET OOT INTO THE SUNSHINE ON THESE LONG LICHT NICHTS!
TUT-TUT!
WEEL, I AM GAEIN' TAE THE PICTERS!! I DINNA CARE WHIT YOU YINS SAY!
YE OUGHT TAE GANG HIKIN' AN GET YER FAT DOON!
YE DINNA DESERVE TAE GET BONNY SUNSHINE, GAEIN' TAE THE PICTERS ON A NICHT LIKE THIS!
WHY, I WIDNA GANG TAE THE PICTERS TH' NICHT FOR A QUID—OR MAYBE TEN-BOB!
WEEL, S'LONG! I'M AWA TAE THE GOWF!
I'LL GIT YE DOON THE ROAD, HEN, I'M GAEIN' HIKIN'!
THAT'S RICHT, BAITH O' YE! GET OOT INTO THE FRESH AIR!
NOO, THERE'S A RICHT MAN FOR YE! HE'S NO' GAEIN' TAE THE PICTERS!
AYE! AN' WE'RE AWA OOT INTO THE SUNSHINE TOO!
GUID LADS! THAT'S RICHT SENSIBLE O' YE!
NAE PICTERS FOR US!
WEEL, I THINK I'LL GIT MA BIKE OOT'N THE CELLAR, AN' GIT FAR AWA INTO THE COUNTRY ON A BONNY NICHT LIKE THIS!
ME AN' THE BAIRN'S GAEIN' OOT TAE DAE A BIT O' SHOPPIN'!—YE'D BETTER TAK A WALK YERSEL', PAW!
AYE, I WULL! AN' THINK O' DAPHNE SITTIN' IN THEY PICTERS! —HA-HA!
JINGS!—SOB—THAT WIS A RARE PICTER!
EXIT
MICHTY ME! YOU LOT HERE AFTER A'?
JINGS, MAW! THERE'S PAW—HE'S COME TOO!
BLUSH
GEE! THEY'VE A' COME!

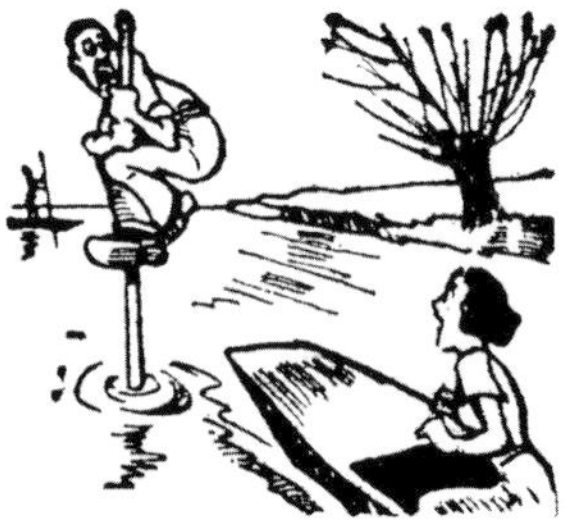

*Every Picture Tells A Story,*

*And Every Broon Tells A " Picture."*

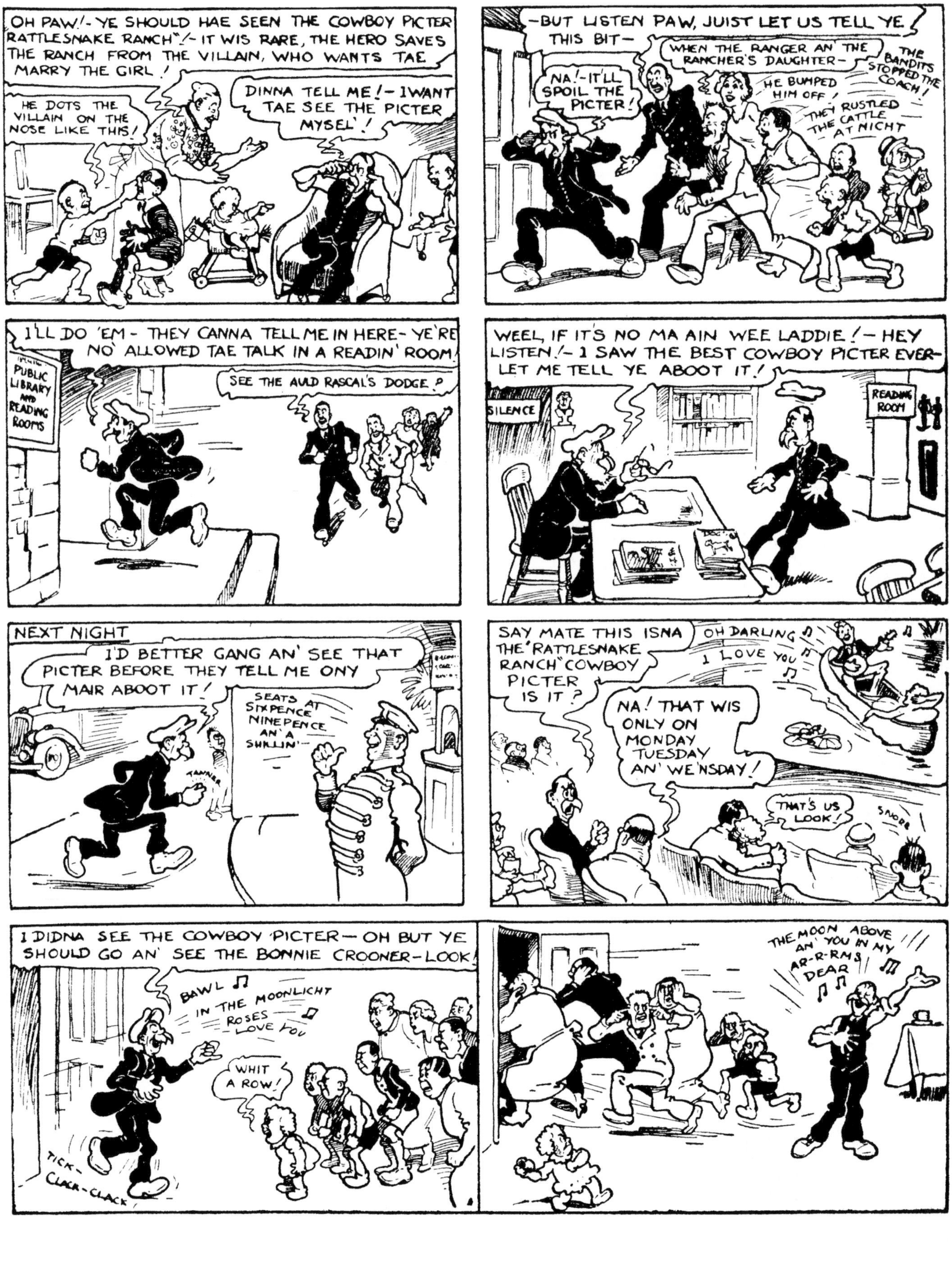
OH PAW! - YE SHOULD HAE SEEN THE COWBOY PICTER "RATTLESNAKE RANCH"! - IT WIS RARE, THE HERO SAVES THE RANCH FROM THE VILLAIN, WHO WANTS TAE MARRY THE GIRL!
HE DOTS THE VILLAIN ON THE NOSE LIKE THIS!
DINNA TELL ME! - I WANT TAE SEE THE PICTER MYSEL'!
- BUT LISTEN PAW, JUIST LET US TELL YE THIS BIT -
NA! - IT'LL SPOIL THE PICTER!
WHEN THE RANGER AN' THE RANCHER'S DAUGHTER -
HE BUMPED HIM OFF!
THE BANDITS STOPPED THE COACH!
THEY RUSTLED THE CATTLE AT NICHT
I'LL DO 'EM - THEY CANNA TELL ME IN HERE - YE'RE NO' ALLOWED TAE TALK IN A READIN' ROOM!
PUBLIC LIBRARY AND READING ROOMS
SEE THE AULD RASCAL'S DODGE?
WEEL, IF IT'S NO MA AIN WEE LADDIE! - HEY LISTEN! - I SAW THE BEST COWBOY PICTER EVER - LET ME TELL YE ABOOT IT!
SILENCE
READING ROOM
NEXT NIGHT
I'D BETTER GANG AN' SEE THAT PICTER BEFORE THEY TELL ME ONY MAIR ABOOT IT!
SEATS AT SIXPENCE NINEPENCE AN' A SHILLIN'
TANNER
SAY MATE THIS ISNA THE "RATTLESNAKE RANCH" COWBOY PICTER IS IT?
OH DARLING I LOVE YOU
NA! THAT WIS ONLY ON MONDAY TUESDAY AN' WE'NSDAY!
THAT'S US LOOK!
SNORE
I DIDNA SEE THE COWBOY PICTER - OH BUT YE SHOULD GO AN' SEE THE BONNIE CROONER - LOOK!
BAWL IN THE MOONLICHT ROSES LOVE YOU
WHIT A ROW!
TICK - CLACK - CLACK
THE MOON ABOVE AN' YOU IN MY AR-R-RMS DEAR

*The things that people have tae dae —*

*When they're actin' in a play!*

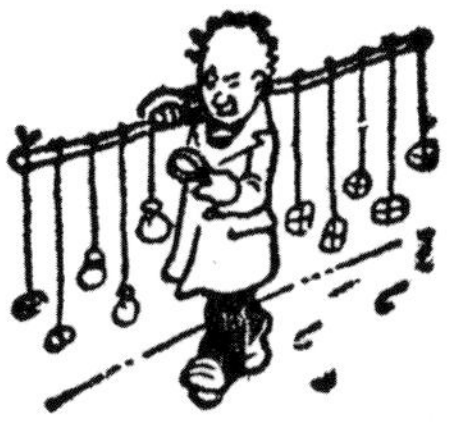

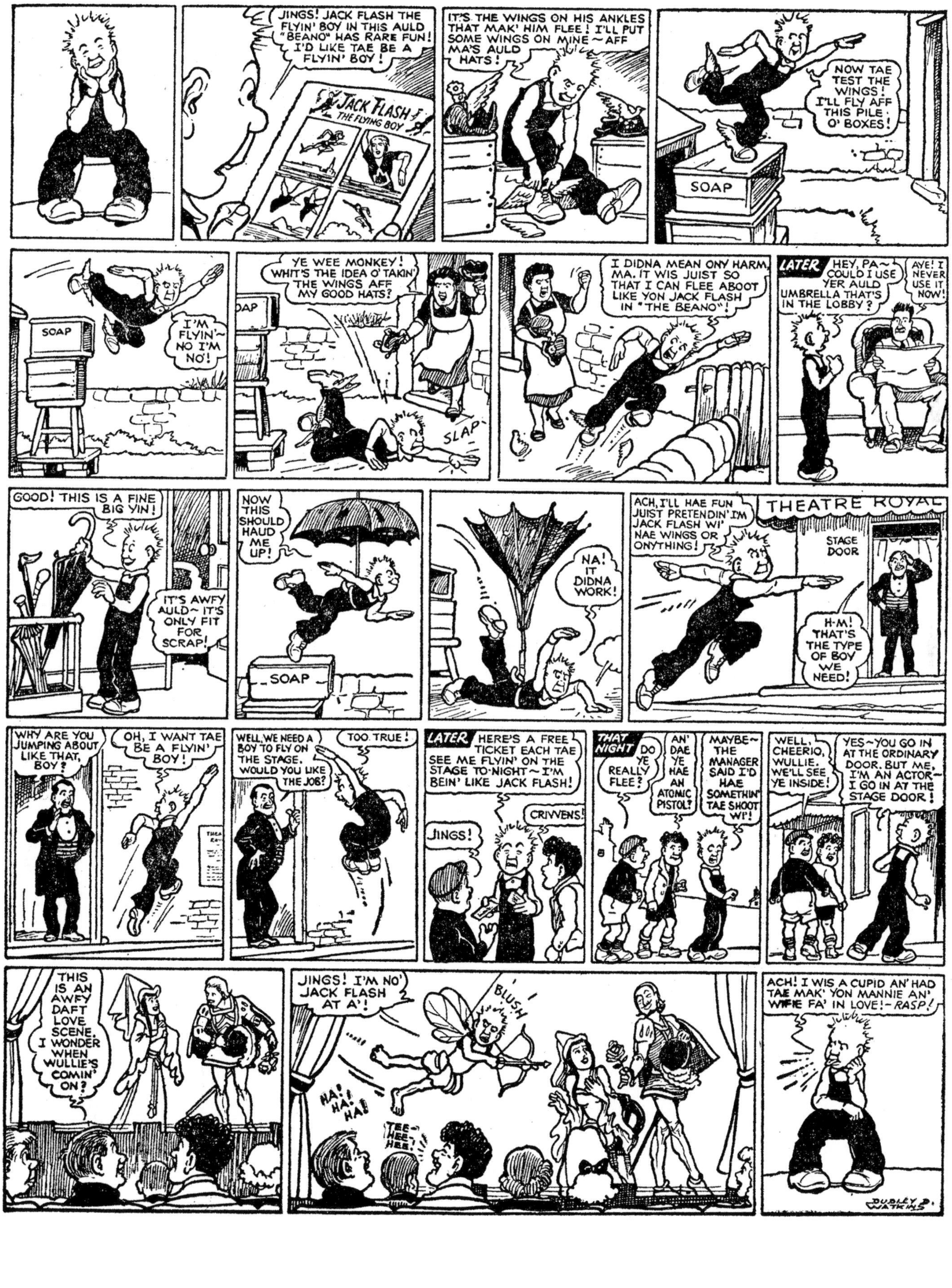

JINGS! JACK FLASH THE FLYIN' BOY IN THIS AULD "BEANO" HAS RARE FUN! I'D LIKE TAE BE A FLYIN' BOY!
JACK FLASH THE FLYING BOY
IT'S THE WINGS ON HIS ANKLES THAT MAK' HIM FLEE! I'LL PUT SOME WINGS ON MINE ~ AFF MA'S AULD HATS!
NOW TAE TEST THE WINGS! I'LL FLY AFF THIS PILE O' BOXES!
SOAP
SOAP
I'M FLYIN'~ NO I'M NO!
YE WEE MONKEY! WHIT'S THE IDEA O' TAKIN' THE WINGS AFF MY GOOD HATS?
SLAP
I DIDNA MEAN ONY HARM, MA. IT WIS JUIST SO THAT I CAN FLEE ABOOT LIKE YON JACK FLASH IN "THE BEANO"!
LATER
HEY, PA~ COULD I USE YER AULD UMBRELLA THAT'S IN THE LOBBY?
AYE! I NEVER USE IT NOW!
GOOD! THIS IS A FINE BIG YIN!
IT'S AWFY AULD~ IT'S ONLY FIT FOR SCRAP!
NOW THIS SHOULD HAUD ME UP!
SOAP
NA! IT DIDNA WORK!
ACH, I'LL HAE FUN JUIST PRETENDIN' I'M JACK FLASH WI' NAE WINGS OR ONYTHING!
THEATRE ROYAL
STAGE DOOR
H-M! THAT'S THE TYPE OF BOY WE NEED!
WHY ARE YOU JUMPING ABOUT LIKE THAT, BOY?
OH, I WANT TAE BE A FLYIN' BOY!
WELL, WE NEED A BOY TO FLY ON THE STAGE. WOULD YOU LIKE THE JOB?
TOO TRUE!
LATER
HERE'S A FREE TICKET EACH TAE SEE ME FLYIN' ON THE STAGE TO-NIGHT ~ I'M BEIN' LIKE JACK FLASH!
JINGS!
CRIVVENS!
THAT NIGHT
DO YE REALLY FLEE?
AN' DAE YE HAE AN ATOMIC PISTOL?
MAYBE~ THE MANAGER SAID I'D HAE SOMETHIN' TAE SHOOT WI'!
WELL, CHEERIO, WULLIE. WE'LL SEE YE INSIDE!
YES~YOU GO IN AT THE ORDINARY DOOR. BUT ME, I'M AN ACTOR~ I GO IN AT THE STAGE DOOR!
THIS IS AN AWFY DAFT LOVE SCENE. I WONDER WHEN WULLIE'S COMIN' ON?
JINGS! I'M NO' JACK FLASH AT A'!
BLUSH
HA! HA! HA!
TEE-HEE, HEE!
ACH! I WIS A CUPID AN' HAD TAE MAK' YON MANNIE AN' WIFIE FA' IN LOVE! ~ RASP!
DUDLEY D. WATKINS

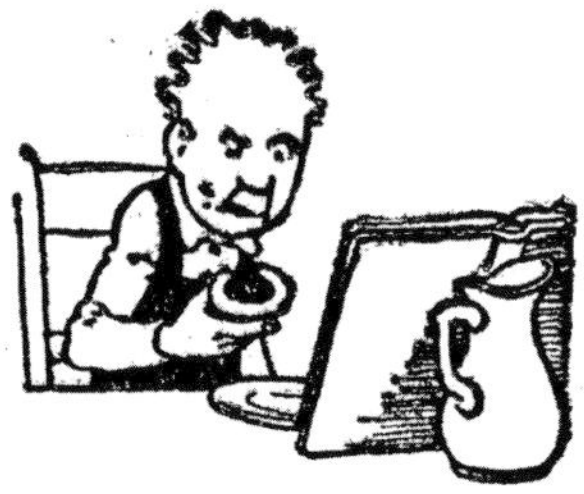

*Oor Wullie kens a dodge that's cute —*

*Using a substitute for a substitute.*

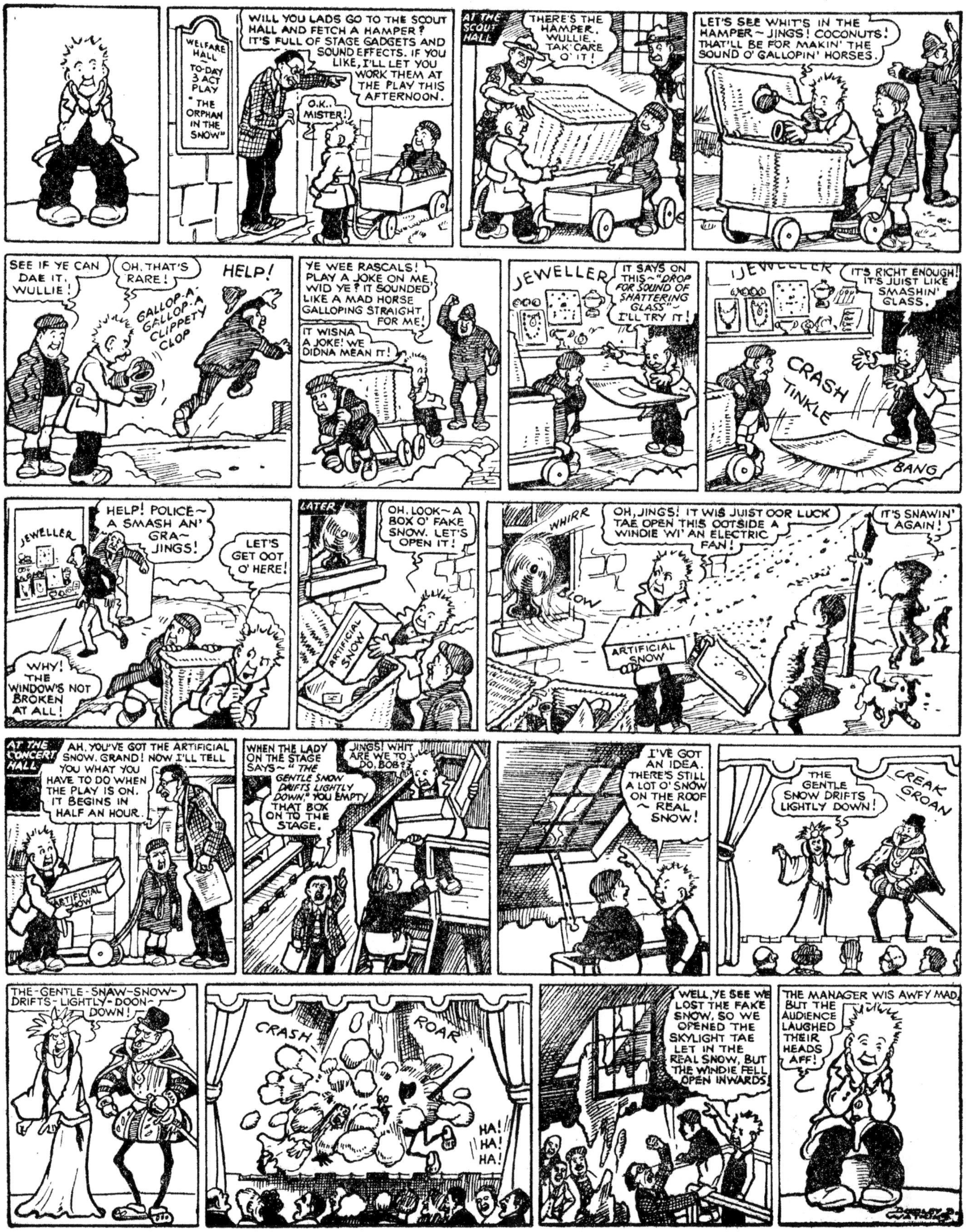

WELFARE HALL TO-DAY 3 ACT PLAY "THE ORPHAN IN THE SNOW"
WILL YOU LADS GO TO THE SCOUT HALL AND FETCH A HAMPER? IT'S FULL OF STAGE GADGETS AND SOUND EFFECTS. IF YOU LIKE, I'LL LET YOU WORK THEM AT THE PLAY THIS AFTERNOON.
O.K., MISTER!
AT THE SCOUT HALL
THERE'S THE HAMPER, WULLIE. TAK CARE O' IT!
LET'S SEE WHIT'S IN THE HAMPER ~ JINGS! COCONUTS! THAT'LL BE FOR MAKIN' THE SOUND O' GALLOPIN' HORSES.
SEE IF YE CAN DAE IT, WULLIE!
OH, THAT'S RARE!
HELP!
GALLOP-A GALLOP-A CLIPPETY CLOP
YE WEE RASCALS! PLAY A JOKE ON ME, WID YE? IT SOUNDED LIKE A MAD HORSE GALLOPING STRAIGHT FOR ME!
IT WISNA A JOKE! WE DIDNA MEAN IT!
JEWELLER
IT SAYS ON THIS ~ "DROP FOR SOUND OF SHATTERING GLASS" ~ I'LL TRY IT!
JEWELLER
IT'S RICHT ENOUGH! IT'S JUIST LIKE SMASHIN' GLASS.
CRASH
TINKLE
BANG
JEWELLER
HELP! POLICE ~ A SMASH AN' GRA~ JINGS!
LET'S GET OOT O' HERE!
WHY! THE WINDOW'S NOT BROKEN AT ALL!
LATER
OH, LOOK ~ A BOX O' FAKE SNOW. LET'S OPEN IT!
ARTIFICIAL SNOW
WHIRR
OH, JINGS! IT WIS JUIST OOR LUCK TAE OPEN THIS OOTSIDE A WINDIE WI' AN ELECTRIC FAN!
IT'S SNAWIN' AGAIN!
BLOW
ARTIFICIAL SNOW
AT THE CONCERT HALL
AH, YOU'VE GOT THE ARTIFICIAL SNOW. GRAND! NOW I'LL TELL YOU WHAT YOU HAVE TO DO WHEN THE PLAY IS ON. IT BEGINS IN HALF AN HOUR.
ARTIFICIAL SNOW
WHEN THE LADY ON THE STAGE SAYS ~ "THE GENTLE SNOW DRIFTS LIGHTLY DOWN," YOU EMPTY THAT BOX ON TO THE STAGE.
JINGS! WHIT ARE WE TO DO, BOB?
I'VE GOT AN IDEA. THERE'S STILL A LOT O' SNOW ON THE ROOF ~ REAL SNOW!
THE GENTLE SNOW DRIFTS LIGHTLY DOWN!
CREAK GROAN
THE-GENTLE-SNAW-SNOW-DRIFTS-LIGHTLY-DOON-DOWN!
CRASH
ROAR
HA! HA! HA!
WELL, YE SEE WE LOST THE FAKE SNOW, SO WE OPENED THE SKYLIGHT TAE LET IN THE REAL SNOW, BUT THE WINDIE FELL OPEN INWARDS!
THE MANAGER WIS AWFY MAD, BUT THE AUDIENCE LAUGHED THEIR HEADS AFF!
DUDLEY D. WATKINS

*Oor Wullie joins the Tradesmen's Band —*

*But not the way that he had planned.*

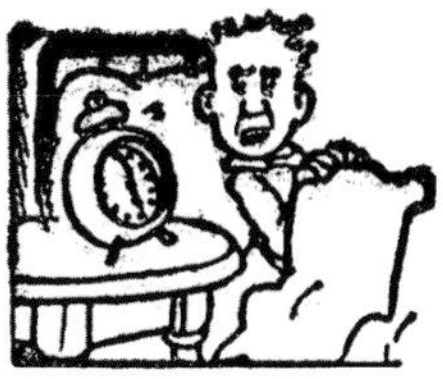

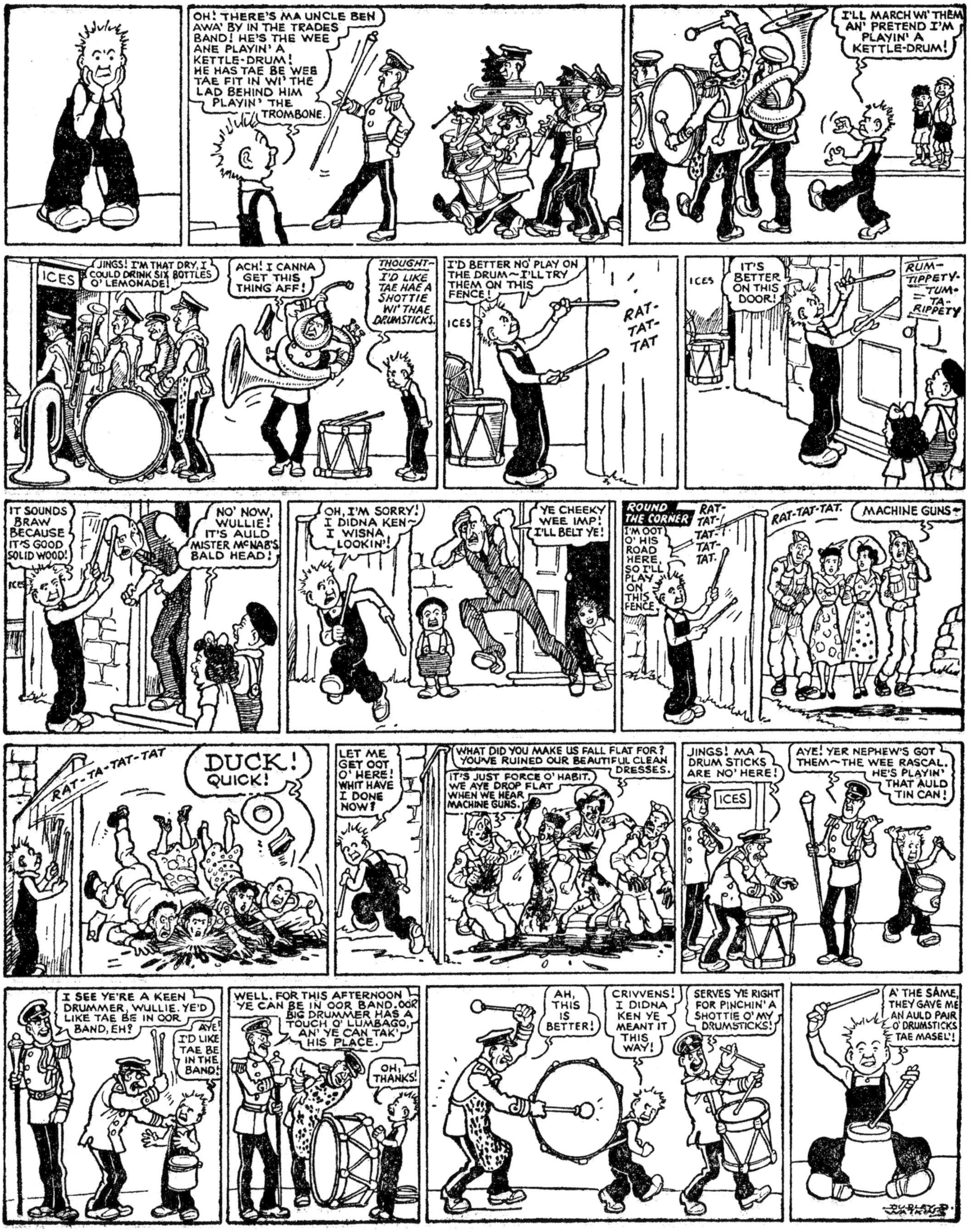

OH! THERE'S MA UNCLE BEN AWA' BY IN THE TRADES BAND! HE'S THE WEE ANE PLAYIN' A KETTLE-DRUM! HE HAS TAE BE WEE TAE FIT IN WI' THE LAD BEHIND HIM PLAYIN' THE TROMBONE.
I'LL MARCH WI' THEM AN' PRETEND I'M PLAYIN' A KETTLE-DRUM!
ICES
JINGS! I'M THAT DRY, I COULD DRINK SIX BOTTLES O' LEMONADE!
ACH! I CANNA GET THIS THING AFF!
THOUGHT— I'D LIKE TAE HAE A SHOTTIE WI' THAE DRUMSTICKS.
ICES
I'D BETTER NO' PLAY ON THE DRUM—I'LL TRY THEM ON THIS FENCE!
RAT-TAT-TAT
ICES
IT'S BETTER ON THIS DOOR!
RUM-TIPPETY-TUM-TA-RIPPETY
IT SOUNDS BRAW BECAUSE IT'S GOOD SOLID WOOD!
ICES
NO' NOW, WULLIE! IT'S AULD MISTER McNAB'S BALD HEAD!
OH, I'M SORRY! I DIDNA KEN—I WISNA LOOKIN'!
YE CHEEKY WEE IMP! I'LL BELT YE!
ROUND THE CORNER
I'M OOT O' HIS ROAD HERE, SO I'LL PLAY ON THIS FENCE.
RAT-TAT-TAT-TAT-TAT.
RAT-TAT-TAT.
MACHINE GUNS—
RAT-TA-TAT-TAT
DUCK! QUICK!
LET ME GET OOT O' HERE! WHIT HAVE I DONE NOW?
WHAT DID YOU MAKE US FALL FLAT FOR? YOU'VE RUINED OUR BEAUTIFUL CLEAN DRESSES.
IT'S JUST FORCE O' HABIT. WE AYE DROP FLAT WHEN WE HEAR MACHINE GUNS.
JINGS! MA DRUM STICKS ARE NO' HERE!
ICES
AYE! YER NEPHEW'S GOT THEM—THE WEE RASCAL. HE'S PLAYIN' THAT AULD TIN CAN!
I SEE YE'RE A KEEN DRUMMER, WULLIE. YE'D LIKE TAE BE IN OOR BAND, EH?
AYE! I'D LIKE TAE BE IN THE BAND!
WELL, FOR THIS AFTERNOON YE CAN BE IN OOR BAND. OOR BIG DRUMMER HAS A TOUCH O' LUMBAGO, AN' YE CAN TAK' HIS PLACE.
OH, THANKS!
AH, THIS IS BETTER!
CRIVVENS! I DIDNA KEN YE MEANT IT THIS WAY!
SERVES YE RIGHT FOR PINCHIN' A SHOTTIE O' MY DRUMSTICKS!
A' THE SAME, THEY GAVE ME AN AULD PAIR O' DRUMSTICKS TAE MASEL'!

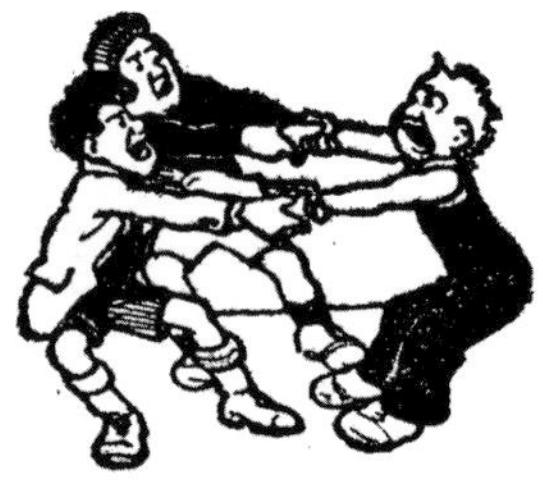

*Wullie thinks things turn oot braw—*

*He's no' flittin' efter a'.*

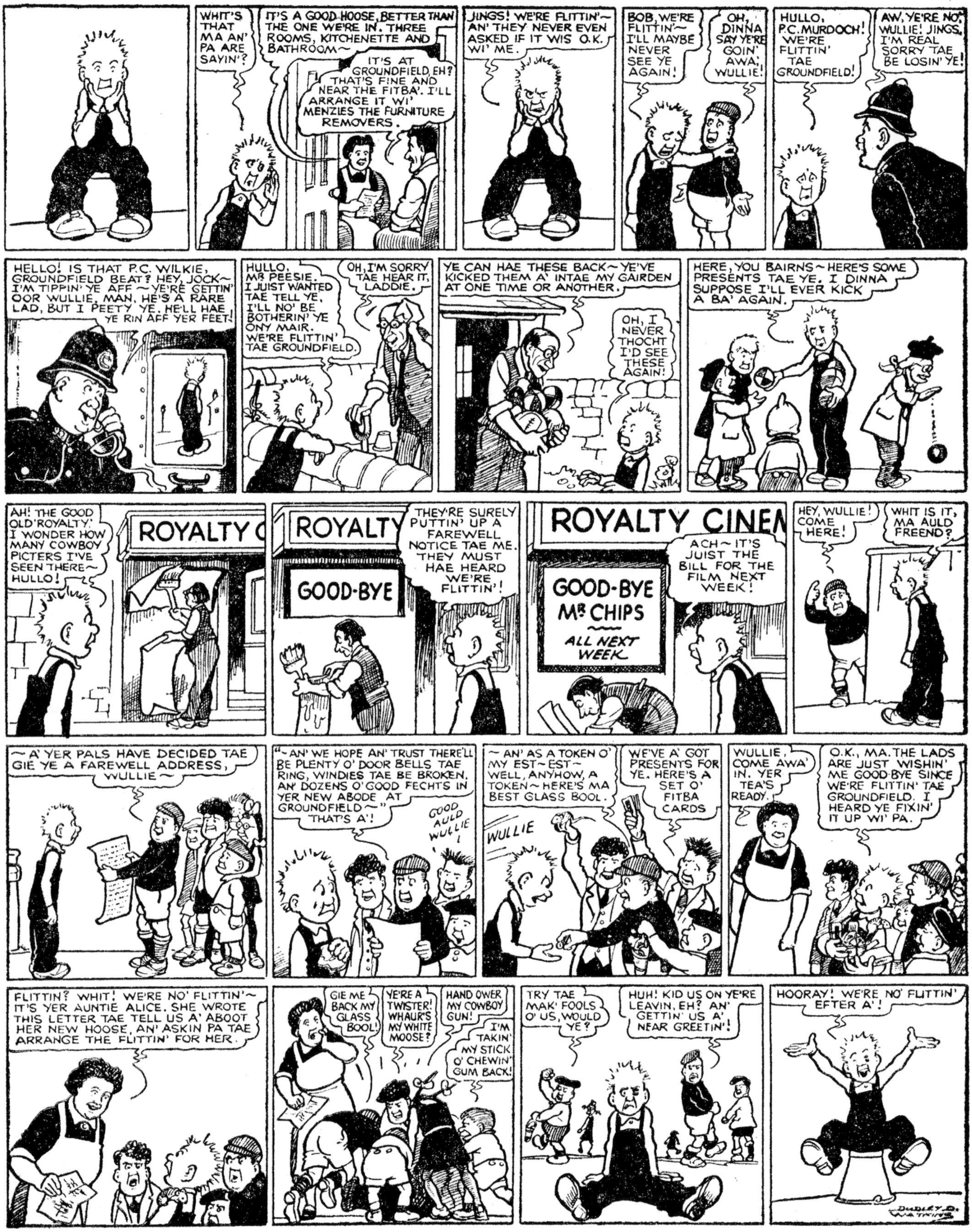
WHIT'S THAT MA AN' PA ARE SAYIN'?
IT'S A GOOD HOOSE, BETTER THAN THE ONE WE'RE IN. THREE ROOMS, KITCHENETTE AND BATHROOM~
IT'S AT GROUNDFIELD, EH? THAT'S FINE AND NEAR THE FITBA'. I'LL ARRANGE IT WI' MENZIES THE FURNITURE REMOVERS.
JINGS! WE'RE FLITTIN'~ AN' THEY NEVER EVEN ASKED IF IT WIS O.K. WI' ME.
BOB, WE'RE FLITTIN'~ I'LL MAYBE NEVER SEE YE AGAIN!
OH, DINNA SAY YE'RE GOIN' AWA', WULLIE!
HULLO, P.C. MURDOCH! WE'RE FLITTIN' TAE GROUNDFIELD!
AW, YE'RE NO', WULLIE! JINGS, I'M REAL SORRY TAE BE LOSIN' YE!
HELLO! IS THAT P.C. WILKIE, GROUNDFIELD BEAT? HEY, JOCK~ I'M TIPPIN' YE AFF ~ YE'RE GETTIN' OOR WULLIE, MAN. HE'S A RARE LAD, BUT I PEETY YE. HE'LL HAE YE RIN AFF YER FEET!
HULLO, MR PEESIE. I JUIST WANTED TAE TELL YE, I'LL NO' BE BOTHERIN' YE ONY MAIR. WE'RE FLITTIN' TAE GROUNDFIELD.
OH, I'M SORRY TAE HEAR IT, LADDIE.
YE CAN HAE THESE BACK~ YE'VE KICKED THEM A' INTAE MY GAIRDEN AT ONE TIME OR ANOTHER.
OH, I NEVER THOCHT I'D SEE THESE AGAIN!
HERE, YOU BAIRNS~ HERE'S SOME PRESENTS TAE YE. I DINNA SUPPOSE I'LL EVER KICK A BA' AGAIN.
AH! THE GOOD OLD 'ROYALTY.' I WONDER HOW MANY COWBOY PICTERS I'VE SEEN THERE~ HULLO!
ROYALTY C
ROYALTY
GOOD-BYE
THEY'RE SURELY PUTTIN' UP A FAREWELL NOTICE TAE ME. THEY MUST HAE HEARD WE'RE FLITTIN'!
ROYALTY CINEM
GOOD-BYE MR CHIPS
ALL NEXT WEEK
ACH~ IT'S JUIST THE BILL FOR THE FILM NEXT WEEK!
HEY, WULLIE! COME HERE!
WHIT IS IT, MA AULD FREEND?
~A' YER PALS HAVE DECIDED TAE GIE YE A FAREWELL ADDRESS, WULLIE~
"~AN' WE HOPE AN' TRUST THERE'LL BE PLENTY O' DOOR BELLS TAE RING, WINDIES TAE BE BROKEN, AN' DOZENS O' GOOD FECHTS IN YER NEW ABODE AT GROUNDFIELD~" THAT'S A'!
GOOD AULD WULLIE!
~AN' AS A TOKEN O' MY EST~EST~ WELL, ANYHOW, A TOKEN~ HERE'S MA BEST GLASS BOOL.
WE'VE A' GOT PRESENTS FOR YE. HERE'S A SET O' FITBA CARDS
WULLIE
WULLIE, COME AWA' IN. YER TEA'S READY.
O.K., MA. THE LADS ARE JUST WISHIN' ME GOOD-BYE SINCE WE'RE FLITTIN' TAE GROUNDFIELD. I HEARD YE FIXIN' IT UP WI' PA.
FLITTIN'? WHIT! WE'RE NO' FLITTIN'~ IT'S YER AUNTIE ALICE. SHE WROTE THIS LETTER TAE TELL US A' ABOOT HER NEW HOOSE, AN' ASKIN PA TAE ARRANGE THE FLITTIN' FOR HER.
GIE ME BACK MY GLASS BOOL!
YE'RE A TWISTER! WHAUR'S MY WHITE MOOSE?
HAND OWER MY COWBOY GUN!
I'M TAKIN' MY STICK O' CHEWIN' GUM BACK!
TRY TAE MAK' FOOLS O' US, WOULD YE?
HUH! KID US ON YE'RE LEAVIN, EH? AN' GETTIN' US A' NEAR GREETIN'!
HOORAY! WE'RE NO' FLITTIN' EFTER A'!
DUDLEY D. WATKINS

*All-in wrestling? That's too gory—*

*Wull prefers " A Snail's Life Story."*

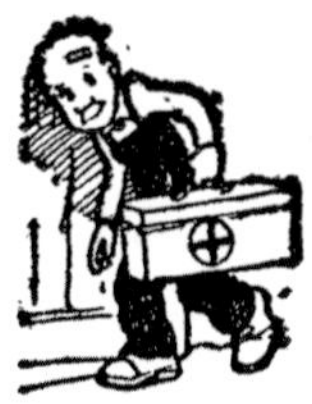

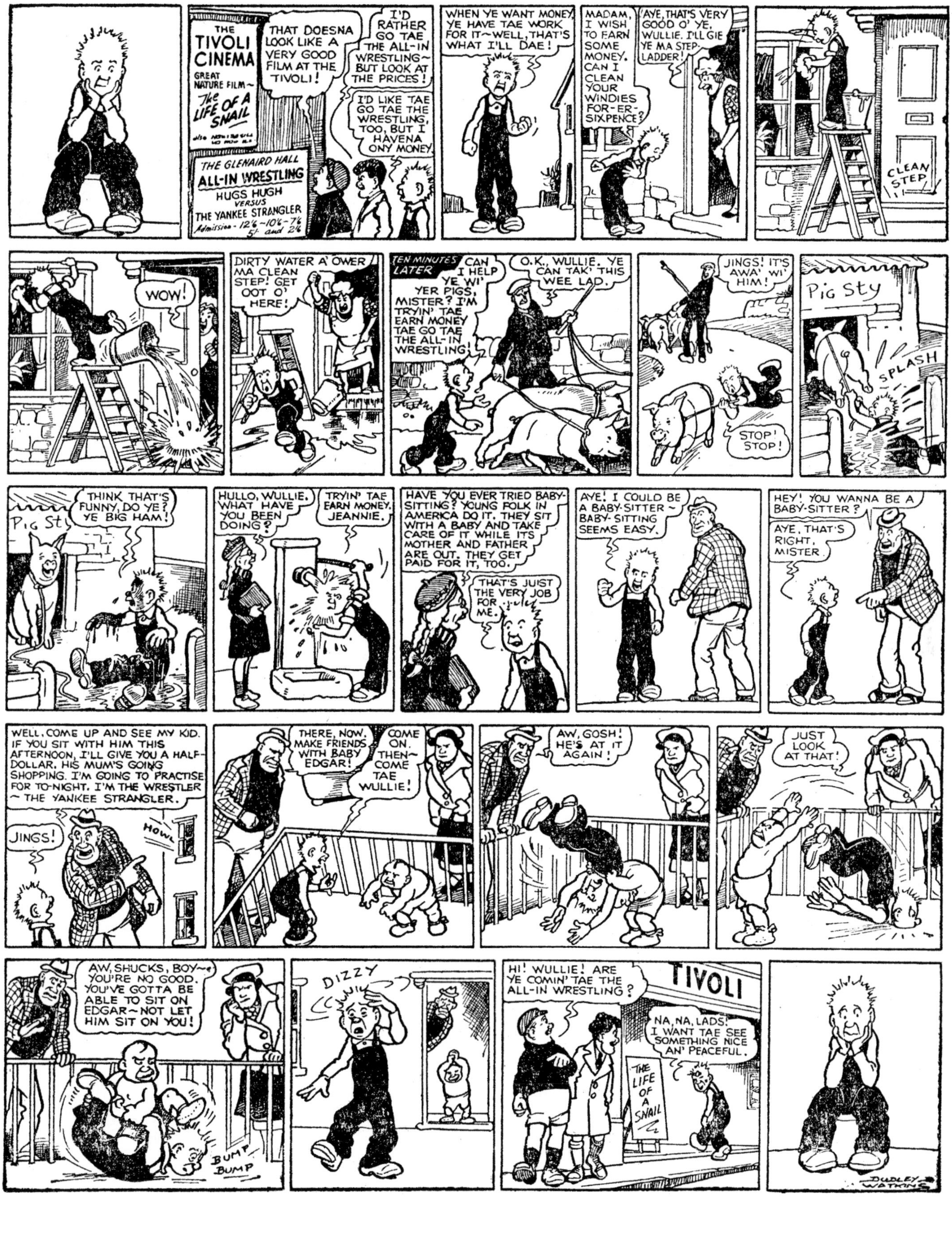

THE TIVOLI CINEMA
GREAT NATURE FILM ~ The LIFE OF A SNAIL
THAT DOESNA LOOK LIKE A VERY GOOD FILM AT THE TIVOLI!
I'D RATHER GO TAE THE ALL-IN WRESTLING ~ BUT LOOK AT THE PRICES!
I'D LIKE TAE GO TAE THE WRESTLING, TOO, BUT I HAVENA ONY MONEY.
THE GLENAIRD HALL
ALL-IN WRESTLING
HUGS HUGH
VERSUS
THE YANKEE STRANGLER
Admission - 12/6 - 10/6 - 7/6 5/- and 2/6
WHEN YE WANT MONEY, YE HAVE TAE WORK FOR IT ~ WELL, THAT'S WHAT I'LL DAE!
MADAM, I WISH TO EARN SOME MONEY. CAN I CLEAN YOUR WINDIES FOR-ER-SIXPENCE?
AYE, THAT'S VERY GOOD O' YE, WULLIE. I'LL GIE YE MA STEP-LADDER!
CLEAN STEP
WOW!
DIRTY WATER A' OWER MA CLEAN STEP! GET OOT O' HERE!
TEN MINUTES LATER
CAN I HELP YE WI' YER PIGS, MISTER? I'M TRYIN' TAE EARN MONEY TAE GO TAE THE ALL-IN WRESTLING!
O.K., WULLIE. YE CAN TAK' THIS WEE LAD.
JINGS! IT'S AWA' WI' HIM!
STOP! STOP!
Pig Sty
SPLASH
THINK THAT'S FUNNY, DO YE? YE BIG HAM!
Pig Sty
HULLO, WULLIE. WHAT HAVE YOU BEEN DOING?
TRYIN' TAE EARN MONEY, JEANNIE.
HAVE YOU EVER TRIED BABY-SITTING? YOUNG FOLK IN AMERICA DO IT. THEY SIT WITH A BABY AND TAKE CARE OF IT WHILE ITS MOTHER AND FATHER ARE OUT. THEY GET PAID FOR IT, TOO.
THAT'S JUIST THE VERY JOB FOR ME.
AYE! I COULD BE A BABY-SITTER ~ BABY-SITTING SEEMS EASY.
HEY! YOU WANNA BE A BABY-SITTER?
AYE, THAT'S RIGHT, MISTER.
WELL, COME UP AND SEE MY KID. IF YOU SIT WITH HIM THIS AFTERNOON, I'LL GIVE YOU A HALF-DOLLAR. HIS MUM'S GOING SHOPPING. I'M GOING TO PRACTISE FOR TO-NIGHT. I'M THE WRESTLER ~ THE YANKEE STRANGLER.
JINGS!
HOWL
THERE, NOW. MAKE FRIENDS WITH BABY EDGAR!
COME ON. THEN~ COME TAE WULLIE!
AW, GOSH! HE'S AT IT AGAIN!
JUST LOOK AT THAT!
AW, SHUCKS, BOY ~ YOU'RE NO GOOD. YOU'VE GOTTA BE ABLE TO SIT ON EDGAR ~ NOT LET HIM SIT ON YOU!
BUMP BUMP
DIZZY
HI! WULLIE! ARE YE COMIN' TAE THE ALL-IN WRESTLING?
TIVOLI
NA, NA, LADS! I WANT TAE SEE SOMETHING NICE AN' PEACEFUL.
THE LIFE OF A SNAIL
DUDLEY WATKINS

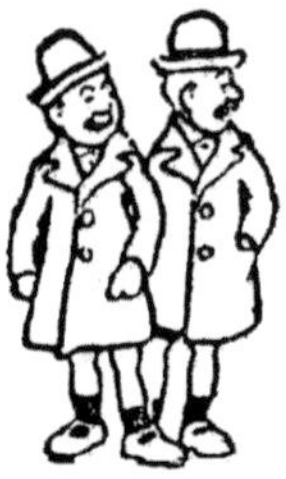

*At the Circus show, the funniest thing —*

*Was the eight-legged player OUTSIDE the ring!*

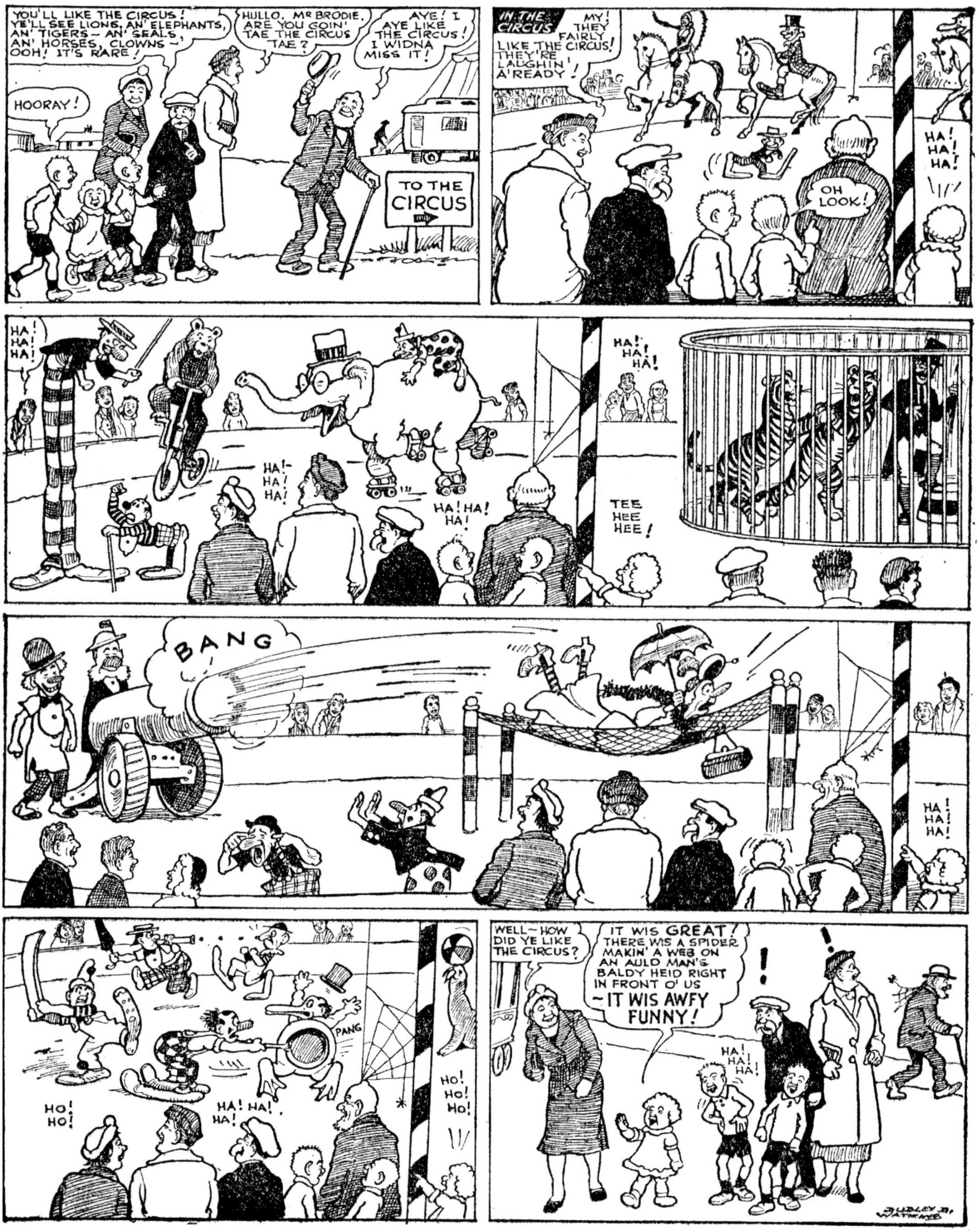
YOU'LL LIKE THE CIRCUS! YE'LL SEE LIONS, AN' ELEPHANTS, AN' TIGERS – AN' SEALS, AN' HORSES, CLOWNS – OOH! IT'S RARE!
HOORAY!
HULLO, MR BRODIE, ARE YOU GOIN' TAE THE CIRCUS TAE?
AYE! I AYE LIKE THE CIRCUS! I WIDNA MISS IT!
TO THE CIRCUS
IN THE CIRCUS
MY! THEY FAIRLY LIKE THE CIRCUS! THEY'RE LAUGHIN' A'READY!
HA! HA! HA!
OH LOOK!
HA! HA! HA!
HA! HA! HA!
HA! HA! HA!
HA! HA! HA!
TEE HEE HEE!
BANG
HA! HA! HA!
HO! HO!
HA! HA! HA!
PANG
HO! HO! HO!
WELL – HOW DID YE LIKE THE CIRCUS?
IT WIS GREAT! THERE WIS A SPIDER MAKIN' A WEB ON AN AULD MAN'S BALDY HEID RIGHT IN FRONT O' US – IT WIS AWFY FUNNY!
HA! HA! HA!
DUDLEY D. WATKINS

## *Daph thinks this dancer knows his onions—*

## *Until he tramples on her bunions!*

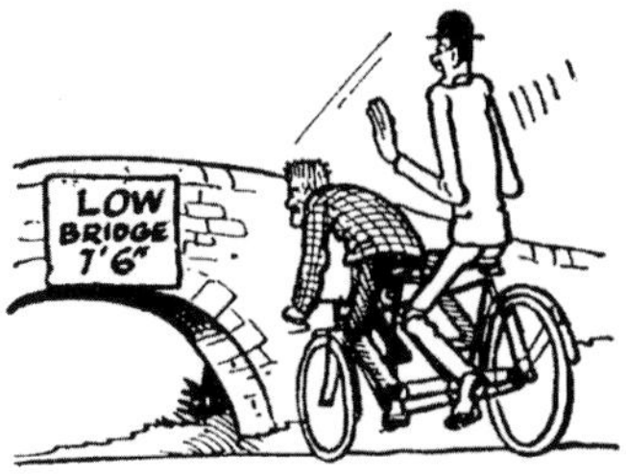
LOW BRIDGE 7'6"

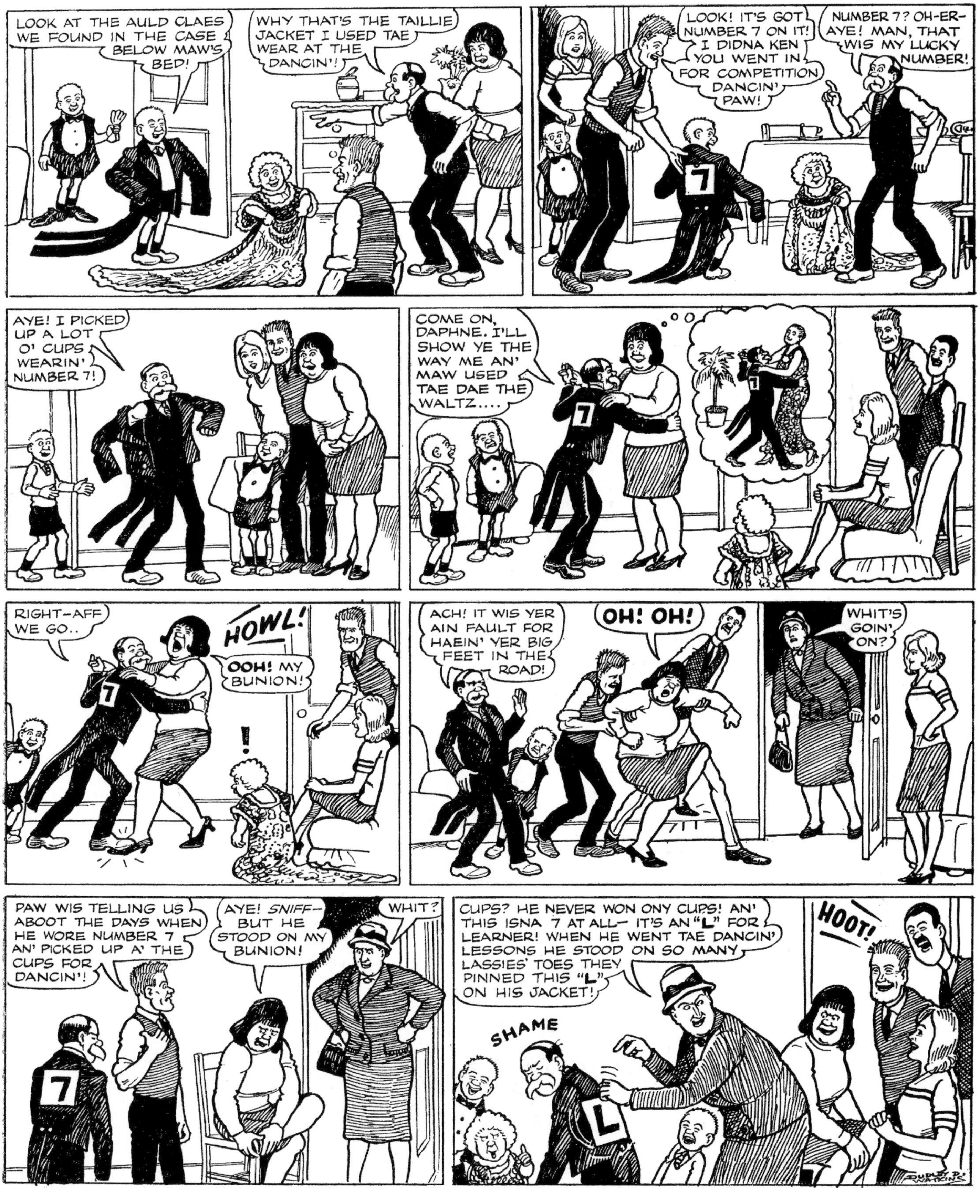
LOOK AT THE AULD CLAES WE FOUND IN THE CASE BELOW MAW'S BED!
WHY THAT'S THE TAILLIE JACKET I USED TAE WEAR AT THE DANCIN'!
LOOK! IT'S GOT NUMBER 7 ON IT! I DIDNA KEN YOU WENT IN FOR COMPETITION DANCIN' PAW!
NUMBER 7? OH-ER-AYE! MAN, THAT WIS MY LUCKY NUMBER!
AYE! I PICKED UP A LOT O' CUPS WEARIN' NUMBER 7!
COME ON, DAPHNE. I'LL SHOW YE THE WAY ME AN' MAW USED TAE DAE THE WALTZ....
RIGHT-AFF WE GO..
HOWL!
OOH! MY BUNION!
!
ACH! IT WIS YER AIN FAULT FOR HAEIN' YER BIG FEET IN THE ROAD!
OH! OH!
WHIT'S GOIN' ON?
PAW WIS TELLING US ABOOT THE DAYS WHEN HE WORE NUMBER 7 AN' PICKED UP A' THE CUPS FOR DANCIN'!
AYE! SNIFF— BUT HE STOOD ON MY BUNION!
WHIT?
CUPS? HE NEVER WON ONY CUPS! AN' THIS ISNA 7 AT ALL— IT'S AN "L" FOR LEARNER! WHEN HE WENT TAE DANCIN' LESSONS HE STOOD ON SO MANY LASSIES' TOES THEY PINNED THIS "L" ON HIS JACKET!
HOOT!
SHAME

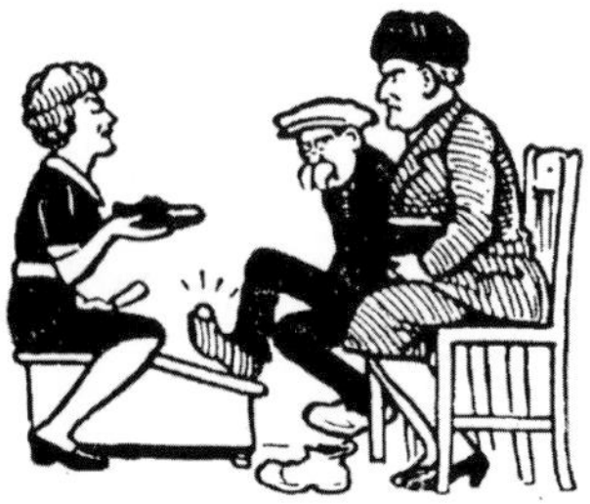

## All about a hitch—

## With the Broons' TV 'switch'!

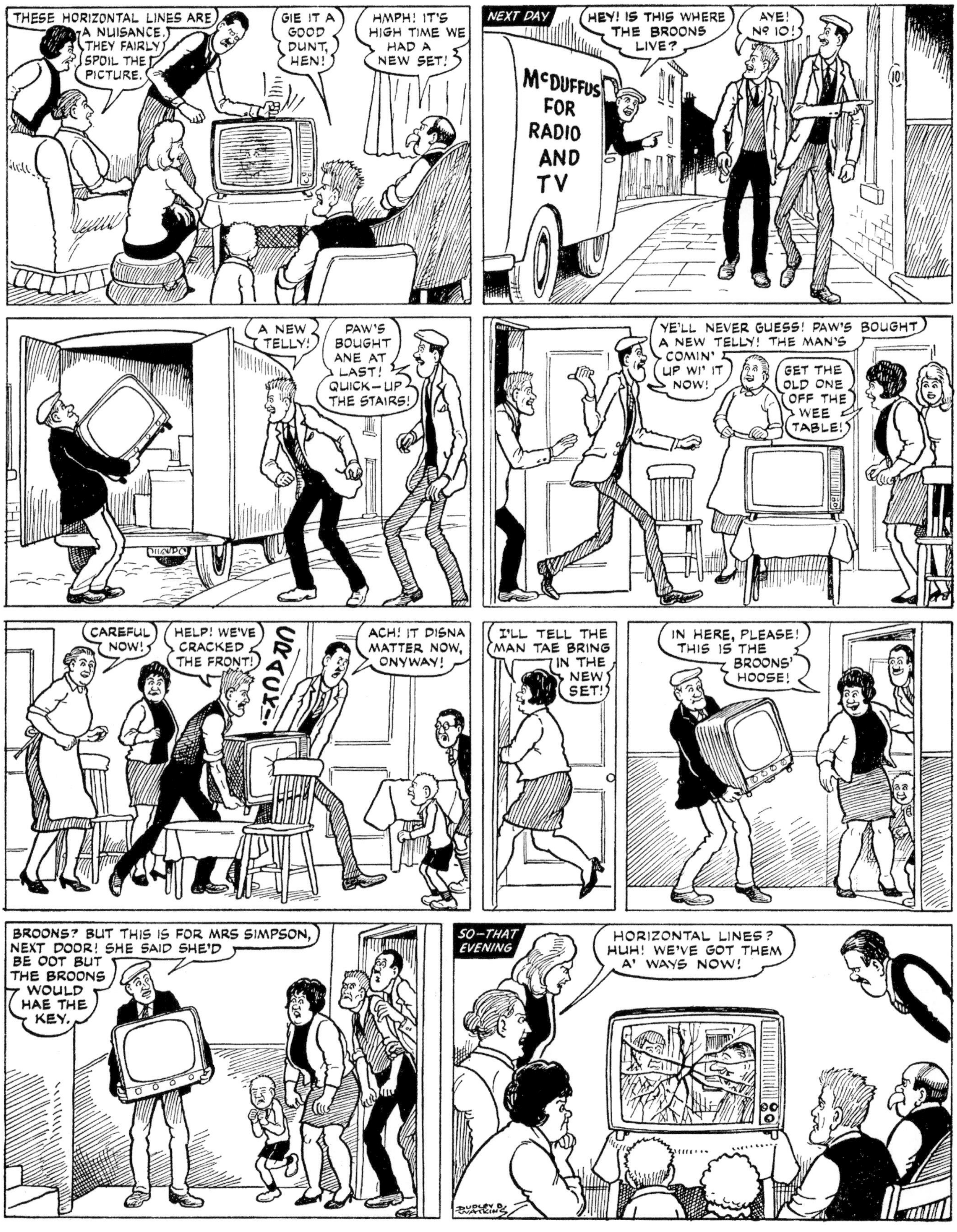

THESE HORIZONTAL LINES ARE A NUISANCE. THEY FAIRLY SPOIL THE PICTURE.
GIE IT A GOOD DUNT, HEN!
HMPH! IT'S HIGH TIME WE HAD A NEW SET!
NEXT DAY
HEY! IS THIS WHERE THE BROONS LIVE?
AYE! Nº 10!
McDUFFUS FOR RADIO AND TV
10
A NEW TELLY!
PAW'S BOUGHT ANE AT LAST! QUICK—UP THE STAIRS!
YE'LL NEVER GUESS! PAW'S BOUGHT A NEW TELLY! THE MAN'S COMIN' UP WI' IT NOW!
GET THE OLD ONE OFF THE WEE TABLE!
CAREFUL NOW!
HELP! WE'VE CRACKED THE FRONT!
CRACK!!
ACH! IT DISNA MATTER NOW, ONYWAY!
I'LL TELL THE MAN TAE BRING IN THE NEW SET!
IN HERE, PLEASE! THIS IS THE BROONS' HOOSE!
BROONS? BUT THIS IS FOR MRS SIMPSON, NEXT DOOR! SHE SAID SHE'D BE OOT BUT THE BROONS WOULD HAE THE KEY.
SO—THAT EVENING
HORIZONTAL LINES? HUH! WE'VE GOT THEM A' WAYS NOW!

**There's no' a single stage comedian—**

**Can equal the Glebe Street family's heid yin!**

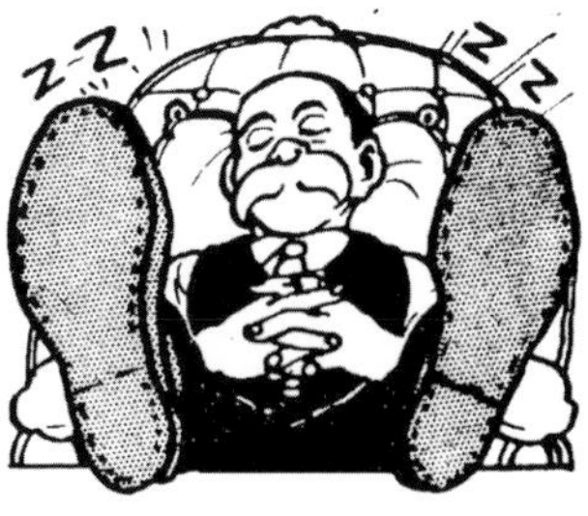

Z-Z
Z-Z


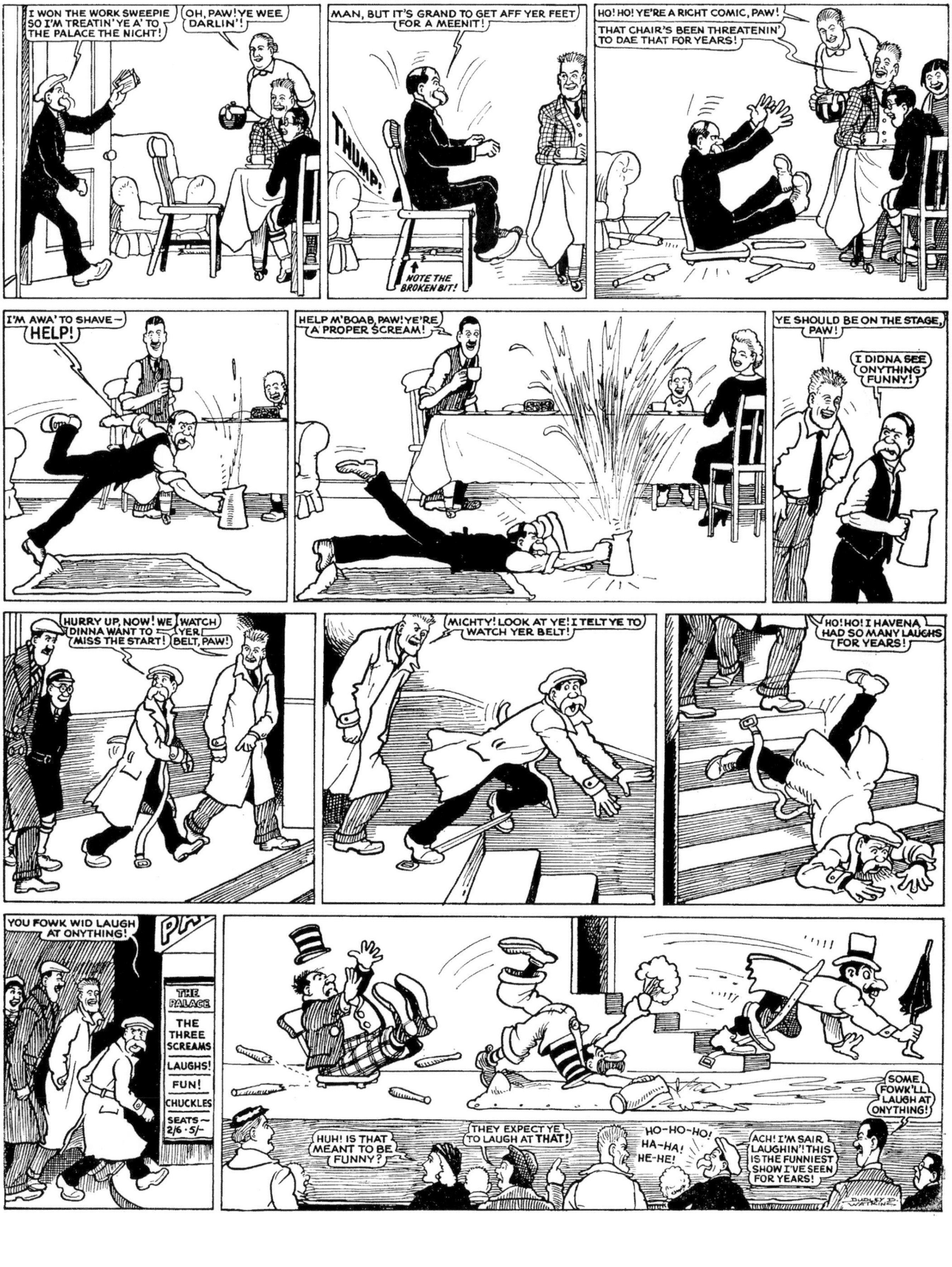

I WON THE WORK SWEEPIE SO I'M TREATIN' YE A' TO THE PALACE THE NICHT!
OH, PAW! YE WEE DARLIN'!
MAN, BUT IT'S GRAND TO GET AFF YER FEET FOR A MEENIT!
THUMP!
NOTE THE BROKEN BIT!
HO! HO! YE'RE A RICHT COMIC, PAW!
THAT CHAIR'S BEEN THREATENIN' TO DAE THAT FOR YEARS!
I'M AWA' TO SHAVE— HELP!
HELP M'BOAB, PAW! YE'RE A PROPER SCREAM!
YE SHOULD BE ON THE STAGE, PAW!
I DIDNA SEE ONYTHING FUNNY!
HURRY UP, NOW! WE DINNA WANT TO MISS THE START!
WATCH YER BELT, PAW!
MICHTY! LOOK AT YE! I TELT YE TO WATCH YER BELT!
HO! HO! I HAVENA HAD SO MANY LAUGHS FOR YEARS!
YOU FOWK WID LAUGH AT ONYTHING!
THE PALACE
THE THREE SCREAMS
LAUGHS!
FUN!
CHUCKLES
SEATS— 2/6 · 5/-
SOME FOWK'LL LAUGH AT ONYTHING!
HUH! IS THAT MEANT TO BE FUNNY?
THEY EXPECT YE TO LAUGH AT THAT!
HO-HO-HO!
HA-HA!
HE-HE!
ACH! I'M SAIR LAUGHIN'! THIS IS THE FUNNIEST SHOW I'VE SEEN FOR YEARS!
DUDLEY D. WATKINS

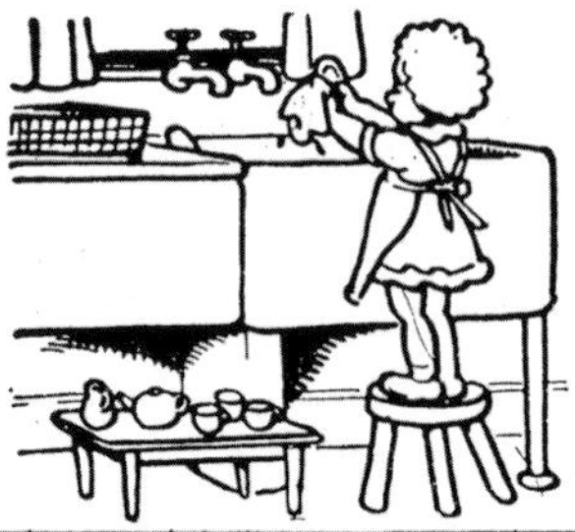

Gran'paw's old, but he's not dozey—

He knows a trick for keeping cosy!

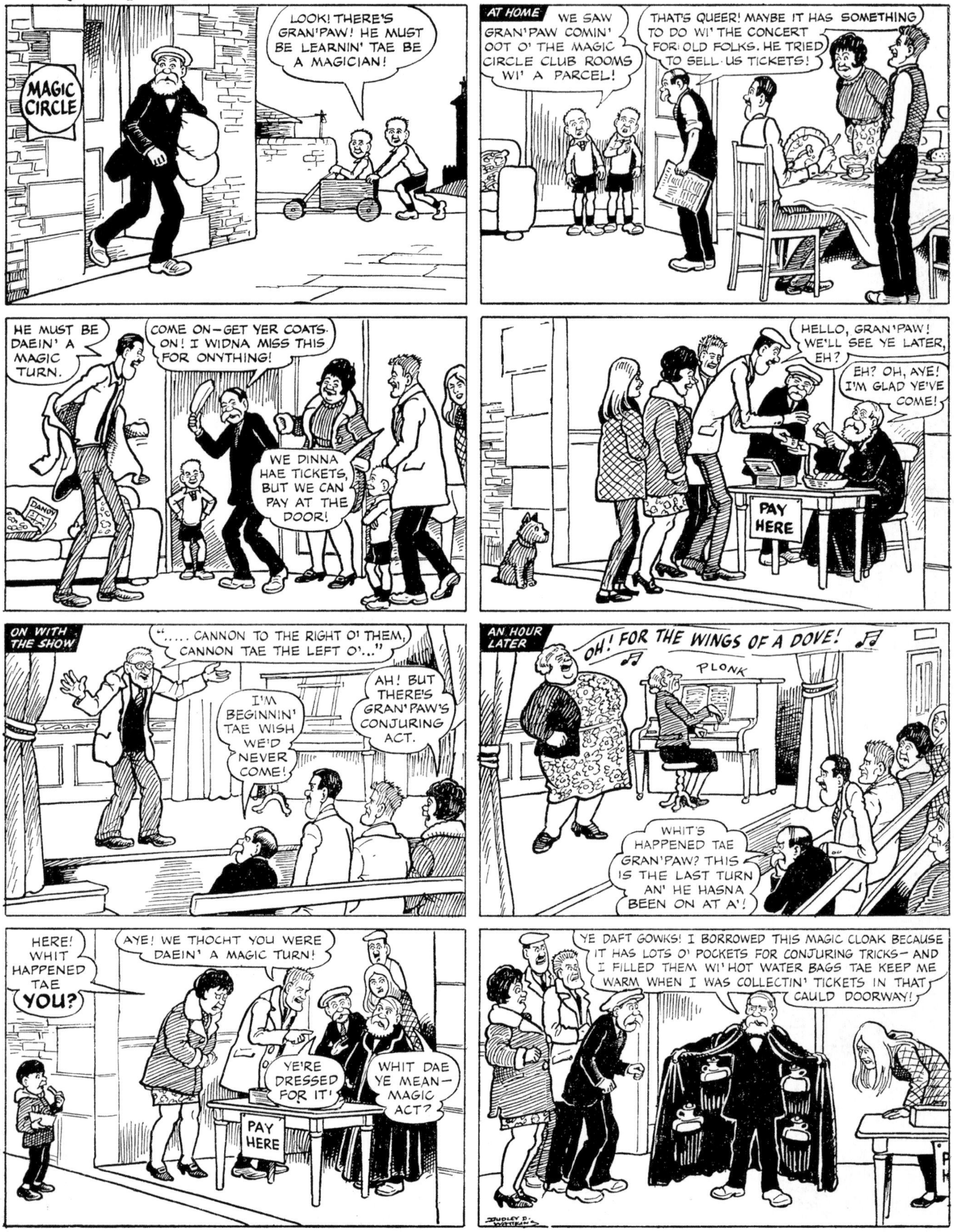
MAGIC CIRCLE
LOOK! THERE'S GRAN'PAW! HE MUST BE LEARNIN' TAE BE A MAGICIAN!
AT HOME
WE SAW GRAN'PAW COMIN' OOT O' THE MAGIC CIRCLE CLUB ROOMS WI' A PARCEL!
THAT'S QUEER! MAYBE IT HAS SOMETHING TO DO WI' THE CONCERT FOR OLD FOLKS. HE TRIED TO SELL US TICKETS!
HE MUST BE DAEIN' A MAGIC TURN.
COME ON—GET YER COATS ON! I WIDNA MISS THIS FOR ONYTHING!
WE DINNA HAE TICKETS, BUT WE CAN PAY AT THE DOOR!
DANDY
HELLO, GRAN'PAW! WE'LL SEE YE LATER, EH?
EH? OH, AYE! I'M GLAD YE'VE COME!
PAY HERE
ON WITH THE SHOW
".... CANNON TO THE RIGHT O' THEM, CANNON TAE THE LEFT O'..."
I'M BEGINNIN' TAE WISH WE'D NEVER COME!
AH! BUT THERE'S GRAN'PAW'S CONJURING ACT.
AN HOUR LATER
OH! FOR THE WINGS OF A DOVE!
PLONK
WHIT'S HAPPENED TAE GRAN'PAW? THIS IS THE LAST TURN AN' HE HASNA BEEN ON AT A'!
HERE! WHIT HAPPENED TAE YOU?
AYE! WE THOCHT YOU WERE DAEIN' A MAGIC TURN!
YE'RE DRESSED FOR IT!
WHIT DAE YE MEAN—MAGIC ACT?
PAY HERE
YE DAFT GOWKS! I BORROWED THIS MAGIC CLOAK BECAUSE IT HAS LOTS O' POCKETS FOR CONJURING TRICKS—AND I FILLED THEM WI' HOT WATER BAGS TAE KEEP ME WARM WHEN I WAS COLLECTIN' TICKETS IN THAT CAULD DOORWAY!
DUDLEY D. WATKINS

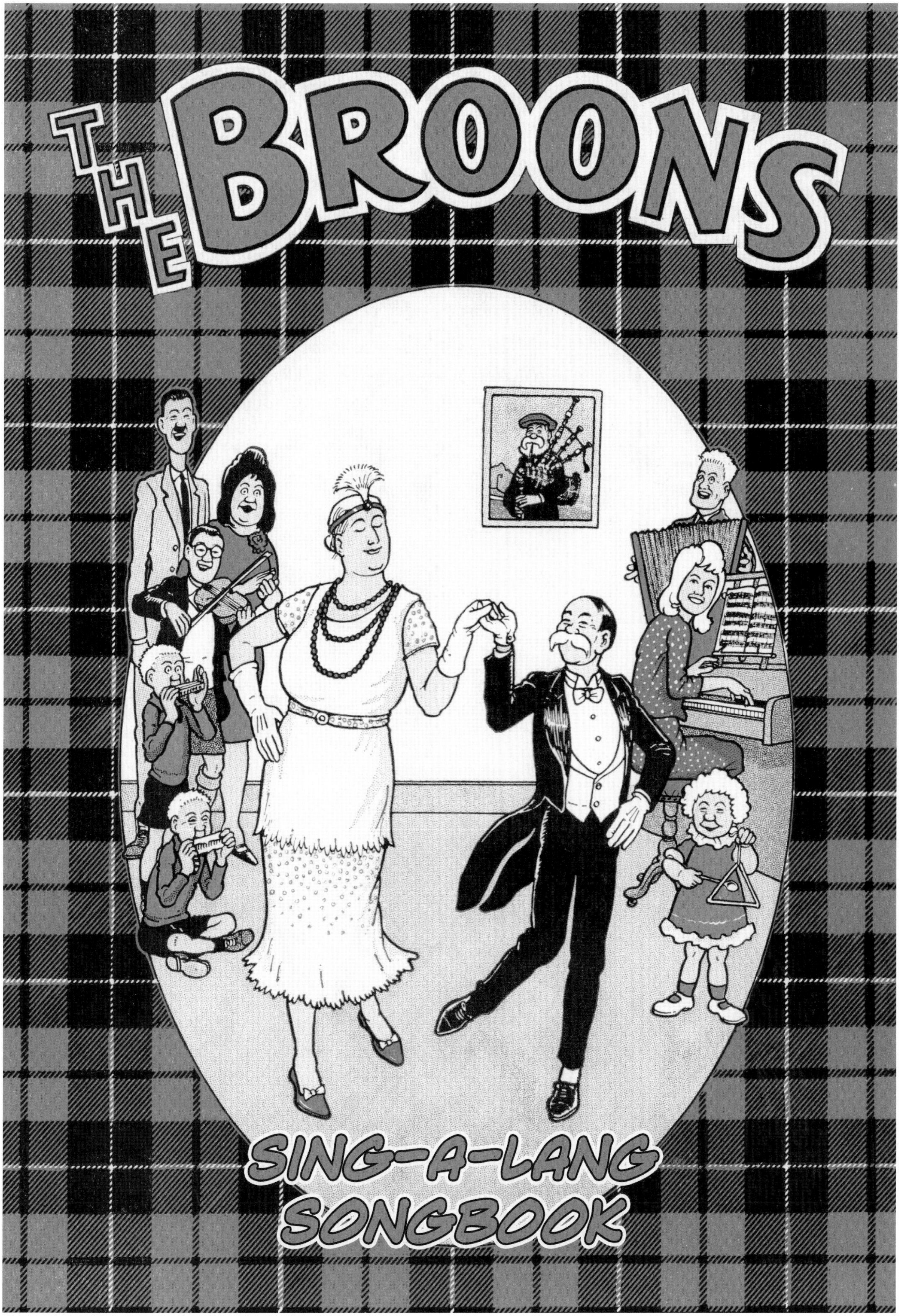
THE BROONS
SING-A-LANG SONGBOOK

# The BROONS GO MARCHING ON

*Air:* "John Brown's Body."

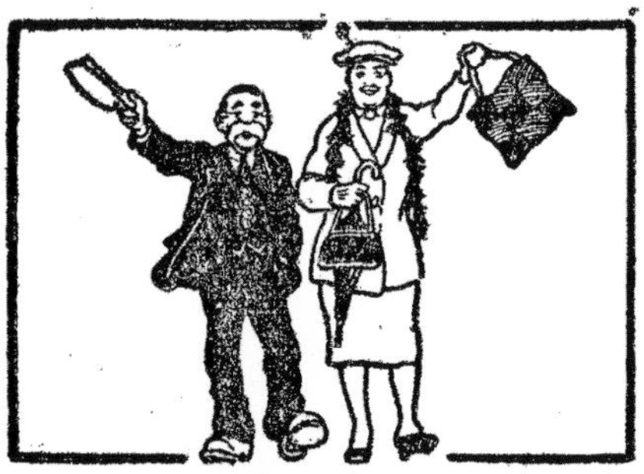

*PAW BROON'S face is maistly wrinkled wi' a smile.*
*Tae find a finer cook than Maw ye'll search a michty while.*
*Ye'll never meet a happier pair though ye walk a hunder mile.*
*So The Broons go marching on.*

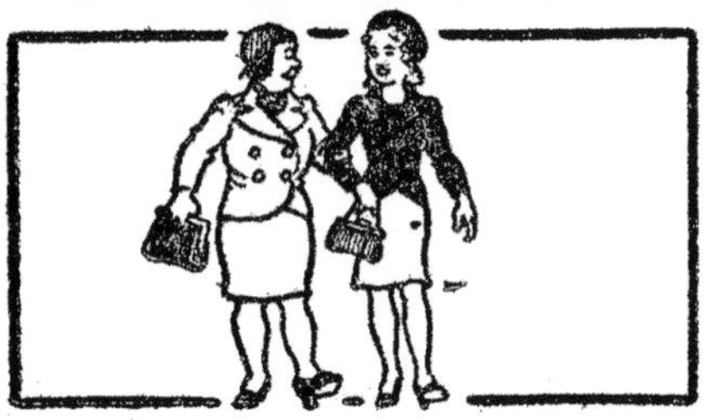

*Daphne, as a glamour girl, the bell she couldna ring,*
*But she has a heart of gold, and that's a better thing.*
*Maggie is the lassie to keep fellows on a string.*
*So the twa go marching on.*

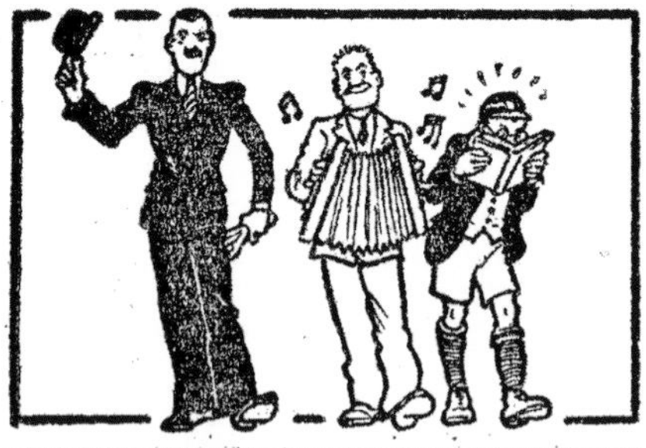

*A trouser-pressing chappie is that big fellow, Hen,*
*But he and brother Joe are honest, cheery men;*
*While Horace Broon—oh, what a boy!—has brains enough for ten.*
*So the lads go marching on.*

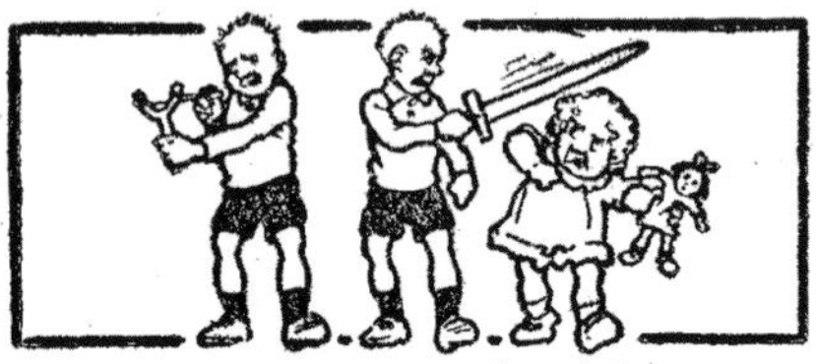

*The twins are aye in trouble, but that couple they're no' carin',*
*They have the whole place in a steer, and whiles the bobby swearin',*
*And whaur, I wonder, wud ye find a sweeter than the Bairn?*
*So the weans go marching on.*

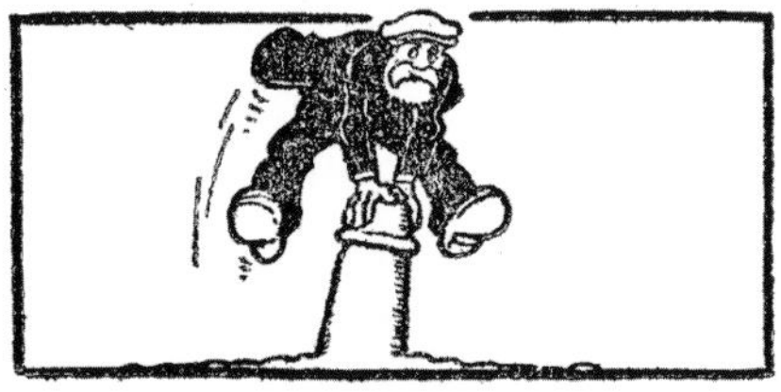

*Gran'paw Broon, his praises must be sung.*
*He's got a twinkle in his e'e and a proper pawky tongue.*
*He's the lad that boasts that he is eighty-three years young.*
*And he still goes marching on.*

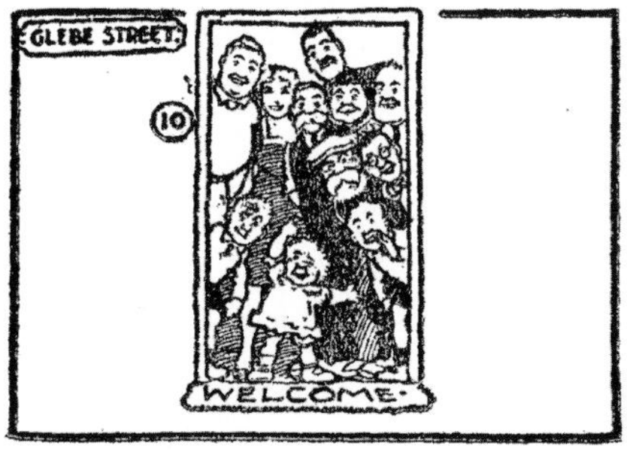
GLEBE STREET
10
WELCOME

*They keep an ever-open door at Glebe Street, Number Ten,*
*That happy bunch o' womenfolk, that hearty lot o' men.*
*And YOU can always rest assured that YOU'LL be welcomed ben,*
*While The Broons go marching on.*

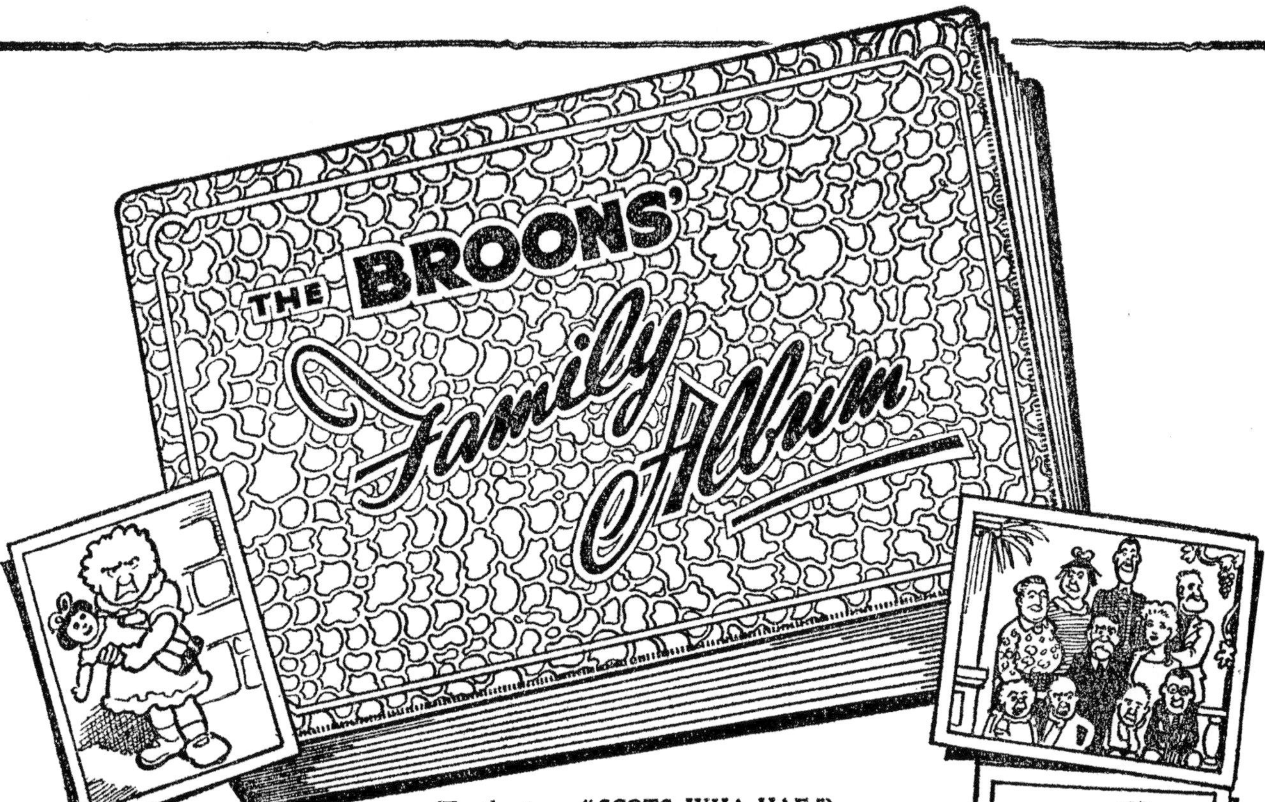
THE BROONS'
Family Album

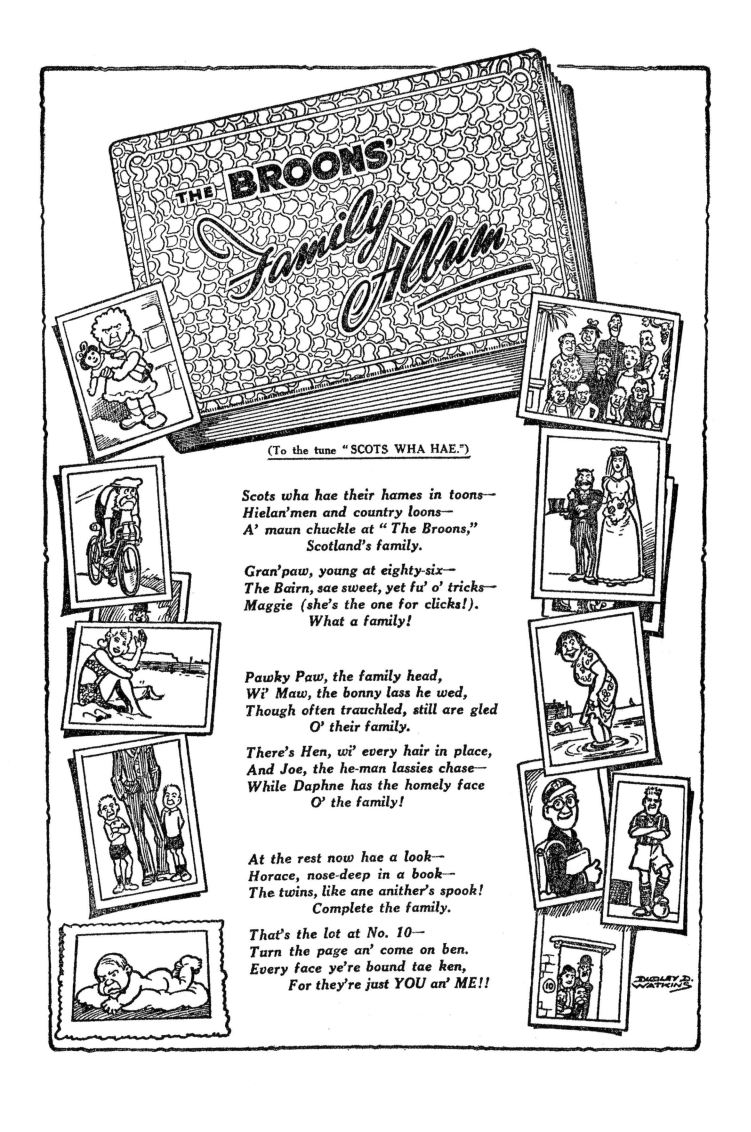

(To the tune "SCOTS WHA HAE.")

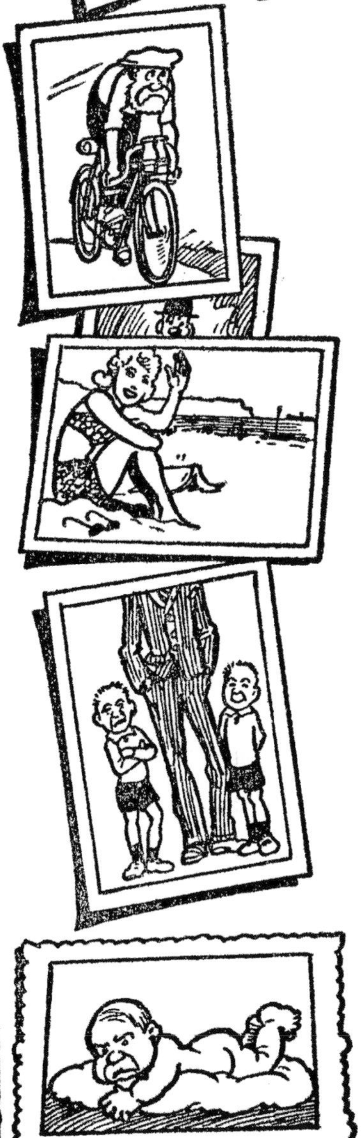

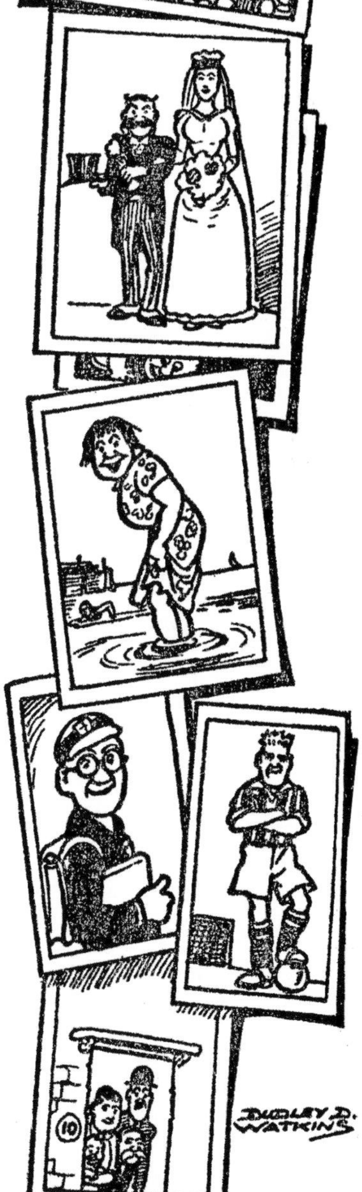
10
DUDLEY D. WATKINS

*Scots wha hae their hames in toons—*
*Hielan'men and country loons—*
*A' maun chuckle at "The Broons,"*
*Scotland's family.*

*Gran'paw, young at eighty-six—*
*The Bairn, sae sweet, yet fu' o' tricks—*
*Maggie (she's the one for clicks!).*
*What a family!*

*Pawky Paw, the family head,*
*Wi' Maw, the bonny lass he wed,*
*Though often trauchled, still are gled*
*O' their family.*

*There's Hen, wi' every hair in place,*
*And Joe, the he-man lassies chase—*
*While Daphne has the homely face*
*O' the family!*

*At the rest now hae a look—*
*Horace, nose-deep in a book—*
*The twins, like ane anither's spook!*
*Complete the family.*

*That's the lot at No. 10—*
*Turn the page an' come on ben.*
*Every face ye're bound tae ken,*
*For they're just YOU an' ME!!*

# Gin a body meet Oor Wullie

(Tune of "COMIN' THRO' THE RYE.")

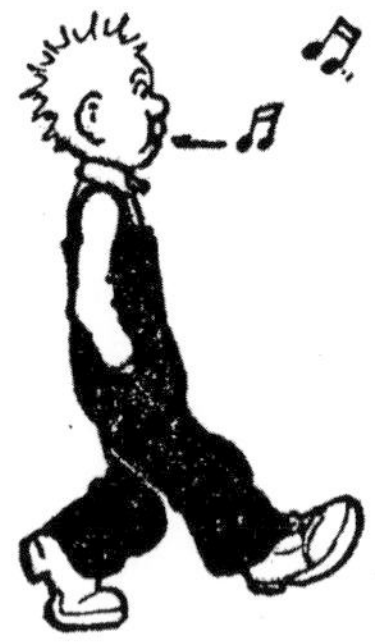

*Gin a body meet a laddie,*
*Fower an' a half feet high.*
*Towsy-heided, rosy-cheekit,*
*Mischief in his eye—*
*Patchit breeks, an' bulgin' pockets,*
*Fu' o' spirit forbye—*
*Then like as no' ye've met Oor Wullie—*
*Scotland's fly wee guy!*

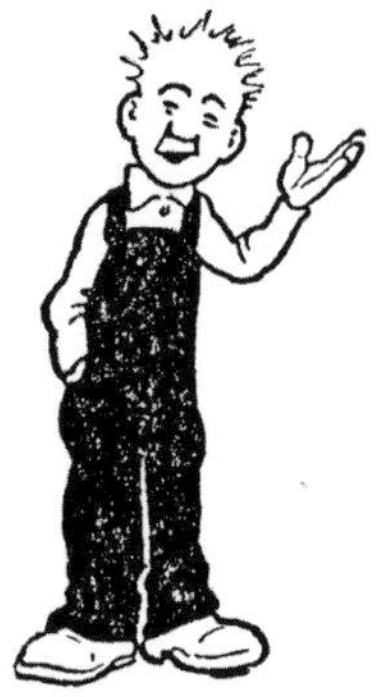

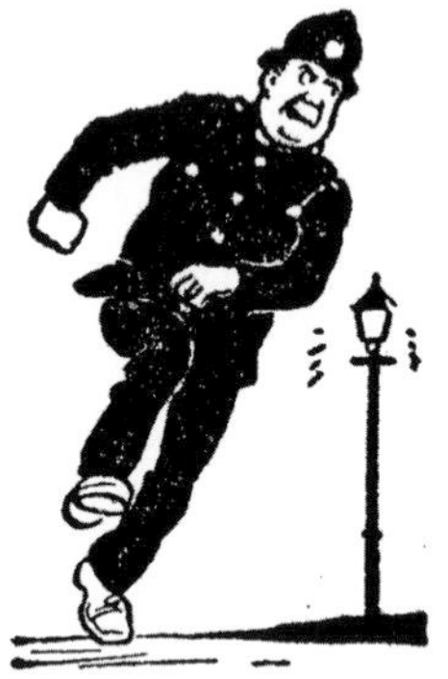

*Gin a body meet a Bobby,*
*Stalking down the street.*
*And, in the dark, ahead o' him—*
*A laugh, and runnin' feet—*
*Ten tae one the sprig o' mischief—*
*Terror o' the beat!*
*Will be Oor Wullie, an' we hope*
*The twain shall never meet!*

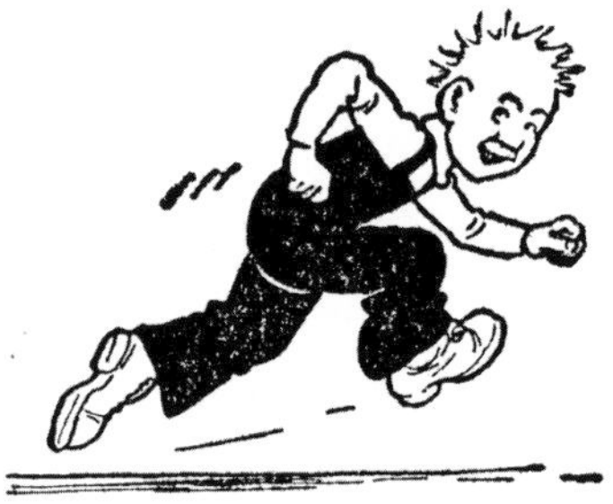

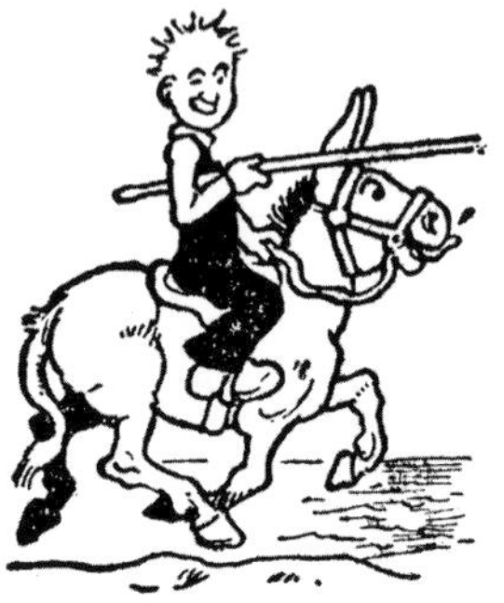

*Gin a body meet a cuddy,*
*Peltin' down the beach—*
*On its back, a whoopin' laddie,*
*Clingin' like a leech—*
*Mair nor likely it's Oor Wullie—*
*Him ye canna teach!*
*He hauds a lang stick wi' a carrot*
*Danglin' oot o' reach!*

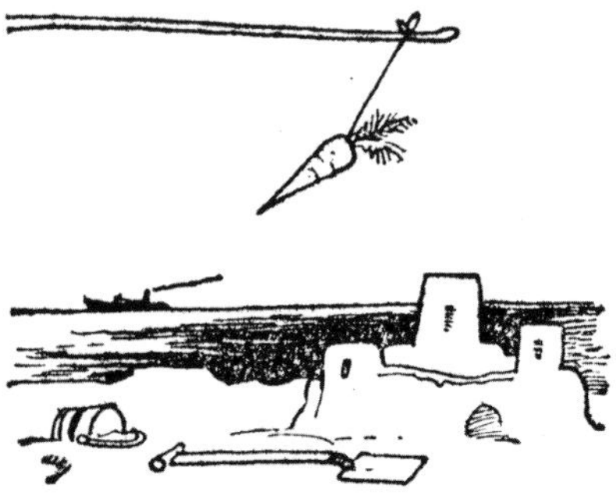

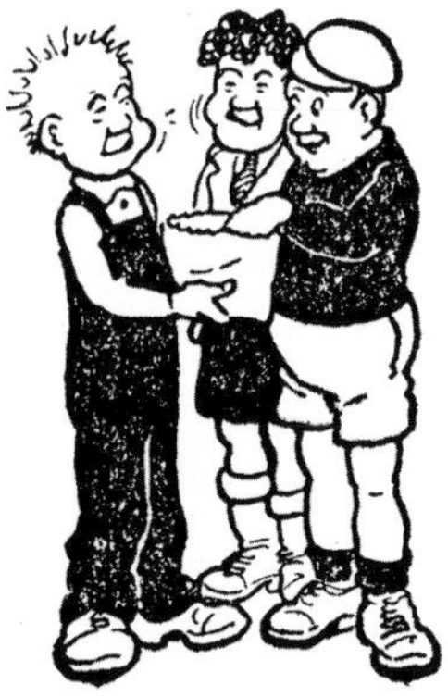

*Gin a body need a buddy,*
*Steadfast, staunch an' true—*
*Ready wi' a cheery story*
*When ye're feelin' blue—*
*Keen tae share his bag o' sweeties*
*Down to the last chew!—*
*Then mak' a buddy o' Oor Wullie—*
*HE's the lad for you!*

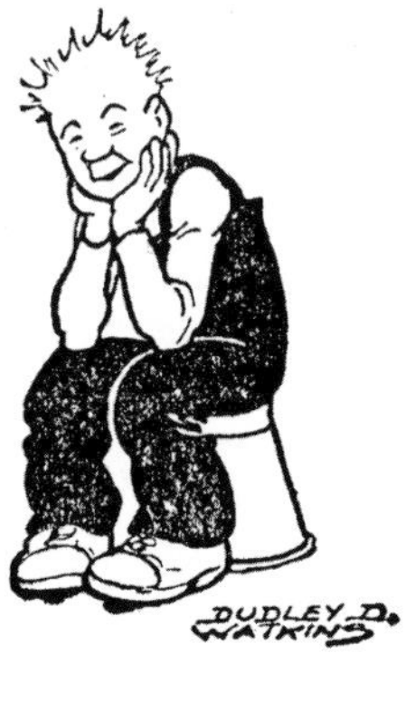
DUDLEY D. WATKINS

# THE BRAW BROONS

(To the tune "WEEL MAY THE KEEL ROW.")

MAW BROON'S a braw Broon
A nae-bother-at-a' Broon.
It's really her that ca's the tune
    For the family.

Paw Broon's a sma' Broon,
The daddy-o'-them-a' Broon.
Nothing ever gets him doon
    Except his family!

Maggie Broon's anither Broon,
A lassie Broon, a classy Broon.
She mak's the lads swoon,
    But no her family.

Daphne Broon's the saft Broon,
The daft Broon, the chaffed Broon.
You'll be laughin' at her soon
    And at her family.

Hen Broon's the lang Broon,
The tallest o' the gang Broon.
The only lad that looks doon
    At his family.

Joe Broon's a tough Broon,
A rough Broon, a bluff Broon.
Ready aye tae gie a tune
    Tae please the family.

The twins, tae, are ca'ed Broon,
Double Broon, trouble Broon!
Something o' a mixed boon—
    Tae the family.

Horace is the swotty Broon,
The spotty Broon, the potty Broon.
The never, never naughty Broon
    O' the family.

Gran'paw Broon's a fine Broon,
A couthy auld-lang-syne Broon.
He'll be ninety-nine soon!
    What a family!

The Bairn Broon's the wee Broon,
The latest yin tae be Broon.
The aipple-o'-Paw's-e'e Broon,
    An' that's the family!

DUDLEY D. WATKINS

# At hame wi' The Broons

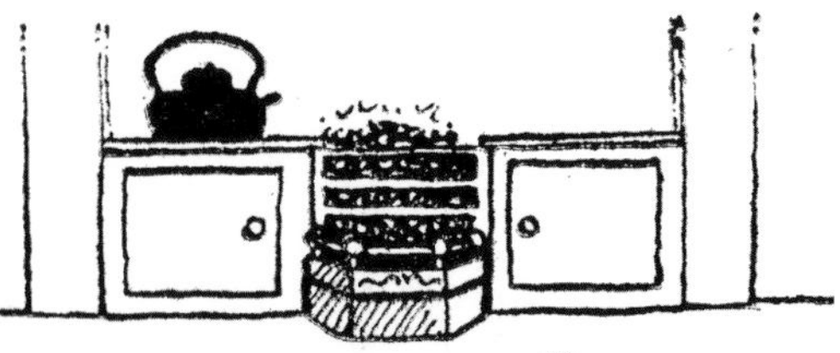

(TO THE TUNE "THERE'S NAE LUCK ABOOT THE HOOSE")

Let's sing a song aboot a hoose—
That hoose ye surely ken—
It's where a famous family bides,
It's Glebe Street, Number Ten.

There's a muckle crood aboot the hoose
Some grown-up and some sma'
But big or wee, they'll aye just be
"Oor bairns" tae Paw an' Maw.

There's glamour aye aboot the hoose
An' a' the lads agree,
That for ae smile frae Maggie Broon
They'd lay them doon an' dee!

A he-man lives aboot the hoose
Big muscles he can show,
But till he finds a cook like Maw
"East, West, Hame's Best" for Joe!

Mony a nicht aboot the hoose
Oor Daphne sits herself,
An' wonders when her Prince will come
Tae tak' her aff the shelf!

There's ae lang streak aboot the hoose
He's six or seven foot ten.
Ye see thae lamp-posts doon the street?
The ane wi' the bowler's Hen!

Horace swots aboot the hoose
Ye never see HIM laze,
Latin, German, French he speaks,
"Algebra, tae," Paw says!

There's seldom quiet aboot the house
Wi' twa lads aye at play,
They're the Twins, an' which is which
Their ain Paw canna say!

The Bairn trots aboot the hoose
An' though she may be sma',
Naebody tak's a len o' her—
She's ower smart for them a'!

Auld Gran'paw comes aboot the hoose
As often as he's able—
Queer how that often seems to be
When dinner's on the table!

That's a' for now aboot this hoose
And surely you'll agree,
There's no', in Scotland's length and breadth
A happier family!

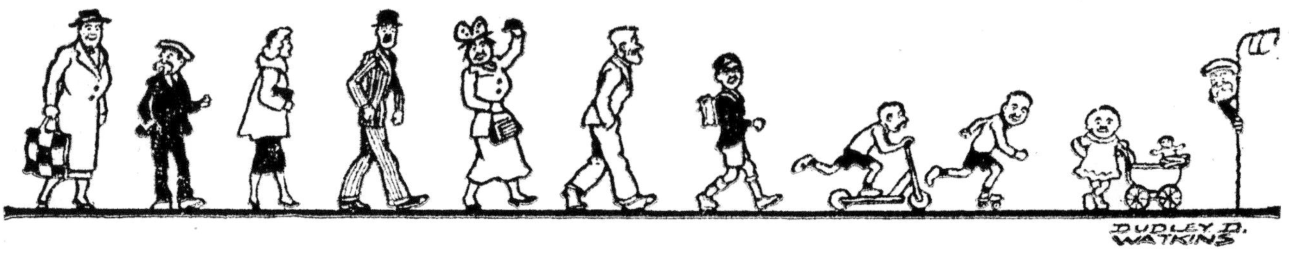
DUDLEY D. WATKINS

# A Pair o' Dungarees

TO THE TUNE OF

## "A PAIR O' NICKY TAMS"

**W**HEN Wullie was only five years old
   He started at the schule.
His faither dressed him in the best—
   But what a sorry tale!
Each nicht the seat wis oot o' his breeks,
   The skin wis aff his knees.
I took a thocht an' clad him in—
   A pair o' dungarees!

---

He's last in class at nine o'clock
   And aye first oot at four.
He never kens a history date,
   But kens the fitba score!
And if a pet mouse mak's me jump
   Or some lad's firin' peas,
I ken they cam frae the pooches o'—
   A pair o' dungarees!

---

It's jist ma luck tae tramp the beat
   That's Wullie's stampin' ground.
A merry dance he leads me,
   I get the run-around!
I need nae fingerprints tae ken
   Wha raids the aipple trees.
The thief was last seen wearin'—
   A pair o' dungarees!

---

A' day he keeps us on oor taes,
   Jings! He's a proper riot!
Till suddenly at eight o'clock
   Things go awfy quiet.
And then we ken we can relax,
   For dancin' in the breeze,
We see, patched ready for the morn—
   His weel-kent dungarees!

# ELEVEN BRAW BROONS

To the tune of "Three Blind Mice".

Eleven braw Broons . . .
Eleven braw Broons . . .
   Did ever ye see such a family tree
For laughter—an' sometimes a tear in your e'e?
   They're a' true to life, for they're just YOU an' ME!
Eleven Braw Broons.

   Gran'paw's gettin' on . . .
   Gran'paw's gettin' on . . .
      He's the Broon that was in at the start.
   They may come mair handsome, but never as smart!
      The secret, of course, is he's still young in heart.
   Gran'paw's getting on.

   Good old Hen and Joe . .
   Good old Hen and Joe . . .
      They're both Paw Broon's sons, yet they're like chalk and cheese.
   It takes Joe a' his time to reach up to Hen's knees!
      It's left to the TWINS to be like as twa peas.
   Good old Hen and Joe.

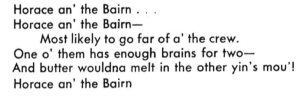

      Horace an' the Bairn . . .
      Horace an' the Bairn—
         Most likely to go far of a' the crew.
      One o' them has enough brains for two—
      And butter wouldna melt in the other yin's mou'!
      Horace an' the Bairn

      Bonnie Maggie Broon . . .
      Bonnie Maggie Broon . . .
         She's as sweet as the rose clingin' to the wa'
      An' she is the fairest o' them a'—
         "She gets it a' frae her feyther!" smirks Paw.
      Bonnie Maggie Broon.

      Daphne is a laugh . . .
      Daphne is a laugh . . .
         She's looked for Romance forty years or mair,
      An' never progressed past the foot o' the stair!
         But she "clicks" wi' us, so we shouldna care.
      Daphne is the lass.

      Then we come to Maw . . .
      Then we come to Maw . . .
         If teethache strikes in the middle o' the night—
      If judgment is needed to settle a fight—
         If a' this dreary old world needs put right—
      THEN WE COME TO MAW!

# Wullie! Where's Yer Troosers?

IN Spring Oor Wullie's weel happed-up,
  In Summer, lightly dressed;
In Autumn he's a jersey on,
Syne wears his Winter vest;

**But one thing that's a certainty in every yearly season—
Whene'er you see Oor Wullie oot, he'll hae his dungarees on!**

Ae day Ma took him to the store,
To buy him some new clothes;
"How aboot a kilt," she said,
"Wi' sporran, dirk and hose?"

**But, looking down, Wull shook his pow and said, "Wi' knees like these,
A kilt would never dae for me—Gie me new dungarees!"**

When to a cousin's wedding,
Oor Wullie had to go,
A' fairly dressed up to the nines
(He had to mak' a show);

**But climbin' in the taxi tore his strippit-trooser knees,
He had to wear top hat and tails—an' a pair of dungarees!**

Each week when Sunday comes along,
The day tae look yer best,
Wi' folk goin' here and folk goin there,
A' neat an' nicely dressed;

**Oor Wullie's no exception—wonders never cease—
He's still got dungarees on—but they've got a smashin' crease!**

# Broons Way-Hey!

*(Sung to the tune of 'Scots Wha Hae' by Rabbie Broons... er Burns)*

Broons, wha hae lang helped tae raise,
A load o' laughs, their fun earns praise,
A close-knit clan wha's deeds amaze,
Fans o' the family!

They a' still bide at number Ten,
Day in, day oot, except for when
They drive up tae their But an' Ben,
For a merry spree!

Granpaw arrives under his ain steam,
We've enough Broons noo for a fitba team,
He's aye got a fly trick or scheme,
Tae fill the Bairn wi' glee!

The wee lass thinks naebody's funner,
Paw jist thinks he's an auld scunner,
An awfy big bairn, an' him near a hunner',
'Ach, jist grow up, would ye?'

The Twins go jumpin' ower the brook, it
Is awfy wide, but doesnae look it,
Nae wonder they both come back drookit,
Drip-drippin' messily!

Brave Hen an' Joe are fairly champin'
At the bit tae go oot campin',
That auld, torn tent, though, lets the damp in,
So back indoors they flee!

Maw doesnae find it awfy funny,
Her laddies moanin', noses runny,
She kens the dab — spoonfu's o' honey,
A guid auld remedy!

Mags an' Daph tak' in the scenery,
Aside frae the hills an' a' this greenery,
There's fit lads handlin' the farm machinery,
Whit a brawny sicht tae see!

Nae sign o' Horace? Whit's gone wrong?
It's a family trip, has he come along?
Weel, wha dae ye think's composin' this song,
Tae an auld Burns melody?

Broons, wha hae head back hame frae yonder,
Efter takin' a highland daunder,
O' oor ain But an' Ben we couldnae be fonder,
But Glebe Street, we're aye glad tae see!

*Through the town see Wullie go—*

*Tricking folk with a radio!*

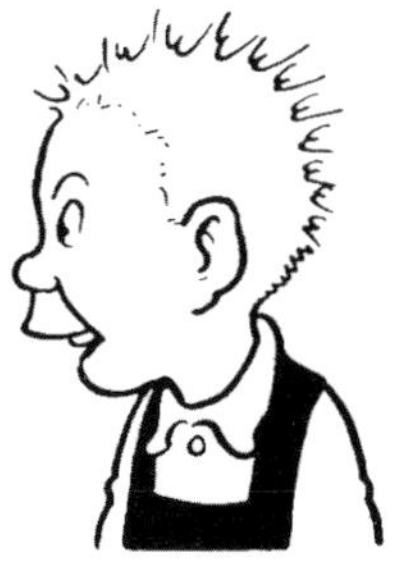

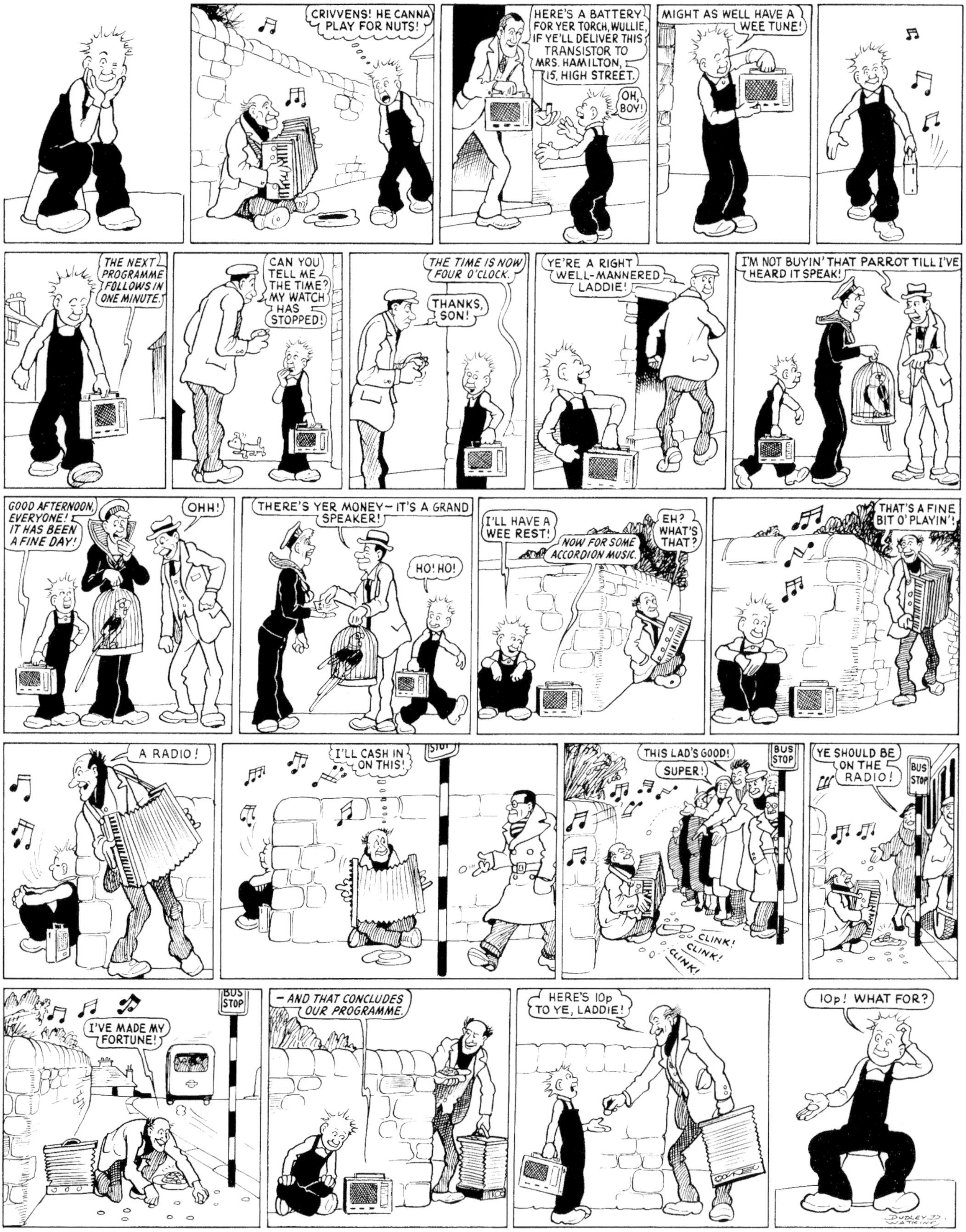

CRIVVENS! HE CANNA PLAY FOR NUTS!
HERE'S A BATTERY FOR YER TORCH, WULLIE, IF YE'LL DELIVER THIS TRANSISTOR TO MRS. HAMILTON, 15, HIGH STREET.
OH, BOY!
MIGHT AS WELL HAVE A WEE TUNE!
THE NEXT PROGRAMME FOLLOWS IN ONE MINUTE.
CAN YOU TELL ME THE TIME? MY WATCH HAS STOPPED!
THE TIME IS NOW FOUR O'CLOCK.
THANKS, SON!
YE'RE A RIGHT WELL-MANNERED LADDIE!
I'M NOT BUYIN' THAT PARROT TILL I'VE HEARD IT SPEAK!
GOOD AFTERNOON, EVERYONE! IT HAS BEEN A FINE DAY!
OHH!
THERE'S YER MONEY— IT'S A GRAND SPEAKER!
HO! HO!
I'LL HAVE A WEE REST!
NOW FOR SOME ACCORDION MUSIC.
EH? WHAT'S THAT?
THAT'S A FINE BIT O' PLAYIN'!
A RADIO!
I'LL CASH IN ON THIS!
THIS LAD'S GOOD!
SUPER!
BUS STOP
CLINK!
CLINK!
CLINK!
YE SHOULD BE ON THE RADIO!
BUS STOP
I'VE MADE MY FORTUNE!
BUS STOP
— AND THAT CONCLUDES OUR PROGRAMME.
HERE'S 10p TO YE, LADDIE!
10p! WHAT FOR?
DUDLEY D. WATKINS

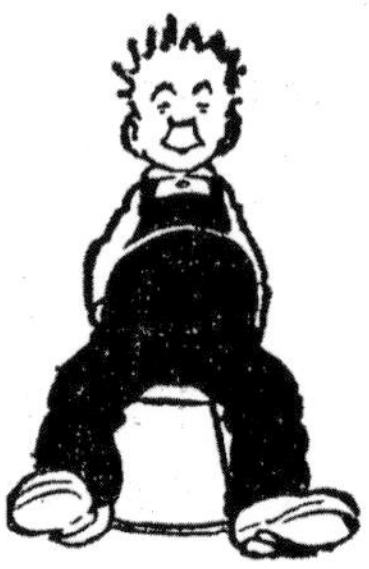

*See the lasso whirl and twirl —*

*Oor lad's bamboozled by a girl.*

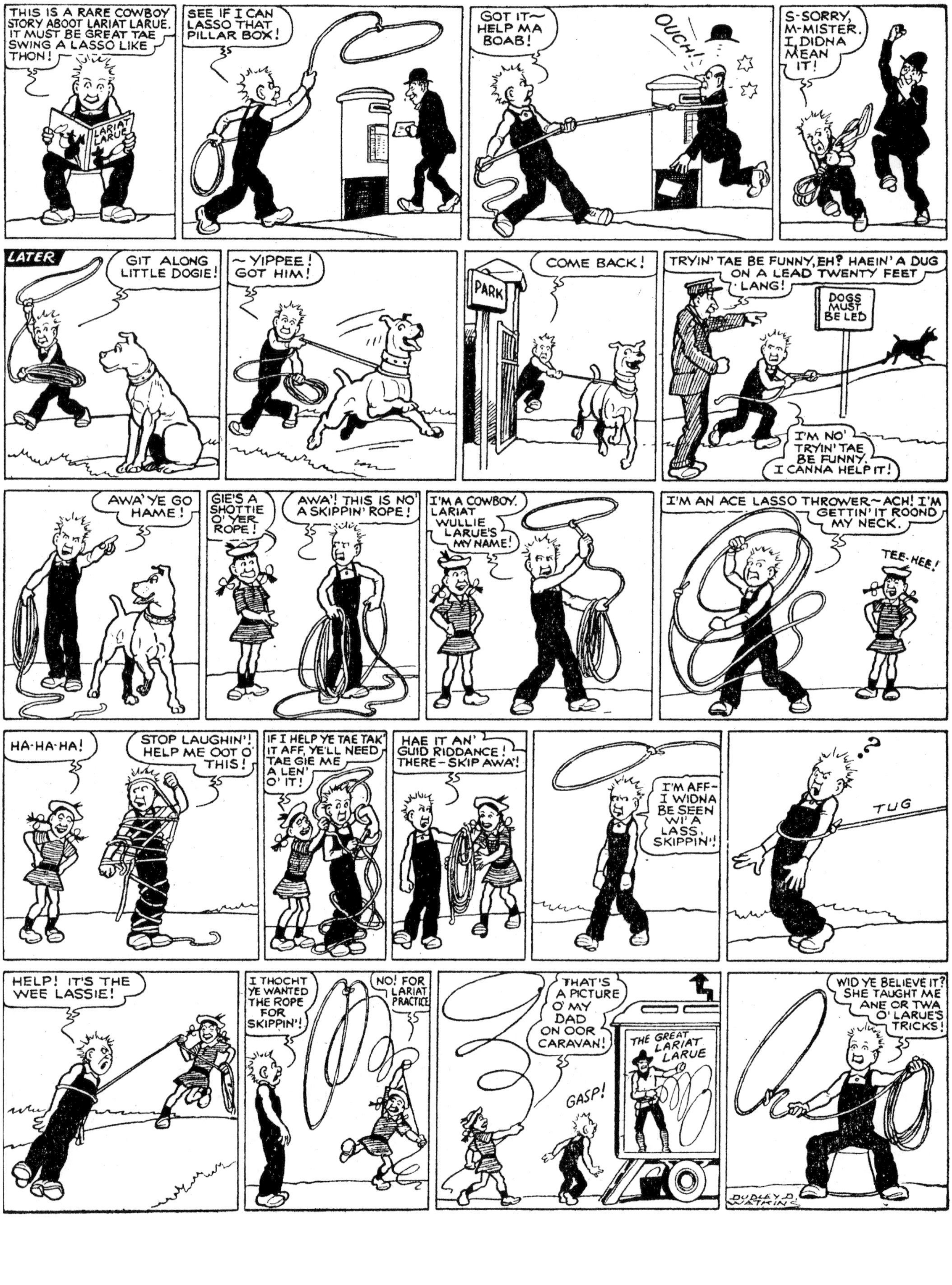

THIS IS A RARE COWBOY STORY ABOOT LARIAT LARUE. IT MUST BE GREAT TAE SWING A LASSO LIKE THON!
LARIAT LARUE
SEE IF I CAN LASSO THAT PILLAR BOX!
GOT IT~ HELP MA BOAB!
OUCH!
S-SORRY, M-MISTER. I DIDNA MEAN IT!
LATER
GIT ALONG LITTLE DOGIE!
~YIPPEE! GOT HIM!
PARK
COME BACK!
TRYIN' TAE BE FUNNY, EH? HAEIN' A DUG ON A LEAD TWENTY FEET LANG!
DOGS MUST BE LED
I'M NO' TRYIN' TAE BE FUNNY. I CANNA HELP IT!
AWA' YE GO HAME!
GIE'S A SHOTTIE O' YER ROPE!
AWA'! THIS IS NO' A SKIPPIN' ROPE!
I'M A COWBOY. LARIAT WULLIE LARUE'S MY NAME!
I'M AN ACE LASSO THROWER~ACH! I'M GETTIN' IT ROOND MY NECK.
TEE-HEE!
HA-HA-HA!
STOP LAUGHIN'! HELP ME OOT O' THIS!
IF I HELP YE TAE TAK' IT AFF, YE'LL NEED TAE GIE ME A LEN' O' IT!
HAE IT AN' GUID RIDDANCE! THERE-SKIP AWA'!
I'M AFF-I WIDNA BE SEEN WI' A LASS, SKIPPIN'!
?
TUG
HELP! IT'S THE WEE LASSIE!
I THOCHT YE WANTED THE ROPE FOR SKIPPIN'!
NO! FOR LARIAT PRACTICE
THAT'S A PICTURE O' MY DAD ON OOR CARAVAN!
THE GREAT LARIAT LARUE
GASP!
WID YE BELIEVE IT? SHE TAUGHT ME ANE OR TWA O' LARUE'S TRICKS!
DUDLEY D. WATKINS

*A pot of gold Oor Wullie seeks —*

*And whit does he get? A hole in his breeks!*

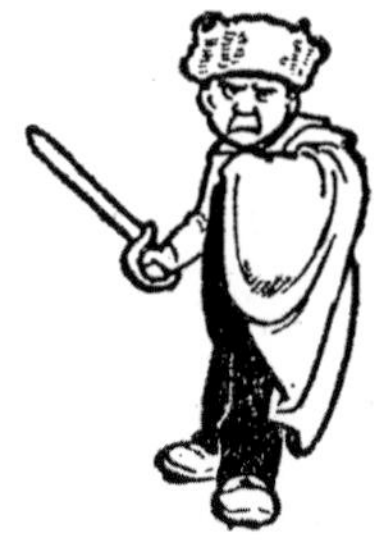

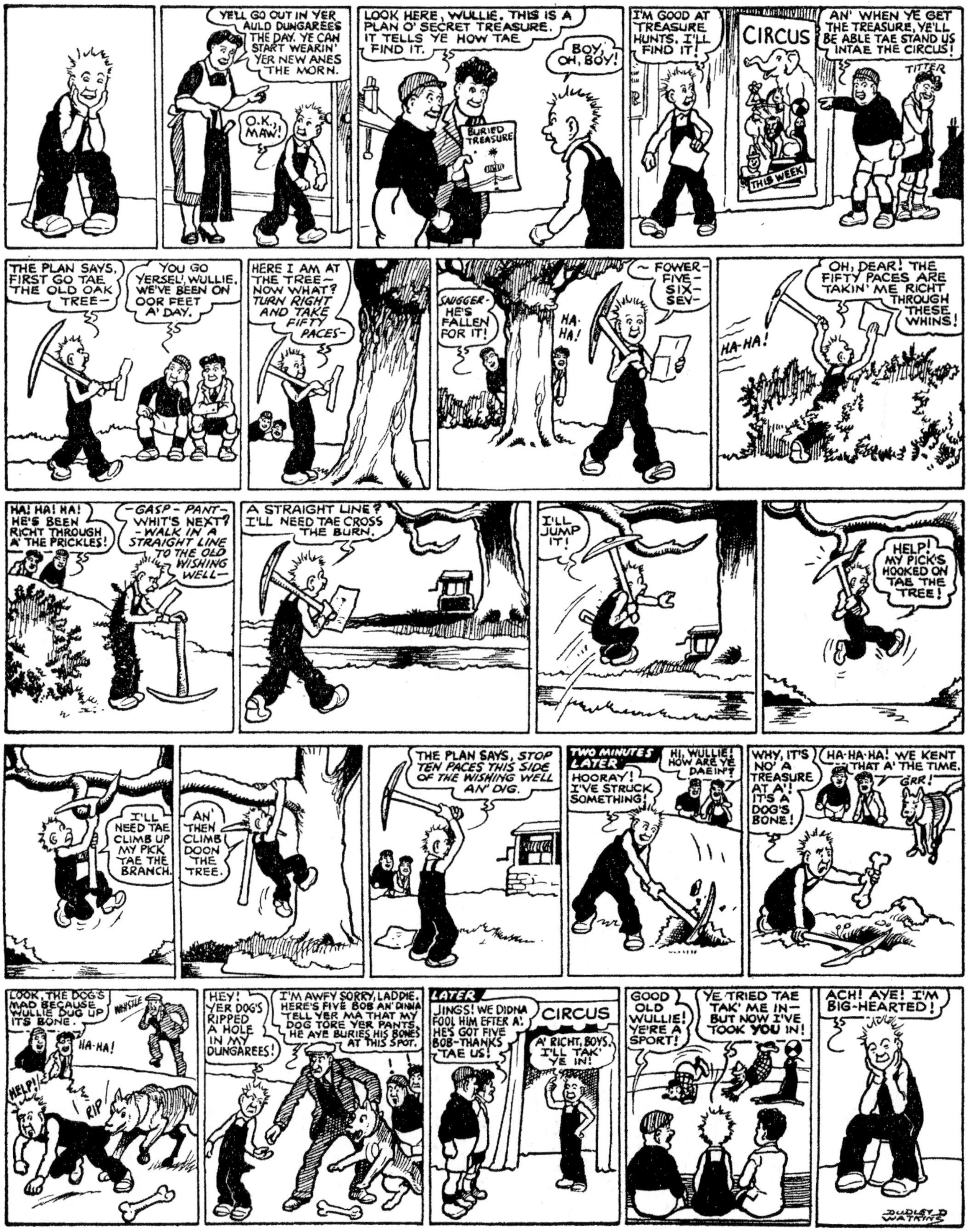

YE'LL GO OUT IN YER AULD DUNGAREES THE DAY. YE CAN START WEARIN' YER NEW ANES THE MORN.
O.K., MAW!
LOOK HERE, WULLIE. THIS IS A PLAN O' SECRET TREASURE. IT TELLS YE HOW TAE FIND IT.
BURIED TREASURE
BOY, OH, BOY!
I'M GOOD AT TREASURE HUNTS. I'LL FIND IT!
CIRCUS
THIS WEEK
AN' WHEN YE GET THE TREASURE, YE'LL BE ABLE TAE STAND US INTAE THE CIRCUS!
TITTER
THE PLAN SAYS, FIRST GO TAE THE OLD OAK TREE—
YOU GO YERSEL', WULLIE. WE'VE BEEN ON OOR FEET A' DAY.
HERE I AM AT THE TREE— NOW WHAT? TURN RIGHT AND TAKE FIFTY PACES—
SNIGGER— HE'S FALLEN FOR IT!
HA-HA!
~FOWER— FIVE— SIX— SEV—
OH, DEAR! THE FIFTY PACES ARE TAKIN' ME RICHT THROUGH THESE WHINS!
HA-HA!
HA! HA! HA! HE'S BEEN RICHT THROUGH A' THE PRICKLES!
—GASP— PANT— WHIT'S NEXT? —WALK IN A STRAIGHT LINE TO THE OLD WISHING WELL—
A STRAIGHT LINE? I'LL NEED TAE CROSS THE BURN.
I'LL JUMP IT!
HELP! MY PICK'S HOOKED ON TAE THE TREE!
I'LL NEED TAE CLIMB UP MY PICK TAE THE BRANCH.
AN' THEN CLIMB DOON THE TREE.
THE PLAN SAYS, STOP TEN PACES THIS SIDE OF THE WISHING WELL AN' DIG.
TWO MINUTES LATER
HI, WULLIE! HOW ARE YE DAEIN'?
HOORAY! I'VE STRUCK SOMETHING!
WHY, IT'S NO' A TREASURE AT A'! IT'S A DOG'S BONE!
HA-HA-HA! WE KENT THAT A' THE TIME.
GRR!
LOOK, THE DOG'S MAD BECAUSE WULLIE DUG UP ITS BONE.
WHISTLE
HA-HA!
HELP!
RIP
HEY! YER DOG'S RIPPED A HOLE IN MY DUNGAREES!
I'M AWFY SORRY, LADDIE. HERE'S FIVE BOB AN' DINNA TELL YER MA THAT MY DOG TORE YER PANTS. HE AYE BURIES HIS BONES AT THIS SPOT.
LATER
JINGS! WE DIDNA FOOL HIM EFTER A'. HE'S GOT FIVE BOB—THANKS TAE US!
CIRCUS
A' RICHT, BOYS, I'LL TAK' YE IN!
GOOD OLD WULLIE! YE'RE A SPORT!
YE TRIED TAE TAK' ME IN— BUT NOW I'VE TOOK YOU IN!
ACH! AYE! I'M BIG-HEARTED!
DUDLEY D WATKINS

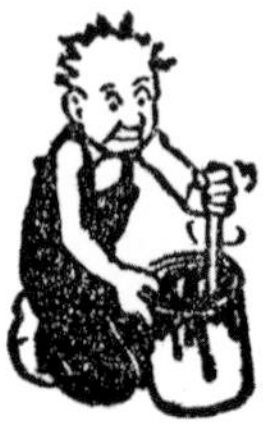

*Whit's a' this wailin', shriekin' noise? —*

*It's just one more o' Wullie's ploys!*

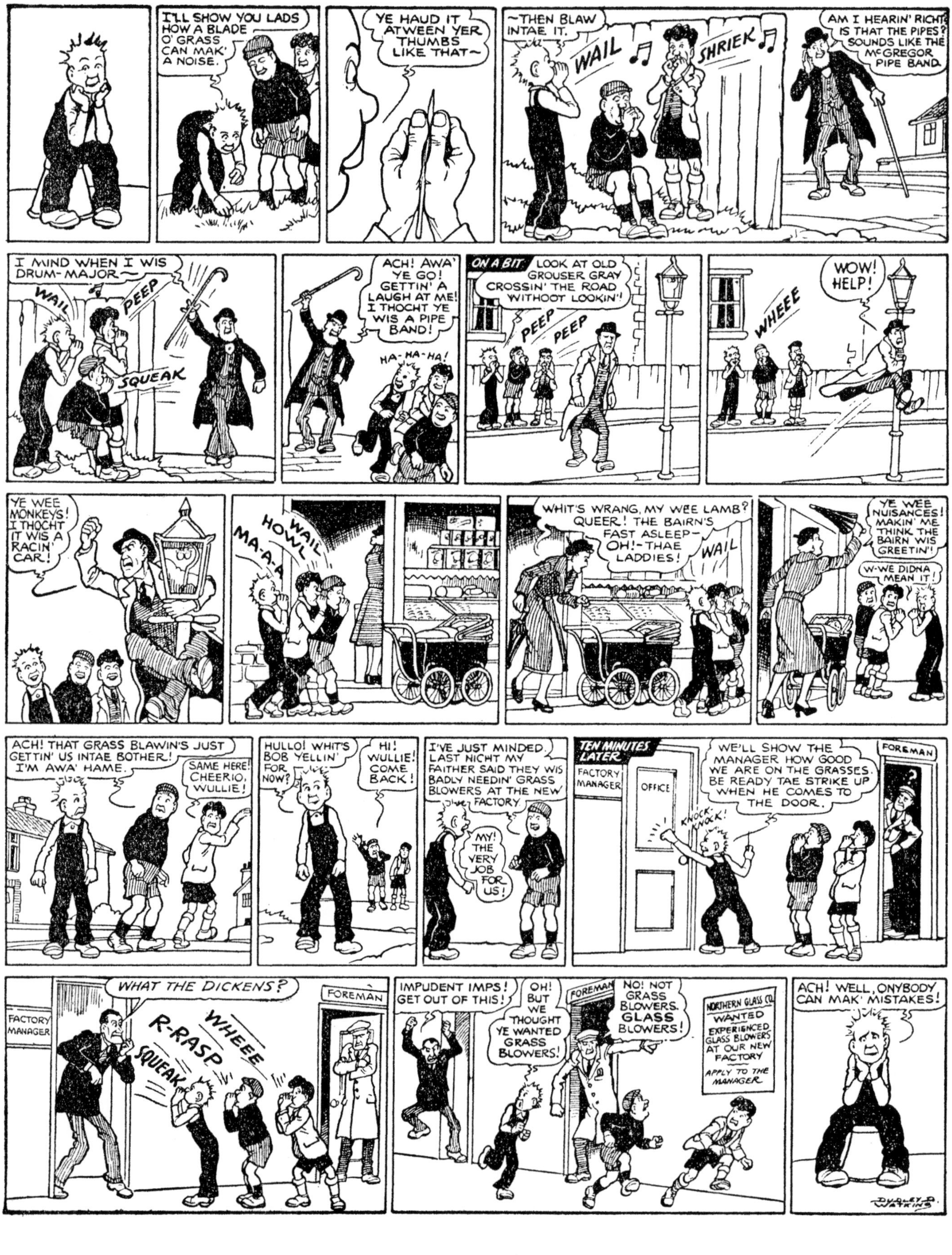

I'LL SHOW YOU LADS HOW A BLADE O' GRASS CAN MAK' A NOISE.
YE HAUD IT ATWEEN YER THUMBS LIKE THAT~
~THEN BLAW INTAE IT.
WAIL
SHRIEK
AM I HEARIN' RICHT? IS THAT THE PIPES? SOUNDS LIKE THE McGREGOR PIPE BAND.
I MIND WHEN I WIS DRUM-MAJOR~
WAIL
PEEP
SQUEAK
ACH! AWA' YE GO! GETTIN' A LAUGH AT ME! I THOCHT YE WIS A PIPE BAND!
HA-HA-HA!
ON A BIT
LOOK AT OLD GROUSER GRAY CROSSIN' THE ROAD WITHOOT LOOKIN'!
PEEP
PEEP
WHEEE
WOW! HELP!
YE WEE MONKEYS! I THOCHT IT WIS A RACIN' CAR!
WAIL
HOWL
MA-A-A
WHIT'S WRANG, MY WEE LAMB? QUEER! THE BAIRN'S FAST ASLEEP— OH!-THAE LADDIES!
WAIL
YE WEE NUISANCES! MAKIN' ME THINK THE BAIRN WIS GREETIN'!
W-WE DIDNA MEAN IT!
ACH! THAT GRASS BLAWIN'S JUST GETTIN' US INTAE BOTHER! I'M AWA' HAME.
SAME HERE! CHEERIO, WULLIE!
HULLO! WHIT'S BOB YELLIN' FOR NOW?
HI! WULLIE! COME BACK!
I'VE JUST MINDED. LAST NICHT MY FAITHER SAID THEY WIS BADLY NEEDIN' GRASS BLOWERS AT THE NEW FACTORY.
MY! THE VERY JOB FOR US!
TEN MINUTES LATER
FACTORY MANAGER
OFFICE
KNOCK KNOCK!
WE'LL SHOW THE MANAGER HOW GOOD WE ARE ON THE GRASSES. BE READY TAE STRIKE UP WHEN HE COMES TO THE DOOR.
FOREMAN
?
WHAT THE DICKENS?
FACTORY MANAGER
FOREMAN
R-RASP
WHEEE
SQUEAK
IMPUDENT IMPS! GET OUT OF THIS!
OH! BUT WE THOUGHT YE WANTED GRASS BLOWERS!
FOREMAN
NO! NOT GRASS BLOWERS. GLASS BLOWERS!
NORTHERN GLASS CO.
WANTED
EXPERIENCED GLASS BLOWERS AT OUR NEW FACTORY
APPLY TO THE MANAGER
ACH! WELL, ONYBODY CAN MAK' MISTAKES!
DUDLEY D. WATKINS

*All this din gives folk a pain—*

*No wonder they stop Wullie's playin'!*

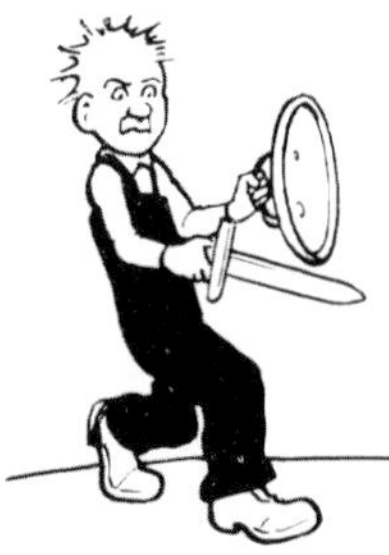

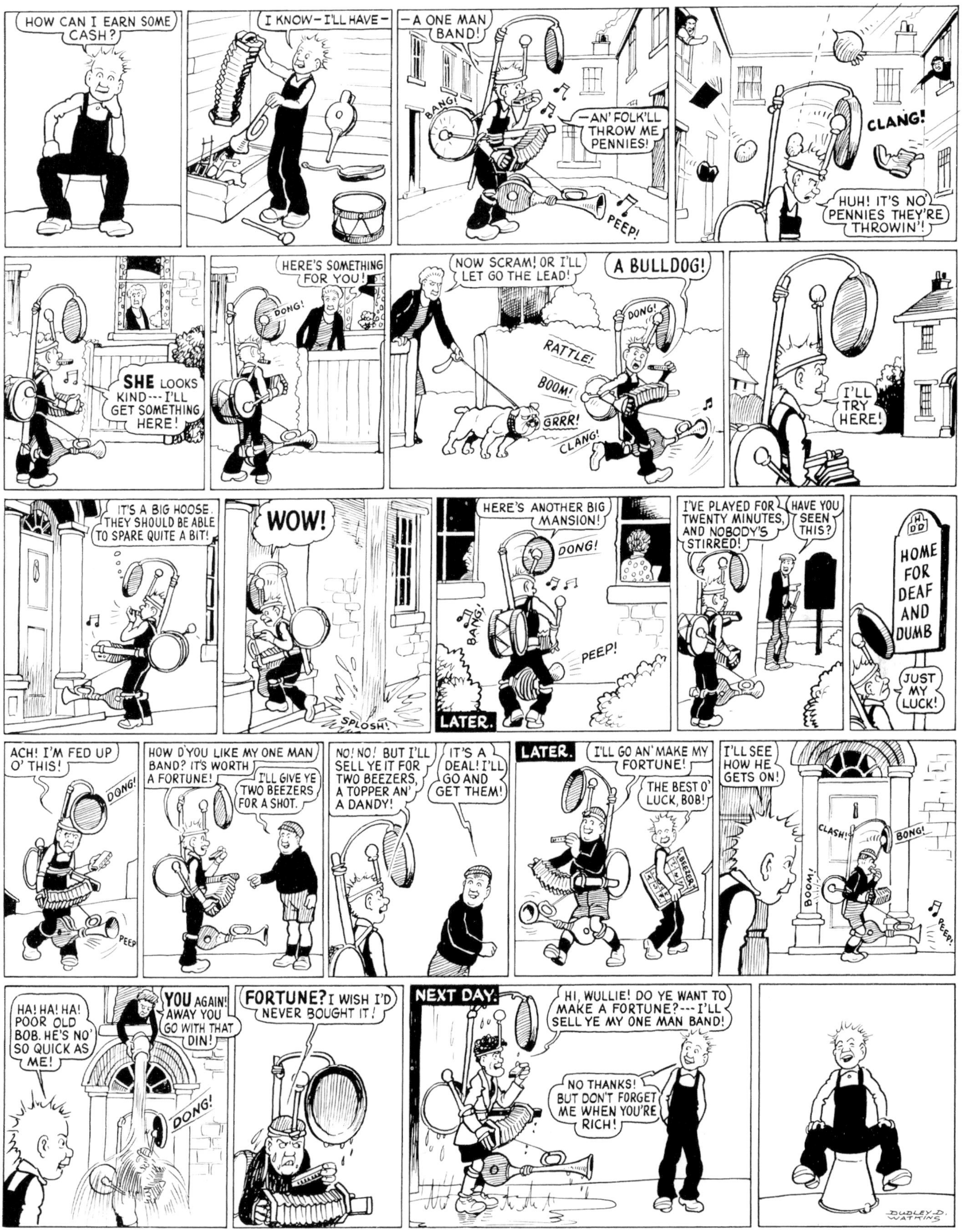

HOW CAN I EARN SOME CASH?
I KNOW—I'LL HAVE—
—A ONE MAN BAND!
BANG!
—AN' FOLK'LL THROW ME PENNIES!
PEEP!
CLANG!
HUH! IT'S NO' PENNIES THEY'RE THROWIN'!
SHE LOOKS KIND---I'LL GET SOMETHING HERE!
HERE'S SOMETHING FOR YOU!
DONG!
NOW SCRAM! OR I'LL LET GO THE LEAD!
A BULLDOG!
DONG!
RATTLE!
BOOM!
GRRR!
CLANG!
I'LL TRY HERE!
IT'S A BIG HOOSE. THEY SHOULD BE ABLE TO SPARE QUITE A BIT!
WOW!
SPLOSH!
HERE'S ANOTHER BIG MANSION!
DONG!
BANG!
PEEP!
LATER.
I'VE PLAYED FOR TWENTY MINUTES, AND NOBODY'S STIRRED!
HAVE YOU SEEN THIS?
HOME FOR DEAF AND DUMB
JUST MY LUCK!
ACH! I'M FED UP O' THIS!
DONG!
PEEP
HOW D'YOU LIKE MY ONE MAN BAND? IT'S WORTH A FORTUNE!
I'LL GIVE YE TWO BEEZERS FOR A SHOT.
NO! NO! BUT I'LL SELL YE IT FOR TWO BEEZERS, A TOPPER AN' A DANDY!
IT'S A DEAL! I'LL GO AND GET THEM!
LATER.
I'LL GO AN' MAKE MY FORTUNE!
THE BEST O' LUCK, BOB!
I'LL SEE HOW HE GETS ON!
CLASH!
BONG!
BOOM!
PEEP!
HA! HA! HA! POOR OLD BOB. HE'S NO' SO QUICK AS ME!
YOU AGAIN! AWAY YOU GO WITH THAT DIN!
DONG!
FORTUNE? I WISH I'D NEVER BOUGHT IT!
NEXT DAY.
HI, WULLIE! DO YE WANT TO MAKE A FORTUNE?---I'LL SELL YE MY ONE MAN BAND!
NO THANKS! BUT DON'T FORGET ME WHEN YOU'RE RICH!
DUDLEY D. WATKINS

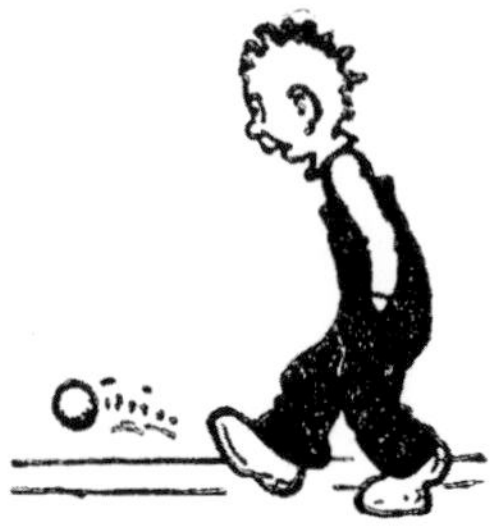

*At fechtin' Wullie is a smasher —*

*He ballet-dances rings roond Basher!*

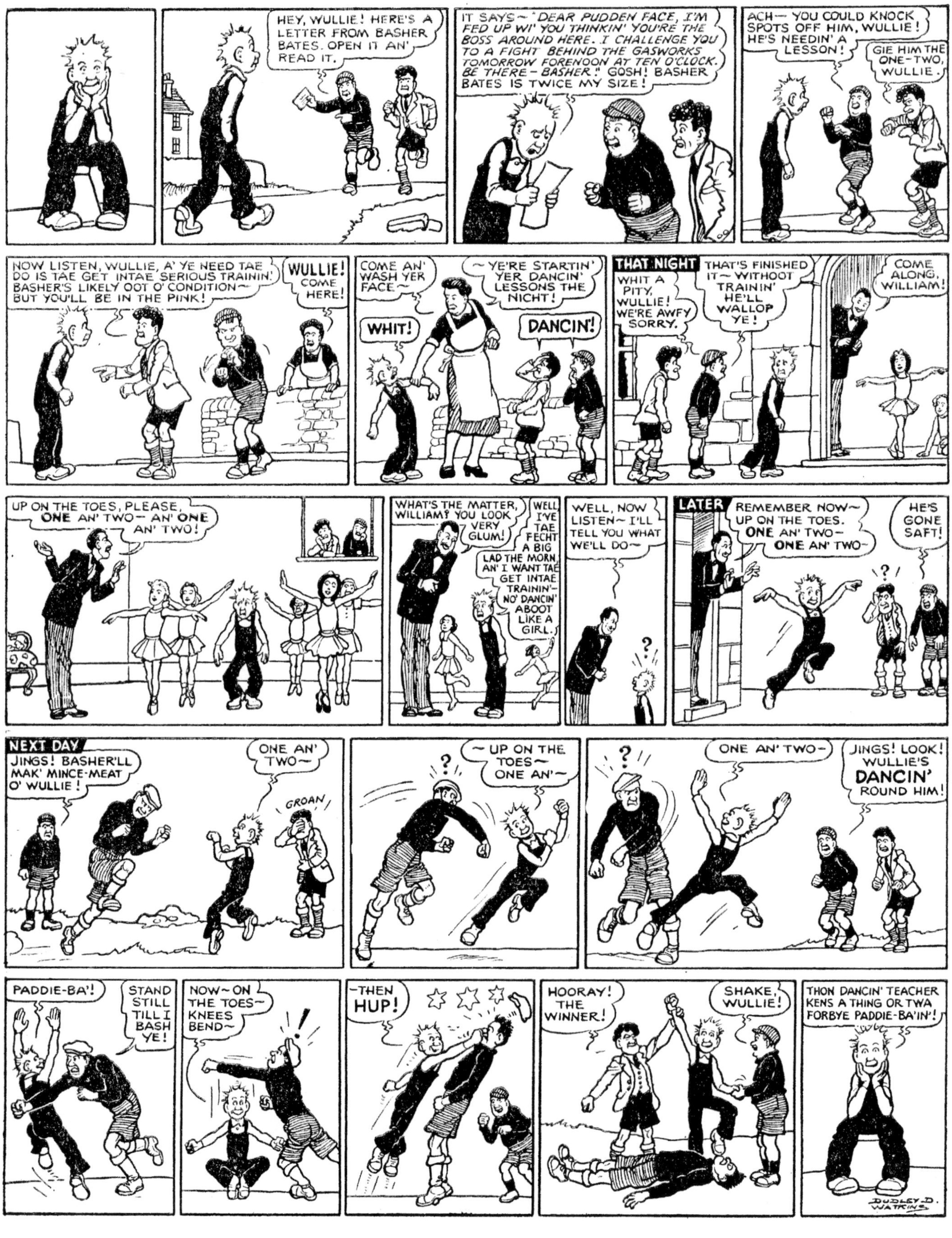

HEY, WULLIE! HERE'S A LETTER FROM BASHER BATES. OPEN IT AN' READ IT.
IT SAYS ~ "DEAR PUDDEN FACE, I'M FED UP WI' YOU THINKIN' YOU'RE THE BOSS AROUND HERE. I CHALLENGE YOU TO A FIGHT BEHIND THE GASWORKS TOMORROW FORENOON AT TEN O'CLOCK. BE THERE - BASHER." GOSH! BASHER BATES IS TWICE MY SIZE!
ACH— YOU COULD KNOCK SPOTS OFF HIM, WULLIE! HE'S NEEDIN' A LESSON!
GIE HIM THE ONE-TWO, WULLIE.
NOW LISTEN, WULLIE, A' YE NEED TAE DO IS TAE GET INTAE SERIOUS TRAININ'. BASHER'S LIKELY OOT O' CONDITION~ BUT YOU'LL BE IN THE PINK!
WULLIE! COME HERE!
COME AN' WASH YER FACE~
~YE'RE STARTIN' YER DANCIN' LESSONS THE NICHT!
WHIT!
DANCIN'!
THAT NIGHT
WHIT A PITY, WULLIE! WE'RE AWFY SORRY.
THAT'S FINISHED IT~ WITHOOT TRAININ' HE'LL WALLOP YE!
COME ALONG, WILLIAM!
UP ON THE TOES, PLEASE, ONE AN' TWO~ AN' ONE AN' TWO!
WHAT'S THE MATTER, WILLIAM? YOU LOOK VERY GLUM!
WELL I'VE TAE FECHT A BIG LAD THE MORN, AN' I WANT TAE GET INTAE TRAININ'- NO' DANCIN' ABOOT LIKE A GIRL.
WELL, NOW LISTEN~ I'LL TELL YOU WHAT WE'LL DO~
LATER
REMEMBER NOW~ UP ON THE TOES. ONE AN' TWO~ ONE AN' TWO~
HE'S GONE SAFT!
NEXT DAY
JINGS! BASHER'LL MAK' MINCE-MEAT O' WULLIE!
ONE AN' TWO~
GROAN
~UP ON THE TOES~ ONE AN'~
ONE AN' TWO-
JINGS! LOOK! WULLIE'S DANCIN' ROUND HIM!
PADDIE-BA'!
STAND STILL TILL I BASH YE!
NOW~ON THE TOES~ KNEES BEND~
-THEN HUP!
HOORAY! THE WINNER!
SHAKE, WULLIE!
THON DANCIN' TEACHER KENS A THING OR TWA FORBYE PADDIE-BA'IN'!
DUDLEY D. WATKINS

*Aunt Aggie's parrot's a richt wee besom—*

*It sweeps the board at ventriloquism.*

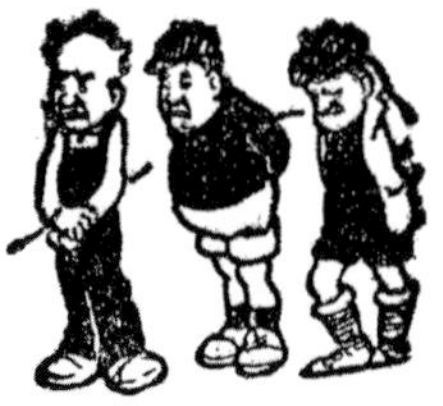

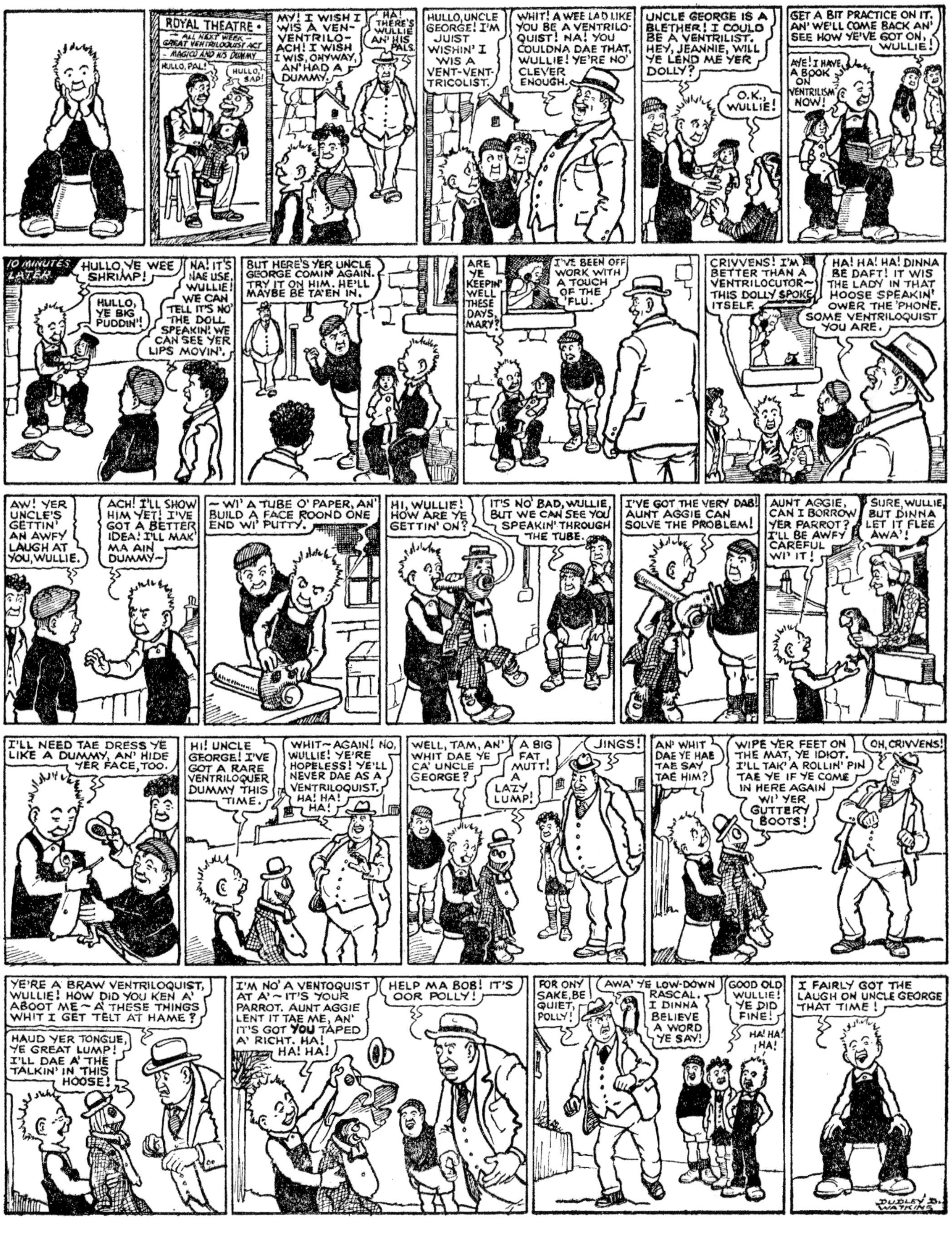
ROYAL THEATRE • — ALL NEXT WEEK — GREAT VENTRILOQUIST ACT — MAGICO AND HIS DUMMY
HULLO, PAL!
HULLO, SAP!
MY! I WISH I WIS A VEN- VENTRILO- ACH! I WISH I WIS, ONYWAY, AN' HAD A DUMMY.
HA! THERE'S WULLIE AN' HIS PALS.
HULLO, UNCLE GEORGE! I'M JUIST WISHIN' I WIS A VENT-VENT-TRICOLIST.
WHIT! A WEE LAD LIKE YOU BE A VENTRILO-QUIST! NA! YOU COULDNA DAE THAT, WULLIE! YE'RE NO' CLEVER ENOUGH.
UNCLE GEORGE IS A BLETHER! I COULD BE A VENTRILIST. HEY, JEANNIE, WILL YE LEND ME YER DOLLY?
O.K., WULLIE!
GET A BIT PRACTICE ON IT, AN' WE'LL COME BACK AN' SEE HOW YE'VE GOT ON, WULLIE!
AYE! I HAVE A BOOK ON VENTRILISM NOW!
10 MINUTES LATER
HULLO, YE WEE SHRIMP!
HULLO, YE BIG PUDDIN'!
NA! IT'S NAE USE, WULLIE! WE CAN TELL IT'S NO' THE DOLL SPEAKIN! WE CAN SEE YER LIPS MOVIN'.
BUT HERE'S YER UNCLE GEORGE COMIN' AGAIN. TRY IT ON HIM. HE'LL MAYBE BE TA'EN IN.
ARE YE KEEPIN' WELL THESE DAYS, MARY?
I'VE BEEN OFF WORK WITH A TOUCH OF THE 'FLU.
CRIVVENS! I'M BETTER THAN A VENTRILOCUTOR— THIS DOLLY SPOKE ITSELF.
HA! HA! HA! DINNA BE DAFT! IT WIS THE LADY IN THAT HOOSE SPEAKIN' OWER THE 'PHONE. SOME VENTRILOQUIST YOU ARE.
AW! YER UNCLE'S GETTIN' AN AWFY LAUGH AT YOU, WULLIE.
ACH! I'LL SHOW HIM YET! I'VE GOT A BETTER IDEA! I'LL MAK MA AIN DUMMY—
— WI' A TUBE O' PAPER, AN' BUILD A FACE ROOND ONE END WI' PUTTY.
HI, WULLIE! HOW ARE YE GETTIN' ON?
IT'S NO' BAD, WULLIE, BUT WE CAN SEE YOU SPEAKIN' THROUGH THE TUBE.
I'VE GOT THE VERY DAB! AUNT AGGIE CAN SOLVE THE PROBLEM!
AUNT AGGIE, CAN I BORROW YER PARROT? I'LL BE AWFY CAREFUL WI' IT!
SURE, WULLIE, BUT DINNA LET IT FLEE AWA'!
I'LL NEED TAE DRESS YE LIKE A DUMMY, AN' HIDE YER FACE, TOO.
HI! UNCLE GEORGE! I'VE GOT A RARE VENTRILOQUER DUMMY THIS TIME.
WHIT—AGAIN! NO, WULLIE! YE'RE HOPELESS! YE'LL NEVER DAE AS A VENTRILOQUIST. HA! HA! HA!
WELL, TAM, AN' WHIT DAE YE CA' UNCLE GEORGE?
A BIG FAT MUTT! A LAZY LUMP!
JINGS!
AN' WHIT DAE YE HAE TAE SAY TAE HIM?
WIPE YER FEET ON THE MAT, YE IDIOT. I'LL TAK' A ROLLIN' PIN TAE YE IF YE COME IN HERE AGAIN WI' YER GUTTERY BOOTS!
OH, CRIVVENS!
YE'RE A BRAW VENTRILOQUIST, WULLIE! HOW DID YOU KEN A' ABOOT ME — A' THESE THINGS WHIT I GET TELT AT HAME?
HAUD YER TONGUE, YE GREAT LUMP! I'LL DAE A' THE TALKIN' IN THIS HOOSE!
I'M NO' A VENTOQUIST AT A' — IT'S YOUR PARROT. AUNT AGGIE LENT IT TAE ME, AN' IT'S GOT YOU TAPED A' RICHT. HA! HA! HA!
HELP MA BOB! IT'S OOR POLLY!
FOR ONY SAKE, BE QUIET, POLLY!
AWA' YE LOW-DOWN RASCAL. I DINNA BELIEVE A WORD YE SAY!
GOOD OLD WULLIE! YE DID FINE!
HA! HA! HA!
I FAIRLY GOT THE LAUGH ON UNCLE GEORGE THAT TIME!
DUDLEY D. WATKINS

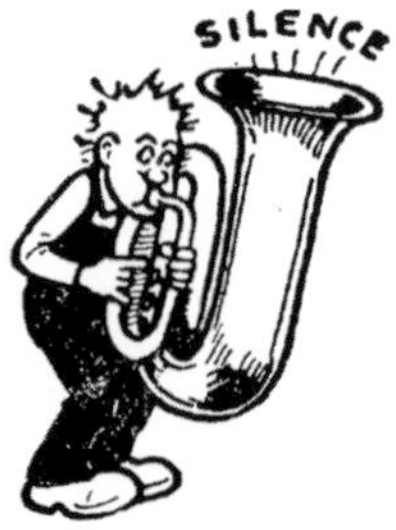
SILENCE

## *Starting handle? Megaphone?—*

## *See Oor Wullie's gramophone!*

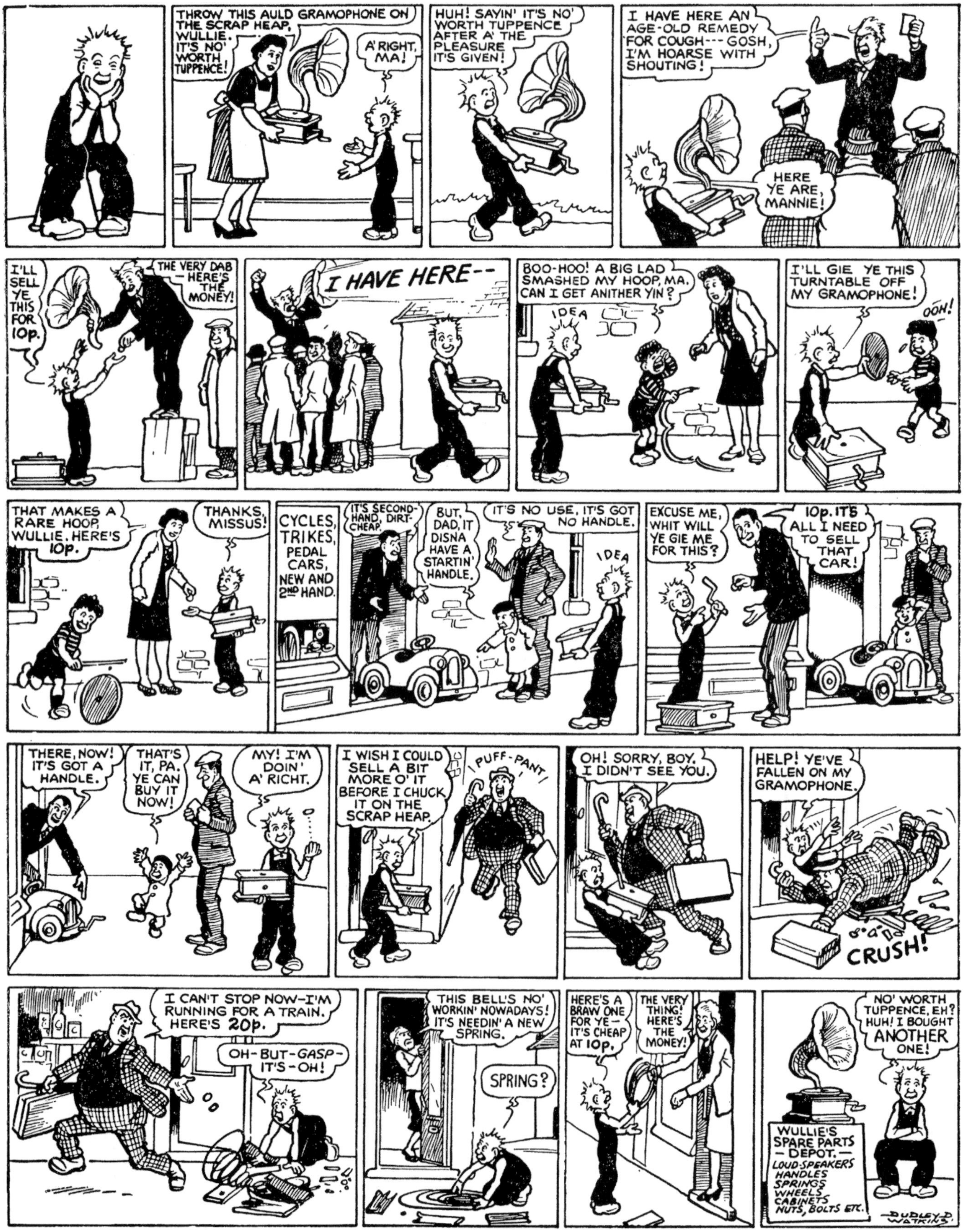
THROW THIS AULD GRAMOPHONE ON THE SCRAP HEAP, WULLIE. IT'S NO' WORTH TUPPENCE!
A' RIGHT, MA!
HUH! SAYIN' IT'S NO' WORTH TUPPENCE AFTER A' THE PLEASURE IT'S GIVEN!
I HAVE HERE AN AGE-OLD REMEDY FOR COUGH--- GOSH, I'M HOARSE WITH SHOUTING!
HERE YE ARE, MANNIE!
I'LL SELL YE THIS FOR 10p.
THE VERY DAB — HERE'S THE MONEY!
I HAVE HERE--
BOO-HOO! A BIG LAD SMASHED MY HOOP, MA. CAN I GET ANITHER YIN?
IDEA
I'LL GIE YE THIS TURNTABLE OFF MY GRAMOPHONE!
OOH!
THAT MAKES A RARE HOOP, WULLIE. HERE'S 10p.
THANKS, MISSUS!
CYCLES, TRIKES, PEDAL CARS, NEW AND 2ND HAND.
IT'S SECOND-HAND, DIRT-CHEAP.
BUT, DAD, IT DISNA HAVE A STARTIN' HANDLE.
IT'S NO USE, IT'S GOT NO HANDLE.
IDEA
EXCUSE ME, WHIT WILL YE GIE ME FOR THIS?
10p. IT'S ALL I NEED TO SELL THAT CAR!
THERE, NOW! IT'S GOT A HANDLE.
THAT'S IT, PA. YE CAN BUY IT NOW!
MY! I'M DOIN' A' RICHT.
I WISH I COULD SELL A BIT MORE O' IT BEFORE I CHUCK IT ON THE SCRAP HEAP.
PUFF-PANT
OH! SORRY, BOY. I DIDN'T SEE YOU.
HELP! YE'VE FALLEN ON MY GRAMOPHONE.
CRUSH!
I CAN'T STOP NOW—I'M RUNNING FOR A TRAIN. HERE'S 20p.
OH—BUT—GASP—IT'S—OH!
THIS BELL'S NO' WORKIN' NOWADAYS! IT'S NEEDIN' A NEW SPRING.
SPRING?
HERE'S A BRAW ONE FOR YE—IT'S CHEAP AT 10p.
THE VERY THING! HERE'S THE MONEY!
NO' WORTH TUPPENCE, EH? HUH! I BOUGHT ANOTHER ONE!
WULLIE'S SPARE PARTS — DEPOT.
LOUD-SPEAKERS HANDLES SPRINGS WHEELS CABINETS NUTS, BOLTS ETC.
DUDLEY D. WATKINS

*Paw's in Maw's black books tonight—*

*You'll see he can't tell left from right!*

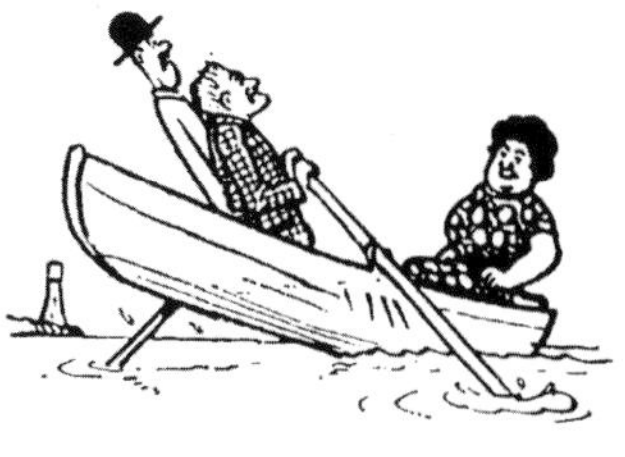

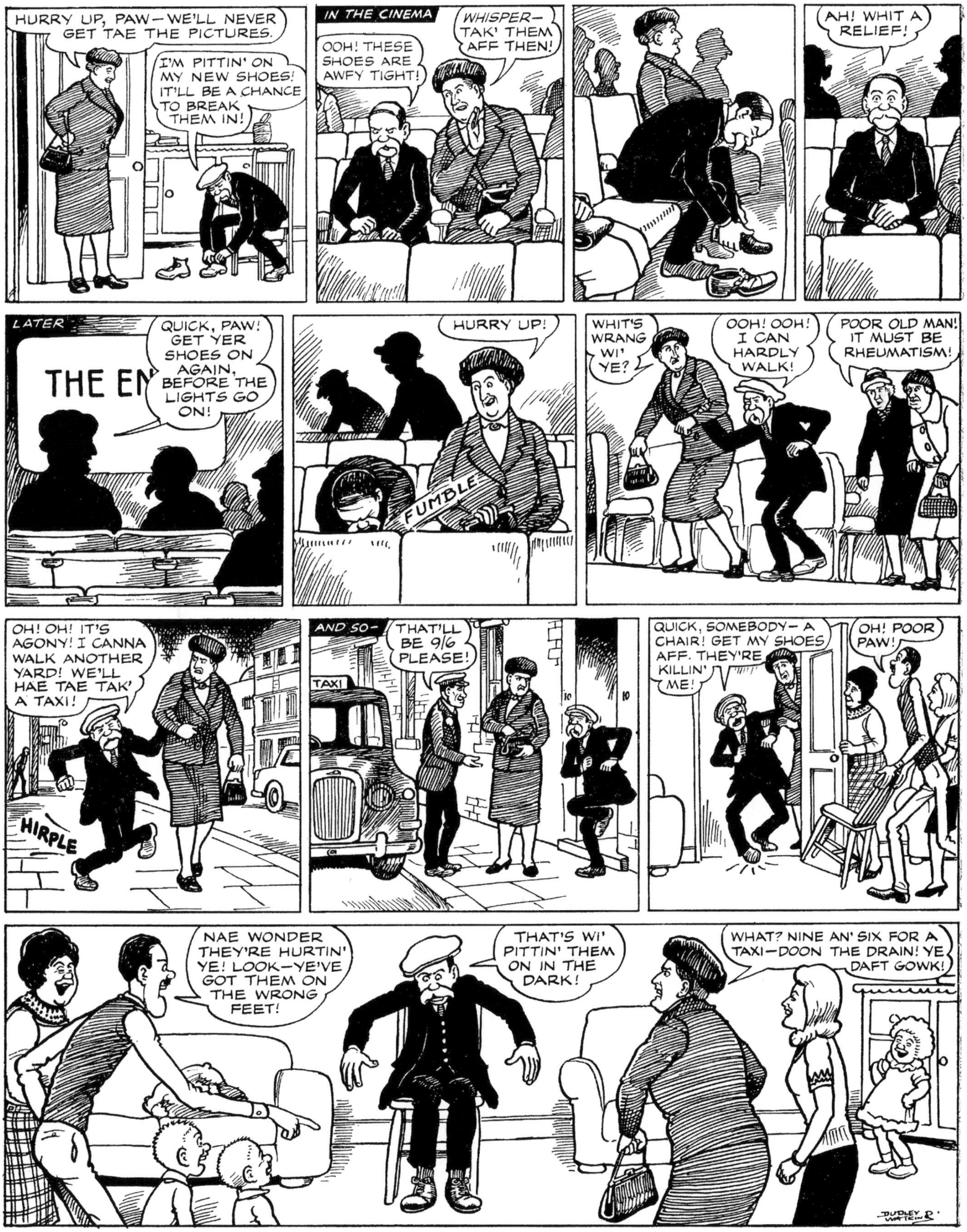

HURRY UP, PAW—WE'LL NEVER GET TAE THE PICTURES.
I'M PITTIN' ON MY NEW SHOES! IT'LL BE A CHANCE TO BREAK THEM IN!
IN THE CINEMA
OOH! THESE SHOES ARE AWFY TIGHT!
WHISPER—TAK' THEM AFF THEN!
AH! WHIT A RELIEF!
LATER
THE EN
QUICK, PAW! GET YER SHOES ON AGAIN, BEFORE THE LIGHTS GO ON!
HURRY UP!
FUMBLE
WHIT'S WRANG WI' YE?
OOH! OOH! I CAN HARDLY WALK!
POOR OLD MAN! IT MUST BE RHEUMATISM!
OH! OH! IT'S AGONY! I CANNA WALK ANOTHER YARD! WE'LL HAE TAE TAK' A TAXI!
HIRPLE
AND SO—
TAXI
THAT'LL BE 9/6 PLEASE!
10
10
QUICK, SOMEBODY—A CHAIR! GET MY SHOES AFF. THEY'RE KILLIN' ME!
OH! POOR PAW!
NAE WONDER THEY'RE HURTIN' YE! LOOK—YE'VE GOT THEM ON THE WRONG FEET!
THAT'S WI' PITTIN' THEM ON IN THE DARK!
WHAT? NINE AN' SIX FOR A TAXI—DOON THE DRAIN! YE DAFT GOWK!
DUDLEY D. WATKINS

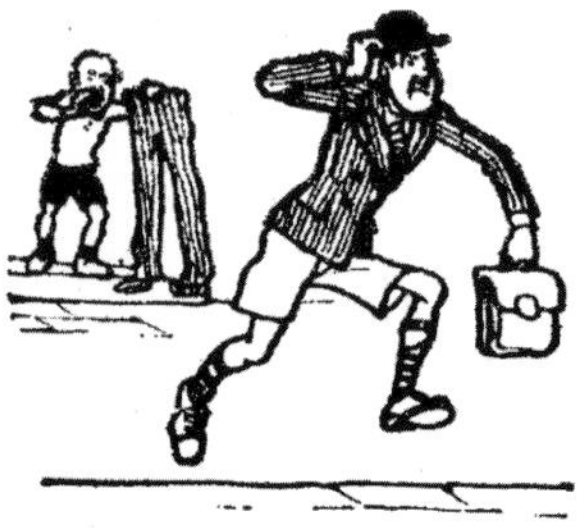

*Paw and Gran'paw thought they'd swank—*
*Until they saw their laddies' prank.*

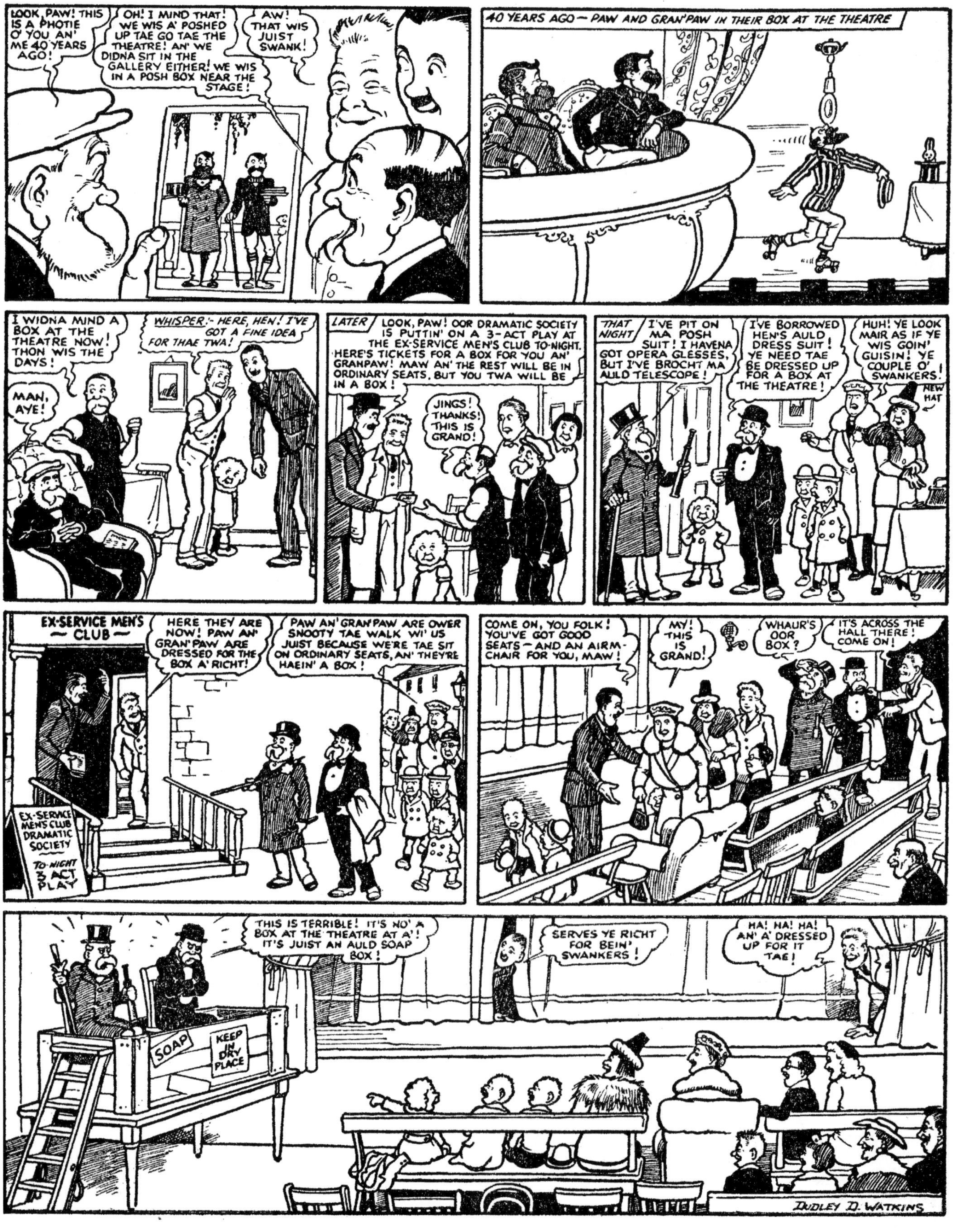

LOOK, PAW! THIS IS A PHOTIE O' YOU AN' ME 40 YEARS AGO!
OH! I MIND THAT! WE WIS A' POSHED UP TAE GO TAE THE THEATRE! AN' WE DIDNA SIT IN THE GALLERY EITHER! WE WIS IN A POSH BOX NEAR THE STAGE!
AW! THAT WIS JUIST SWANK!
40 YEARS AGO — PAW AND GRAN'PAW IN THEIR BOX AT THE THEATRE
I WIDNA MIND A BOX AT THE THEATRE NOW! THON WIS THE DAYS!
MAN, AYE!
WHISPER:- HERE, HEN! I'VE GOT A FINE IDEA FOR THAE TWA!
LATER
LOOK, PAW! OOR DRAMATIC SOCIETY IS PUTTIN' ON A 3-ACT PLAY AT THE EX-SERVICE MEN'S CLUB TO-NIGHT. HERE'S TICKETS FOR A BOX FOR YOU AN' GRANPAW! MAW AN' THE REST WILL BE IN ORDINARY SEATS, BUT YOU TWA WILL BE IN A BOX!
JINGS! THANKS! THIS IS GRAND!
THAT NIGHT
I'VE PIT ON MA POSH SUIT! I HAVENA GOT OPERA GLESSES, BUT I'VE BROCHT MA AULD TELESCOPE!
I'VE BORROWED HEN'S AULD DRESS SUIT! YE NEED TAE BE DRESSED UP FOR A BOX AT THE THEATRE!
HUH! YE LOOK MAIR AS IF YE WIS GOIN' GUISIN! YE COUPLE O' SWANKERS!
NEW HAT
EX-SERVICE MEN'S — CLUB —
HERE THEY ARE NOW! PAW AN' GRAN'PAW ARE DRESSED FOR THE BOX A' RICHT!
PAW AN' GRAN'PAW ARE OWER SNOOTY TAE WALK WI' US JUIST BECAUSE WE'RE TAE SIT ON ORDINARY SEATS, AN' THEY'RE HAEIN' A BOX!
EX-SERVICE MEN'S CLUB DRAMATIC SOCIETY
TO-NIGHT 3 ACT PLAY
COME ON, YOU FOLK! YOU'VE GOT GOOD SEATS — AND AN AIRM-CHAIR FOR YOU, MAW!
MY! THIS IS GRAND!
WHAUR'S OOR BOX?
IT'S ACROSS THE HALL THERE! COME ON!
THIS IS TERRIBLE! IT'S NO' A BOX AT THE THEATRE AT A'! IT'S JUIST AN AULD SOAP BOX!
SOAP
KEEP IN DRY PLACE
SERVES YE RICHT FOR BEIN' SWANKERS!
HA! HA! HA! AN' A' DRESSED UP FOR IT TAE!
DUDLEY D. WATKINS

*When the sweeties are done—*

*THEN comes the fun!*

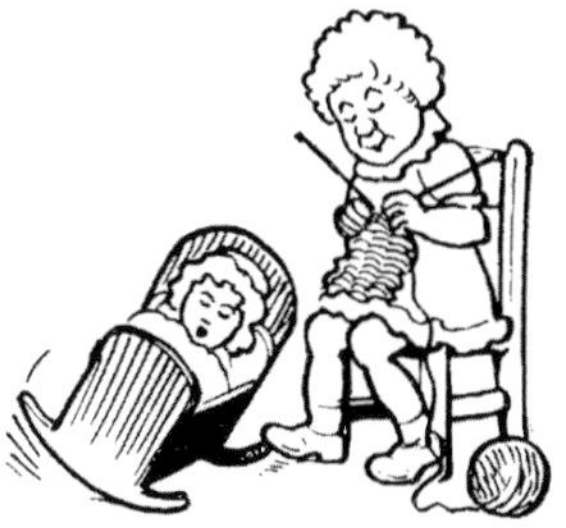

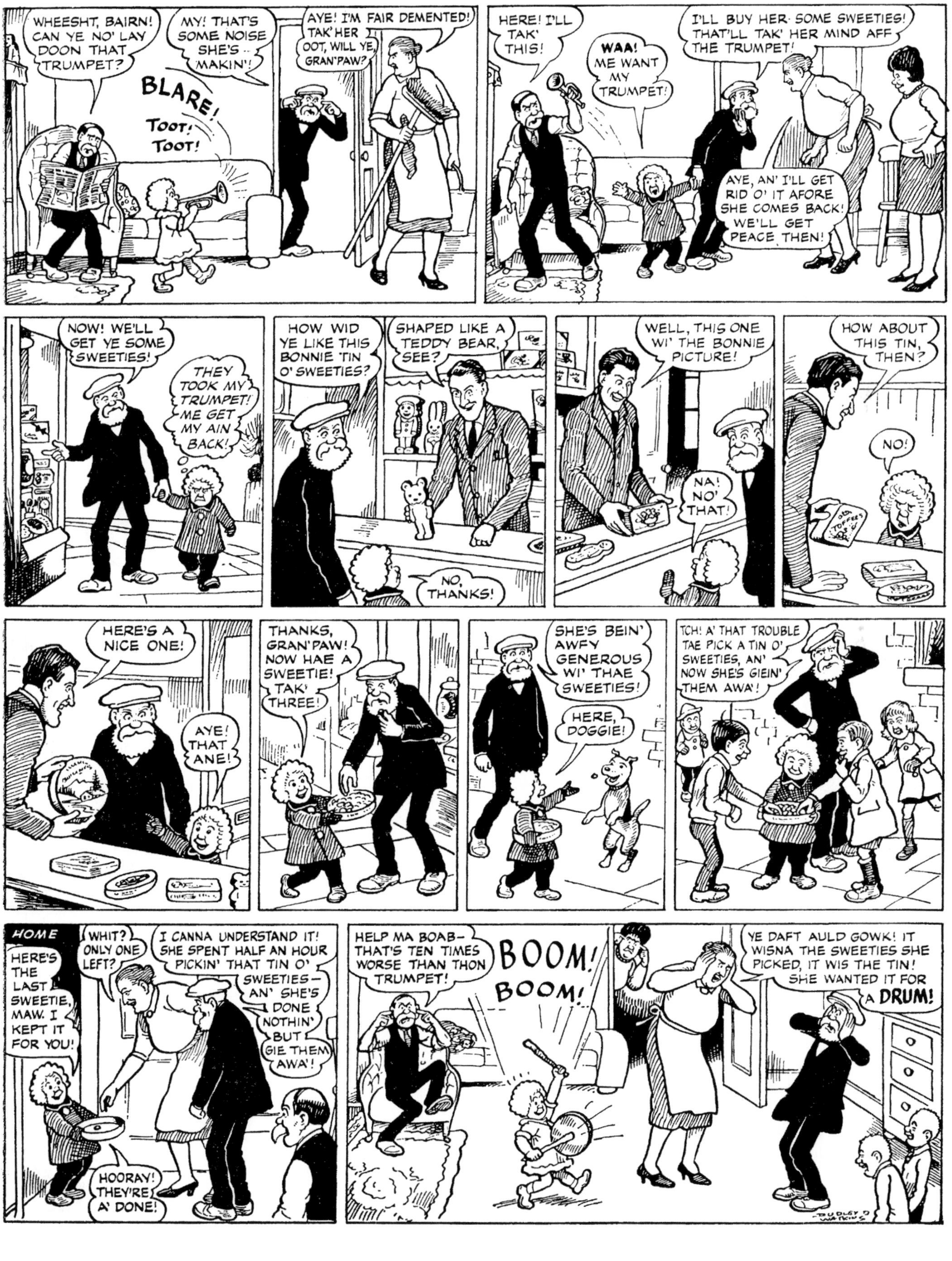

WHEESHT, BAIRN! CAN YE NO' LAY DOON THAT TRUMPET?
MY! THAT'S SOME NOISE SHE'S MAKIN'!
BLARE!
TOOT! TOOT!
AYE! I'M FAIR DEMENTED! TAK' HER OOT, WILL YE, GRAN'PAW?
HERE! I'LL TAK' THIS!
WAA! ME WANT MY TRUMPET!
I'LL BUY HER SOME SWEETIES! THAT'LL TAK' HER MIND AFF THE TRUMPET!
AYE, AN' I'LL GET RID O' IT AFORE SHE COMES BACK! WE'LL GET PEACE THEN!
NOW! WE'LL GET YE SOME SWEETIES!
THEY TOOK MY TRUMPET! ME GET MY AIN BACK!
HOW WID YE LIKE THIS BONNIE TIN O' SWEETIES?
SHAPED LIKE A TEDDY BEAR, SEE?
NO, THANKS!
WELL, THIS ONE WI' THE BONNIE PICTURE!
NA! NO' THAT!
HOW ABOUT THIS TIN, THEN?
NO!
HERE'S A NICE ONE!
AYE! THAT ANE!
THANKS, GRAN'PAW! NOW HAE A SWEETIE! TAK' THREE!
SHE'S BEIN' AWFY GENEROUS WI' THAE SWEETIES!
HERE, DOGGIE!
TCH! A' THAT TROUBLE TAE PICK A TIN O' SWEETIES, AN' NOW SHE'S GIEIN' THEM AWA'!
HOME
HERE'S THE LAST SWEETIE, MAW. I KEPT IT FOR YOU!
WHIT? ONLY ONE LEFT?
I CANNA UNDERSTAND IT! SHE SPENT HALF AN HOUR PICKIN' THAT TIN O' SWEETIES—AN' SHE'S DONE NOTHIN' BUT GIE THEM AWA'!
HOORAY! THEY'RE A' DONE!
HELP MA BOAB—THAT'S TEN TIMES WORSE THAN THON TRUMPET!
BOOM! BOOM!
YE DAFT AULD GOWK! IT WISNA THE SWEETIES SHE PICKED, IT WIS THE TIN! SHE WANTED IT FOR A DRUM!
DUDLEY D WATKINS

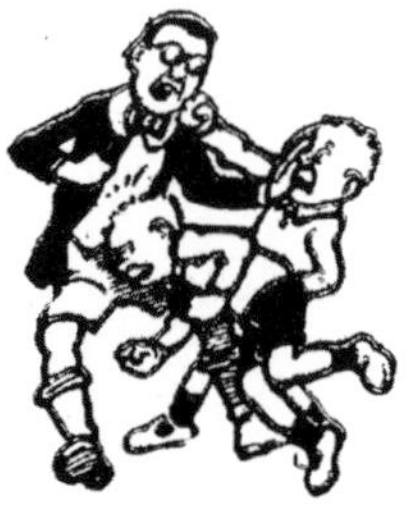

*A stranger micht be in the dark —*

*Are these the stairs or Hampden Park?*

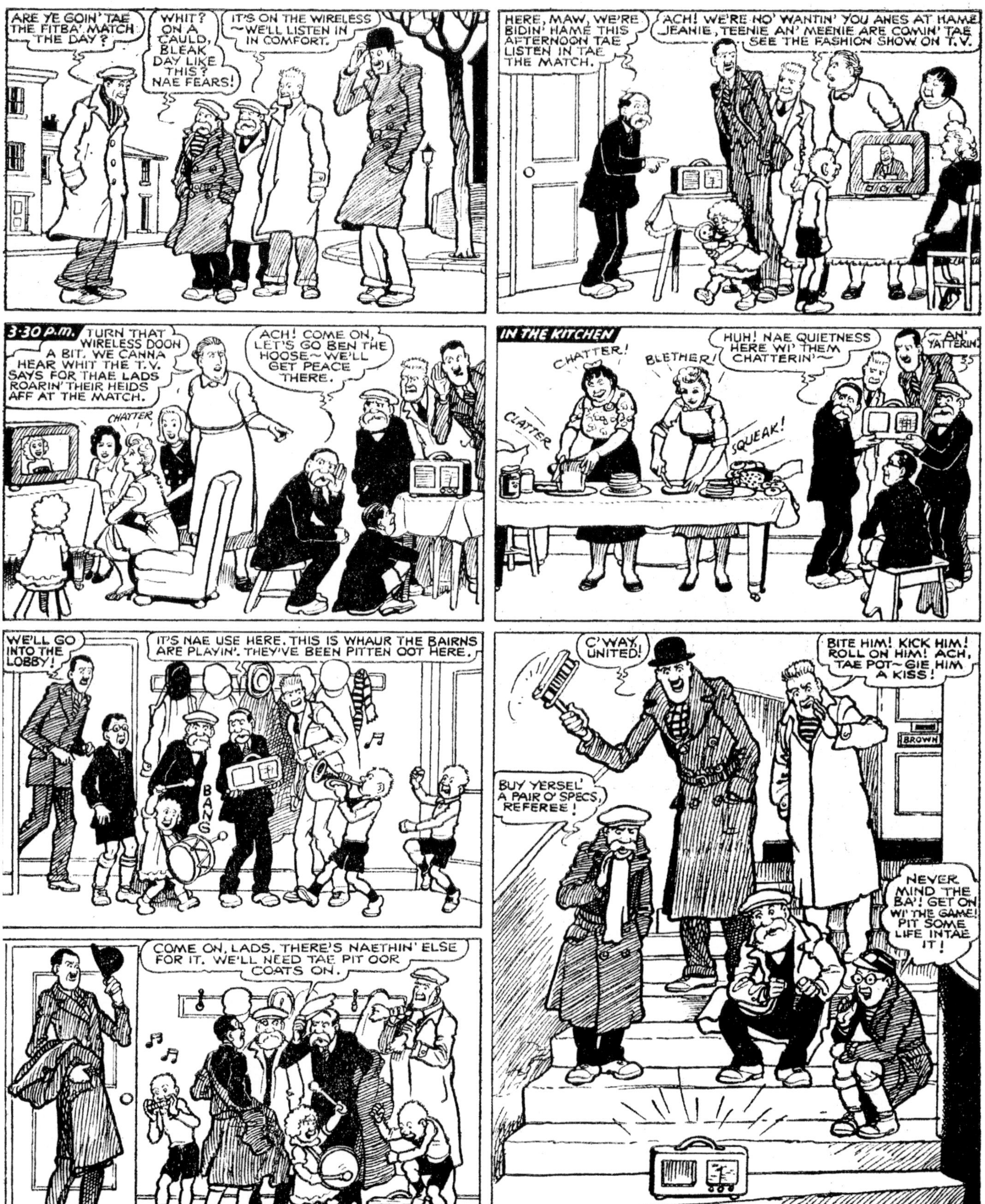
ARE YE GOIN' TAE THE FITBA' MATCH THE DAY?
WHIT? ON A CAULD, BLEAK DAY LIKE THIS? NAE FEARS!
IT'S ON THE WIRELESS ~ WE'LL LISTEN IN IN COMFORT.
HERE, MAW, WE'RE BIDIN' HAME THIS AFTERNOON TAE LISTEN IN TAE THE MATCH.
ACH! WE'RE NO' WANTIN' YOU ANES AT HAME. JEANIE, TEENIE AN' MEENIE ARE COMIN' TAE SEE THE FASHION SHOW ON T.V.
3-30 p.m.
TURN THAT WIRELESS DOON A BIT. WE CANNA HEAR WHIT THE T.V. SAYS FOR THAE LADS ROARIN' THEIR HEIDS AFF AT THE MATCH.
CHATTER
ACH! COME ON, LET'S GO BEN THE HOOSE ~ WE'LL GET PEACE THERE.
IN THE KITCHEN
CHATTER!
BLETHER!
CLATTER
SQUEAK!
HUH! NAE QUIETNESS HERE WI' THEM CHATTERIN' ~
~ AN' YATTERIN'!
WE'LL GO INTO THE LOBBY!
IT'S NAE USE HERE. THIS IS WHAUR THE BAIRNS ARE PLAYIN'. THEY'VE BEEN PITTEN OOT HERE.
BANG
COME ON, LADS. THERE'S NAETHIN' ELSE FOR IT. WE'LL NEED TAE PIT OOR COATS ON.
C'WAY, UNITED!
BITE HIM! KICK HIM! ROLL ON HIM! ACH, TAE POT ~ GIE HIM A KISS!
BROWN
BUY YERSEL' A PAIR O' SPECS, REFEREE!
NEVER MIND THE BA'! GET ON WI' THE GAME! PIT SOME LIFE INTAE IT!
DUDLEY D. WATKINS

## Daphne's holiday date—

## Sounds great, but wait!

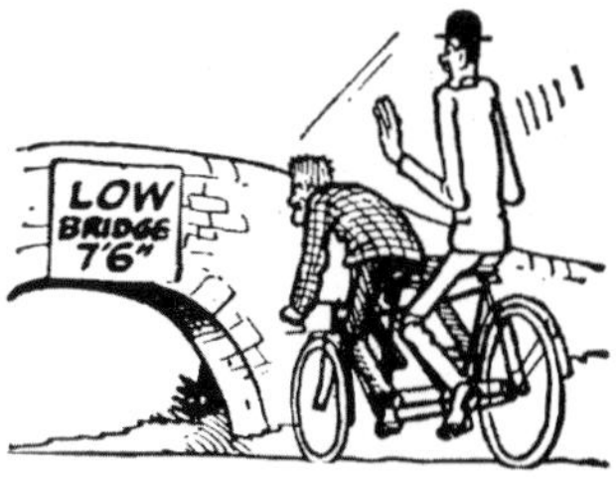
LOW BRIDGE 7'6"

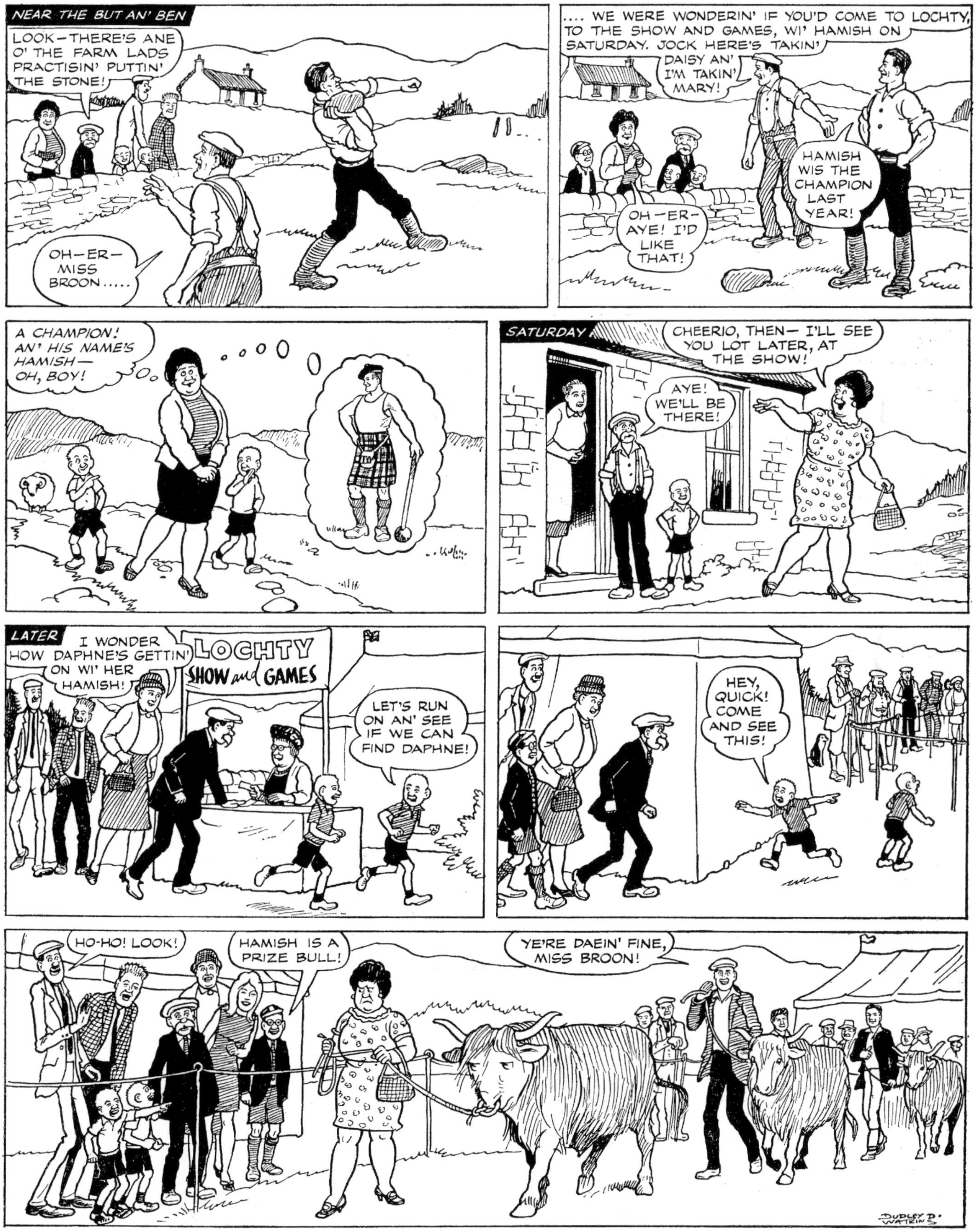
NEAR THE BUT AN' BEN
LOOK—THERE'S ANE O' THE FARM LADS PRACTISIN' PUTTIN' THE STONE!
OH—ER—MISS BROON.....
.... WE WERE WONDERIN' IF YOU'D COME TO LOCHTY, TO THE SHOW AND GAMES, WI' HAMISH ON SATURDAY. JOCK HERE'S TAKIN'
DAISY AN' I'M TAKIN' MARY!
HAMISH WIS THE CHAMPION LAST YEAR!
OH—ER—AYE! I'D LIKE THAT!
A CHAMPION! AN' HIS NAME'S HAMISH—OH, BOY!
SATURDAY
CHEERIO, THEN— I'LL SEE YOU LOT LATER, AT THE SHOW!
AYE! WE'LL BE THERE!
LATER
I WONDER HOW DAPHNE'S GETTIN' ON WI' HER HAMISH!
LOCHTY SHOW and GAMES
LET'S RUN ON AN' SEE IF WE CAN FIND DAPHNE!
HEY, QUICK! COME AND SEE THIS!
HO-HO! LOOK!
HAMISH IS A PRIZE BULL!
YE'RE DAEIN' FINE, MISS BROON!
DUDLEY D. WATKINS

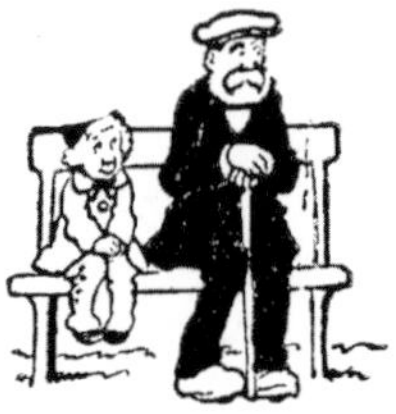

*The tale of how Paw Broon was taught —*

*That Peace and Quiet can't be bought!*

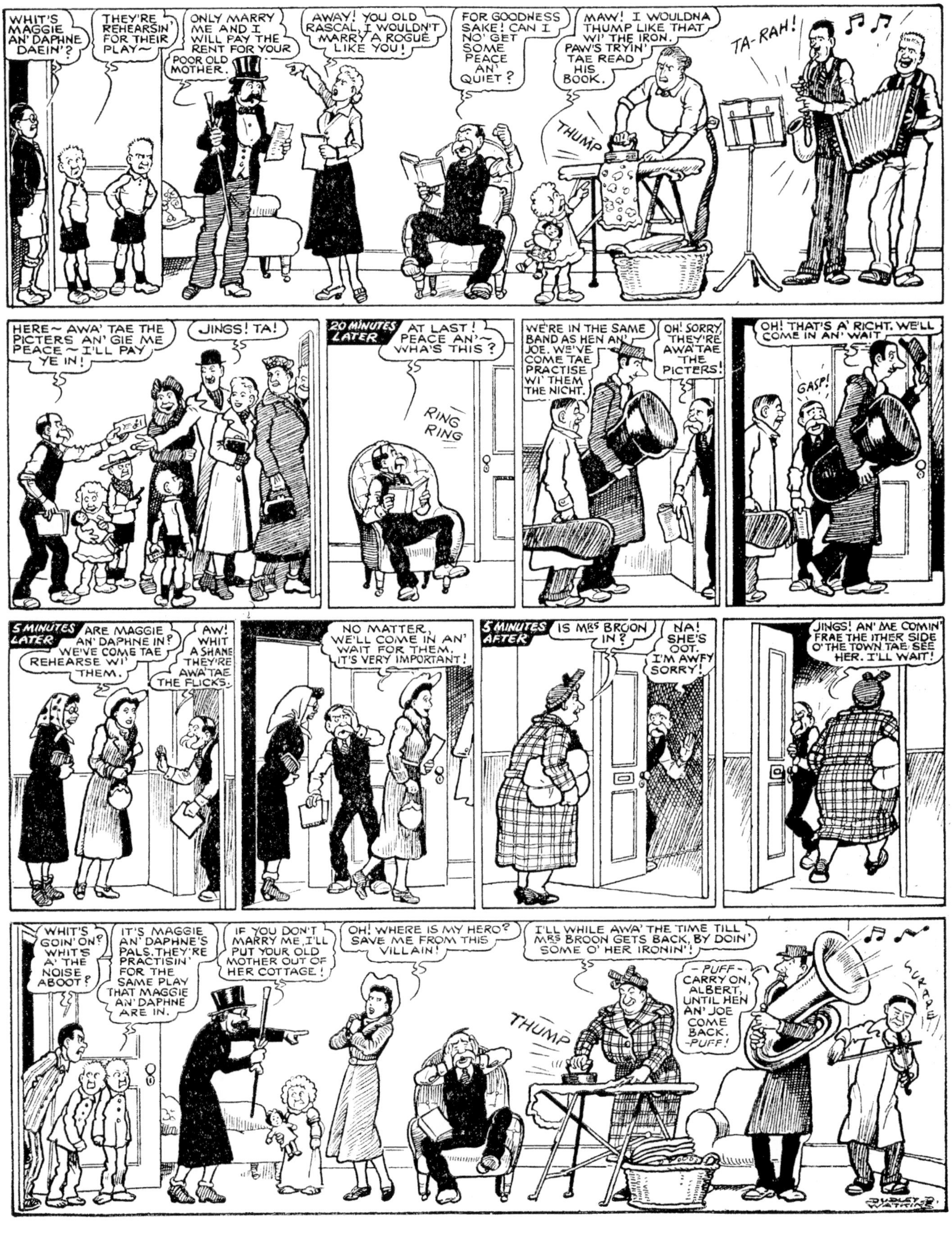

WHIT'S MAGGIE AN' DAPHNE DAEIN'?
THEY'RE REHEARSIN' FOR THEIR PLAY~
ONLY MARRY ME AND I WILL PAY THE RENT FOR YOUR POOR OLD MOTHER.
AWAY! YOU OLD RASCAL, I WOULDN'T MARRY A ROGUE LIKE YOU!
FOR GOODNESS SAKE! CAN I NO' GET SOME PEACE AN' QUIET?
MAW! I WOULDNA THUMP LIKE THAT WI' THE IRON. PAW'S TRYIN' TAE READ HIS BOOK.
THUMP
TA-RAH!
HERE~ AWA' TAE THE PICTERS AN' GIE ME PEACE~ I'LL PAY YE IN!
JINGS! TA!
20 MINUTES LATER
AT LAST! PEACE AN'~ WHA'S THIS?
RING RING
WE'RE IN THE SAME BAND AS HEN AN' JOE. WE'VE COME TAE PRACTISE WI' THEM THE NICHT.
OH! SORRY, THEY'RE AWA' TAE THE PICTERS!
OH! THAT'S A' RICHT. WE'LL COME IN AN' WAIT
GASP!
5 MINUTES LATER
ARE MAGGIE AN' DAPHNE IN? WE'VE COME TAE REHEARSE WI' THEM.
AW! WHIT A SHAME THEY'RE AWA' TAE THE FLICKS.
NO MATTER, WE'LL COME IN AN' WAIT FOR THEM. IT'S VERY IMPORTANT!
5 MINUTES AFTER
IS MRS BROON IN?
NA! SHE'S OOT. I'M AWFY SORRY!
JINGS! AN' ME COMIN' FRAE THE ITHER SIDE O' THE TOWN TAE SEE HER. I'LL WAIT!
WHIT'S GOIN' ON? WHIT'S A' THE NOISE ABOOT?
IT'S MAGGIE AN' DAPHNE'S PALS. THEY'RE PRACTISIN' FOR THE SAME PLAY THAT MAGGIE AN' DAPHNE ARE IN.
IF YOU DON'T MARRY ME, I'LL PUT YOUR OLD MOTHER OUT OF HER COTTAGE!
OH! WHERE IS MY HERO? SAVE ME FROM THIS VILLAIN!
I'LL WHILE AWA' THE TIME TILL MRS BROON GETS BACK, BY DOIN' SOME O' HER IRONIN'!
THUMP
-PUFF- CARRY ON, ALBERT, UNTIL HEN AN' JOE COME BACK. -PUFF!
DUDLEY D. WATKINS

*Wullie's bothered wi' a lassie's pesterin'—*

*When all he wants is to see a "Western."*

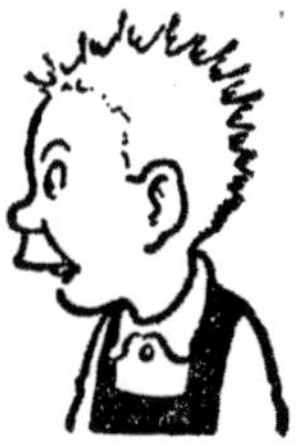

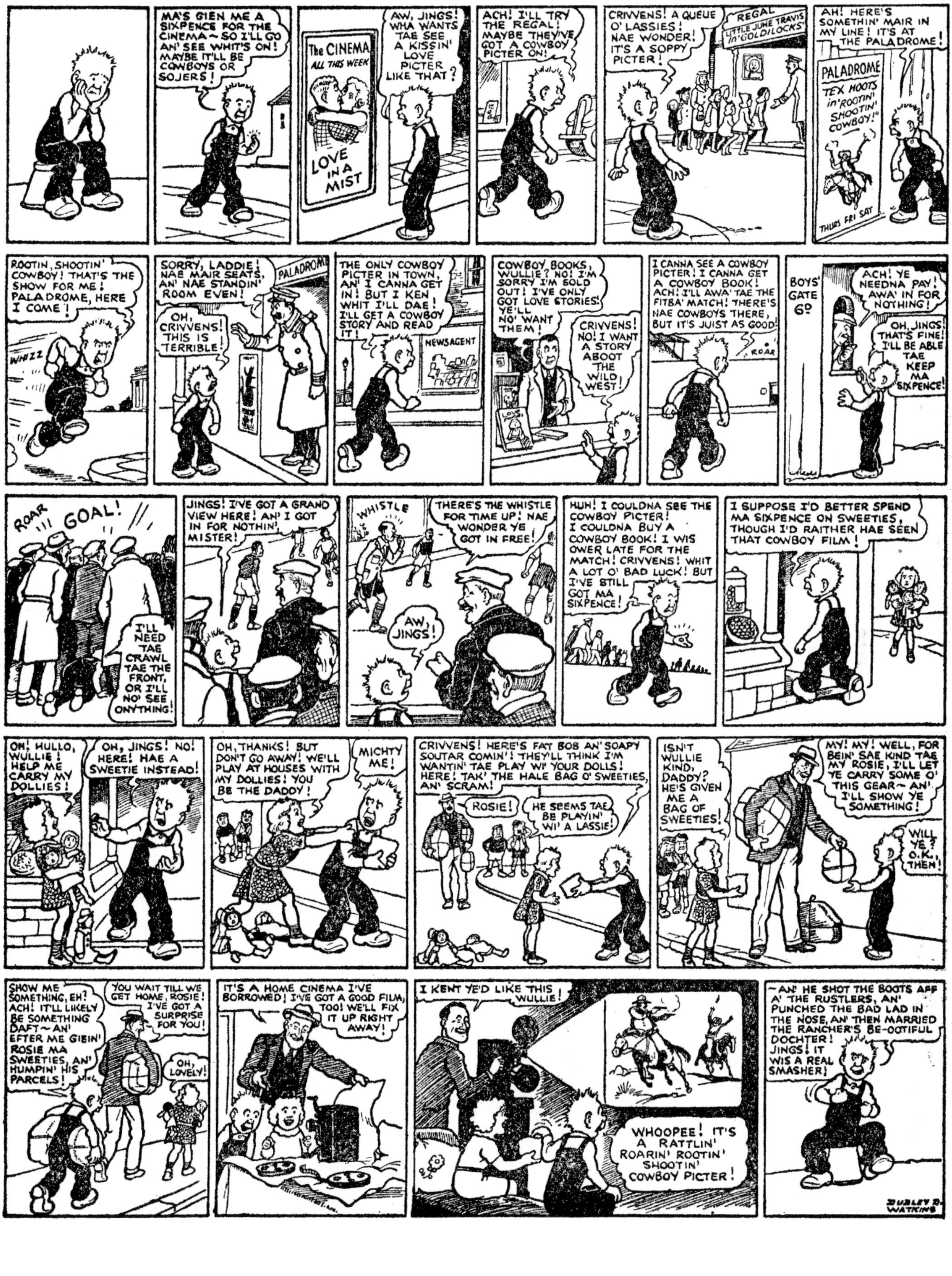

MA'S GIEN ME A SIXPENCE FOR THE CINEMA ~ SO I'LL GO AN' SEE WHIT'S ON! MAYBE IT'LL BE COWBOYS OR SOJERS!
The CINEMA ALL THIS WEEK
LOVE IN A MIST
AW, JINGS! WHA WANTS TAE SEE A KISSIN' LOVE PICTER LIKE THAT?
ACH! I'LL TRY THE REGAL! MAYBE THEY'VE GOT A COWBOY PICTER ON!
CRIVVENS! A QUEUE O' LASSIES! NAE WONDER! IT'S A SOPPY PICTER!
REGAL
LITTLE JUNE TRAVIS in 'GOLDILOCKS'
AH! HERE'S SOMETHIN' MAIR IN MY LINE! IT'S AT THE PALADROME!
PALADROME
TEX HOOTS in 'ROOTIN' SHOOTIN' COWBOY!'
THURS FRI SAT
ROOTIN, SHOOTIN' COWBOY! THAT'S THE SHOW FOR ME! PALADROME, HERE I COME!
WHIZZ
SORRY, LADDIE! NAE MAIR SEATS, AN' NAE STANDIN' ROOM EVEN!
PALADROME
OH, CRIVVENS! THIS IS TERRIBLE!
THE ONLY COWBOY PICTER IN TOWN, AN' I CANNA GET IN! BUT I KEN WHIT I'LL DAE! I'LL GET A COWBOY STORY AND READ IT!
NEWSAGENT
COWBOY BOOKS, WULLIE? NO! I'M SORRY I'M SOLD OUT! I'VE ONLY GOT LOVE STORIES! YE'LL NO' WANT THEM!
CRIVVENS! NO! I WANT A STORY ABOOT THE WILD WEST!
I CANNA SEE A COWBOY PICTER! I CANNA GET A COWBOY BOOK! ACH! I'LL AWA' TAE THE FITBA' MATCH! THERE'S NAE COWBOYS THERE, BUT IT'S JUIST AS GOOD!
ROAR
BOYS' GATE 6D
ACH! YE NEEDNA PAY! AWA' IN FOR NOTHING!
OH, JINGS! THAT'S FINE! I'LL BE ABLE TAE KEEP MA SIXPENCE!
ROAR
GOAL!
I'LL NEED TAE CRAWL TAE THE FRONT, OR I'LL NO' SEE ONYTHING!
JINGS! I'VE GOT A GRAND VIEW HERE! AN' I GOT IN FOR NOTHIN', MISTER!
WHISTLE
THERE'S THE WHISTLE FOR TIME UP! NAE WONDER YE GOT IN FREE!
AW, JINGS!
HUH! I COULDNA SEE THE COWBOY PICTER! I COULDNA BUY A COWBOY BOOK! I WIS OWER LATE FOR THE MATCH! CRIVVENS! WHIT A LOT O' BAD LUCK! BUT I'VE STILL GOT MA SIXPENCE!
I SUPPOSE I'D BETTER SPEND MA SIXPENCE ON SWEETIES, THOUGH I'D RAITHER HAE SEEN THAT COWBOY FILM!
OH, HULLO, WULLIE! HELP ME CARRY MY DOLLIES!
OH, JINGS! NO! HERE! HAE A SWEETIE INSTEAD!
OH, THANKS! BUT DON'T GO AWAY! WE'LL PLAY AT HOUSES WITH MY DOLLIES! YOU BE THE DADDY!
MICHTY ME!
CRIVVENS! HERE'S FAT BOB AN' SOAPY SOUTAR COMIN'! THEY'LL THINK I'M WANTIN' TAE PLAY WI' YOUR DOLLS! HERE! TAK' THE HALE BAG O' SWEETIES, AN' SCRAM!
ROSIE!
HE SEEMS TAE BE PLAYIN' WI' A LASSIE!
ISN'T WULLIE KIND, DADDY? HE'S GIVEN ME A BAG OF SWEETIES!
MY! MY! WELL, FOR BEIN' SAE KIND TAE MY ROSIE, I'LL LET YE CARRY SOME O' THIS GEAR ~ AN' I'LL SHOW YE SOMETHING!
WILL YE? O.K., THEN!
SHOW ME SOMETHING, EH? ACH! IT'LL LIKELY BE SOMETHING DAFT ~ AN' EFTER ME GIEIN' ROSIE MA SWEETIES, AN' HUMPIN' HIS PARCELS!
YOU WAIT TILL WE GET HOME, ROSIE! I'VE GOT A SURPRISE FOR YOU!
OH, LOVELY!
IT'S A HOME CINEMA I'VE BORROWED! I'VE GOT A GOOD FILM, TOO! WE'LL FIX IT UP RIGHT AWAY!
I KENT YE'D LIKE THIS WULLIE!
WHOOPEE! IT'S A RATTLIN' ROARIN' ROOTIN' SHOOTIN' COWBOY PICTER!
~AN' HE SHOT THE BOOTS AFF A' THE RUSTLERS, AN' PUNCHED THE BAD LAD IN THE NOSE, AN' THEN MARRIED THE RANCHER'S BE-OOTIFUL DOCHTER! JINGS! IT WIS A REAL SMASHER!
DUDLEY D. WATKINS

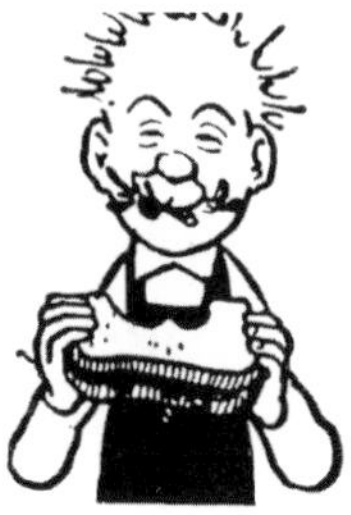

*This circus artist never stops—*

*Until at last the penny drops!*

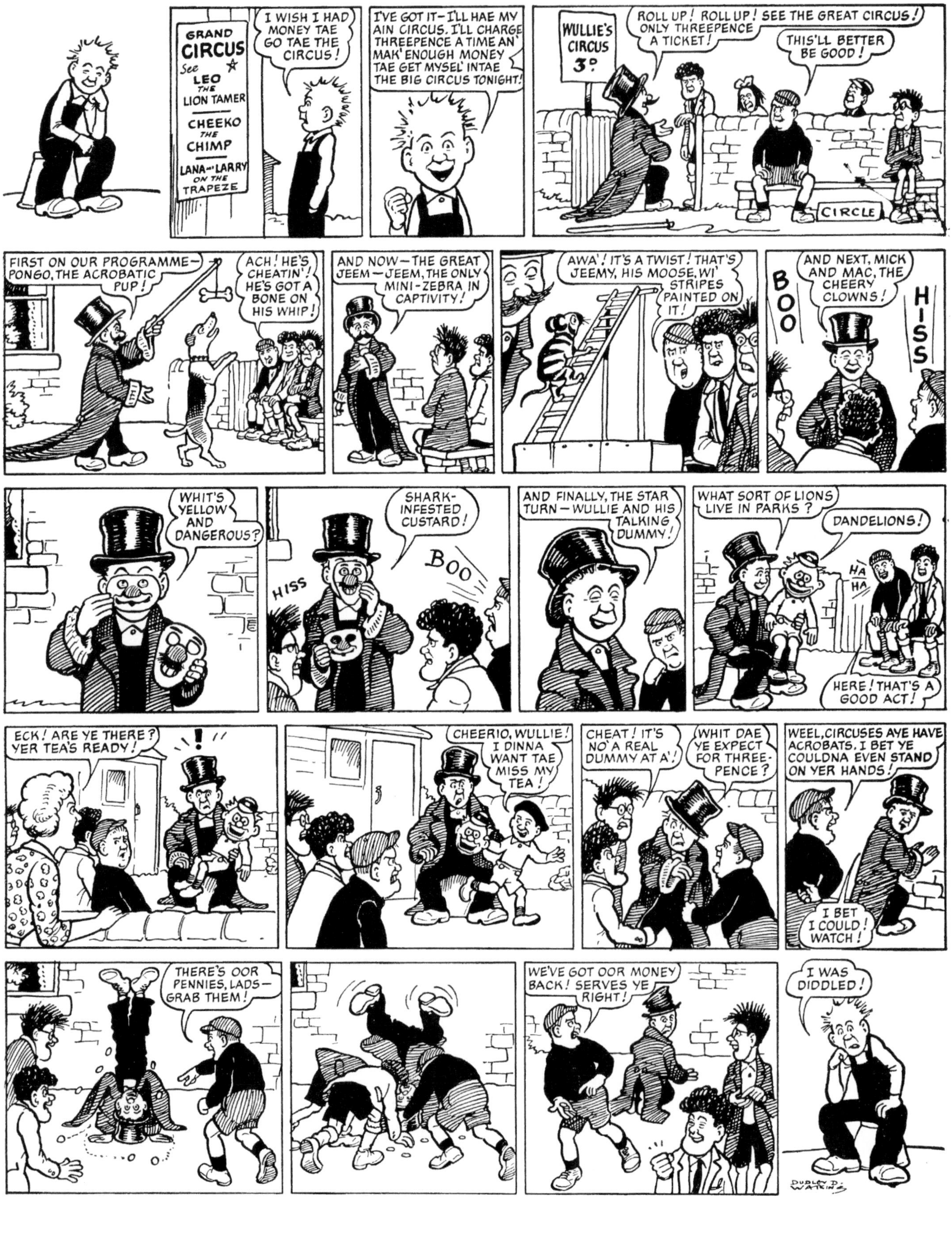

GRAND CIRCUS See LEO THE LION TAMER CHEEKO THE CHIMP LANA AND LARRY ON THE TRAPEZE
I WISH I HAD MONEY TAE GO TAE THE CIRCUS!
I'VE GOT IT—I'LL HAE MY AIN CIRCUS. I'LL CHARGE THREEPENCE A TIME AN' MAK' ENOUGH MONEY TAE GET MYSEL' INTAE THE BIG CIRCUS TONIGHT!
WULLIE'S CIRCUS 3D
ROLL UP! ROLL UP! SEE THE GREAT CIRCUS! ONLY THREEPENCE A TICKET!
THIS'LL BETTER BE GOOD!
CIRCLE
FIRST ON OUR PROGRAMME—PONGO, THE ACROBATIC PUP!
ACH! HE'S CHEATIN'! HE'S GOT A BONE ON HIS WHIP!
AND NOW—THE GREAT JEEM—JEEM, THE ONLY MINI-ZEBRA IN CAPTIVITY!
AWA'! IT'S A TWIST! THAT'S JEEMY, HIS MOOSE, WI' STRIPES PAINTED ON IT!
AND NEXT, MICK AND MAC, THE CHEERY CLOWNS!
BOO
HISS
WHIT'S YELLOW AND DANGEROUS?
SHARK-INFESTED CUSTARD!
HISS
BOO
AND FINALLY, THE STAR TURN—WULLIE AND HIS TALKING DUMMY!
WHAT SORT OF LIONS LIVE IN PARKS?
DANDELIONS!
HA HA
HERE! THAT'S A GOOD ACT!
ECK! ARE YE THERE? YER TEA'S READY!
CHEERIO, WULLIE! I DINNA WANT TAE MISS MY TEA!
CHEAT! IT'S NO' A REAL DUMMY AT A'!
WHIT DAE YE EXPECT FOR THREE-PENCE?
WEEL, CIRCUSES AYE HAVE ACROBATS. I BET YE COULDNA EVEN STAND ON YER HANDS!
I BET I COULD! WATCH!
THERE'S OOR PENNIES, LADS—GRAB THEM!
WE'VE GOT OOR MONEY BACK! SERVES YE RIGHT!
I WAS DIDDLED!
DUDLEY D. WATKINS

*Oh, what a hoot—*

*With this 'Royal Salute'!*

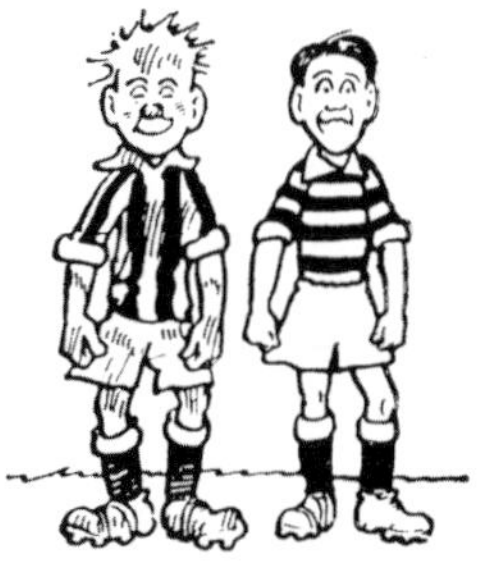

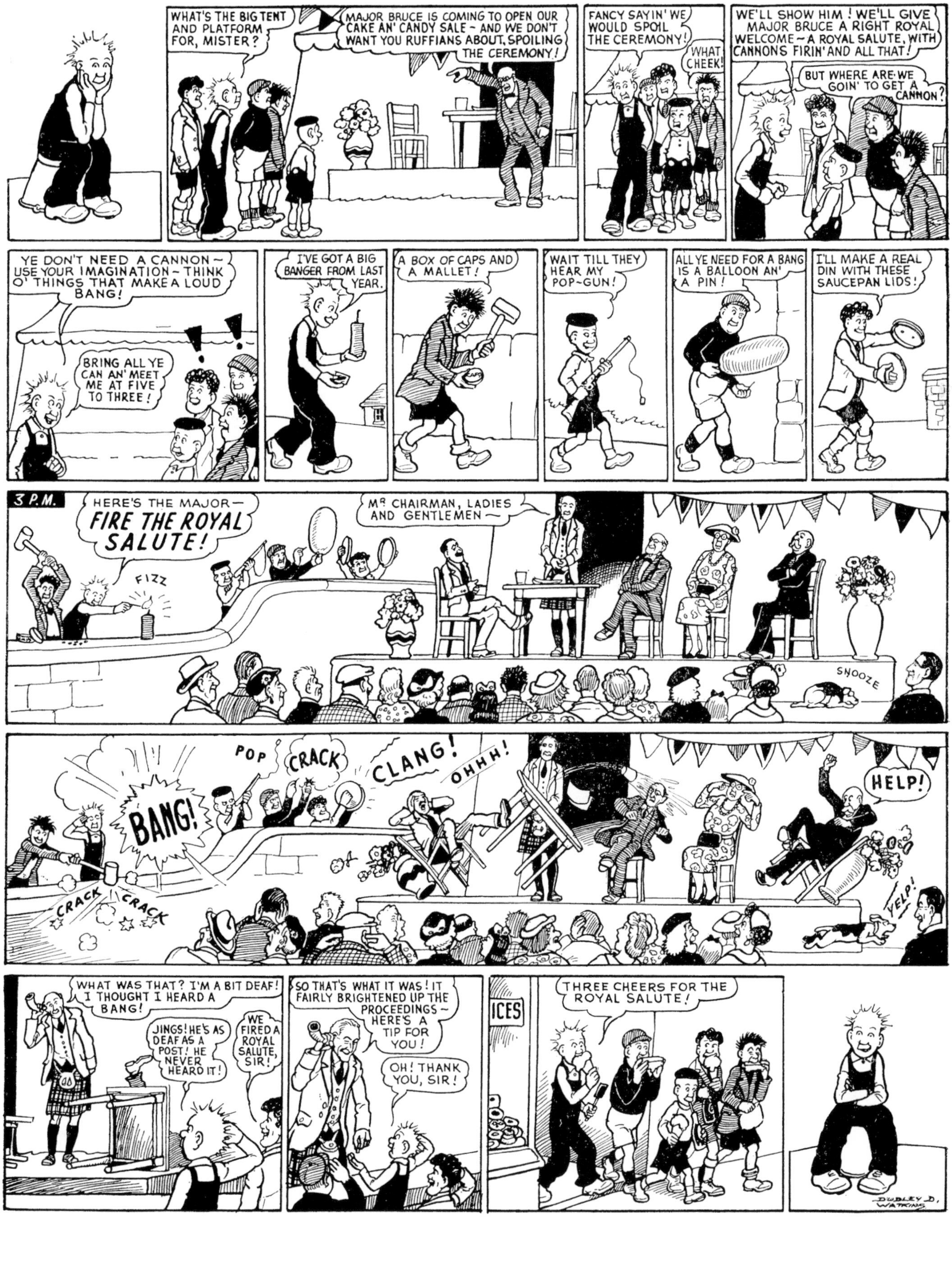

WHAT'S THE BIG TENT AND PLATFORM FOR, MISTER?
MAJOR BRUCE IS COMING TO OPEN OUR CAKE AN' CANDY SALE – AND WE DON'T WANT YOU RUFFIANS ABOUT, SPOILING THE CEREMONY!
FANCY SAYIN' WE WOULD SPOIL THE CEREMONY!
WHAT CHEEK!
WE'LL SHOW HIM! WE'LL GIVE MAJOR BRUCE A RIGHT ROYAL WELCOME – A ROYAL SALUTE, WITH CANNONS FIRIN' AND ALL THAT!
BUT WHERE ARE WE GOIN' TO GET A CANNON?
YE DON'T NEED A CANNON – USE YOUR IMAGINATION – THINK O' THINGS THAT MAKE A LOUD BANG!
BRING ALL YE CAN AN' MEET ME AT FIVE TO THREE!
I'VE GOT A BIG BANGER FROM LAST YEAR.
A BOX OF CAPS AND A MALLET!
WAIT TILL THEY HEAR MY POP-GUN!
ALL YE NEED FOR A BANG IS A BALLOON AN' A PIN!
I'LL MAKE A REAL DIN WITH THESE SAUCEPAN LIDS!
3 P.M.
HERE'S THE MAJOR— FIRE THE ROYAL SALUTE!
FIZZ
MR CHAIRMAN, LADIES AND GENTLEMEN~
SNOOZE
POP
CRACK
CLANG!
OHHH!
BANG!
HELP!
CRACK
CRACK
YELP!
WHAT WAS THAT? I'M A BIT DEAF! I THOUGHT I HEARD A BANG!
JINGS! HE'S AS DEAF AS A POST! HE NEVER HEARD IT!
WE FIRED A ROYAL SALUTE, SIR!
SO THAT'S WHAT IT WAS! IT FAIRLY BRIGHTENED UP THE PROCEEDINGS~ HERE'S A TIP FOR YOU!
OH! THANK YOU, SIR!
ICES
THREE CHEERS FOR THE ROYAL SALUTE!
DUDLEY D. WATKINS

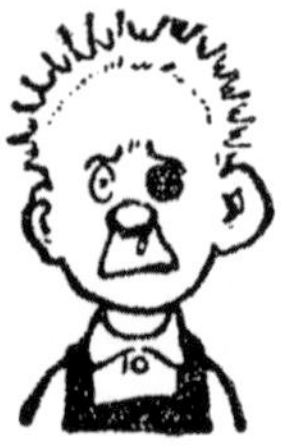

*Wullie can mak' a profit it seems—*

*Even out o' his wildest dreams.*

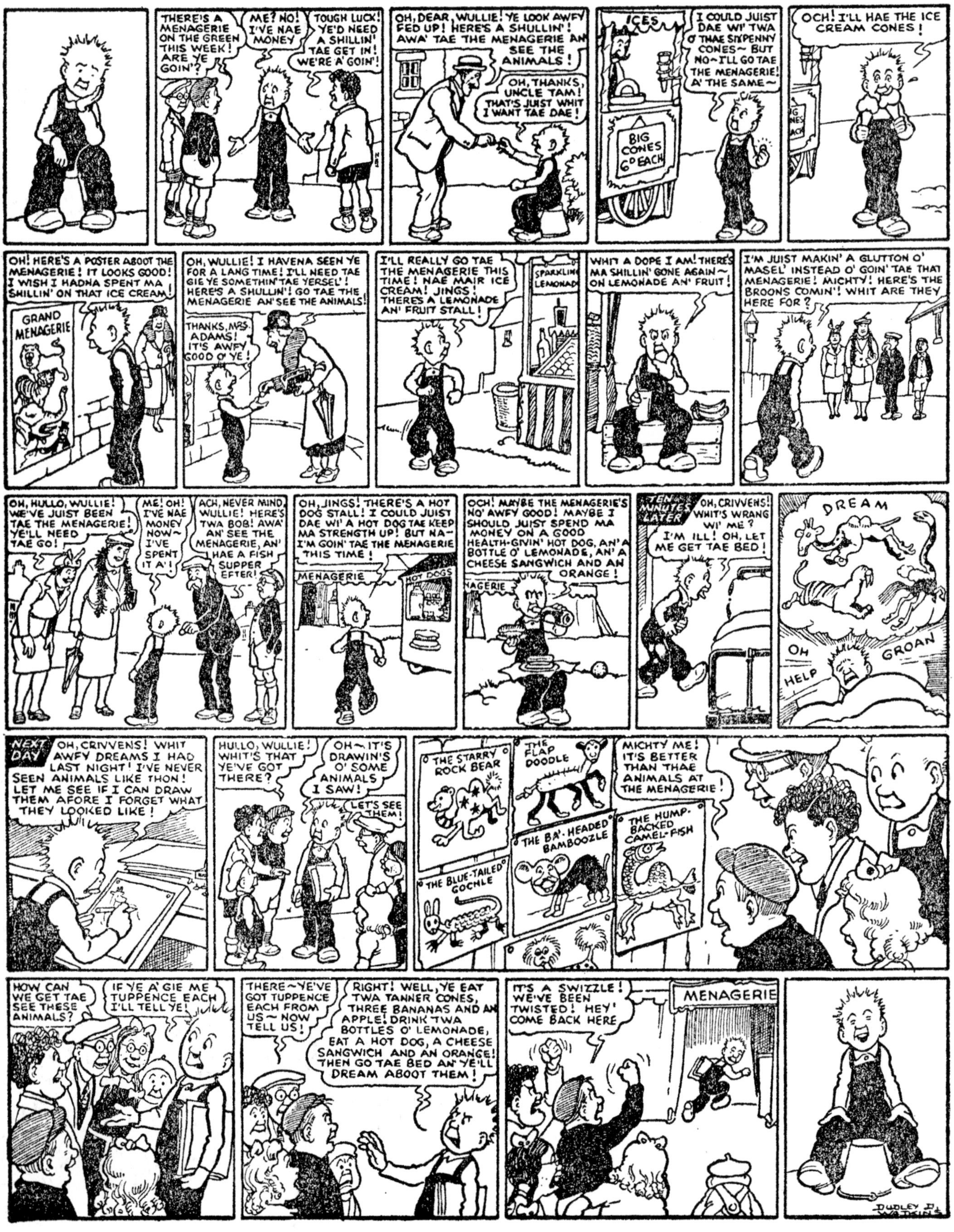
THERE'S A MENAGERIE ON THE GREEN THIS WEEK! ARE YE GOIN'?
ME? NO! I'VE NAE MONEY
TOUGH LUCK! YE'D NEED A SHILLIN' TAE GET IN! WE'RE A' GOIN'!
OH, DEAR, WULLIE! YE LOOK AWFY FED UP! HERE'S A SHULLIN'! AWA' TAE THE MENAGERIE AN' SEE THE ANIMALS!
OH, THANKS, UNCLE TAM! THAT'S JUIST WHIT I WANT TAE DAE!
ICES
I COULD JUIST DAE WI' TWA O' THAE SIXPENNY CONES~ BUT NO~I'LL GO TAE THE MENAGERIE! A' THE SAME~
BIG CONES 6D EACH
OCH! I'LL HAE THE ICE CREAM CONES!
OH! HERE'S A POSTER ABOUT THE MENAGERIE! IT LOOKS GOOD! I WISH I HADNA SPENT MA SHILLIN' ON THAT ICE CREAM!
GRAND MENAGERIE
OH, WULLIE! I HAVENA SEEN YE FOR A LANG TIME! I'LL NEED TAE GIE YE SOMETHIN' TAE YERSEL'! HERE'S A SHULLIN'! GO TAE THE MENAGERIE AN' SEE THE ANIMALS!
THANKS, MRS. ADAMS! IT'S AWFY GOOD O' YE!
I'LL REALLY GO TAE THE MENAGERIE THIS TIME! NAE MAIR ICE CREAM! JINGS! THERE'S A LEMONADE AN' FRUIT STALL!
SPARKLING LEMONADE
WHIT A DOPE I AM! THERE'S MA SHILLIN' GONE AGAIN~ ON LEMONADE AN' FRUIT!
I'M JUIST MAKIN' A GLUTTON O' MASEL' INSTEAD O' GOIN' TAE THAT MENAGERIE! MICHTY! HERE'S THE BROONS COMIN'! WHIT ARE THEY HERE FOR?
OH, HULLO, WULLIE! WE'VE JUIST BEEN TAE THE MENAGERIE! YE'LL NEED TAE GO!
ME! OH! I'VE NAE MONEY NOW~ I'VE SPENT IT A'!
ACH, NEVER MIND, WULLIE! HERE'S TWA BOB! AWA' AN' SEE THE MENAGERIE, AN' HAE A FISH SUPPER EFTER!
OH, JINGS! THERE'S A HOT DOG STALL! I COULD JUIST DAE WI' A HOT DOG TAE KEEP MA STRENGTH UP! BUT NA~ I'M GOIN' TAE THE MENAGERIE THIS TIME!
MENAGERIE
HOT DOGS
OCH! MAYBE THE MENAGERIE'S NO' AWFY GOOD! MAYBE I SHOULD JUIST SPEND MA MONEY ON A GOOD HEALTH-GIVIN' HOT DOG, AN' A BOTTLE O' LEMONADE, AN' A CHEESE SANGWICH AND AN ORANGE!
NAGERIE
TEN MINUTES LATER
OH, CRIVVENS! WHIT'S WRANG WI' ME? I'M ILL! OH, LET ME GET TAE BED!
DREAM
OH
HELP
GROAN
NEXT DAY
OH, CRIVVENS! WHIT AWFY DREAMS I HAD LAST NIGHT! I'VE NEVER SEEN ANIMALS LIKE THON! LET ME SEE IF I CAN DRAW THEM AFORE I FORGET WHAT THEY LOOKED LIKE!
HULLO, WULLIE! WHIT'S THAT YE'VE GOT THERE?
OH~ IT'S DRAWIN'S O' SOME ANIMALS I SAW!
LET'S SEE THEM!
THE STARRY ROCK BEAR
THE FLAP DOODLE
MICHTY ME! IT'S BETTER THAN THAE ANIMALS AT THE MENAGERIE!
THE BA'-HEADED BAMBOOZLE
THE HUMP-BACKED CAMEL-FISH
THE BLUE-TAILED GOCHLE
HOW CAN WE GET TAE SEE THESE ANIMALS?
IF YE A' GIE ME TUPPENCE EACH I'LL TELL YE!
THERE~YE'VE GOT TUPPENCE EACH FROM US~ NOW TELL US!
RIGHT! WELL, YE EAT TWA TANNER CONES, THREE BANANAS AND AN APPLE! DRINK TWA BOTTLES O' LEMONADE, EAT A HOT DOG, A CHEESE SANGWICH AND AN ORANGE! THEN GO TAE BED AN' YE'LL DREAM ABOOT THEM!
IT'S A SWIZZLE! WE'VE BEEN TWISTED! HEY! COME BACK HERE
MENAGERIE
DUDLEY D. WATKINS

*Start to laugh. You can't resist—*

*For Wullie is a hypnotist.*

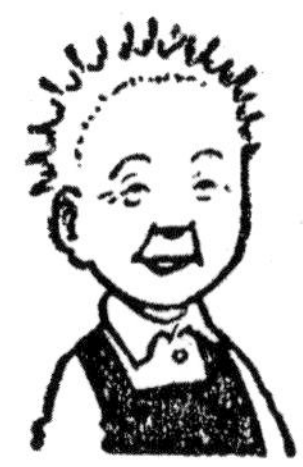

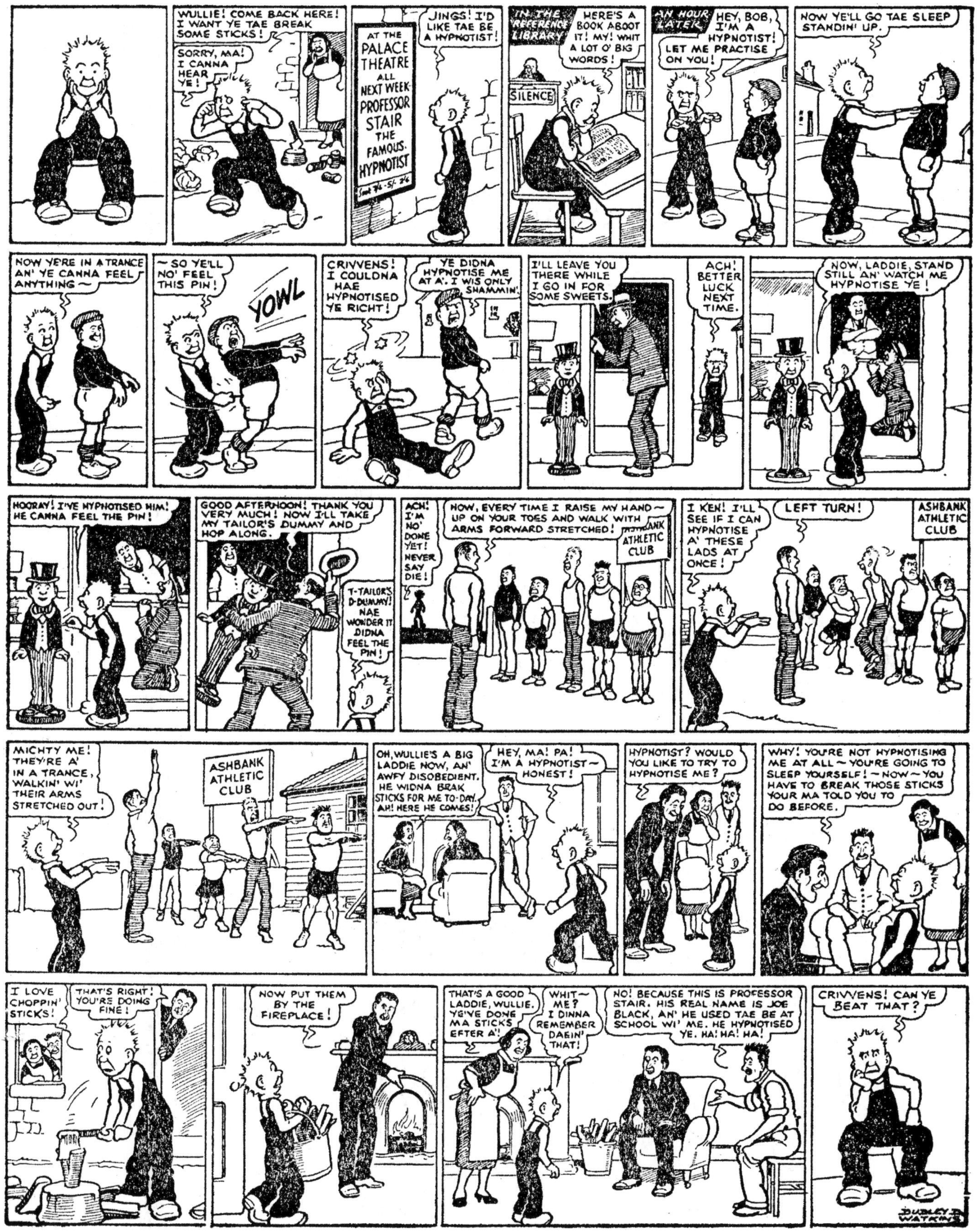
WULLIE! COME BACK HERE! I WANT YE TAE BREAK SOME STICKS!
SORRY, MA! I CANNA HEAR YE!
AT THE PALACE THEATRE ALL NEXT WEEK PROFESSOR STAIR THE FAMOUS HYPNOTIST
JINGS! I'D LIKE TAE BE A HYPNOTIST!
IN THE REFERENCE LIBRARY
HERE'S A BOOK ABOOT IT! MY! WHIT A LOT O' BIG WORDS!
SILENCE
AN HOUR LATER
HEY, BOB, I'M A HYPNOTIST! LET ME PRACTISE ON YOU!
NOW YE'LL GO TAE SLEEP STANDIN' UP.
NOW YE'RE IN A TRANCE AN' YE CANNA FEEL ANYTHING ~
~ SO YE'LL NO' FEEL THIS PIN!
YOWL
CRIVVENS! I COULDNA HAE HYPNOTISED YE RICHT!
YE DIDNA HYPNOTISE ME AT A'. I WIS ONLY SHAMMIN'!
I'LL LEAVE YOU THERE WHILE I GO IN FOR SOME SWEETS.
ACH! BETTER LUCK NEXT TIME.
NOW, LADDIE, STAND STILL AN' WATCH ME HYPNOTISE YE!
HOORAY! I'VE HYPNOTISED HIM! HE CANNA FEEL THE PIN!
GOOD AFTERNOON! THANK YOU VERY MUCH! NOW I'LL TAKE MY TAILOR'S DUMMY AND HOP ALONG.
T-TAILOR'S D-DUMMY! NAE WONDER IT DIDNA FEEL THE PIN!
ACH! I'M NO' DONE YET! NEVER SAY DIE!
NOW, EVERY TIME I RAISE MY HAND ~ UP ON YOUR TOES AND WALK WITH ARMS FORWARD STRETCHED!
ASHBANK ATHLETIC CLUB
I KEN! I'LL SEE IF I CAN HYPNOTISE A' THESE LADS AT ONCE!
LEFT TURN!
ASHBANK ATHLETIC CLUB
MICHTY ME! THEY'RE A' IN A TRANCE, WALKIN' WI' THEIR ARMS STRETCHED OUT!
ASHBANK ATHLETIC CLUB
OH, WULLIE'S A BIG LADDIE NOW, AN' AWFY DISOBEDIENT. HE WIDNA BRAK STICKS FOR ME TO-DAY. AH! HERE HE COMES!
HEY, MA! PA! I'M A HYPNOTIST ~ HONEST!
HYPNOTIST? WOULD YOU LIKE TO TRY TO HYPNOTISE ME?
WHY! YOU'RE NOT HYPNOTISING ME AT ALL ~ YOU'RE GOING TO SLEEP YOURSELF! ~ NOW ~ YOU HAVE TO BREAK THOSE STICKS YOUR MA TOLD YOU TO DO BEFORE.
I LOVE CHOPPIN' STICKS!
THAT'S RIGHT! YOU'RE DOING FINE!
NOW PUT THEM BY THE FIREPLACE!
THAT'S A GOOD LADDIE, WULLIE. YE'VE DONE MA STICKS EFTER A'!
WHIT ~ ME? I DINNA REMEMBER DAEIN' THAT!
NO! BECAUSE THIS IS PROFESSOR STAIR. HIS REAL NAME IS JOE BLACK, AN' HE USED TAE BE AT SCHOOL WI' ME. HE HYPNOTISED YE. HA! HA! HA!
CRIVVENS! CAN YE BEAT THAT?
DUDLEY D. WATKINS

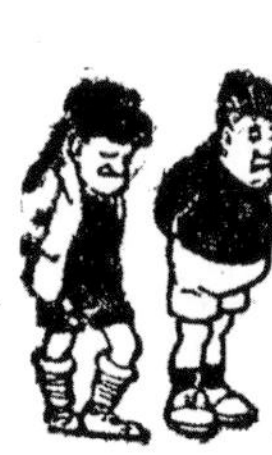

*Whaur on earth did Fat Bob go?—*

*His Pa's been huntin' high an' low.*

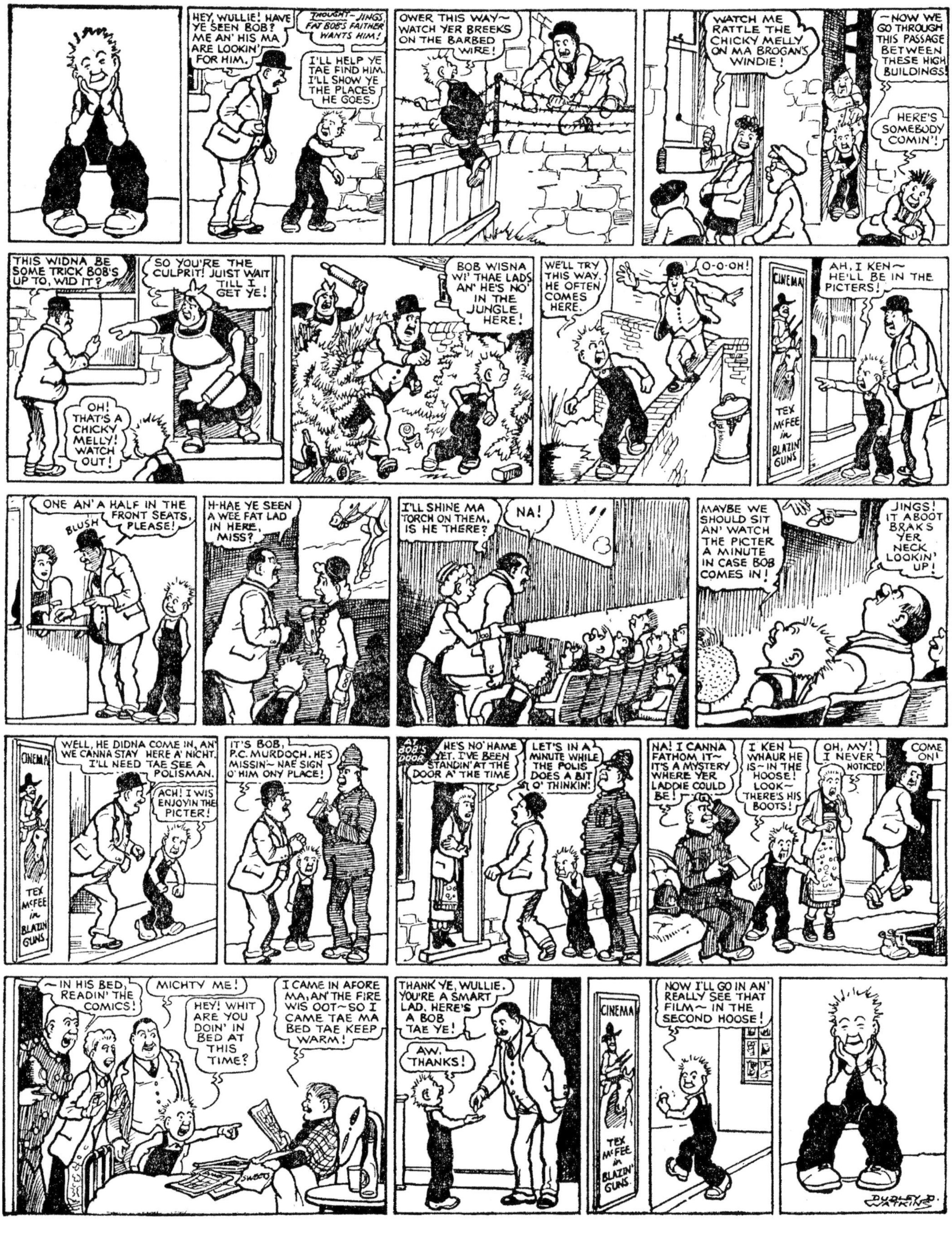
HEY, WULLIE! HAVE YE SEEN BOB? ME AN' HIS MA ARE LOOKIN' FOR HIM.
THOUGHT—JINGS, FAT BOB'S FAITHER WANTS HIM!
I'LL HELP YE TAE FIND HIM. I'LL SHOW YE THE PLACES HE GOES.
OWER THIS WAY— WATCH YER BREEKS ON THE BARBED WIRE!
WATCH ME RATTLE THE CHICKY MELLY ON MA BROGAN'S WINDIE!
—NOW WE GO THROUGH THIS PASSAGE BETWEEN THESE HIGH BUILDINGS!
HERE'S SOMEBODY COMIN'!
THIS WIDNA BE SOME TRICK BOB'S UP TO, WID IT?
SO YOU'RE THE CULPRIT! JUIST WAIT TILL I GET YE!
OH! THAT'S A CHICKY MELLY! WATCH OUT!
BOB WISNA WI' THAE LADS AN' HE'S NO' IN THE JUNGLE HERE!
WE'LL TRY THIS WAY. HE OFTEN COMES HERE.
O-O-OH!
CINEMA
AH, I KEN— HE'LL BE IN THE PICTERS!
TEX McFEE in BLAZIN GUNS
ONE AN' A HALF IN THE FRONT SEATS, PLEASE!
BLUSH
H-HAE YE SEEN A WEE FAT LAD IN HERE, MISS?
I'LL SHINE MA TORCH ON THEM. IS HE THERE?
NA!
MAYBE WE SHOULD SIT AN' WATCH THE PICTER A MINUTE IN CASE BOB COMES IN!
JINGS! IT ABOOT BRAKS YER NECK LOOKIN' UP!
CINEMA
TEX McFEE in BLAZIN GUNS
WELL, HE DIDNA COME IN, AN' WE CANNA STAY HERE A' NICHT. I'LL NEED TAE SEE A POLISMAN.
ACH! I WIS ENJOYIN THE PICTER!
IT'S BOB, P.C. MURDOCH. HE'S MISSIN— NAE SIGN O' HIM ONY PLACE!
AT BOB'S DOOR
HE'S NO' HAME YET. I'VE BEEN STANDIN' AT THE DOOR A' THE TIME
LET'S IN A MINUTE WHILE THE POLIS DOES A BIT O' THINKIN!
NA! I CANNA FATHOM IT— IT'S A MYSTERY WHERE YER LADDIE COULD BE!
I KEN WHAUR HE IS— IN THE HOOSE! LOOK— THERE'S HIS BOOTS!
OH, MY! I NEVER NOTICED!
COME ON!
—IN HIS BED, READIN' THE COMICS!
MICHTY ME!
HEY! WHIT ARE YOU DOIN' IN BED AT THIS TIME?
I CAME IN AFORE MA, AN' THE FIRE WIS OOT— SO I CAME TAE MA BED TAE KEEP WARM!
SWEETS
THANK YE, WULLIE. YOU'RE A SMART LAD. HERE'S A BOB TAE YE!
AW, THANKS!
CINEMA
TEX McFEE in BLAZIN' GUNS
NOW I'LL GO IN AN' REALLY SEE THAT FILM— IN THE SECOND HOOSE!
DUDLEY D. WATKINS

*Two wee laddies, Joe and Jock—*

*Put paid to Wullie's boastful talk!*

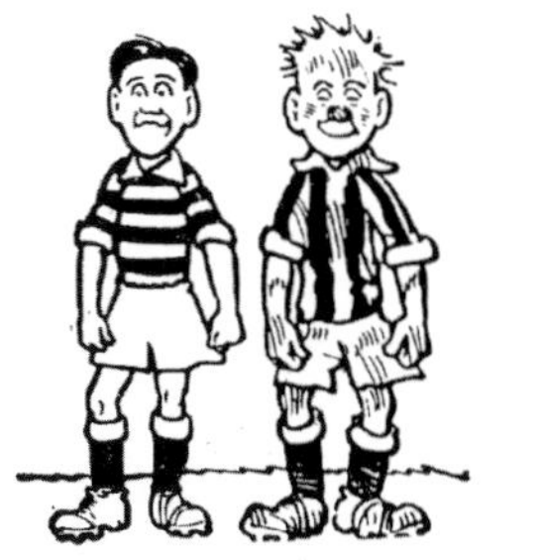

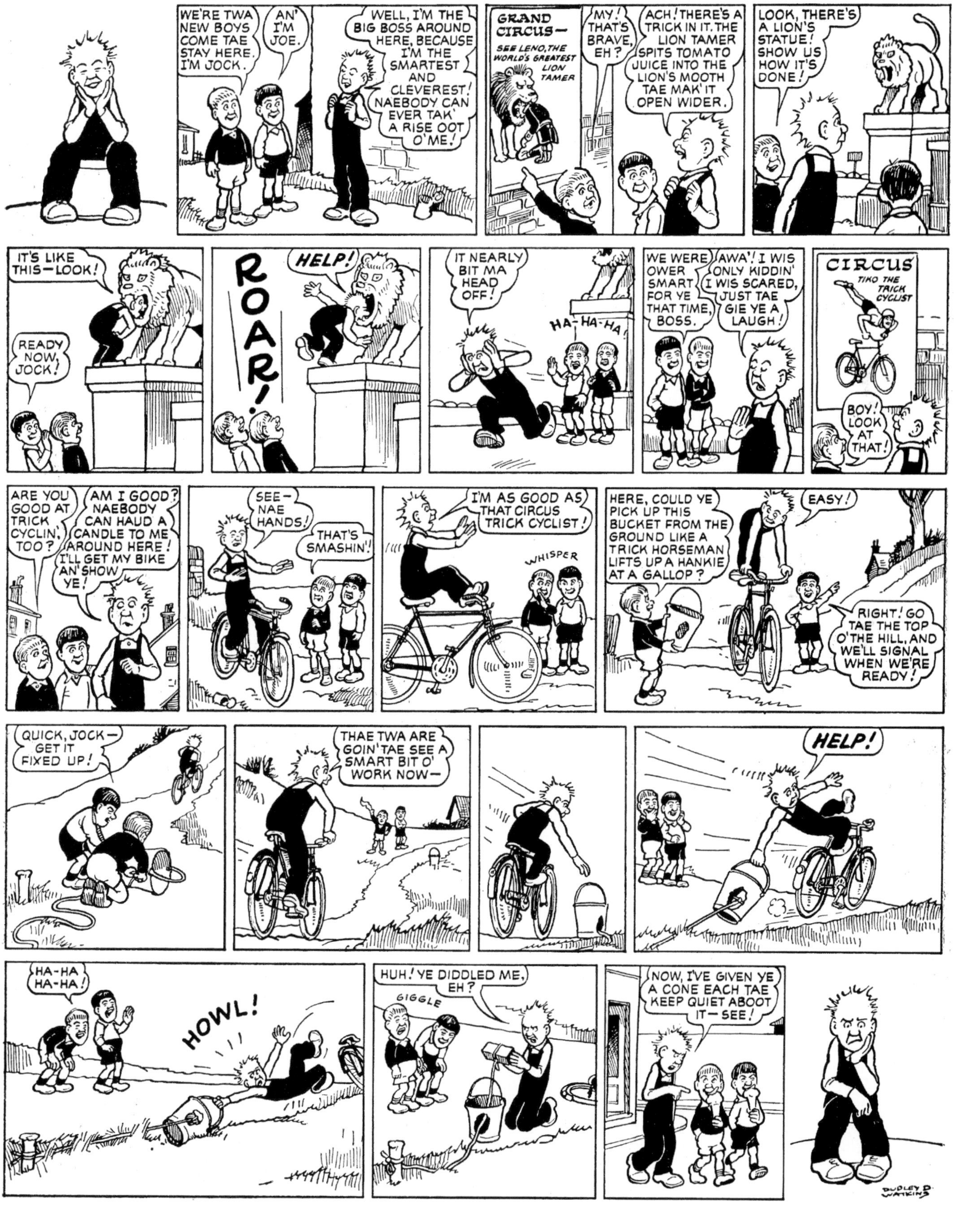

WE'RE TWA NEW BOYS COME TAE STAY HERE. I'M JOCK.
AN' I'M JOE.
WELL, I'M THE BIG BOSS AROUND HERE, BECAUSE I'M THE SMARTEST AND CLEVEREST! NAEBODY CAN EVER TAK' A RISE OOT O'ME!
GRAND CIRCUS—
SEE LENO, THE WORLD'S GREATEST LION TAMER
MY! THAT'S BRAVE, EH?
ACH! THERE'S A TRICK IN IT. THE LION TAMER SPITS TOMATO JUICE INTO THE LION'S MOOTH TAE MAK' IT OPEN WIDER.
LOOK, THERE'S A LION'S STATUE! SHOW US HOW IT'S DONE!
IT'S LIKE THIS—LOOK!
READY NOW, JOCK!
HELP!
ROAR!
IT NEARLY BIT MA HEAD OFF!
HA-HA-HA!
WE WERE OWER SMART FOR YE THAT TIME, BOSS.
AWA'! I WIS ONLY KIDDIN' I WIS SCARED, JUST TAE GIE YE A LAUGH!
CIRCUS
TIKO THE TRICK CYCLIST
BOY! LOOK AT THAT!
ARE YOU GOOD AT TRICK CYCLIN', TOO?
AM I GOOD? NAEBODY CAN HAUD A CANDLE TO ME AROUND HERE! I'LL GET MY BIKE AN' SHOW YE!
SEE—NAE HANDS!
THAT'S SMASHIN'!
I'M AS GOOD AS THAT CIRCUS TRICK CYCLIST!
WHISPER
HERE, COULD YE PICK UP THIS BUCKET FROM THE GROUND LIKE A TRICK HORSEMAN LIFTS UP A HANKIE AT A GALLOP?
EASY!
RIGHT! GO TAE THE TOP O'THE HILL, AND WE'LL SIGNAL WHEN WE'RE READY!
QUICK, JOCK—GET IT FIXED UP!
THAE TWA ARE GOIN' TAE SEE A SMART BIT O' WORK NOW—
HELP!
HA-HA HA-HA!
HOWL!
HUH! YE DIDDLED ME, EH?
GIGGLE
NOW, I'VE GIVEN YE A CONE EACH TAE KEEP QUIET ABOOT IT—SEE!
DUDLEY D. WATKINS

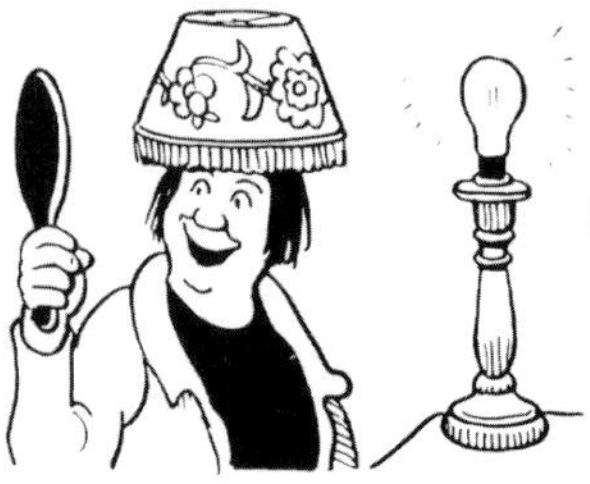

*Flooers and flags, and snakes as well —*

*Nae wonder Maw lets oot a yell!*

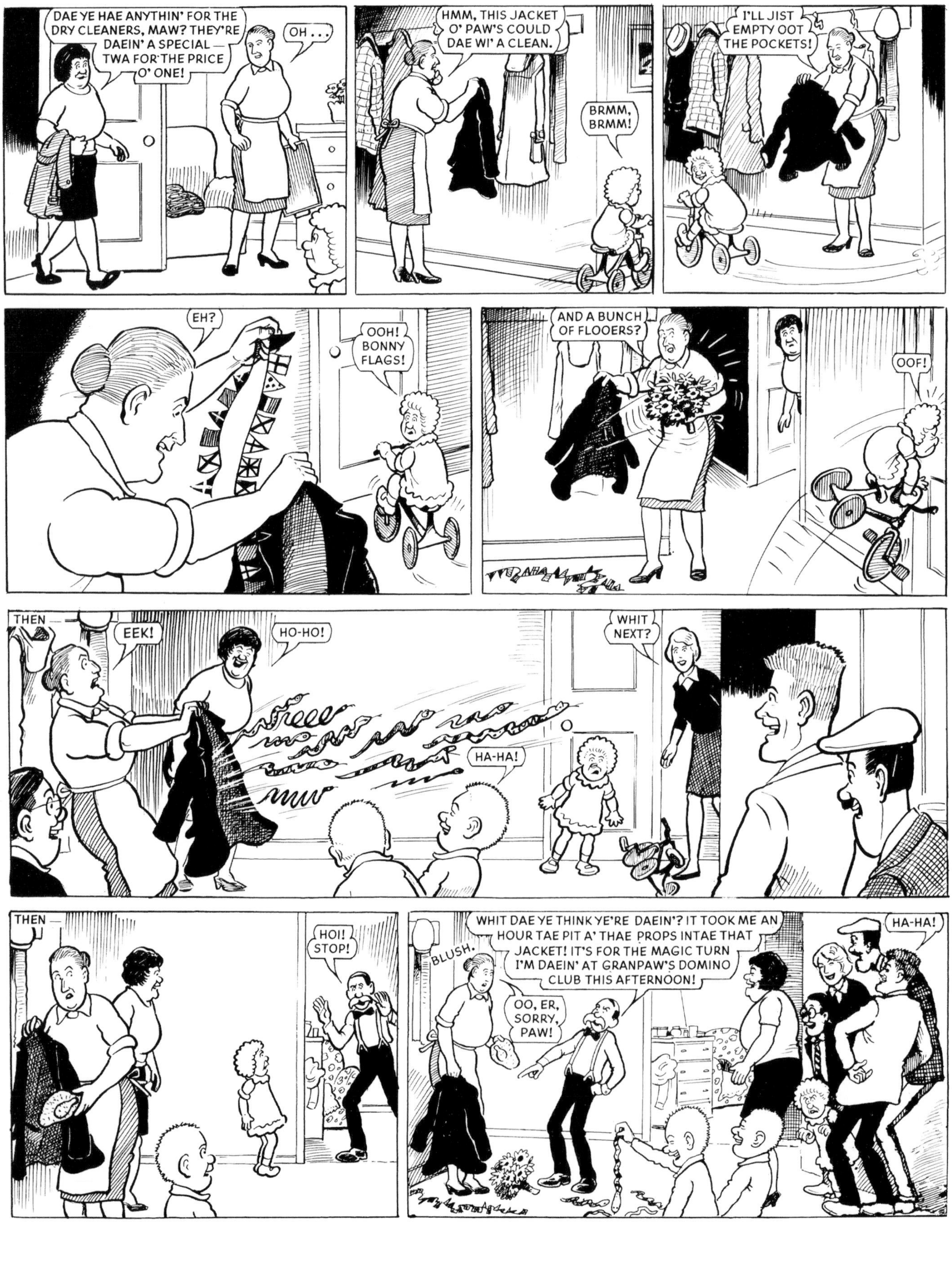

DAE YE HAE ANYTHIN' FOR THE DRY CLEANERS, MAW? THEY'RE DAEIN' A SPECIAL — TWA FOR THE PRICE O' ONE!
OH . . .
HMM, THIS JACKET O' PAW'S COULD DAE WI' A CLEAN.
BRMM, BRMM!
I'LL JIST EMPTY OOT THE POCKETS!
EH?
OOH! BONNY FLAGS!
AND A BUNCH OF FLOOERS?
OOF!
THEN —
EEK!
HO-HO!
WHIT NEXT?
HA-HA!
THEN —
HOI! STOP!
WHIT DAE YE THINK YE'RE DAEIN'? IT TOOK ME AN HOUR TAE PIT A' THAE PROPS INTAE THAT JACKET! IT'S FOR THE MAGIC TURN I'M DAEIN' AT GRANPAW'S DOMINO CLUB THIS AFTERNOON!
HA-HA!
BLUSH.
OO, ER, SORRY, PAW!

# *Oh, despair, oh, dismay —*

# *When Maw gives the game away!*

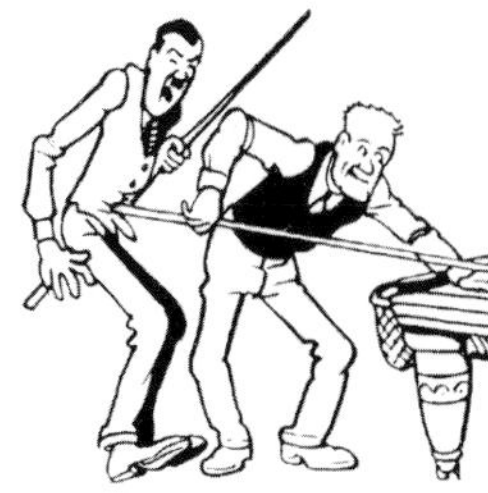

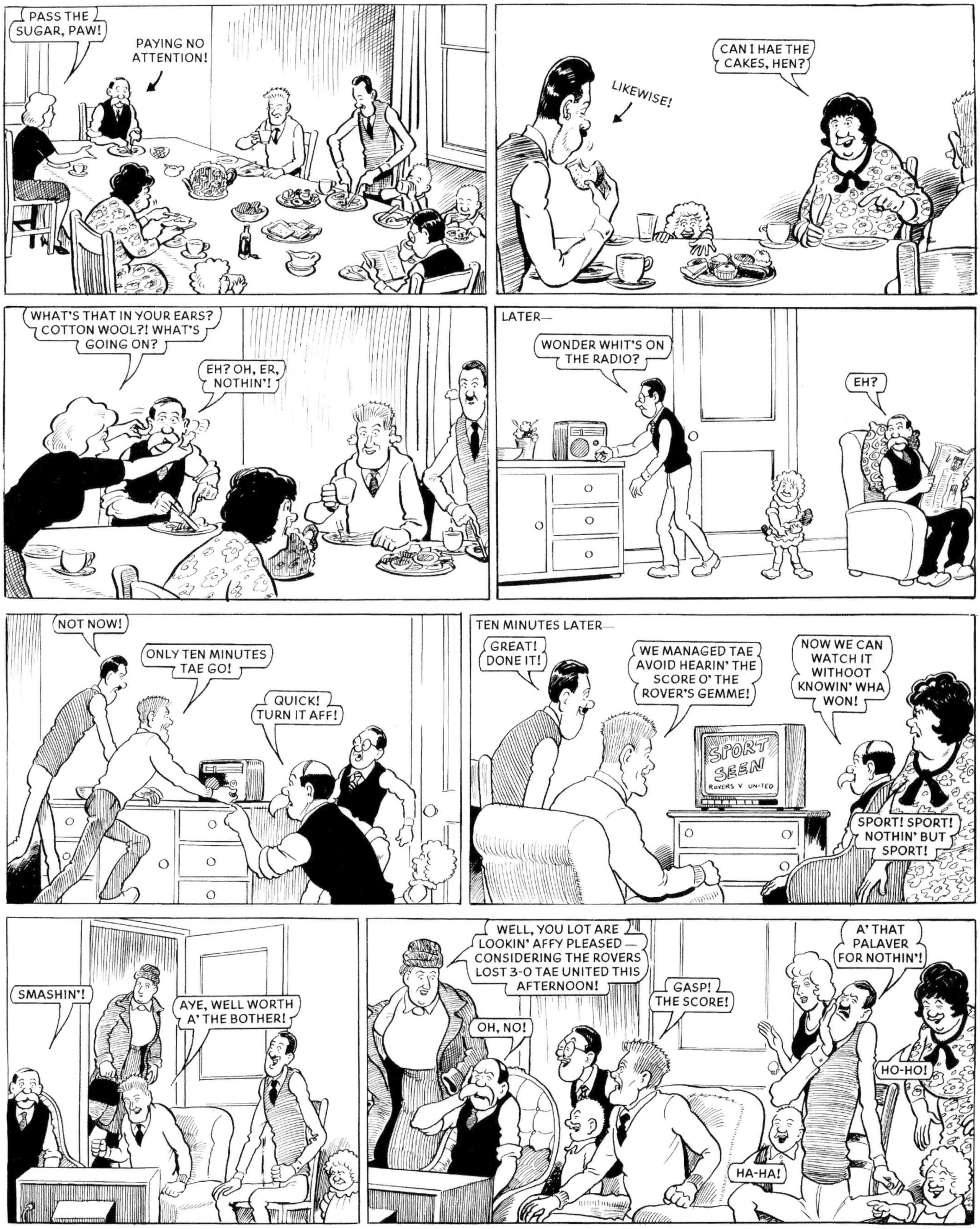

PASS THE SUGAR, PAW!
PAYING NO ATTENTION!
CAN I HAE THE CAKES, HEN?
LIKEWISE!
WHAT'S THAT IN YOUR EARS? COTTON WOOL?! WHAT'S GOING ON?
EH? OH, ER, NOTHIN'!
LATER—
WONDER WHIT'S ON THE RADIO?
EH?
NOT NOW!
ONLY TEN MINUTES TAE GO!
QUICK! TURN IT AFF!
TEN MINUTES LATER—
GREAT! DONE IT!
WE MANAGED TAE AVOID HEARIN' THE SCORE O' THE ROVER'S GEMME!
NOW WE CAN WATCH IT WITHOUT KNOWIN' WHA WON!
SPORT SEEN
ROVERS V UNITED
SPORT! SPORT! NOTHIN' BUT SPORT!
SMASHIN'!
AYE, WELL WORTH A' THE BOTHER!
WELL, YOU LOT ARE LOOKIN' AFFY PLEASED — CONSIDERING THE ROVERS LOST 3-0 TAE UNITED THIS AFTERNOON!
OH, NO!
GASP! THE SCORE!
A' THAT PALAVER FOR NOTHIN'!
HO-HO!
HA-HA!

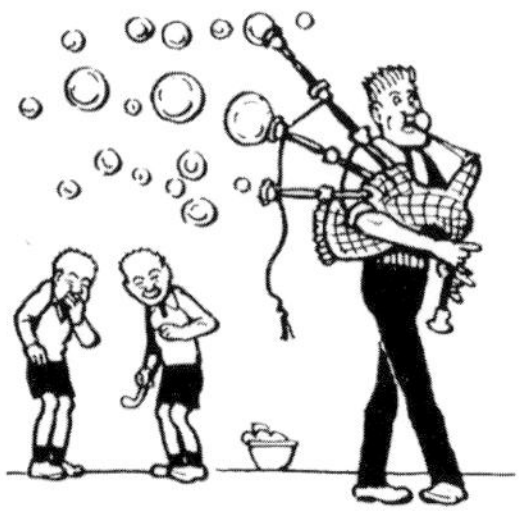

*There's something wrong—*

*Wi' this sing-song!*

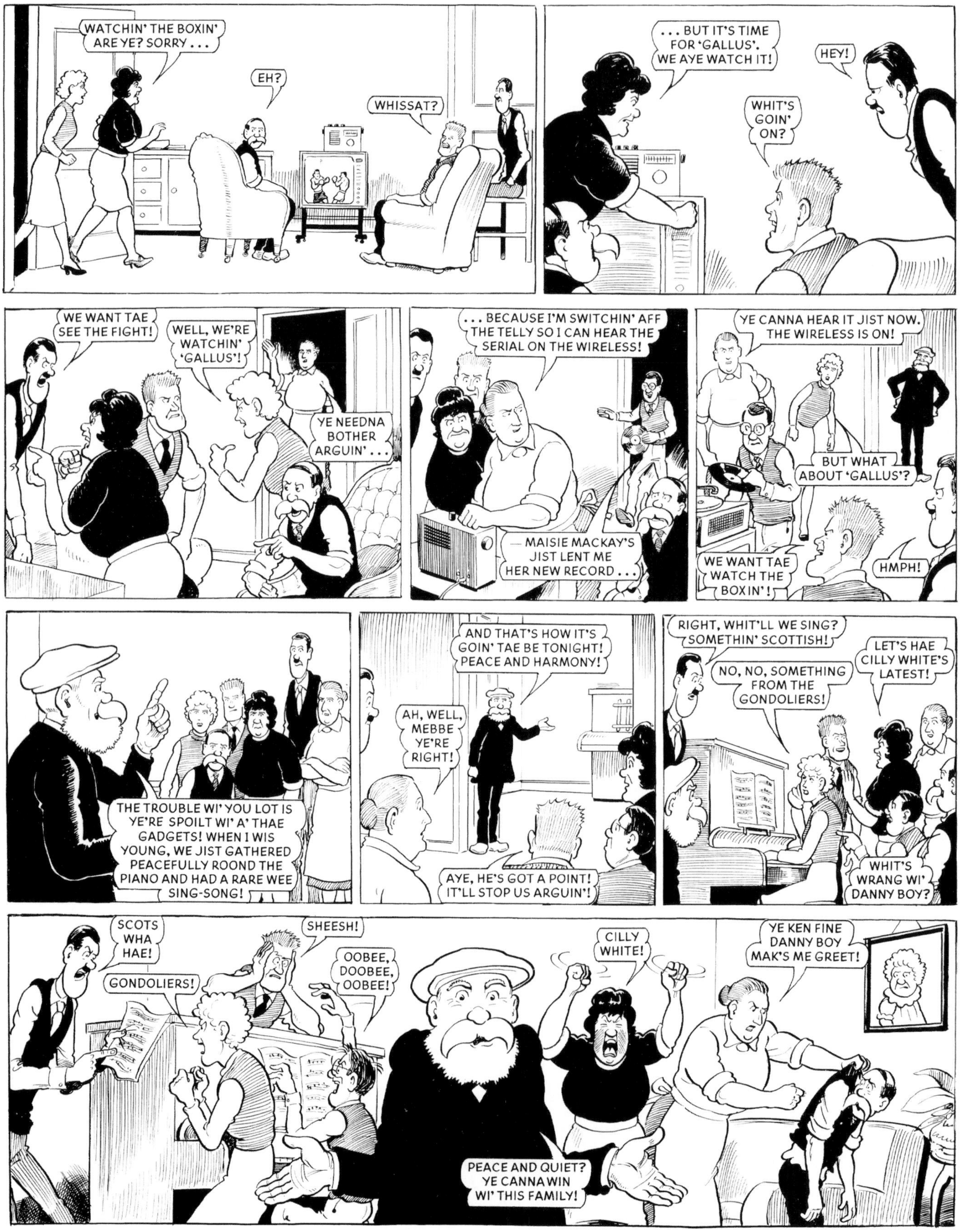
WATCHIN' THE BOXIN' ARE YE? SORRY . . .
EH?
WHISSAT?
. . . BUT IT'S TIME FOR 'GALLUS'. WE AYE WATCH IT!
HEY!
WHIT'S GOIN' ON?
WE WANT TAE SEE THE FIGHT!
WELL, WE'RE WATCHIN' 'GALLUS'!
YE NEEDNA BOTHER ARGUIN' . . .
. . . BECAUSE I'M SWITCHIN' AFF THE TELLY SO I CAN HEAR THE SERIAL ON THE WIRELESS!
—MAISIE MACKAY'S JIST LENT ME HER NEW RECORD . . .
YE CANNA HEAR IT JIST NOW. THE WIRELESS IS ON!
BUT WHAT ABOUT 'GALLUS'?
WE WANT TAE WATCH THE BOXIN'!
HMPH!
THE TROUBLE WI' YOU LOT IS YE'RE SPOILT WI' A' THAE GADGETS! WHEN I WIS YOUNG, WE JIST GATHERED PEACEFULLY ROOND THE PIANO AND HAD A RARE WEE SING-SONG!
AND THAT'S HOW IT'S GOIN' TAE BE TONIGHT! PEACE AND HARMONY!
AH, WELL, MEBBE YE'RE RIGHT!
AYE, HE'S GOT A POINT! IT'LL STOP US ARGUIN'!
RIGHT, WHIT'LL WE SING? SOMETHIN' SCOTTISH!
NO, NO, SOMETHING FROM THE GONDOLIERS!
LET'S HAE CILLY WHITE'S LATEST!
WHIT'S WRANG WI' DANNY BOY?
SCOTS WHA HAE!
GONDOLIERS!
SHEESH!
OOBEE, DOOBEE, OOBEE!
CILLY WHITE!
YE KEN FINE DANNY BOY MAK'S ME GREET!
PEACE AND QUIET? YE CANNA WIN WI' THIS FAMILY!

*NOW it's the same —*

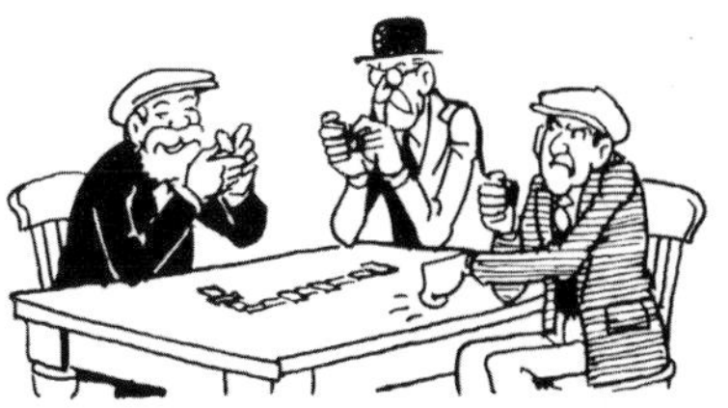

*As a real fitba game!*

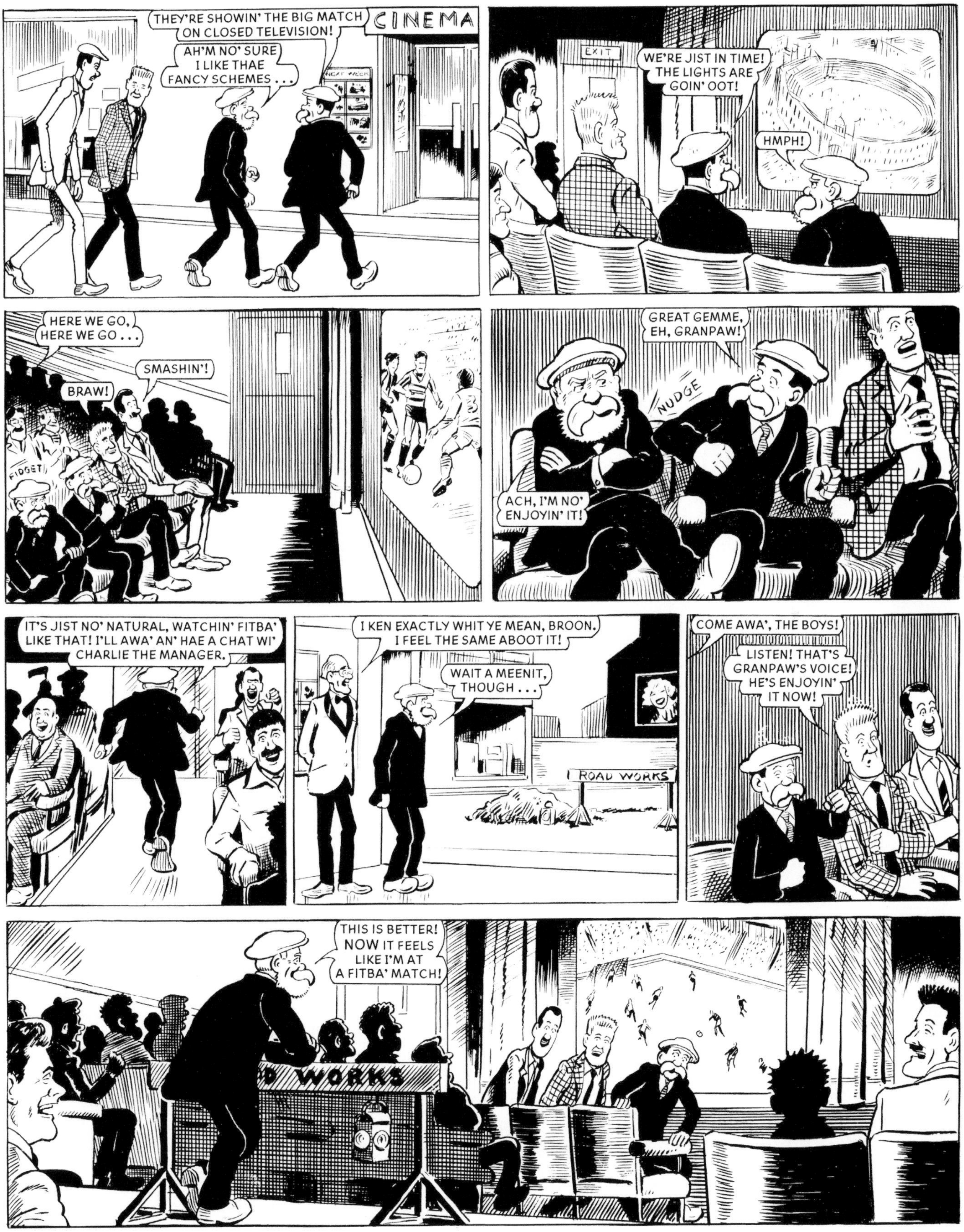

THEY'RE SHOWIN' THE BIG MATCH ON CLOSED TELEVISION!
CINEMA
AH'M NO' SURE I LIKE THAE FANCY SCHEMES . . .
EXIT
WE'RE JIST IN TIME! THE LIGHTS ARE GOIN' OOT!
HMPH!
HERE WE GO, HERE WE GO . . .
SMASHIN'!
BRAW!
FIDGET
GREAT GEMME, EH, GRANPAW!
NUDGE
ACH, I'M NO' ENJOYIN' IT!
IT'S JIST NO' NATURAL, WATCHIN' FITBA' LIKE THAT! I'LL AWA' AN' HAE A CHAT WI' CHARLIE THE MANAGER.
I KEN EXACTLY WHIT YE MEAN, BROON. I FEEL THE SAME ABOOT IT!
WAIT A MEENIT, THOUGH . . .
ROAD WORKS
COME AWA', THE BOYS!
LISTEN! THAT'S GRANPAW'S VOICE! HE'S ENJOYIN' IT NOW!
THIS IS BETTER! NOW IT FEELS LIKE I'M AT A FITBA' MATCH!

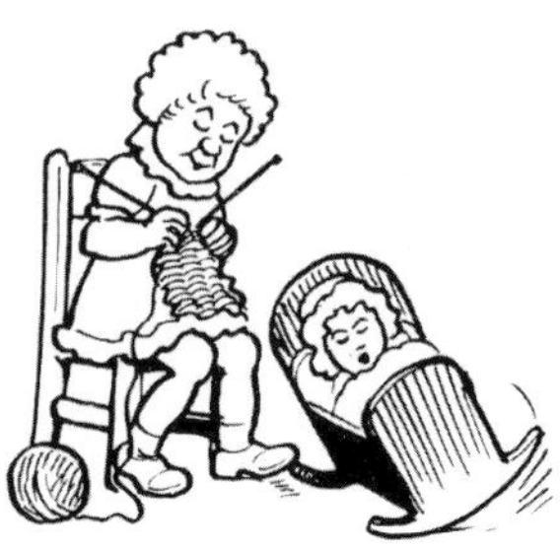

*Peace an' quiet?—*

*It's mair like a riot!*

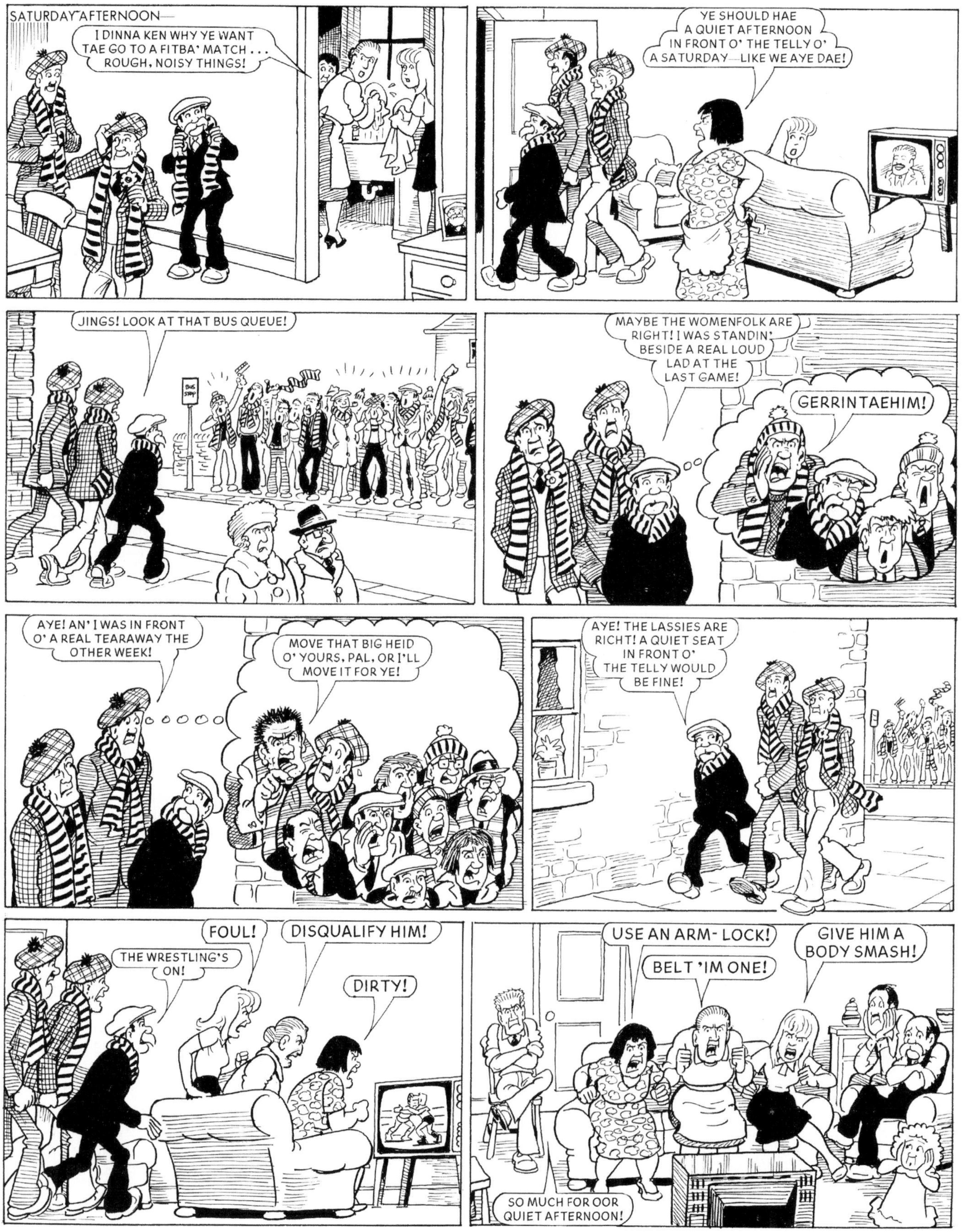

SATURDAY AFTERNOON—
I DINNA KEN WHY YE WANT TAE GO TO A FITBA' MATCH . . . ROUGH, NOISY THINGS!
YE SHOULD HAE A QUIET AFTERNOON IN FRONT O' THE TELLY O' A SATURDAY—LIKE WE AYE DAE!
JINGS! LOOK AT THAT BUS QUEUE!
MAYBE THE WOMENFOLK ARE RIGHT! I WAS STANDIN' BESIDE A REAL LOUD LAD AT THE LAST GAME!
GERRINTAEHIM!
AYE! AN' I WAS IN FRONT O' A REAL TEARAWAY THE OTHER WEEK!
MOVE THAT BIG HEID O' YOURS, PAL, OR I'LL MOVE IT FOR YE!
AYE! THE LASSIES ARE RICHT! A QUIET SEAT IN FRONT O' THE TELLY WOULD BE FINE!
THE WRESTLING'S ON!
FOUL!
DISQUALIFY HIM!
DIRTY!
USE AN ARM- LOCK!
BELT 'IM ONE!
GIVE HIM A BODY SMASH!
SO MUCH FOR OOR QUIET AFTERNOON!

*Jist look at this! It would appear—*

*There's something funny going on "ear"!*

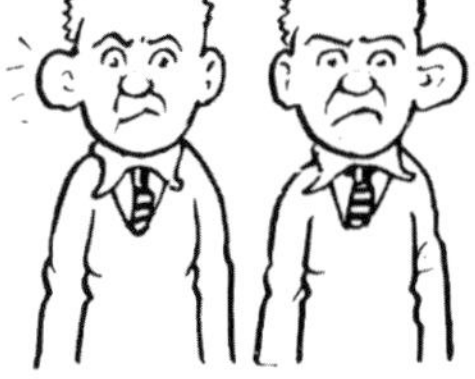

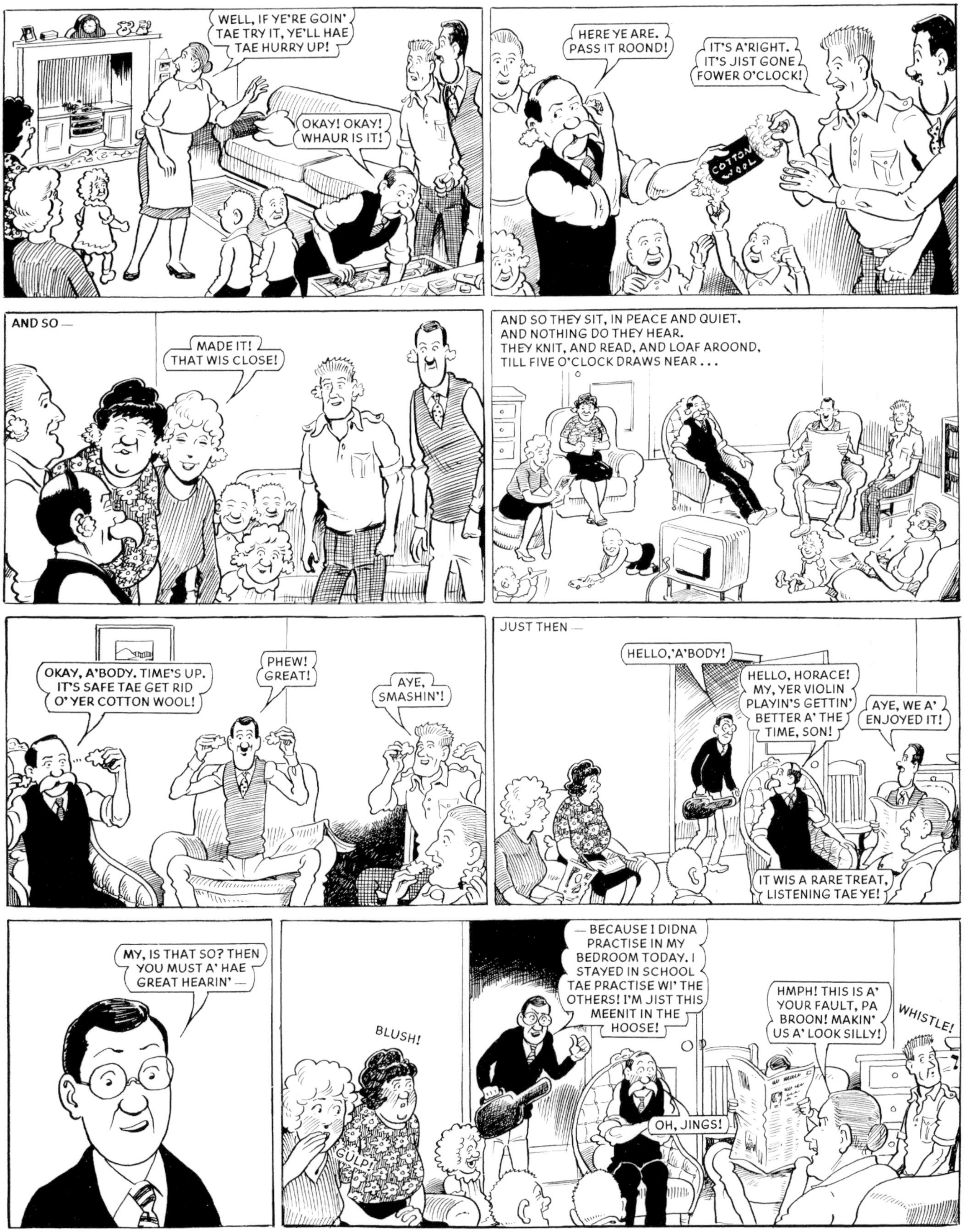

WELL, IF YE'RE GOIN' TAE TRY IT, YE'LL HAE TAE HURRY UP!
OKAY! OKAY! WHAUR IS IT!
HERE YE ARE. PASS IT ROOND!
IT'S A'RIGHT. IT'S JIST GONE FOWER O'CLOCK!
COTTON WOOL
AND SO —
MADE IT! THAT WIS CLOSE!
AND SO THEY SIT, IN PEACE AND QUIET, AND NOTHING DO THEY HEAR. THEY KNIT, AND READ, AND LOAF AROOND, TILL FIVE O'CLOCK DRAWS NEAR . . .
OKAY, A'BODY. TIME'S UP. IT'S SAFE TAE GET RID O' YER COTTON WOOL!
PHEW! GREAT!
AYE, SMASHIN'!
JUST THEN —
HELLO, 'A'BODY!
HELLO, HORACE! MY, YER VIOLIN PLAYIN'S GETTIN' BETTER A' THE TIME, SON!
AYE, WE A' ENJOYED IT!
IT WIS A RARE TREAT, LISTENING TAE YE!
MY, IS THAT SO? THEN YOU MUST A' HAE GREAT HEARIN' —
— BECAUSE I DIDNA PRACTISE IN MY BEDROOM TODAY. I STAYED IN SCHOOL TAE PRACTISE WI' THE OTHERS! I'M JIST THIS MEENIT IN THE HOOSE!
BLUSH!
GULP!
OH, JINGS!
HMPH! THIS IS A' YOUR FAULT, PA BROON! MAKIN' US A' LOOK SILLY!
WHISTLE!

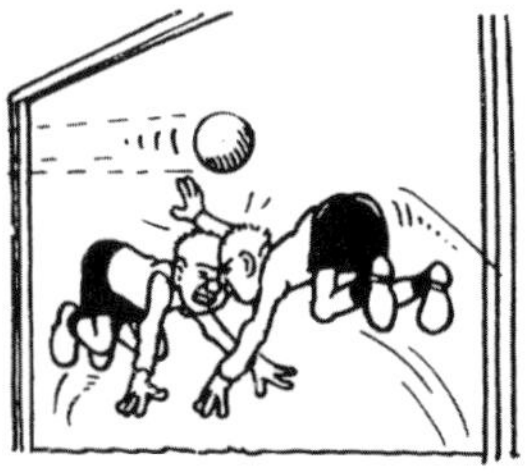

*First it's stripey, then it's dotty —*

*This TV picture drives Paw potty!*

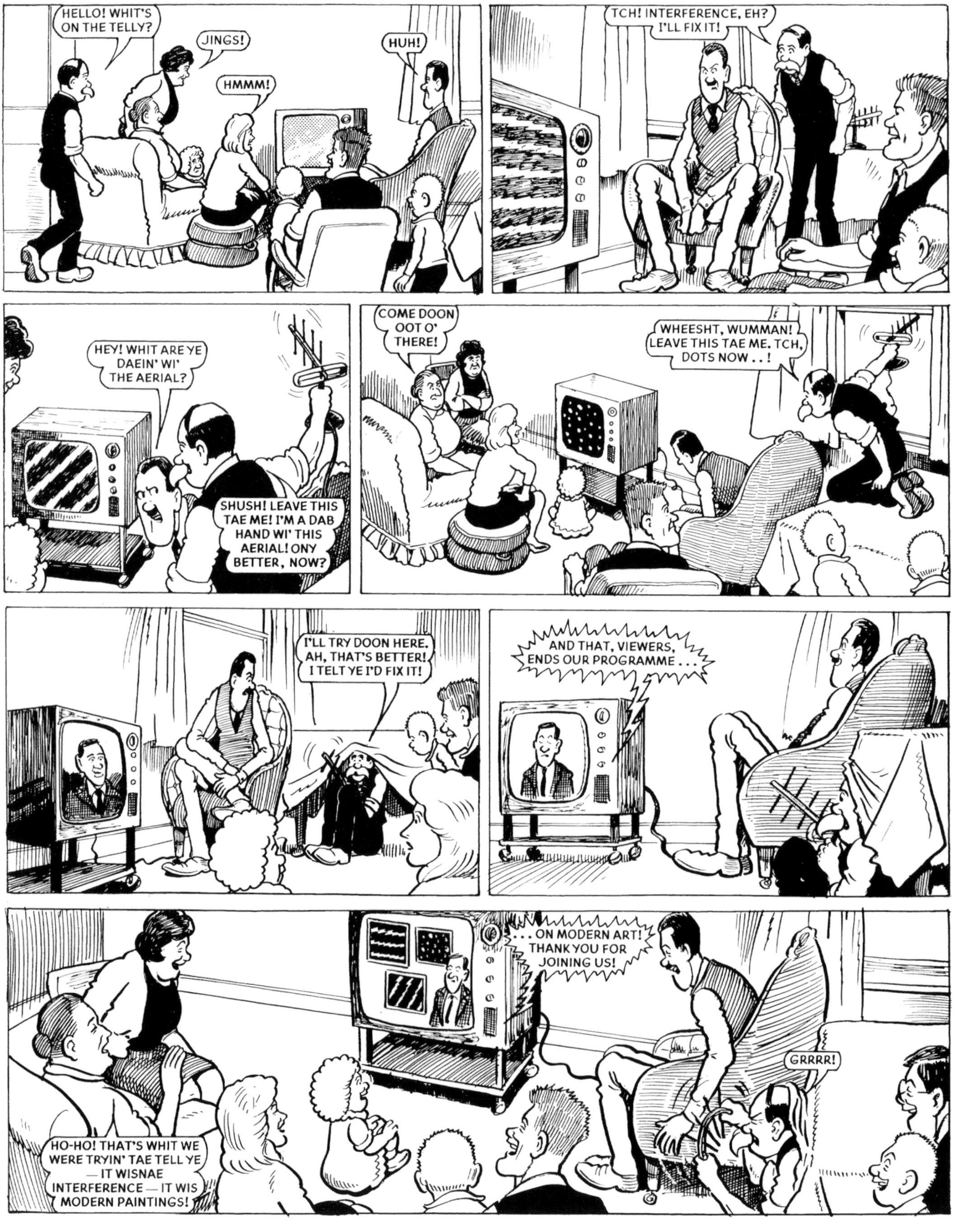
HELLO! WHIT'S ON THE TELLY?
JINGS!
HMMM!
HUH!
TCH! INTERFERENCE, EH? I'LL FIX IT!
HEY! WHIT ARE YE DAEIN' WI' THE AERIAL?
SHUSH! LEAVE THIS TAE ME! I'M A DAB HAND WI' THIS AERIAL! ONY BETTER, NOW?
COME DOON OOT O' THERE!
WHEESHT, WUMMAN! LEAVE THIS TAE ME. TCH, DOTS NOW . . !
I'LL TRY DOON HERE. AH, THAT'S BETTER! I TELT YE I'D FIX IT!
AND THAT, VIEWERS, ENDS OUR PROGRAMME . . .
. . . ON MODERN ART! THANK YOU FOR JOINING US!
GRRRR!
HO-HO! THAT'S WHIT WE WERE TRYIN' TAE TELL YE — IT WISNAE INTERFERENCE — IT WIS MODERN PAINTINGS!

*Eck's got a moothie, there's a fiddle and a drum—*

*And the orchestra leader's your funny wee chum!*

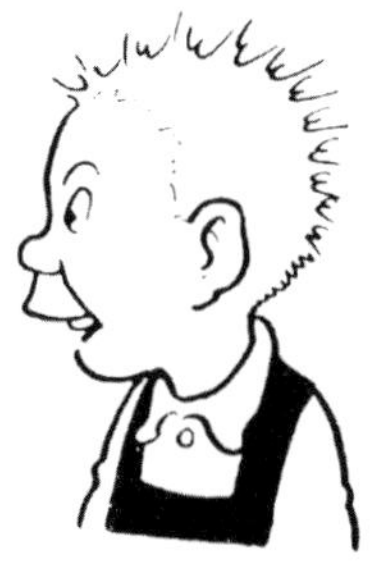

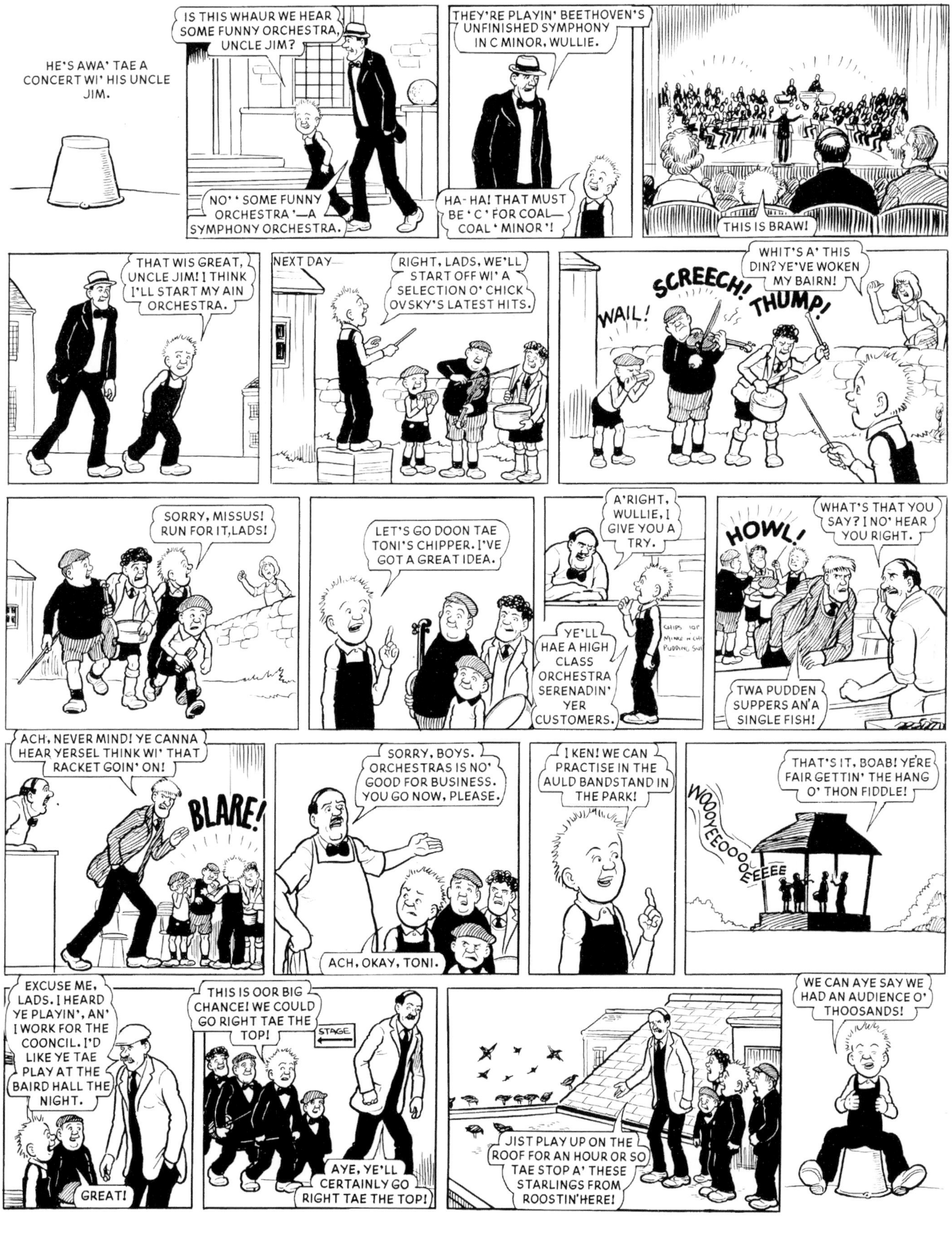
HE'S AWA' TAE A CONCERT WI' HIS UNCLE JIM.
IS THIS WHAUR WE HEAR SOME FUNNY ORCHESTRA, UNCLE JIM?
NO' 'SOME FUNNY ORCHESTRA'—A SYMPHONY ORCHESTRA.
THEY'RE PLAYIN' BEETHOVEN'S UNFINISHED SYMPHONY IN C MINOR, WULLIE.
HA-HA! THAT MUST BE 'C' FOR COAL—COAL 'MINOR'!
THIS IS BRAW!
THAT WIS GREAT, UNCLE JIM! I THINK I'LL START MY AIN ORCHESTRA.
NEXT DAY—
RIGHT, LADS, WE'LL START OFF WI' A SELECTION O' CHICK OVSKY'S LATEST HITS.
WAIL!
SCREECH!
THUMP!
WHIT'S A' THIS DIN? YE'VE WOKEN MY BAIRN!
SORRY, MISSUS! RUN FOR IT, LADS!
LET'S GO DOON TAE TONI'S CHIPPER. I'VE GOT A GREAT IDEA.
A'RIGHT, WULLIE, I GIVE YOU A TRY.
YE'LL HAE A HIGH CLASS ORCHESTRA SERENADIN' YER CUSTOMERS.
HOWL!
WHAT'S THAT YOU SAY? I NO' HEAR YOU RIGHT.
TWA PUDDEN SUPPERS AN'A SINGLE FISH!
ACH, NEVER MIND! YE CANNA HEAR YERSEL THINK WI' THAT RACKET GOIN' ON!
BLARE!
SORRY, BOYS. ORCHESTRAS IS NO' GOOD FOR BUSINESS. YOU GO NOW, PLEASE.
ACH, OKAY, TONI.
I KEN! WE CAN PRACTISE IN THE AULD BANDSTAND IN THE PARK!
WOOOYEEOOOOEEEEE
THAT'S IT, BOAB! YE'RE FAIR GETTIN' THE HANG O' THON FIDDLE!
EXCUSE ME, LADS. I HEARD YE PLAYIN', AN' I WORK FOR THE COUNCIL. I'D LIKE YE TAE PLAY AT THE BAIRD HALL THE NIGHT.
GREAT!
THIS IS OOR BIG CHANCE! WE COULD GO RIGHT TAE THE TOP!
STAGE
AYE, YE'LL CERTAINLY GO RIGHT TAE THE TOP!
JIST PLAY UP ON THE ROOF FOR AN HOUR OR SO TAE STOP A' THESE STARLINGS FROM ROOSTIN' HERE!
WE CAN AYE SAY WE HAD AN AUDIENCE O' THOOSANDS!

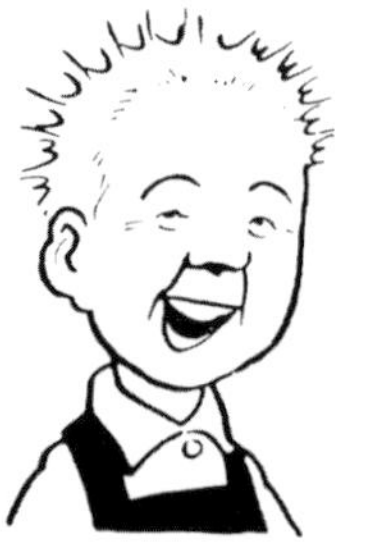

*Your face will fill with laughter creases—*

*When Wull's pals do their party pieces!*

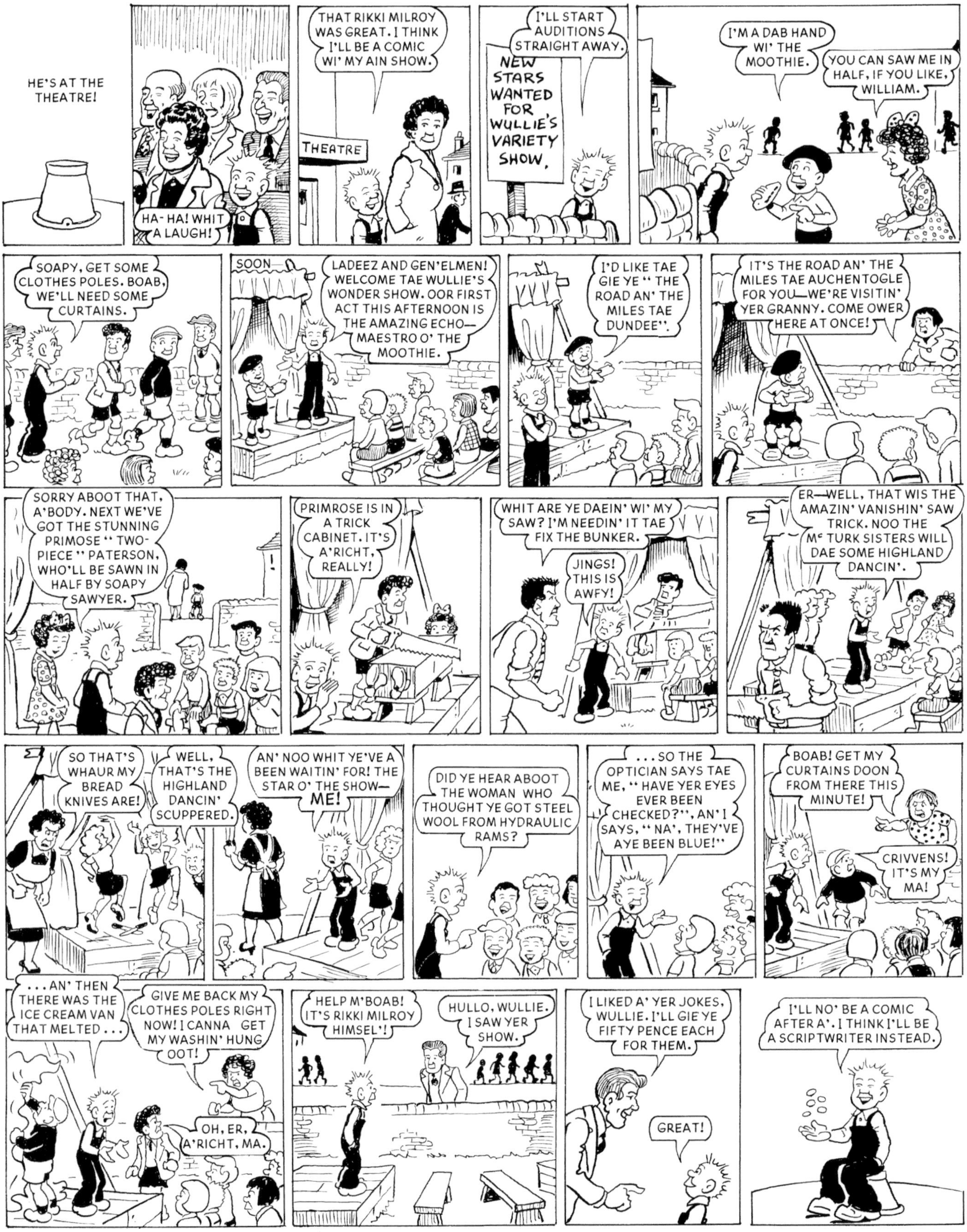

HE'S AT THE THEATRE!
HA-HA! WHIT A LAUGH!
THAT RIKKI MILROY WAS GREAT. I THINK I'LL BE A COMIC WI' MY AIN SHOW.
THEATRE
I'LL START AUDITIONS STRAIGHT AWAY.
NEW STARS WANTED FOR WULLIE'S VARIETY SHOW.
I'M A DAB HAND WI' THE MOOTHIE.
YOU CAN SAW ME IN HALF, IF YOU LIKE, WILLIAM.
SOAPY, GET SOME CLOTHES POLES. BOAB, WE'LL NEED SOME CURTAINS.
SOON
LADEEZ AND GEN'ELMEN! WELCOME TAE WULLIE'S WONDER SHOW. OOR FIRST ACT THIS AFTERNOON IS THE AMAZING ECHO— MAESTRO O' THE MOOTHIE.
I'D LIKE TAE GIE YE "THE ROAD AN' THE MILES TAE DUNDEE".
IT'S THE ROAD AN' THE MILES TAE AUCHENTOGLE FOR YOU—WE'RE VISITIN' YER GRANNY. COME OWER HERE AT ONCE!
SORRY ABOOT THAT, A'BODY. NEXT WE'VE GOT THE STUNNING PRIMOSE "TWO-PIECE" PATERSON, WHO'LL BE SAWN IN HALF BY SOAPY SAWYER.
PRIMROSE IS IN A TRICK CABINET. IT'S A'RICHT, REALLY!
WHIT ARE YE DAEIN' WI' MY SAW? I'M NEEDIN' IT TAE FIX THE BUNKER.
JINGS! THIS IS AWFY!
ER—WELL, THAT WIS THE AMAZIN' VANISHIN' SAW TRICK. NOO THE Mc TURK SISTERS WILL DAE SOME HIGHLAND DANCIN'.
SO THAT'S WHAUR MY BREAD KNIVES ARE!
WELL, THAT'S THE HIGHLAND DANCIN' SCUPPERED.
AN' NOO WHIT YE'VE A BEEN WAITIN' FOR! THE STAR O' THE SHOW— ME!
DID YE HEAR ABOOT THE WOMAN WHO THOUGHT YE GOT STEEL WOOL FROM HYDRAULIC RAMS?
...SO THE OPTICIAN SAYS TAE ME, "HAVE YER EYES EVER BEEN CHECKED?", AN' I SAYS, "NA', THEY'VE AYE BEEN BLUE!"
BOAB! GET MY CURTAINS DOON FROM THERE THIS MINUTE!
CRIVVENS! IT'S MY MA!
...AN' THEN THERE WAS THE ICE CREAM VAN THAT MELTED...
GIVE ME BACK MY CLOTHES POLES RIGHT NOW! I CANNA GET MY WASHIN' HUNG OOT!
OH, ER, A'RICHT, MA.
HELP M'BOAB! IT'S RIKKI MILROY HIMSEL'!
HULLO, WULLIE. I SAW YER SHOW.
I LIKED A' YER JOKES, WULLIE. I'LL GIE YE FIFTY PENCE EACH FOR THEM.
GREAT!
I'LL NO' BE A COMIC AFTER A'. I THINK I'LL BE A SCRIPTWRITER INSTEAD.

*Pa thinks Oor Wullie's tellin' fibs—*

*But here's a TRUE tale from His Nibs!*

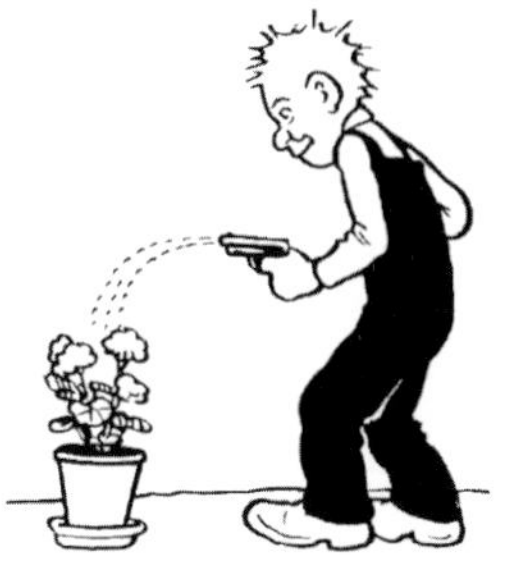

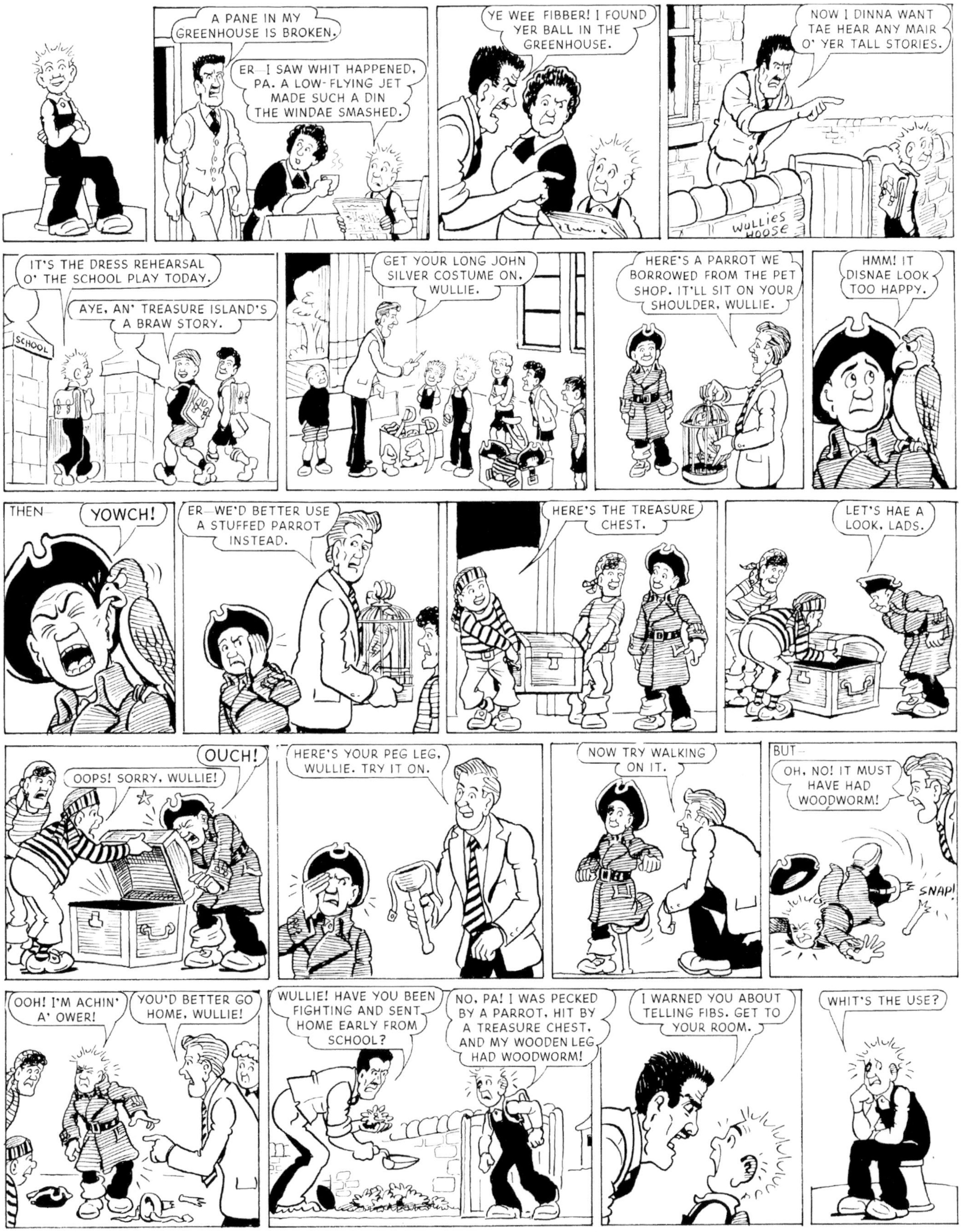

A PANE IN MY GREENHOUSE IS BROKEN.
ER—I SAW WHIT HAPPENED, PA. A LOW-FLYING JET MADE SUCH A DIN THE WINDAE SMASHED.
YE WEE FIBBER! I FOUND YER BALL IN THE GREENHOUSE.
NOW I DINNA WANT TAE HEAR ANY MAIR O' YER TALL STORIES.
WULLIES HOOSE
IT'S THE DRESS REHEARSAL O' THE SCHOOL PLAY TODAY.
AYE, AN' TREASURE ISLAND'S A BRAW STORY.
SCHOOL
GET YOUR LONG JOHN SILVER COSTUME ON, WULLIE.
HERE'S A PARROT WE BORROWED FROM THE PET SHOP. IT'LL SIT ON YOUR SHOULDER, WULLIE.
HMM! IT DISNAE LOOK TOO HAPPY.
THEN—
YOWCH!
ER—WE'D BETTER USE A STUFFED PARROT INSTEAD.
HERE'S THE TREASURE CHEST.
LET'S HAE A LOOK, LADS.
OUCH!
OOPS! SORRY, WULLIE!
HERE'S YOUR PEG LEG, WULLIE. TRY IT ON.
NOW TRY WALKING ON IT.
BUT—
OH, NO! IT MUST HAVE HAD WOODWORM!
SNAP!
OOH! I'M ACHIN' A' OWER!
YOU'D BETTER GO HOME, WULLIE!
WULLIE! HAVE YOU BEEN FIGHTING AND SENT HOME EARLY FROM SCHOOL?
NO, PA! I WAS PECKED BY A PARROT, HIT BY A TREASURE CHEST, AND MY WOODEN LEG HAD WOODWORM!
I WARNED YOU ABOUT TELLING FIBS. GET TO YOUR ROOM.
WHIT'S THE USE?

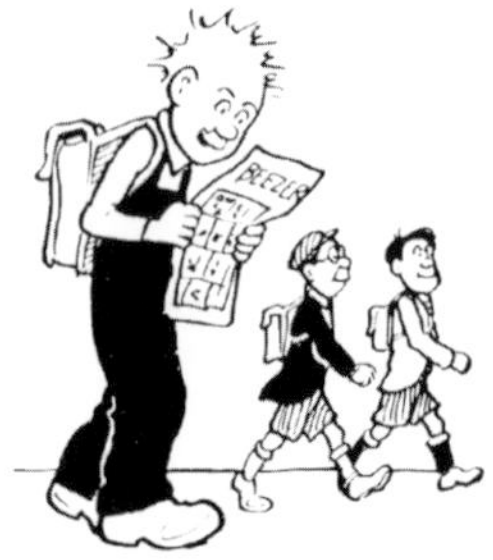

*Wullie's ploys are really grand—*

*It's clear to all they beat the band!*

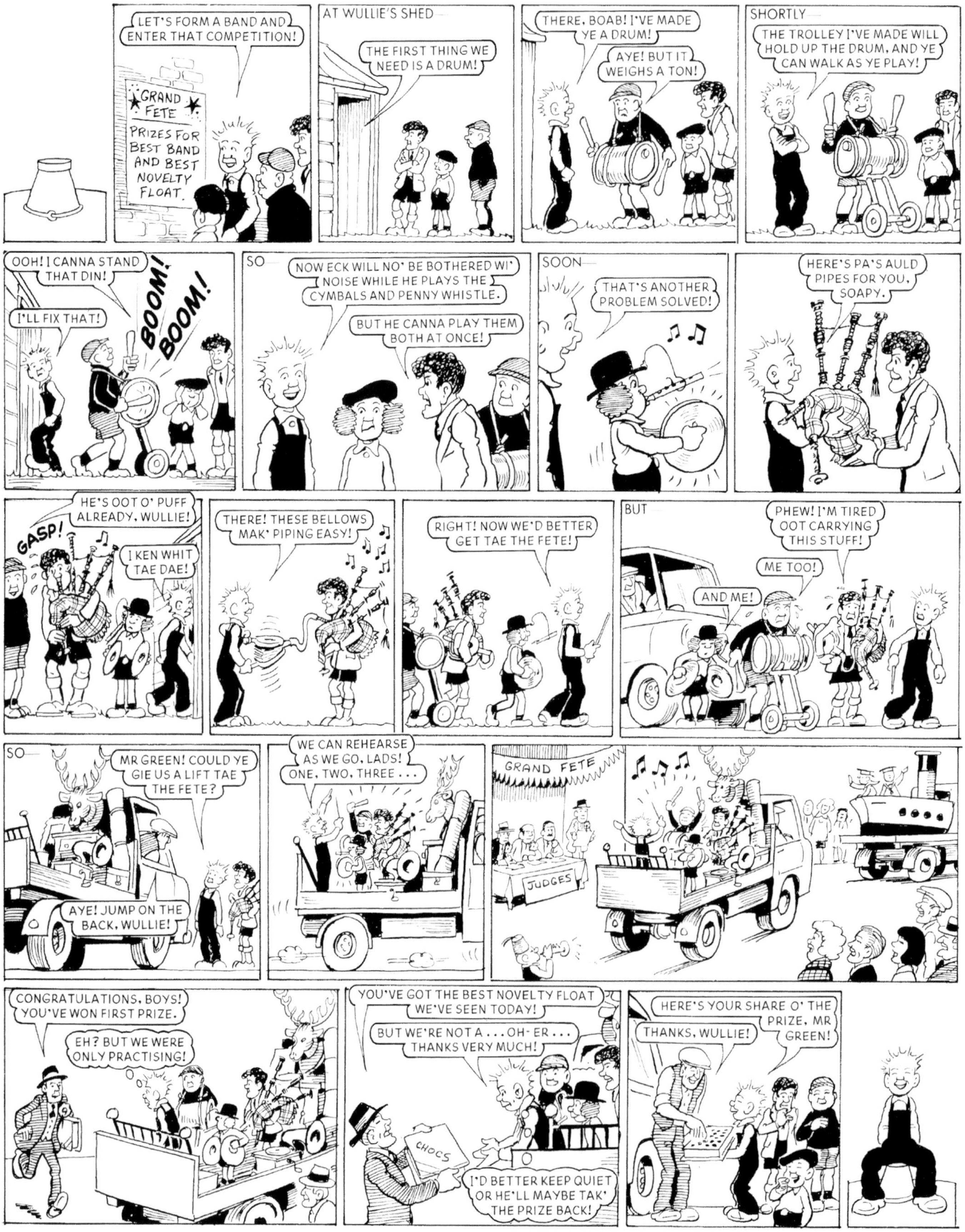

LET'S FORM A BAND AND ENTER THAT COMPETITION!
GRAND FETE
PRIZES FOR BEST BAND AND BEST NOVELTY FLOAT.
AT WULLIE'S SHED—
THE FIRST THING WE NEED IS A DRUM!
THERE, BOAB! I'VE MADE YE A DRUM!
AYE! BUT IT WEIGHS A TON!
SHORTLY—
THE TROLLEY I'VE MADE WILL HOLD UP THE DRUM, AND YE CAN WALK AS YE PLAY!
OOH! I CANNA STAND THAT DIN!
BOOM! BOOM!
I'LL FIX THAT!
SO—
NOW ECK WILL NO' BE BOTHERED WI' NOISE WHILE HE PLAYS THE CYMBALS AND PENNY WHISTLE.
BUT HE CANNA PLAY THEM BOTH AT ONCE!
SOON—
THAT'S ANOTHER PROBLEM SOLVED!
HERE'S PA'S AULD PIPES FOR YOU, SOAPY.
HE'S OOT O' PUFF ALREADY, WULLIE!
GASP!
I KEN WHIT TAE DAE!
THERE! THESE BELLOWS MAK' PIPING EASY!
RIGHT! NOW WE'D BETTER GET TAE THE FETE!
BUT—
PHEW! I'M TIRED OOT CARRYING THIS STUFF!
ME TOO!
AND ME!
SO—
MR GREEN! COULD YE GIE US A LIFT TAE THE FETE?
AYE! JUMP ON THE BACK, WULLIE!
WE CAN REHEARSE AS WE GO, LADS! ONE, TWO, THREE . . .
GRAND FETE
JUDGES
CONGRATULATIONS, BOYS! YOU'VE WON FIRST PRIZE.
EH? BUT WE WERE ONLY PRACTISING!
YOU'VE GOT THE BEST NOVELTY FLOAT WE'VE SEEN TODAY!
BUT WE'RE NOT A . . . OH- ER . . . THANKS VERY MUCH!
CHOCS
I'D BETTER KEEP QUIET OR HE'LL MAYBE TAK' THE PRIZE BACK!
HERE'S YOUR SHARE O' THE PRIZE, MR GREEN!
THANKS, WULLIE!

*Imagine Wullie as a star—*

*With flashy suit and great big car!*

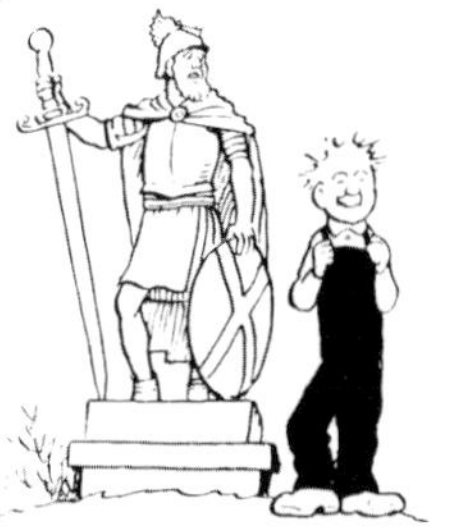

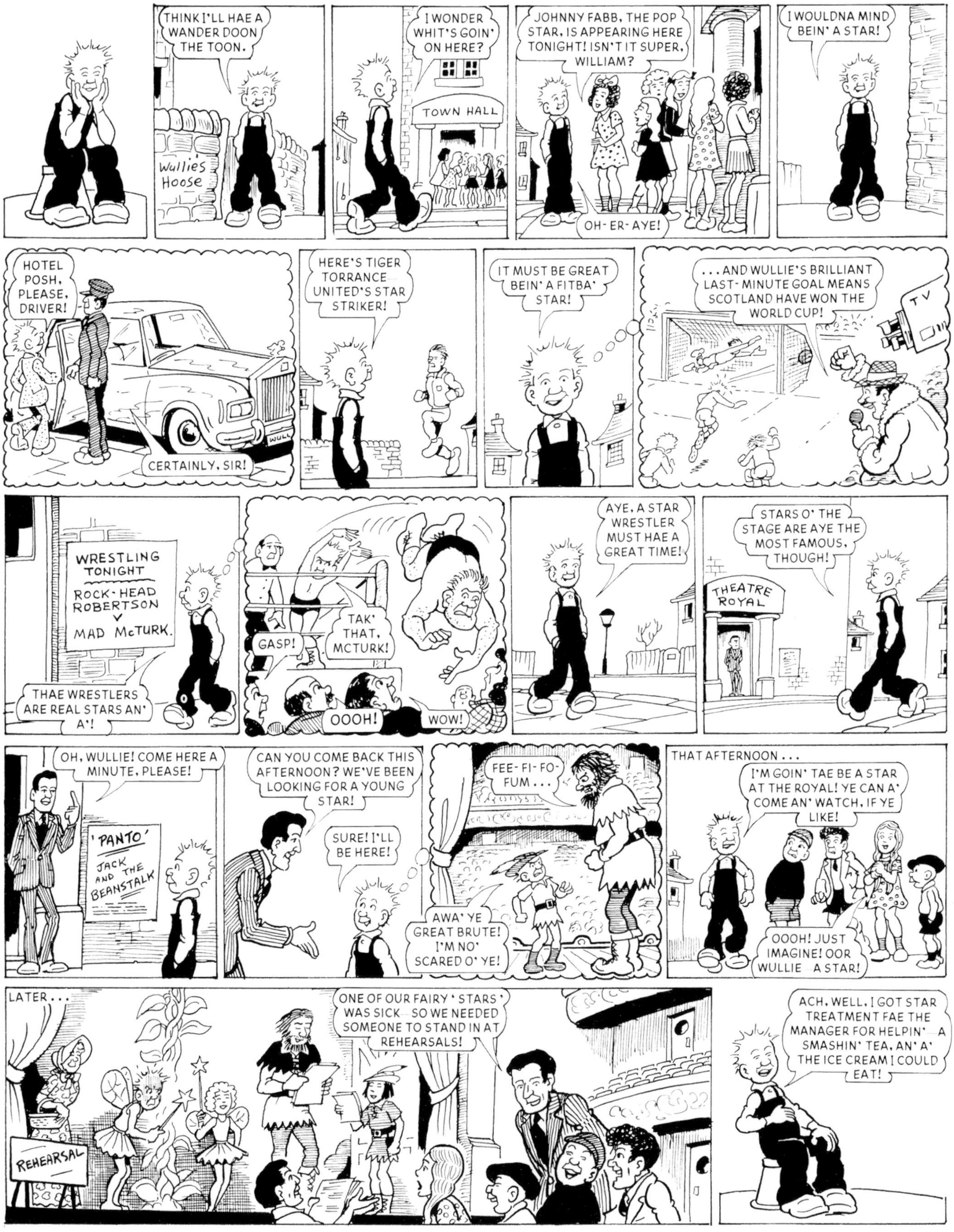
THINK I'LL HAE A WANDER DOON THE TOON.
Wullie's Hoose
I WONDER WHIT'S GOIN' ON HERE?
TOWN HALL
JOHNNY FABB, THE POP STAR, IS APPEARING HERE TONIGHT! ISN'T IT SUPER, WILLIAM?
OH-ER-AYE!
I WOULDNA MIND BEIN' A STAR!
HOTEL POSH, PLEASE, DRIVER!
CERTAINLY, SIR!
HERE'S TIGER TORRANCE UNITED'S STAR STRIKER!
IT MUST BE GREAT BEIN' A FITBA' STAR!
...AND WULLIE'S BRILLIANT LAST-MINUTE GOAL MEANS SCOTLAND HAVE WON THE WORLD CUP!
TV
WRESTLING TONIGHT
ROCK-HEAD ROBERTSON V MAD McTURK.
THAE WRESTLERS ARE REAL STARS AN' A'!
GASP!
TAK' THAT, McTURK!
OOOH!
WOW!
AYE, A STAR WRESTLER MUST HAE A GREAT TIME!
STARS O' THE STAGE ARE AYE THE MOST FAMOUS, THOUGH!
THEATRE ROYAL
OH, WULLIE! COME HERE A MINUTE, PLEASE!
'PANTO' JACK AND THE BEANSTALK
CAN YOU COME BACK THIS AFTERNOON? WE'VE BEEN LOOKING FOR A YOUNG STAR!
SURE! I'LL BE HERE!
FEE-FI-FO-FUM...
AWA' YE GREAT BRUTE! I'M NO' SCARED O' YE!
THAT AFTERNOON...
I'M GOIN' TAE BE A STAR AT THE ROYAL! YE CAN A' COME AN' WATCH, IF YE LIKE!
OOOH! JUST IMAGINE! OOR WULLIE—A STAR!
LATER...
ONE OF OUR FAIRY 'STARS' WAS SICK—SO WE NEEDED SOMEONE TO STAND IN AT REHEARSALS!
REHEARSAL
ACH, WELL, I GOT STAR TREATMENT FAE THE MANAGER FOR HELPIN'—A SMASHIN' TEA, AN' A' THE ICE CREAM I COULD EAT!

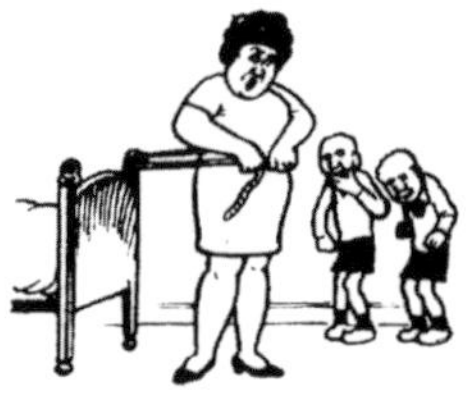

*Which hat will it be?*

*Paw jist cannae see!*

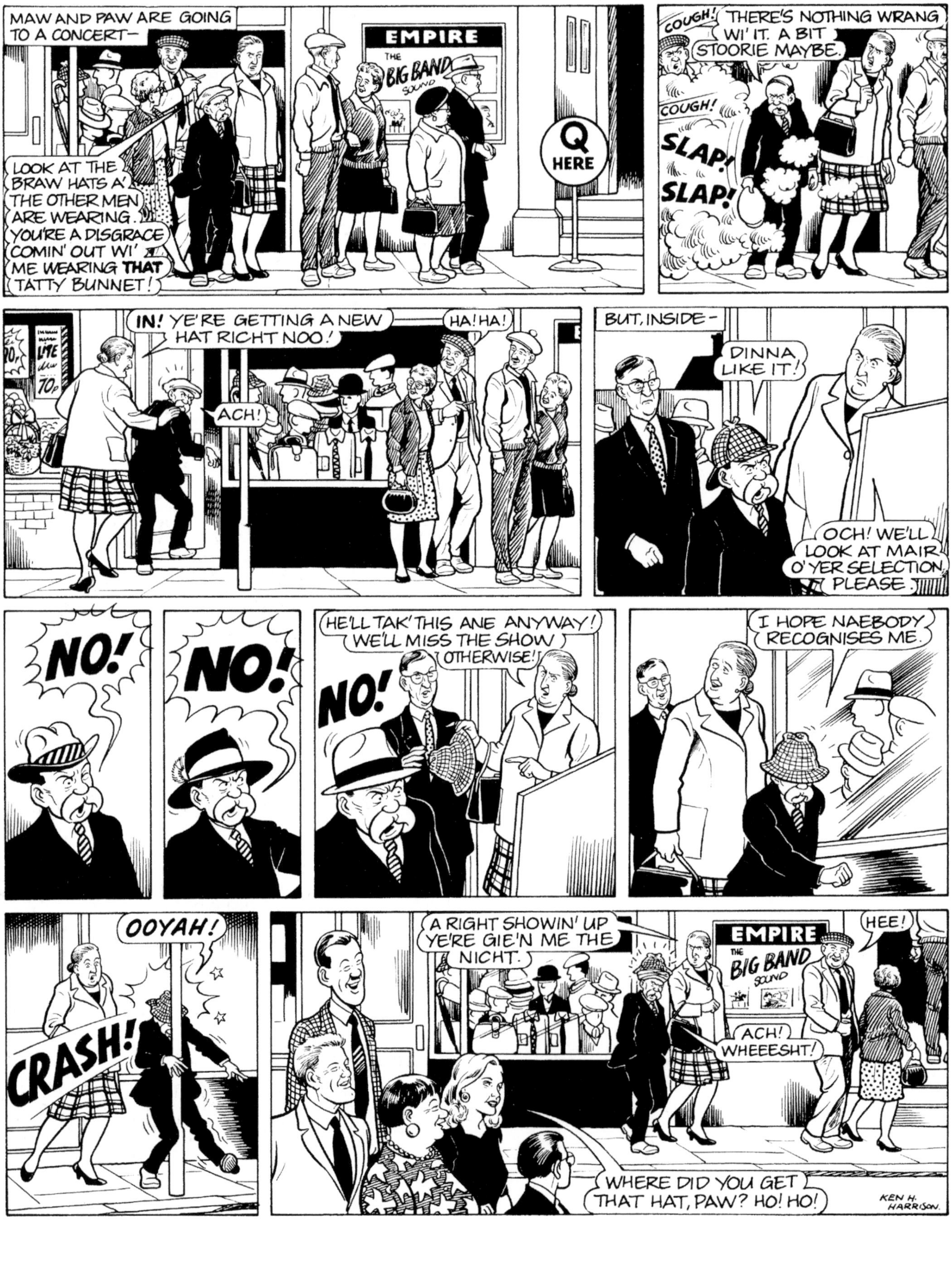

MAW AND PAW ARE GOING TO A CONCERT–
EMPIRE
THE BIG BAND SOUND
LOOK AT THE BRAW HATS A' THE OTHER MEN ARE WEARING. YOU'RE A DISGRACE COMIN' OUT WI' ME WEARING **THAT** TATTY BUNNET!
Q HERE
COUGH!
THERE'S NOTHING WRANG WI' IT. A BIT STOORIE MAYBE.
COUGH!
SLAP!
SLAP!
IN! YE'RE GETTING A NEW HAT RICHT NOO!
HA! HA!
ACH!
BUT, INSIDE–
DINNA LIKE IT!
OCH! WE'LL LOOK AT MAIR O' YER SELECTION, PLEASE.
NO!
NO!
HE'LL TAK' THIS ANE ANYWAY! WE'LL MISS THE SHOW OTHERWISE!
NO!
I HOPE NAEBODY RECOGNISES ME.
OOYAH!
CRASH!
A RIGHT SHOWIN' UP YE'RE GIE'N ME THE NICHT.
EMPIRE
THE BIG BAND SOUND
HEE!
ACH! WHEEESHT!
WHERE DID YOU GET THAT HAT, PAW? HO! HO!
KEN H. HARRISON.

## Which venue will be jist richt —
## — for Maw and the lassies' quiet nicht?

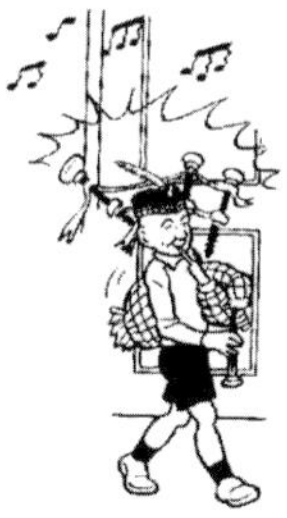

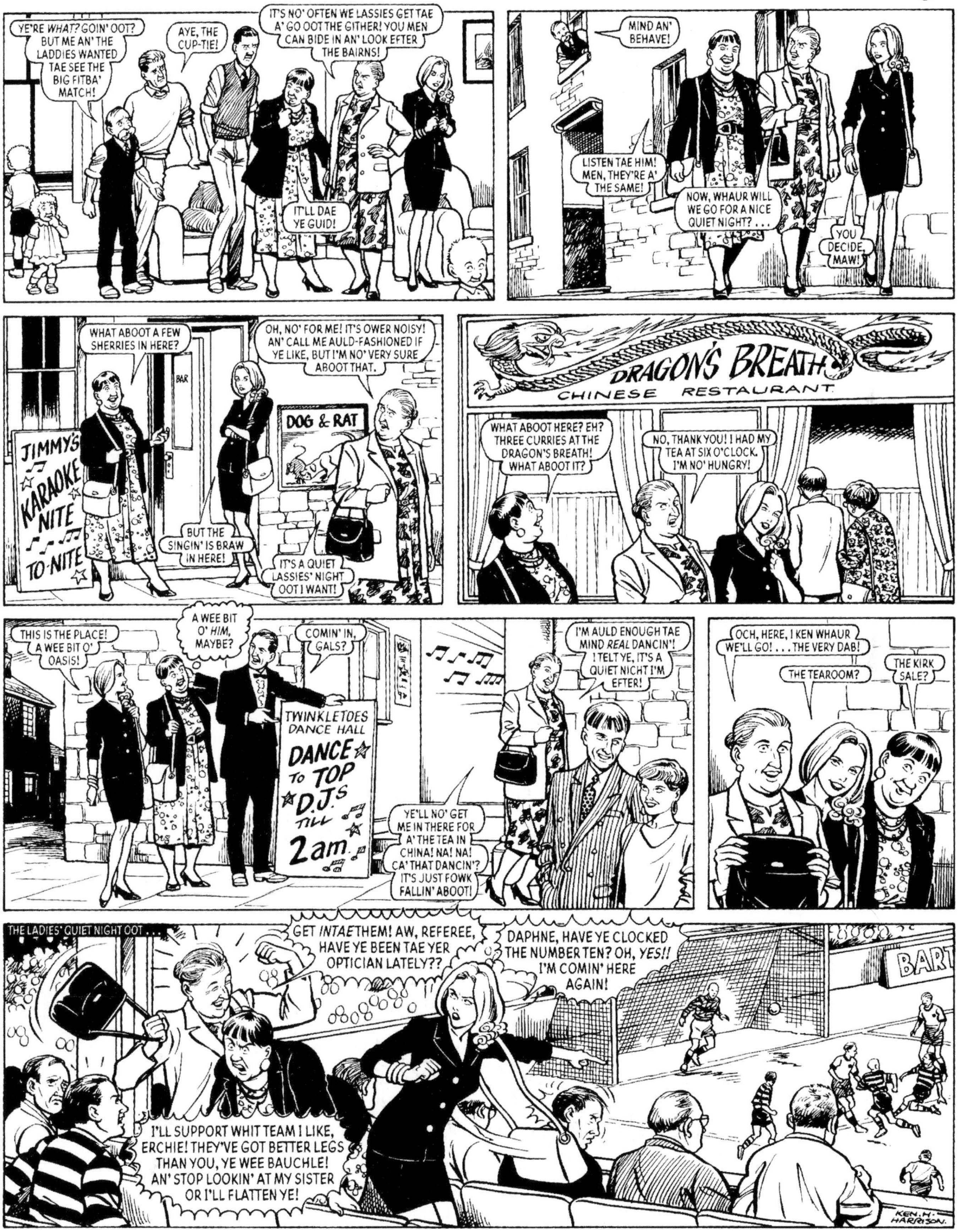

YE'RE *WHAT?* GOIN' OOT? BUT ME AN' THE LADDIES WANTED TAE SEE THE BIG FITBA' MATCH!
AYE, THE CUP-TIE!
IT'S NO' OFTEN WE LASSIES GET TAE A' GO OOT THE GITHER! YOU MEN CAN BIDE IN AN' LOOK EFTER THE BAIRNS!
IT'LL DAE YE GUID!
MIND AN' BEHAVE!
LISTEN TAE HIM! MEN, THEY'RE A' THE SAME!
NOW, WHAUR WILL WE GO FOR A NICE QUIET NIGHT? . . .
YOU DECIDE, MAW!
WHAT ABOOT A FEW SHERRIES IN HERE?
BAR
OH, NO' FOR ME! IT'S OWER NOISY! AN' CALL ME AULD-FASHIONED IF YE LIKE, BUT I'M NO' VERY SURE ABOOT THAT.
DOG & RAT
JIMMY'S KARAOKE NITE TO-NITE
BUT THE SINGIN' IS BRAW IN HERE!
IT'S A QUIET LASSIES' NIGHT OOT I WANT!
DRAGON'S BREATH
CHINESE RESTAURANT
WHAT ABOOT HERE? EH? THREE CURRIES AT THE DRAGON'S BREATH! WHAT ABOOT IT?
NO, THANK YOU! I HAD MY TEA AT SIX O'CLOCK. I'M NO' HUNGRY!
THIS IS THE PLACE! A WEE BIT O' OASIS!
A WEE BIT O' *HIM*, MAYBE?
COMIN' IN, GALS?
TWINKLETOES DANCE HALL
DANCE To TOP D.J.s TILL 2am.
I'M AULD ENOUGH TAE MIND *REAL* DANCIN'! I TELT YE, IT'S A QUIET NICHT I'M EFTER!
YE'LL NO' GET ME IN THERE FOR A' THE TEA IN CHINA! NA! NA! CA' THAT DANCIN'? IT'S JUST FOWK FALLIN' ABOOT!
OCH, HERE, I KEN WHAUR WE'LL GO! . . . THE VERY DAB!
THE TEAROOM?
THE KIRK SALE?
THE LADIES' QUIET NIGHT OOT . . .
GET *INTAE* THEM! AW, REFEREE, HAVE YE BEEN TAE YER OPTICIAN LATELY??
DAPHNE, HAVE YE CLOCKED THE NUMBER TEN? OH, *YES!!* I'M COMIN' HERE AGAIN!
BART
I'LL SUPPORT WHIT TEAM I LIKE, ERCHIE! THEY'VE GOT BETTER LEGS THAN YOU, YE WEE BAUCHLE! AN' STOP LOOKIN' AT MY SISTER OR I'LL FLATTEN YE!
KEN. H. HARRISON.

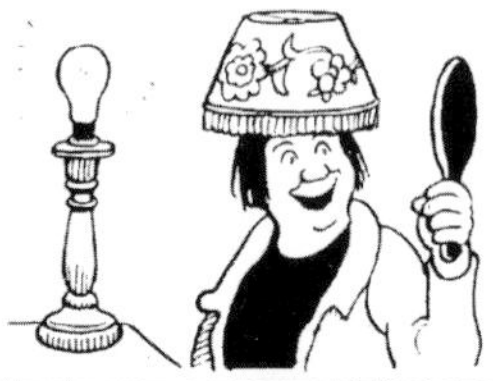

*Flyin' saucers? Aye, that's right . . .*

*. . . it really is a funny sight!*

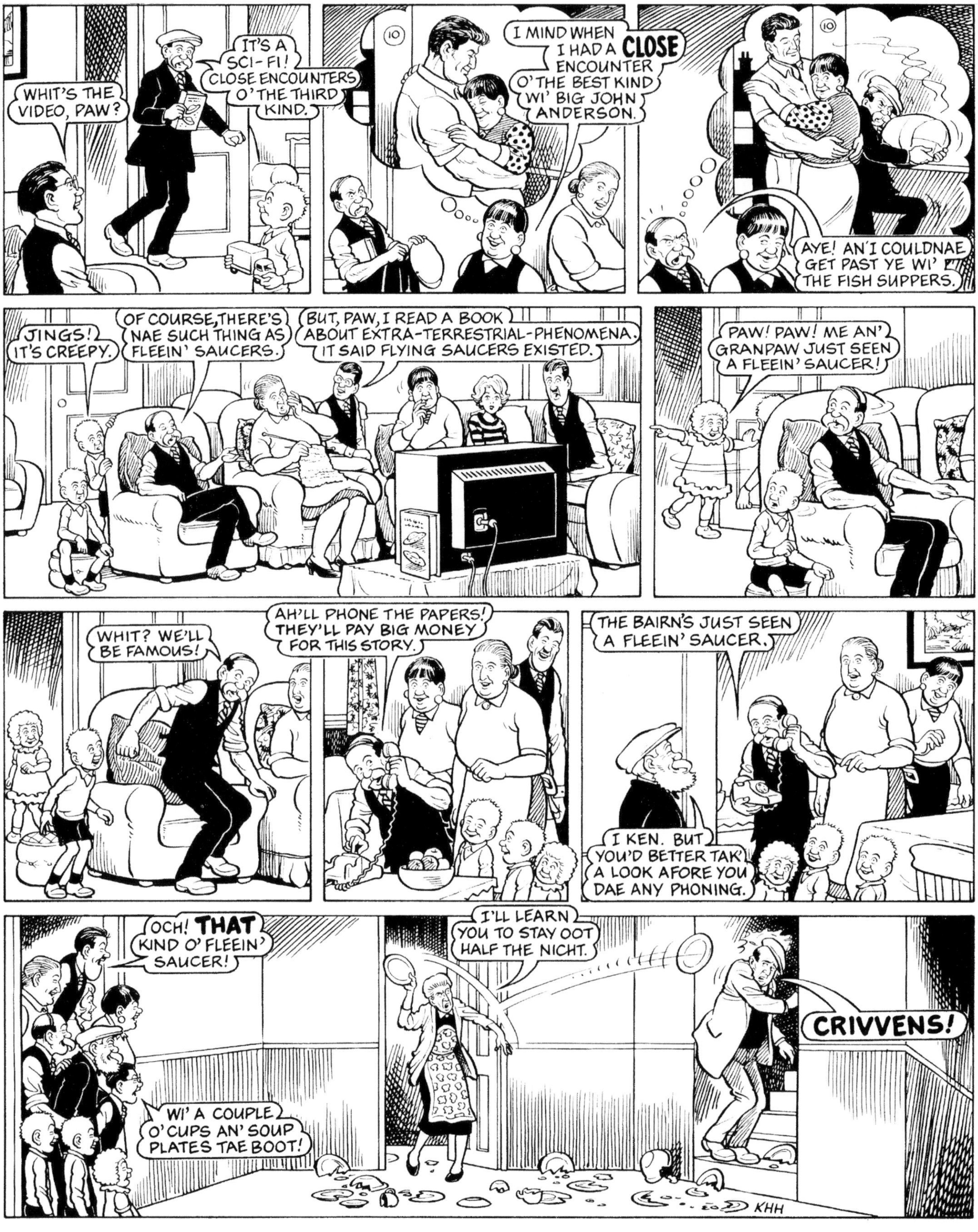
WHIT'S THE VIDEO, PAW?
IT'S A SCI-FI! CLOSE ENCOUNTERS O' THE THIRD KIND.
I MIND WHEN I HAD A CLOSE ENCOUNTER O' THE BEST KIND WI' BIG JOHN ANDERSON.
AYE! AN' I COULDNAE GET PAST YE WI' THE FISH SUPPERS.
JINGS! IT'S CREEPY.
OF COURSE, THERE'S NAE SUCH THING AS FLEEIN' SAUCERS.
BUT, PAW, I READ A BOOK ABOUT EXTRA-TERRESTRIAL-PHENOMENA. IT SAID FLYING SAUCERS EXISTED.
PAW! PAW! ME AN' GRANPAW JUST SEEN A FLEEIN' SAUCER!
WHIT? WE'LL BE FAMOUS!
AH'LL PHONE THE PAPERS! THEY'LL PAY BIG MONEY FOR THIS STORY.
THE BAIRN'S JUST SEEN A FLEEIN' SAUCER.
I KEN. BUT YOU'D BETTER TAK' A LOOK AFORE YOU DAE ANY PHONING.
OCH! THAT KIND O' FLEEIN' SAUCER!
WI' A COUPLE O' CUPS AN' SOUP PLATES TAE BOOT!
I'LL LEARN YOU TO STAY OOT HALF THE NICHT.
CRIVVENS!
KHH

*A' it taks is a hint o' trouble . . .*

*. . . tae mak' them vanish at the double!*

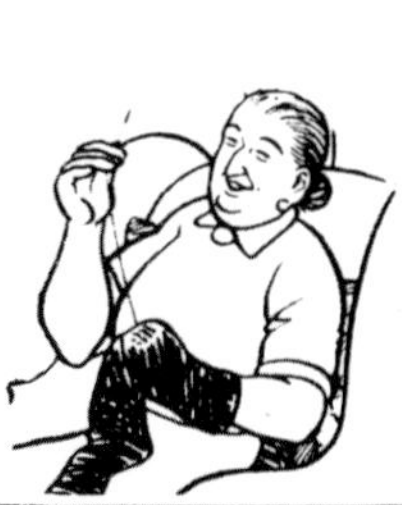

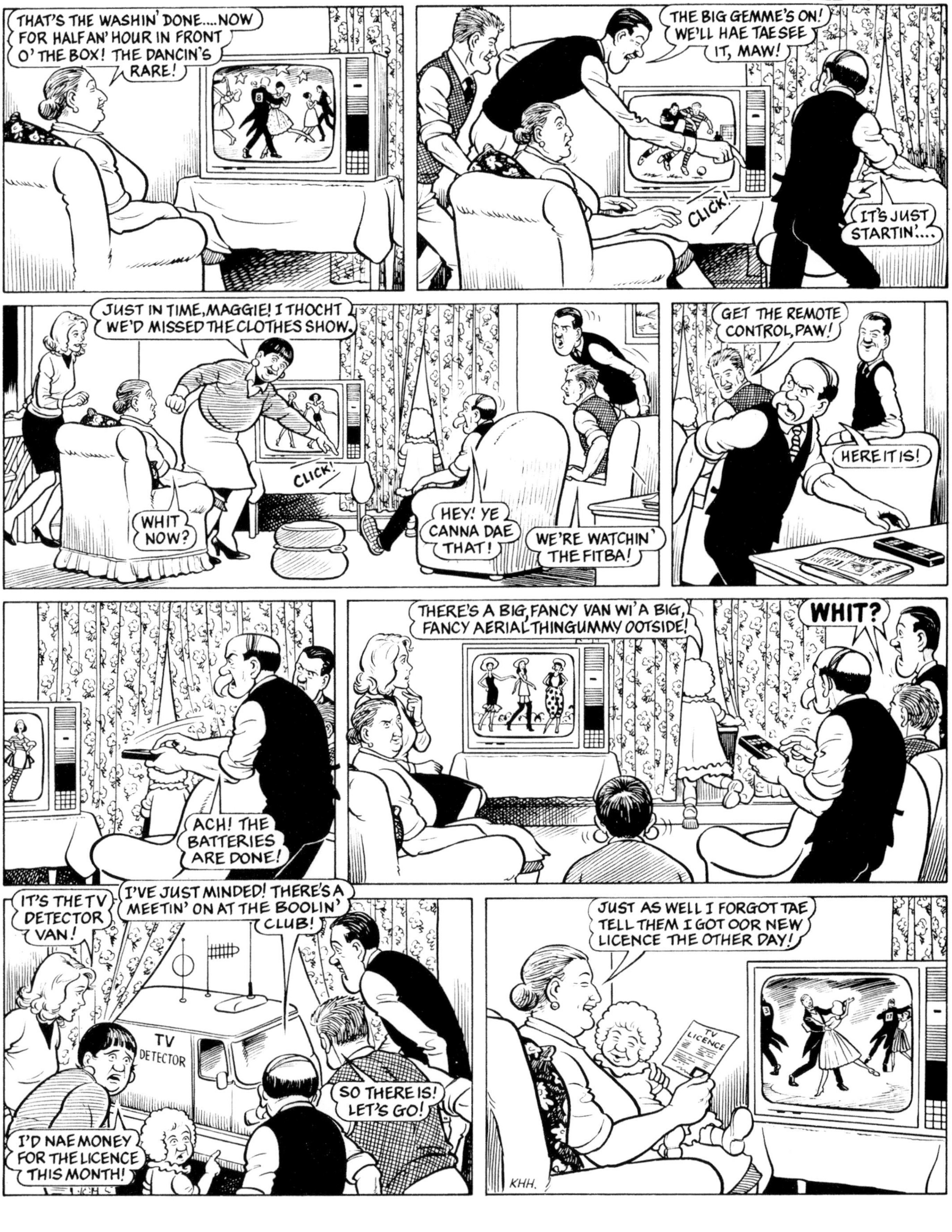
THAT'S THE WASHIN' DONE....NOW FOR HALF AN' HOUR IN FRONT O' THE BOX! THE DANCIN'S RARE!
THE BIG GEMME'S ON! WE'LL HAE TAE SEE IT, MAW!
CLICK!
IT'S JUST STARTIN'....
JUST IN TIME, MAGGIE! I THOCHT WE'D MISSED THE CLOTHES SHOW.
CLICK!
WHIT NOW?
HEY! YE CANNA DAE THAT!
WE'RE WATCHIN' THE FITBA!
GET THE REMOTE CONTROL, PAW!
HERE IT IS!
ACH! THE BATTERIES ARE DONE!
THERE'S A BIG, FANCY VAN WI' A BIG, FANCY AERIAL THINGUMMY OOTSIDE!
WHIT?
IT'S THE TV DETECTOR VAN!
I'VE JUST MINDED! THERE'S A MEETIN' ON AT THE BOOLIN' CLUB!
TV DETECTOR
SO THERE IS! LET'S GO!
I'D NAE MONEY FOR THE LICENCE THIS MONTH!
JUST AS WELL I FORGOT TAE TELL THEM I GOT OOR NEW LICENCE THE OTHER DAY!
TV LICENCE
KHH.

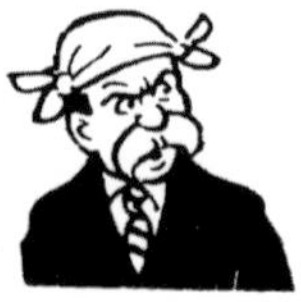

*The message soonds just fine . . .*

*. . . 'til it's passed richt doon the line!*

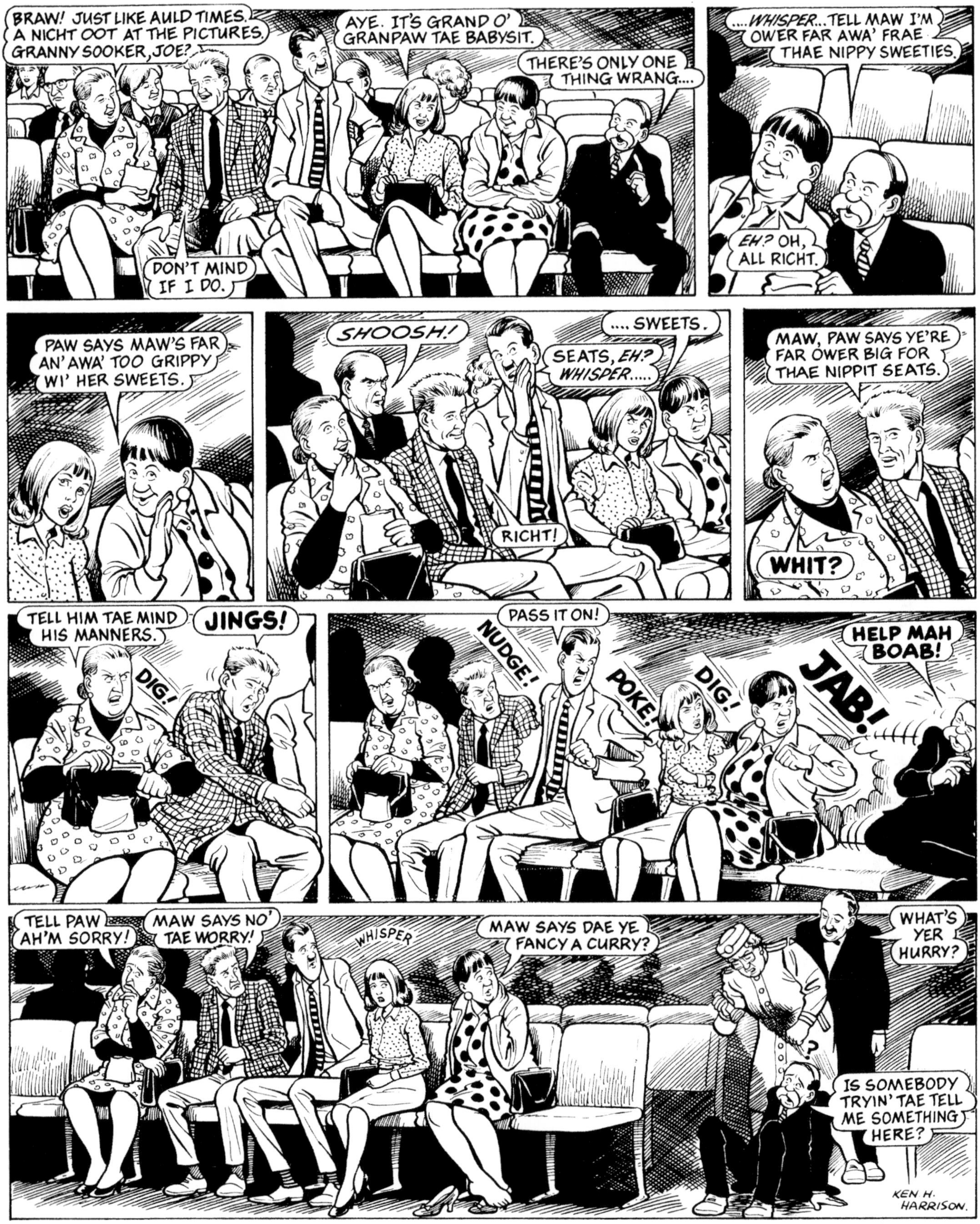
BRAW! JUST LIKE AULD TIMES. A NICHT OOT AT THE PICTURES. GRANNY SOOKER, JOE?
DON'T MIND IF I DO.
AYE. IT'S GRAND O' GRANPAW TAE BABYSIT.
THERE'S ONLY ONE THING WRANG....
....WHISPER...TELL MAW I'M OWER FAR AWA' FRAE THAE NIPPY SWEETIES.
EH? OH, ALL RICHT.
PAW SAYS MAW'S FAR AN' AWA' TOO GRIPPY WI' HER SWEETS.
.... SWEETS.
SEATS, EH? WHISPER.....
SHOOSH!
RICHT!
MAW, PAW SAYS YE'RE FAR OWER BIG FOR THAE NIPPIT SEATS.
WHIT?
TELL HIM TAE MIND HIS MANNERS.
DIG!
JINGS!
PASS IT ON!
NUDGE!
POKE!
DIG!
JAB!
HELP MAH BOAB!
TELL PAW AH'M SORRY!
MAW SAYS NO' TAE WORRY!
WHISPER
MAW SAYS DAE YE FANCY A CURRY?
WHAT'S YER HURRY?
?
IS SOMEBODY TRYIN' TAE TELL ME SOMETHING HERE?
KEN H. HARRISON.

# PC MURDOCH MYSTERIES

PC Joe Murdoch is one of the most loved characters from the Oor Wullie comic strip, and has been a regular since the stories began in 1936. He remains Auchenshoogle's long arm of the law to this very day! After acting as a friend and mentor to Wullie and his friends for so many years, he was duly promoted to a starring role in his own comic strip, 'PC MURDOCH MYSTERIES', in 2019. You'll find the laugh-along lawman on duty every week in the pages of The Sunday Post. But here, we take great pleasure in presenting a selection of our favourite funnies for your entertainment!

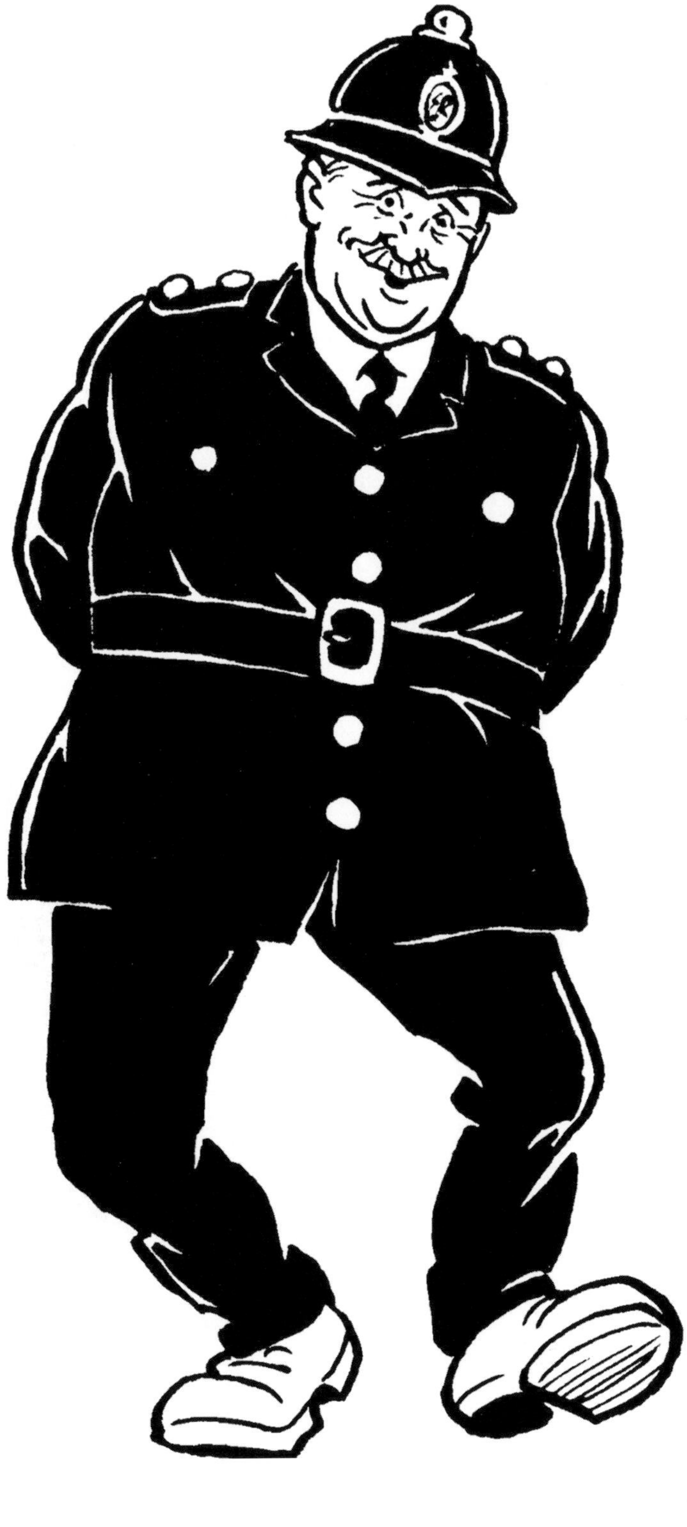

**PC MURDOCH MYSTERIES** CINEMA GOERS

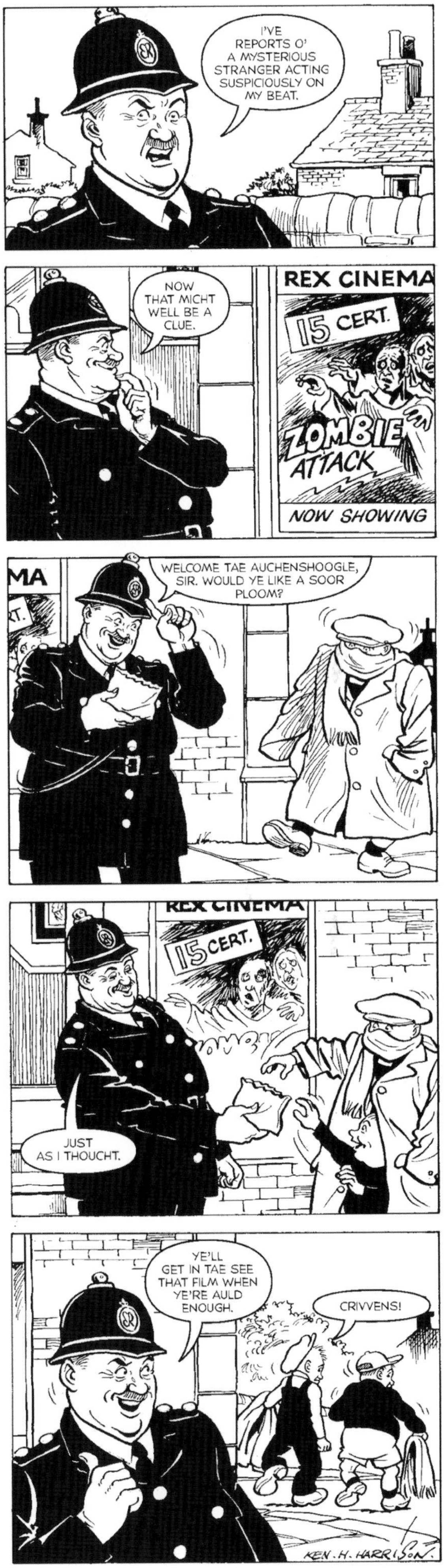
I'VE REPORTS O' A MYSTERIOUS STRANGER ACTING SUSPICIOUSLY ON MY BEAT.
NOW THAT MICHT WELL BE A CLUE.
REX CINEMA
15 CERT.
ZOMBIE ATTACK
NOW SHOWING
WELCOME TAE AUCHENSHOOGLE, SIR. WOULD YE LIKE A SOOR PLOOM?
REX CINEMA
15 CERT.
JUST AS I THOUCHT.
YE'LL GET IN TAE SEE THAT FILM WHEN YE'RE AULD ENOUGH.
CRIVVENS!
KEN.H.HARRISON.

PC MURDOCH MYSTERIES BURNS NICHT

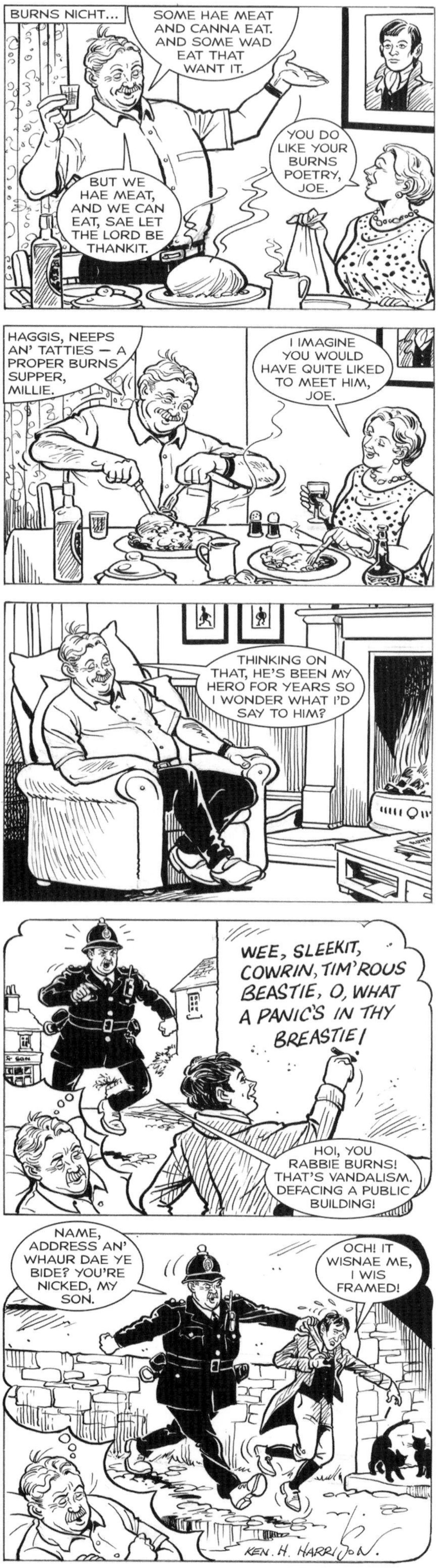
BURNS NICHT...
SOME HAE MEAT AND CANNA EAT. AND SOME WAD EAT THAT WANT IT.
BUT WE HAE MEAT, AND WE CAN EAT, SAE LET THE LORD BE THANKIT.
YOU DO LIKE YOUR BURNS POETRY, JOE.
HAGGIS, NEEPS AN' TATTIES — A PROPER BURNS SUPPER, MILLIE.
I IMAGINE YOU WOULD HAVE QUITE LIKED TO MEET HIM, JOE.
THINKING ON THAT, HE'S BEEN MY HERO FOR YEARS SO I WONDER WHAT I'D SAY TO HIM?
WEE, SLEEKIT, COWRIN, TIM'ROUS BEASTIE, O, WHAT A PANIC'S IN THY BREASTIE!
HOI, YOU RABBIE BURNS! THAT'S VANDALISM. DEFACING A PUBLIC BUILDING!
NAME, ADDRESS AN' WHAUR DAE YE BIDE? YOU'RE NICKED, MY SON.
OCH! IT WISNAE ME, I WIS FRAMED!
KEN. H. HARRISON.

PC MURDOCH MYSTERIES GUILTY IF CHARGED

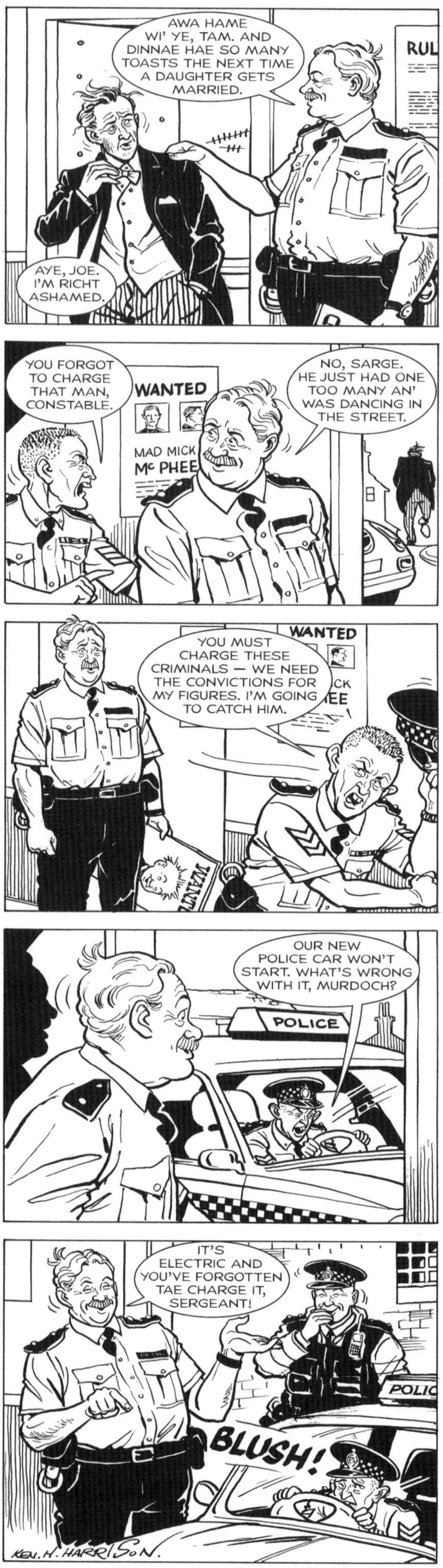
AWA HAME WI' YE, TAM. AND DINNAE HAE SO MANY TOASTS THE NEXT TIME A DAUGHTER GETS MARRIED.
AYE, JOE. I'M RICHT ASHAMED.
YOU FORGOT TO CHARGE THAT MAN, CONSTABLE.
NO, SARGE. HE JUST HAD ONE TOO MANY AN' WAS DANCING IN THE STREET.
WANTED
MAD MICK Mc PHEE
YOU MUST CHARGE THESE CRIMINALS — WE NEED THE CONVICTIONS FOR MY FIGURES. I'M GOING TO CATCH HIM.
OUR NEW POLICE CAR WON'T START. WHAT'S WRONG WITH IT, MURDOCH?
POLICE
IT'S ELECTRIC AND YOU'VE FORGOTTEN TAE CHARGE IT, SERGEANT!
BLUSH!
KEN. H. HARRISON.

## PC MURDOCH MYSTERIES INTERROGATION

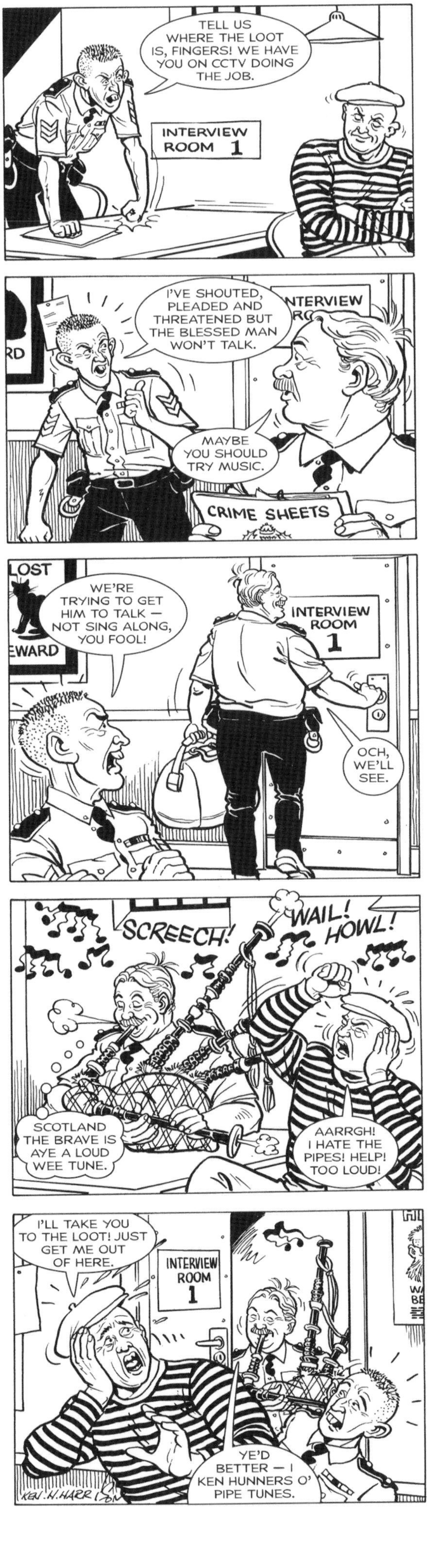
TELL US WHERE THE LOOT IS, FINGERS! WE HAVE YOU ON CCTV DOING THE JOB.
INTERVIEW ROOM 1
I'VE SHOUTED, PLEADED AND THREATENED BUT THE BLESSED MAN WON'T TALK.
MAYBE YOU SHOULD TRY MUSIC.
CRIME SHEETS
LOST
REWARD
WE'RE TRYING TO GET HIM TO TALK — NOT SING ALONG, YOU FOOL!
INTERVIEW ROOM 1
OCH, WE'LL SEE.
SCREECH!
WAIL!
HOWL!
SCOTLAND THE BRAVE IS AYE A LOUD WEE TUNE.
AARRGH! I HATE THE PIPES! HELP! TOO LOUD!
I'LL TAKE YOU TO THE LOOT! JUST GET ME OUT OF HERE.
INTERVIEW ROOM 1
YE'D BETTER — I KEN HUNNERS O' PIPE TUNES.

## PC MURDOCH MYSTERIES TALENT SCOUT

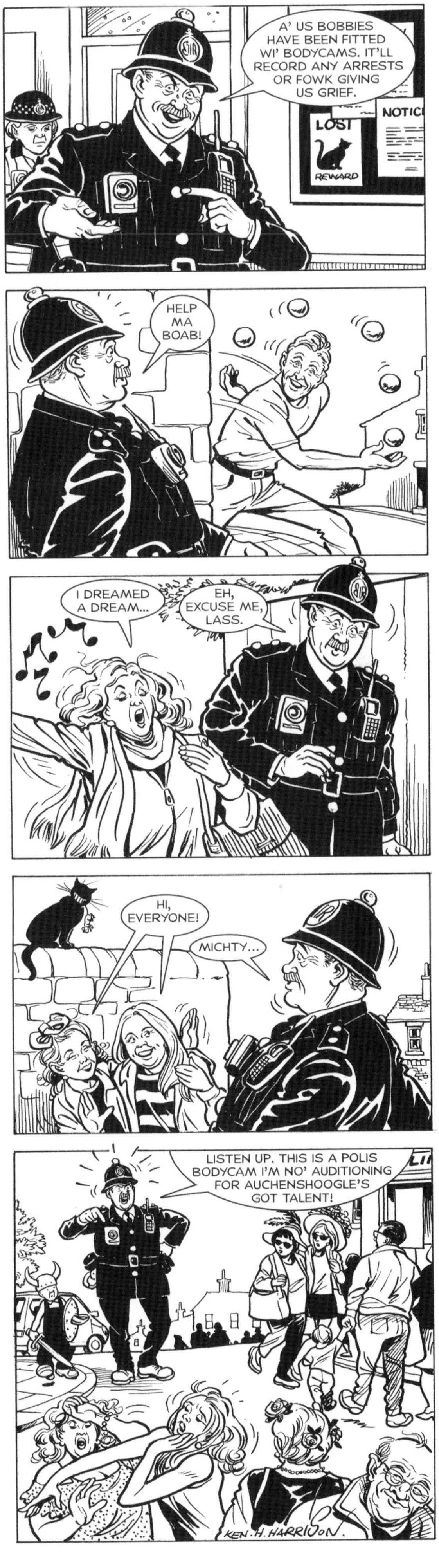
A' US BOBBIES HAVE BEEN FITTED WI' BODYCAMS. IT'LL RECORD ANY ARRESTS OR FOWK GIVING US GRIEF.
LOST
REWARD
NOTICE
HELP MA BOAB!
I DREAMED A DREAM...
EH, EXCUSE ME, LASS.
HI, EVERYONE!
MICHTY...
LISTEN UP. THIS IS A POLIS BODYCAM I'M NO' AUDITIONING FOR AUCHENSHOOGLE'S GOT TALENT!
KEN.H.HARRISON.

## **PC MURDOCH MYSTERIES** AMATEUR COP

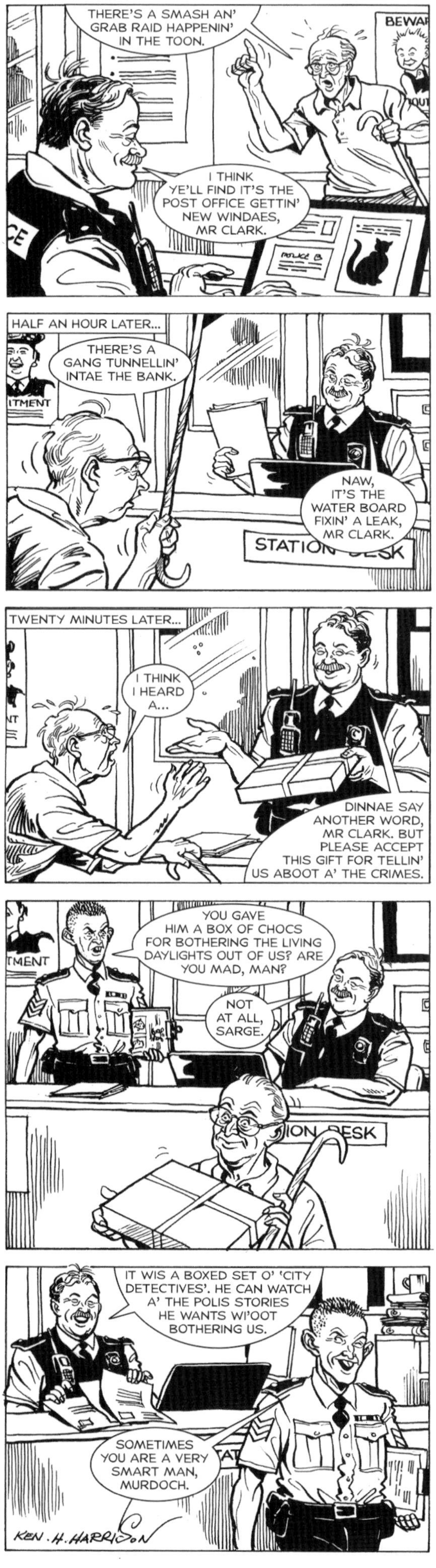

THERE'S A SMASH AN' GRAB RAID HAPPENIN' IN THE TOON.
I THINK YE'LL FIND IT'S THE POST OFFICE GETTIN' NEW WINDAES, MR CLARK.
HALF AN HOUR LATER...
THERE'S A GANG TUNNELLIN' INTAE THE BANK.
NAW, IT'S THE WATER BOARD FIXIN' A LEAK, MR CLARK.
TWENTY MINUTES LATER...
I THINK I HEARD A...
DINNAE SAY ANOTHER WORD, MR CLARK. BUT PLEASE ACCEPT THIS GIFT FOR TELLIN' US ABOOT A' THE CRIMES.
YOU GAVE HIM A BOX OF CHOCS FOR BOTHERING THE LIVING DAYLIGHTS OUT OF US? ARE YOU MAD, MAN?
NOT AT ALL, SARGE.
IT WIS A BOXED SET O' 'CITY DETECTIVES'. HE CAN WATCH A' THE POLIS STORIES HE WANTS WI'OOT BOTHERING US.
SOMETIMES YOU ARE A VERY SMART MAN, MURDOCH.
KEN. H. HARRISON


## **PC MURDOCH MYSTERIES** UNDER YOUR HAT

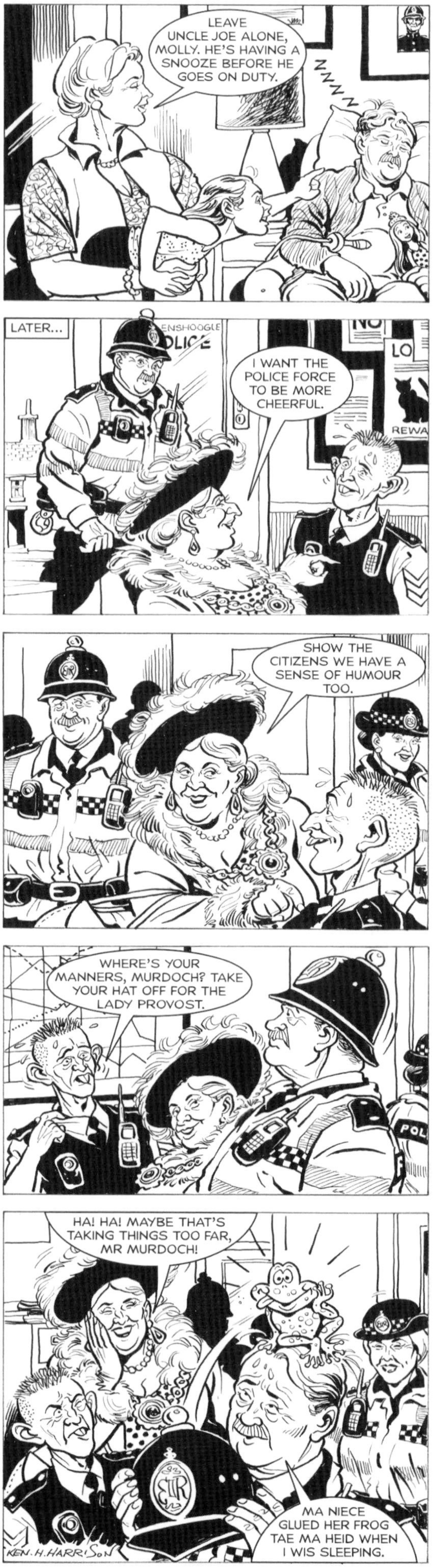

LEAVE UNCLE JOE ALONE, MOLLY. HE'S HAVING A SNOOZE BEFORE HE GOES ON DUTY.
ZZZZ
LATER...
I WANT THE POLICE FORCE TO BE MORE CHEERFUL.
SHOW THE CITIZENS WE HAVE A SENSE OF HUMOUR TOO.
WHERE'S YOUR MANNERS, MURDOCH? TAKE YOUR HAT OFF FOR THE LADY PROVOST.
HA! HA! MAYBE THAT'S TAKING THINGS TOO FAR, MR MURDOCH!
MA NIECE GLUED HER FROG TAE MA HEID WHEN I WIS SLEEPING.
KEN. H. HARRISON

## **PC MURDOCH MYSTERIES** THE ASSESSMENT

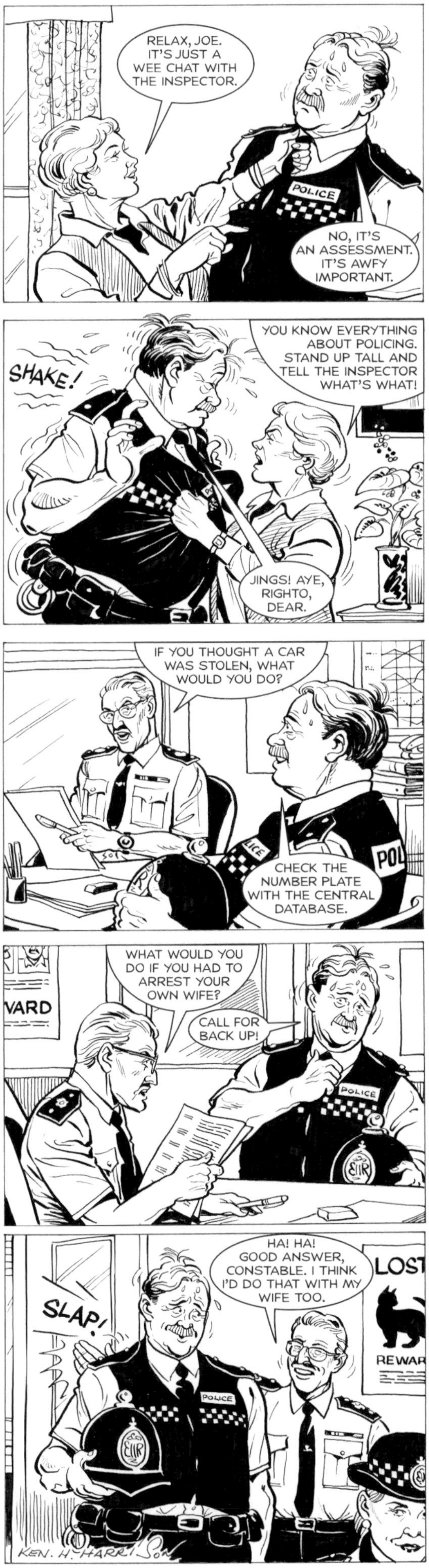

RELAX, JOE. IT'S JUST A WEE CHAT WITH THE INSPECTOR.
NO, IT'S AN ASSESSMENT. IT'S AWFY IMPORTANT.
POLICE
SHAKE!
YOU KNOW EVERYTHING ABOUT POLICING. STAND UP TALL AND TELL THE INSPECTOR WHAT'S WHAT!
JINGS! AYE, RIGHTO, DEAR.
IF YOU THOUGHT A CAR WAS STOLEN, WHAT WOULD YOU DO?
CHECK THE NUMBER PLATE WITH THE CENTRAL DATABASE.
WHAT WOULD YOU DO IF YOU HAD TO ARREST YOUR OWN WIFE?
CALL FOR BACK UP!
VARD
POLICE
SLAP!
HA! HA! GOOD ANSWER, CONSTABLE. I THINK I'D DO THAT WITH MY WIFE TOO.
LOST
REWAR
POLICE
KEN. H. HARRISON


## **PC MURDOCH MYSTERIES** FIREWORKS

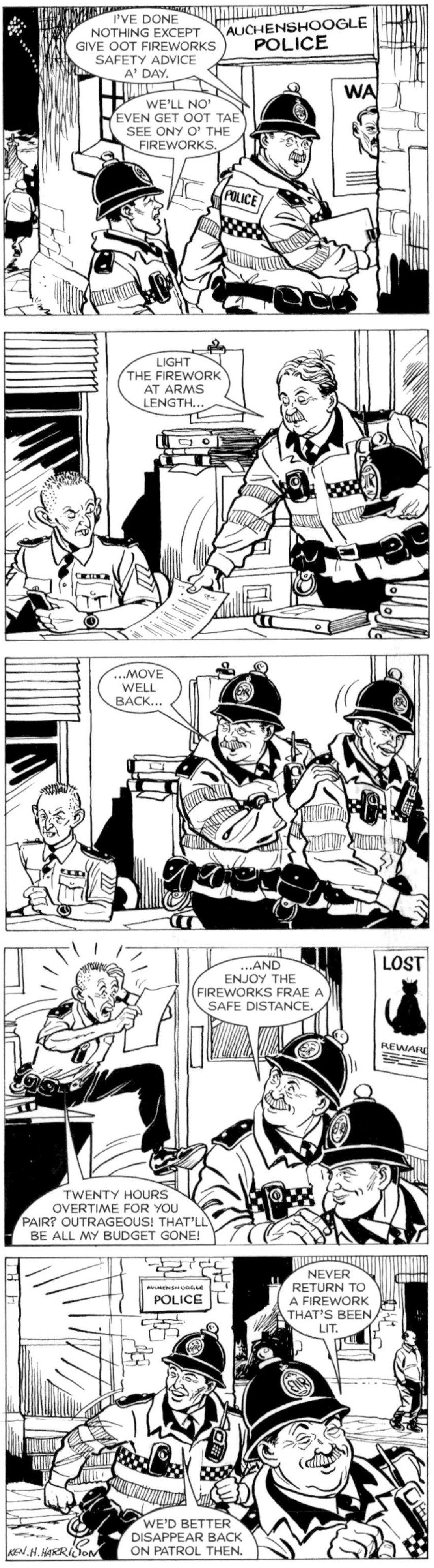

AUCHENSHOOGLE POLICE
I'VE DONE NOTHING EXCEPT GIVE OOT FIREWORKS SAFETY ADVICE A' DAY.
WE'LL NO' EVEN GET OOT TAE SEE ONY O' THE FIREWORKS.
POLICE
LIGHT THE FIREWORK AT ARMS LENGTH...
...MOVE WELL BACK...
...AND ENJOY THE FIREWORKS FRAE A SAFE DISTANCE.
LOST
REWARD
TWENTY HOURS OVERTIME FOR YOU PAIR? OUTRAGEOUS! THAT'LL BE ALL MY BUDGET GONE!
AUCHENSHOOGLE POLICE
NEVER RETURN TO A FIREWORK THAT'S BEEN LIT.
WE'D BETTER DISAPPEAR BACK ON PATROL THEN.
KEN. H. HARRISON

## **PC MURDOCH MYSTERIES** GAG MAN

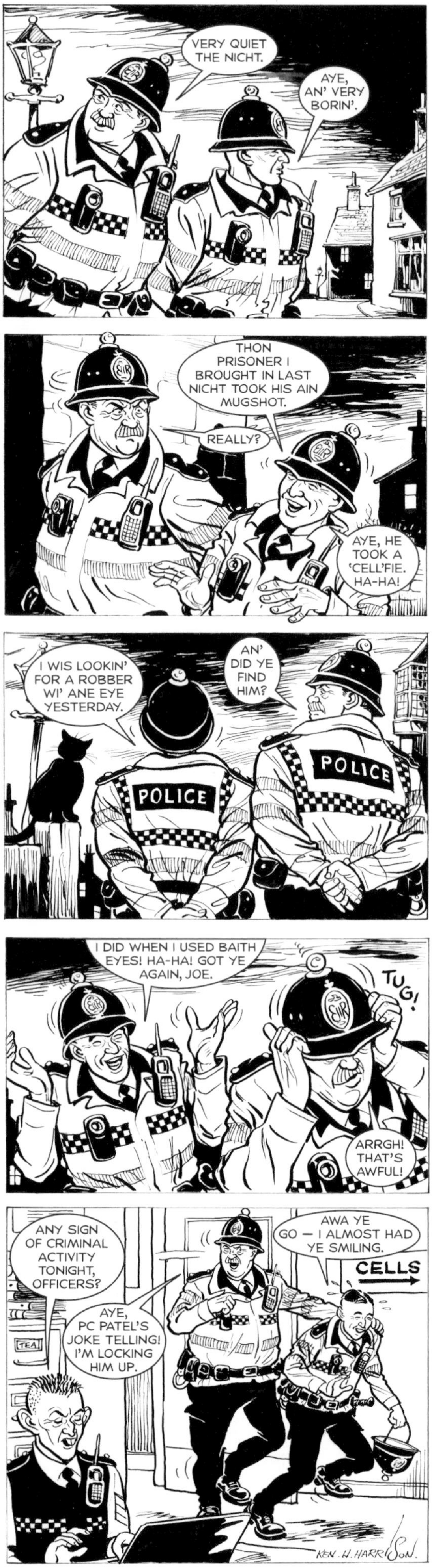
VERY QUIET THE NICHT.
AYE, AN' VERY BORIN'.
THON PRISONER I BROUGHT IN LAST NICHT TOOK HIS AIN MUGSHOT.
REALLY?
AYE, HE TOOK A 'CELL'FIE. HA-HA!
I WIS LOOKIN' FOR A ROBBER WI' ANE EYE YESTERDAY.
AN' DID YE FIND HIM?
POLICE
POLICE
I DID WHEN I USED BAITH EYES! HA-HA! GOT YE AGAIN, JOE.
TUG!
ARRGH! THAT'S AWFUL!
ANY SIGN OF CRIMINAL ACTIVITY TONIGHT, OFFICERS?
AWA YE GO — I ALMOST HAD YE SMILING.
CELLS
AYE, PC PATEL'S JOKE TELLING! I'M LOCKING HIM UP.
TEA
KEN. H. HARRISON.

## **PC MURDOCH MYSTERIES** THE BUSKER

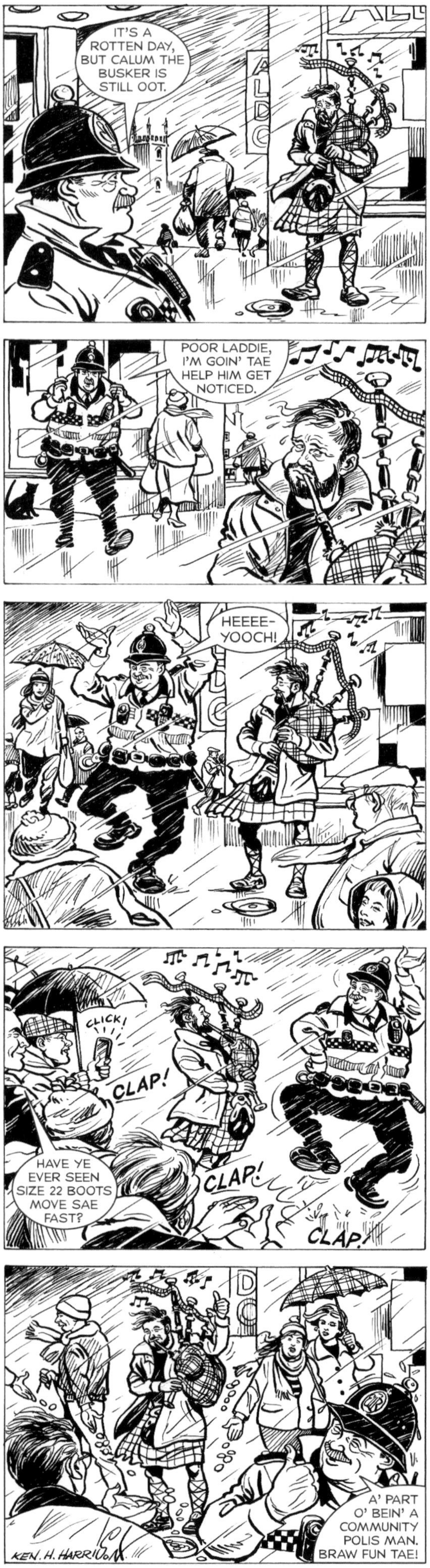
IT'S A ROTTEN DAY, BUT CALUM THE BUSKER IS STILL OOT.
POOR LADDIE, I'M GOIN' TAE HELP HIM GET NOTICED.
HEEEE-YOOCH!
CLICK!
CLAP!
HAVE YE EVER SEEN SIZE 22 BOOTS MOVE SAE FAST?
CLAP!
CLAP!
A' PART O' BEIN' A COMMUNITY POLIS MAN. BRAW FUN TAE!
KEN. H. HARRISON.

## PC MURDOCH MYSTERIES THE TV STAR

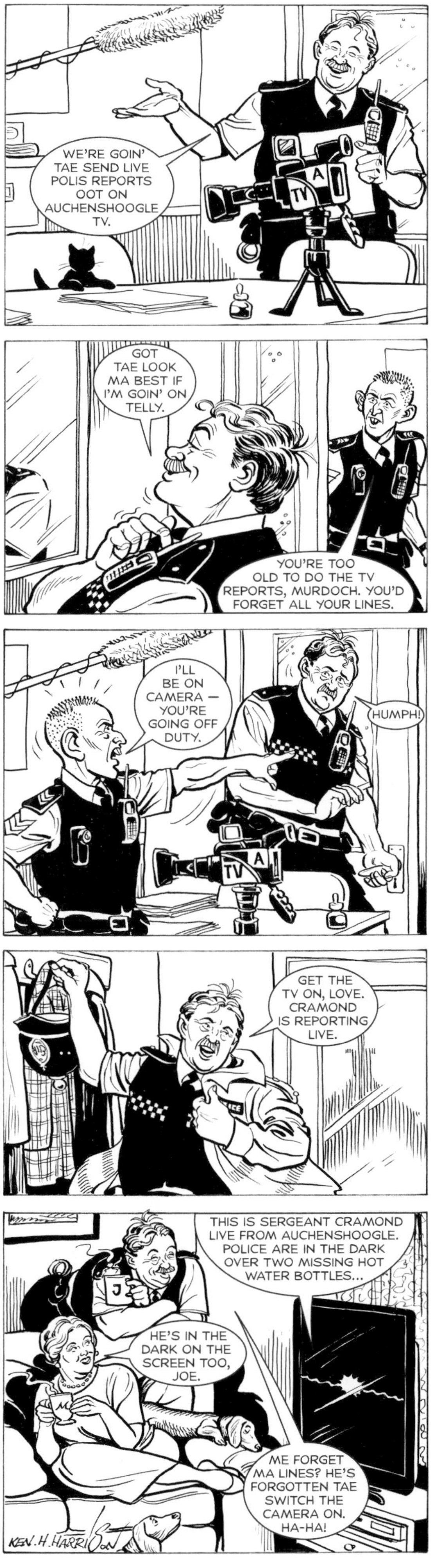
WE'RE GOIN' TAE SEND LIVE POLIS REPORTS OOT ON AUCHENSHOOGLE TV.
GOT TAE LOOK MA BEST IF I'M GOIN' ON TELLY.
YOU'RE TOO OLD TO DO THE TV REPORTS, MURDOCH. YOU'D FORGET ALL YOUR LINES.
I'LL BE ON CAMERA — YOU'RE GOING OFF DUTY.
HUMPH!
TV
A
GET THE TV ON, LOVE. CRAMOND IS REPORTING LIVE.
THIS IS SERGEANT CRAMOND LIVE FROM AUCHENSHOOGLE. POLICE ARE IN THE DARK OVER TWO MISSING HOT WATER BOTTLES...
HE'S IN THE DARK ON THE SCREEN TOO, JOE.
ME FORGET MA LINES? HE'S FORGOTTEN TAE SWITCH THE CAMERA ON. HA-HA!
KEN.H.HARRISON

## PC MURDOCH MYSTERIES LIVE BROADCAST

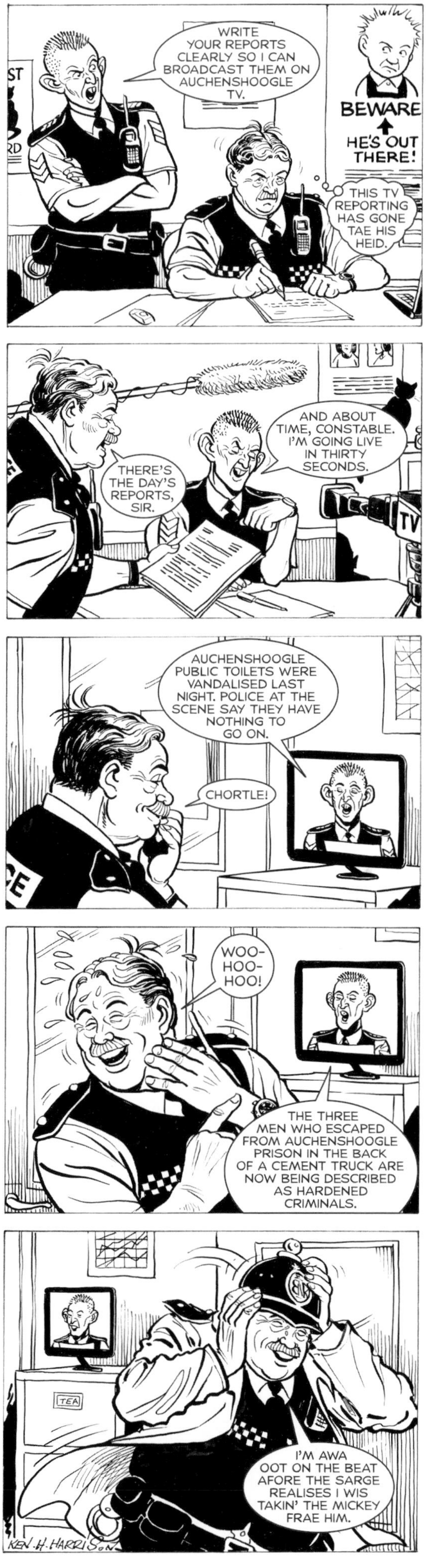
WRITE YOUR REPORTS CLEARLY SO I CAN BROADCAST THEM ON AUCHENSHOOGLE TV.
BEWARE
HE'S OUT THERE!
THIS TV REPORTING HAS GONE TAE HIS HEID.
THERE'S THE DAY'S REPORTS, SIR.
AND ABOUT TIME, CONSTABLE. I'M GOING LIVE IN THIRTY SECONDS.
TV
AUCHENSHOOGLE PUBLIC TOILETS WERE VANDALISED LAST NIGHT. POLICE AT THE SCENE SAY THEY HAVE NOTHING TO GO ON.
CHORTLE!
WOO-HOO-HOO!
THE THREE MEN WHO ESCAPED FROM AUCHENSHOOGLE PRISON IN THE BACK OF A CEMENT TRUCK ARE NOW BEING DESCRIBED AS HARDENED CRIMINALS.
TEA
I'M AWA OOT ON THE BEAT AFORE THE SARGE REALISES I WIS TAKIN' THE MICKEY FRAE HIM.
KEN.H.HARRISON

## PC MURDOCH MYSTERIES DUMMY RUN

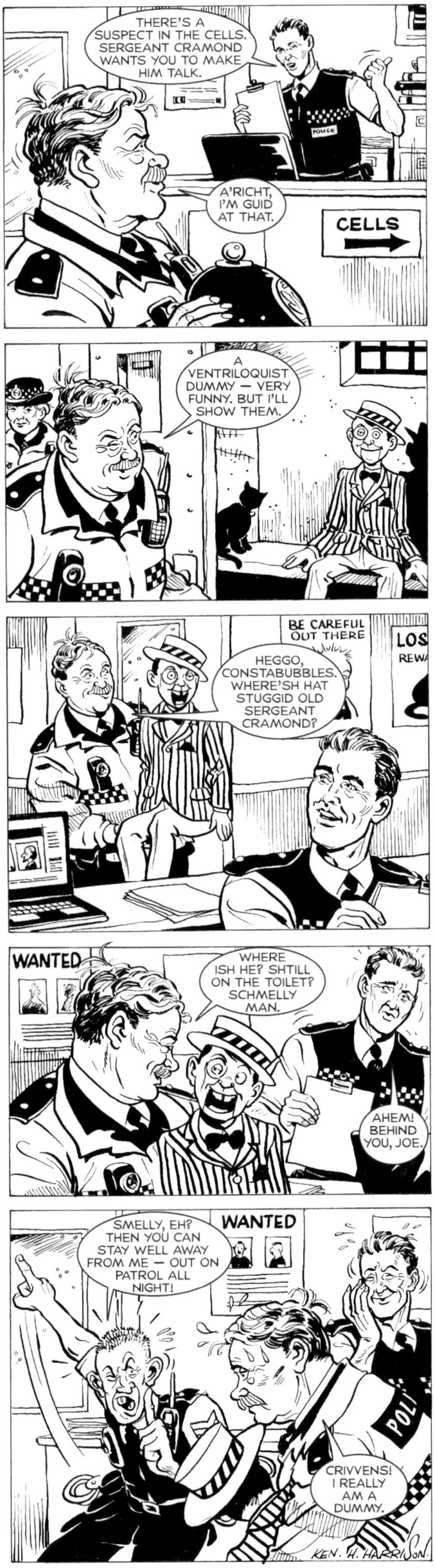

THERE'S A SUSPECT IN THE CELLS. SERGEANT CRAMOND WANTS YOU TO MAKE HIM TALK.
A'RICHT, I'M GUID AT THAT.
CELLS
A VENTRILOQUIST DUMMY — VERY FUNNY. BUT I'LL SHOW THEM.
BE CAREFUL OUT THERE
HEGGO, CONSTABUBBLES. WHERE'SH HAT STUGGID OLD SERGEANT CRAMOND?
WANTED
WHERE ISH HE? SHTILL ON THE TOILET? SCHMELLY MAN.
AHEM! BEHIND YOU, JOE.
SMELLY, EH? THEN YOU CAN STAY WELL AWAY FROM ME — OUT ON PATROL ALL NIGHT!
WANTED
CRIVVENS! I REALLY AM A DUMMY.
KEN. H. HARRISON


## PC MURDOCH MYSTERIES WELL (AR)RESTED

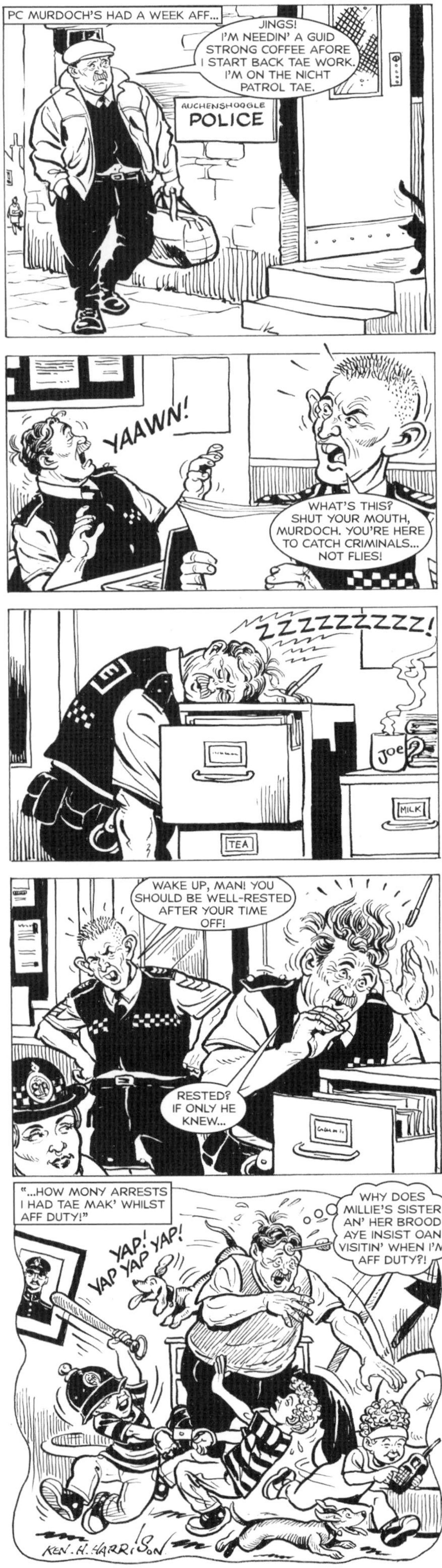

PC MURDOCH'S HAD A WEEK AFF...
JINGS! I'M NEEDIN' A GUID STRONG COFFEE AFORE I START BACK TAE WORK. I'M ON THE NICHT PATROL TAE.
AUCHENSHOOGLE POLICE
YAAWN!
WHAT'S THIS? SHUT YOUR MOUTH, MURDOCH. YOU'RE HERE TO CATCH CRIMINALS... NOT FLIES!
ZZZZZZZZZ!
JOE
MILK
TEA
WAKE UP, MAN! YOU SHOULD BE WELL-RESTED AFTER YOUR TIME OFF!
RESTED? IF ONLY HE KNEW...
"...HOW MONY ARRESTS I HAD TAE MAK' WHILST AFF DUTY!"
WHY DOES MILLIE'S SISTER AN' HER BROOD AYE INSIST OAN VISITIN' WHEN I'M AFF DUTY?!
YAP! YAP YAP YAP!
KEN. H. HARRISON

## PC MURDOCH MYSTERIES COLD CASE

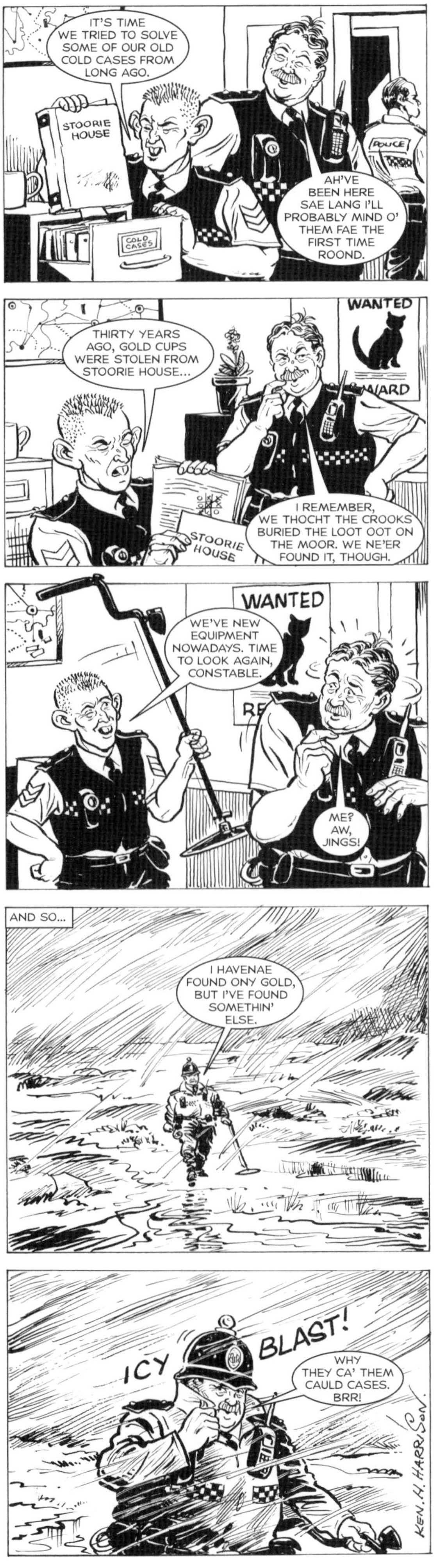
IT'S TIME WE TRIED TO SOLVE SOME OF OUR OLD COLD CASES FROM LONG AGO.
STOORIE HOUSE
POLICE
COLD CASES
AH'VE BEEN HERE SAE LANG I'LL PROBABLY MIND O' THEM FAE THE FIRST TIME ROOND.
THIRTY YEARS AGO, GOLD CUPS WERE STOLEN FROM STOORIE HOUSE...
WANTED
REWARD
STOORIE HOUSE
I REMEMBER, WE THOCHT THE CROOKS BURIED THE LOOT OOT ON THE MOOR. WE NE'ER FOUND IT, THOUGH.
WANTED
WE'VE NEW EQUIPMENT NOWADAYS. TIME TO LOOK AGAIN, CONSTABLE.
ME? AW, JINGS!
AND SO...
I HAVENAE FOUND ONY GOLD, BUT I'VE FOUND SOMETHIN' ELSE.
ICY BLAST!
WHY THEY CA' THEM CAULD CASES. BRR!
KEN. H. HARRISON.

## PC MURDOCH MYSTERIES OPEN DAY

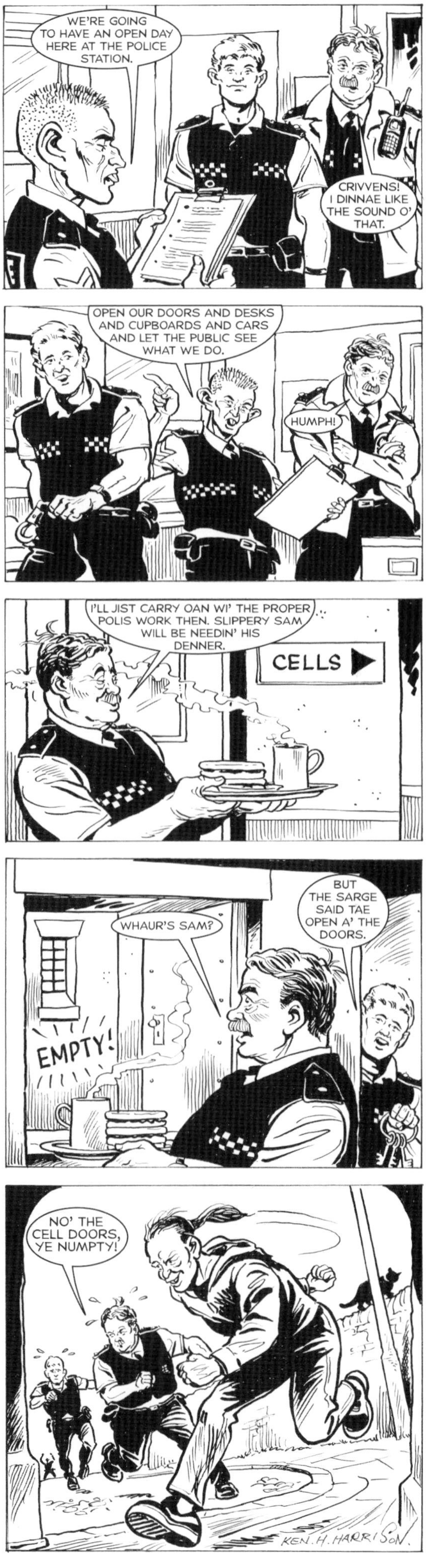
WE'RE GOING TO HAVE AN OPEN DAY HERE AT THE POLICE STATION.
CRIVVENS! I DINNAE LIKE THE SOUND O' THAT.
OPEN OUR DOORS AND DESKS AND CUPBOARDS AND CARS AND LET THE PUBLIC SEE WHAT WE DO.
HUMPH!
I'LL JIST CARRY OAN WI' THE PROPER POLIS WORK THEN. SLIPPERY SAM WILL BE NEEDIN' HIS DENNER.
CELLS
WHAUR'S SAM?
BUT THE SARGE SAID TAE OPEN A' THE DOORS.
EMPTY!
NO' THE CELL DOORS, YE NUMPTY!
KEN. H. HARRISON.

## **PC MURDOCH MYSTERIES** A FINE EXAMPLE

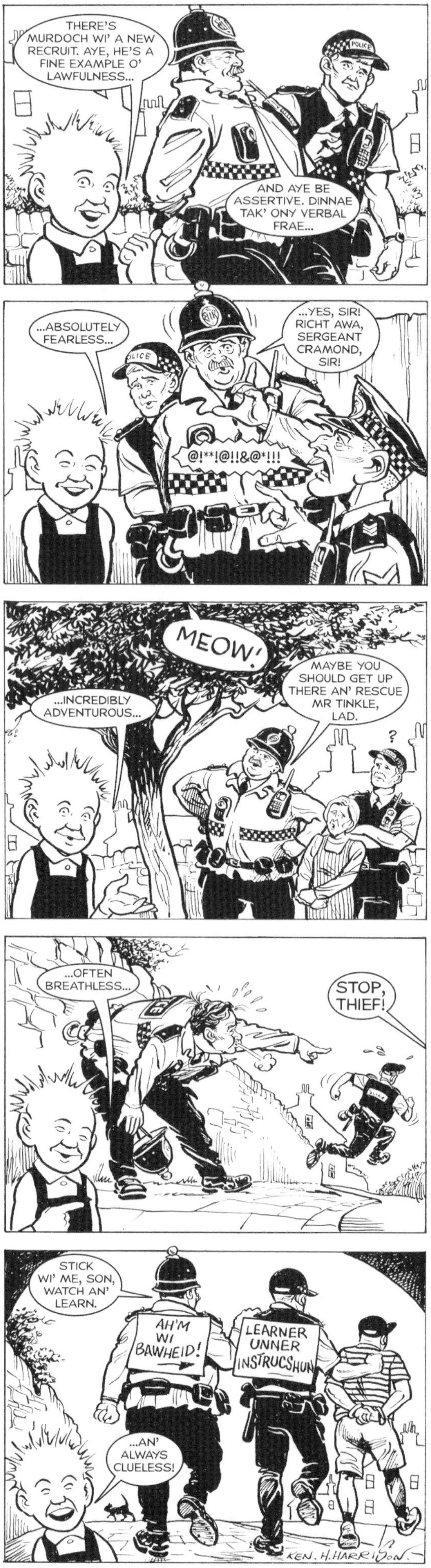
THERE'S MURDOCH WI' A NEW RECRUIT. AYE, HE'S A FINE EXAMPLE O' LAWFULNESS...
AND AYE BE ASSERTIVE. DINNAE TAK' ONY VERBAL FRAE...
...ABSOLUTELY FEARLESS...
...YES, SIR! RICHT AWA, SERGEANT CRAMOND, SIR!
@!**!@!!&@*!!!
MEOW!
...INCREDIBLY ADVENTUROUS...
MAYBE YOU SHOULD GET UP THERE AN' RESCUE MR TINKLE, LAD.
?
...OFTEN BREATHLESS...
STOP, THIEF!
STICK WI' ME, SON, WATCH AN' LEARN.
AH'M WI BAWHEID!
LEARNER UNNER INSTRUCSHUN
...AN' ALWAYS CLUELESS!
KEN. H. HARRISON.

## **PC MURDOCH MYSTERIES** GREEN CARTIE

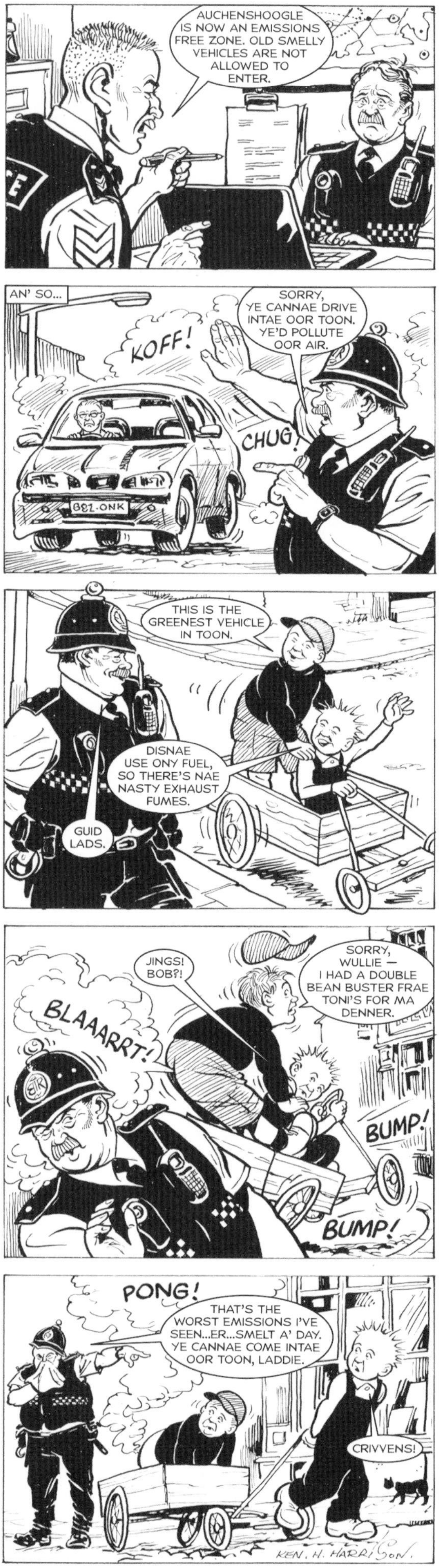
AUCHENSHOOGLE IS NOW AN EMISSIONS FREE ZONE. OLD SMELLY VEHICLES ARE NOT ALLOWED TO ENTER.
AN' SO...
SORRY, YE CANNAE DRIVE INTAE OOR TOON. YE'D POLLUTE OOR AIR.
KOFF!
CHUG!
B81.ONK
THIS IS THE GREENEST VEHICLE IN TOON.
DISNAE USE ONY FUEL, SO THERE'S NAE NASTY EXHAUST FUMES.
GUID LADS.
JINGS! BOB?!
SORRY, WULLIE — I HAD A DOUBLE BEAN BUSTER FRAE TONI'S FOR MA DENNER.
BLAAAARRT!
BUMP!
BUMP!
PONG!
THAT'S THE WORST EMISSIONS I'VE SEEN...ER...SMELT A' DAY. YE CANNAE COME INTAE OOR TOON, LADDIE.
CRIVVENS!
KEN. H. HARRISON.

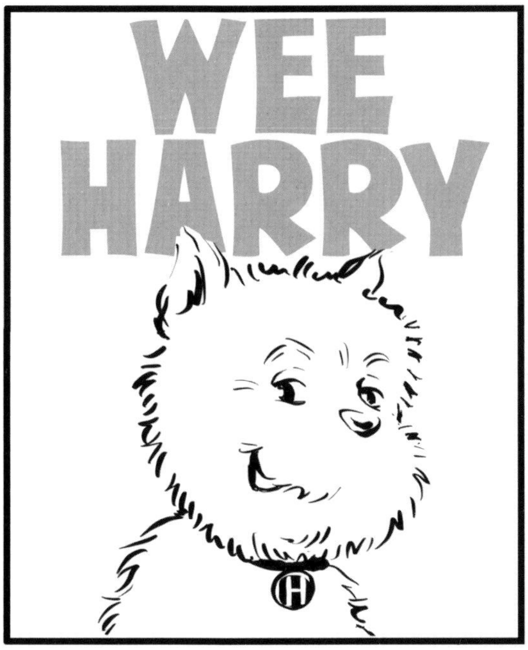
WEE
HARRY

And PC Murdoch is not the only one with his own weekly comic strip! After his introduction as Wullie's canine companion, this wily Westie moved on to occupy his own corner of the fun pages, sharing a pup's pespective on the often farcical world of Auchenshoogle.

Along with his best pal, Jock, Harry's hijinks often rival his owners' as he schemes his way to sausages, displays talents for treats, hangs out with other hounds, and chases down chortles in the pages of The Sunday Post!

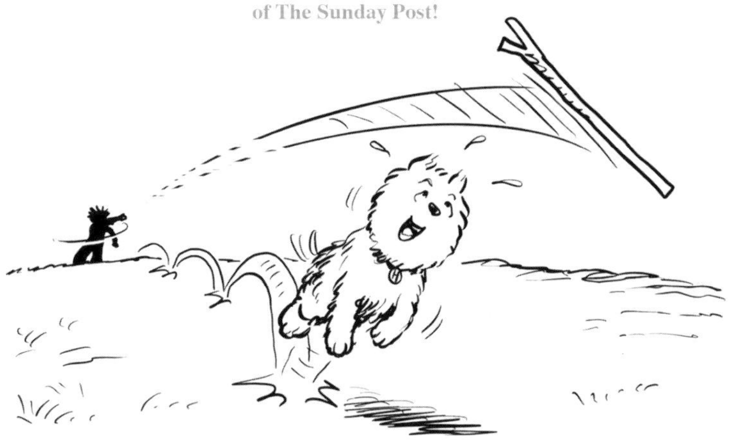

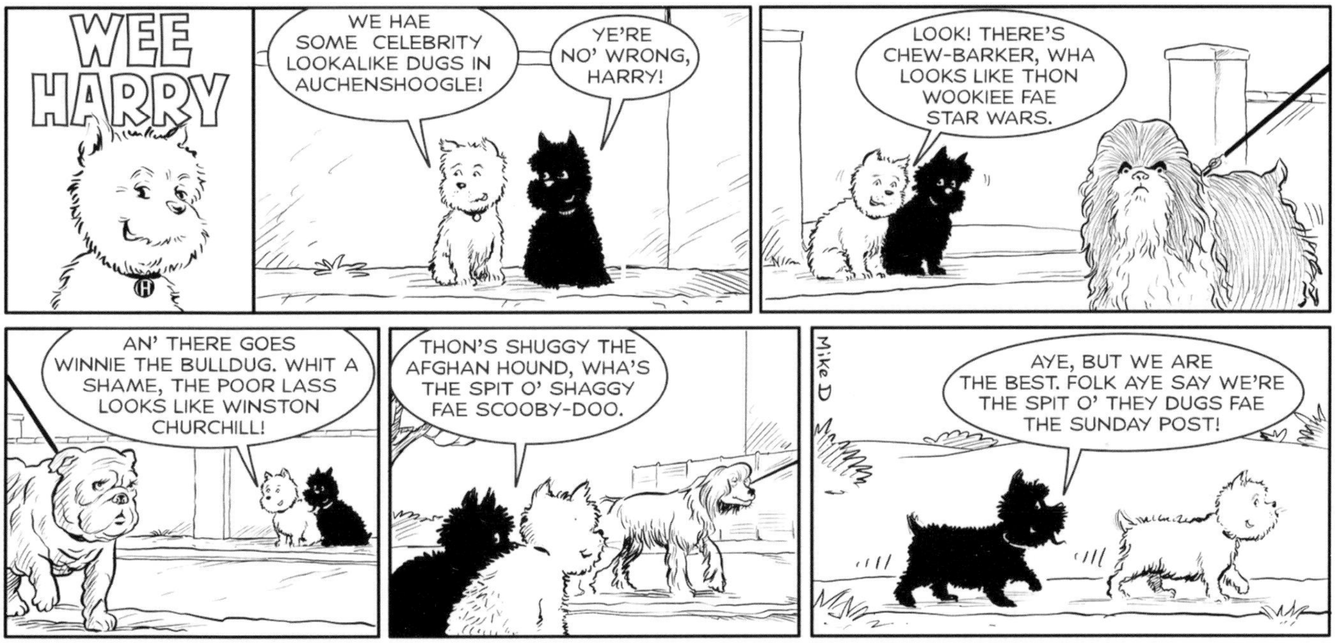
WEE
HARRY
WE HAE SOME CELEBRITY LOOKALIKE DUGS IN AUCHENSHOOGLE!
YE'RE NO' WRONG, HARRY!
LOOK! THERE'S CHEW-BARKER, WHA LOOKS LIKE THON WOOKIEE FAE STAR WARS.
AN' THERE GOES WINNIE THE BULLDUG. WHIT A SHAME, THE POOR LASS LOOKS LIKE WINSTON CHURCHILL!
THON'S SHUGGY THE AFGHAN HOUND, WHA'S THE SPIT O' SHAGGY FAE SCOOBY-DOO.
Mike D
AYE, BUT WE ARE THE BEST. FOLK AYE SAY WE'RE THE SPIT O' THEY DUGS FAE THE SUNDAY POST!

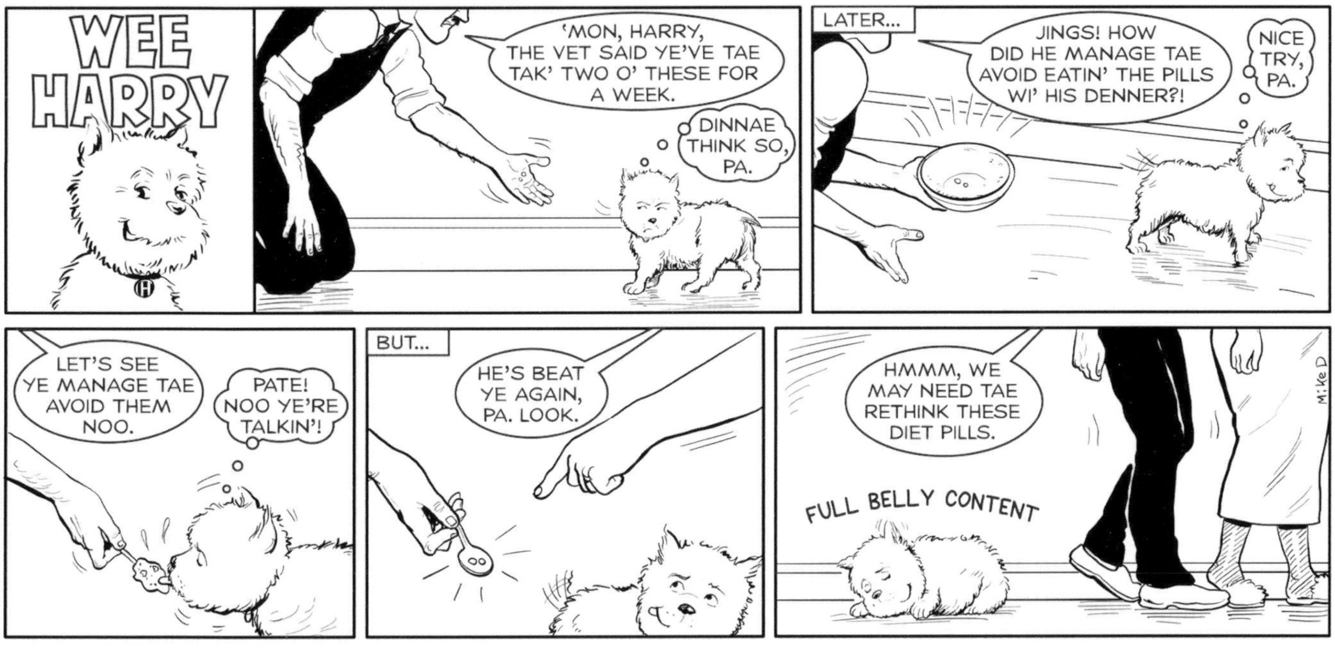
WEE
HARRY
'MON, HARRY, THE VET SAID YE'VE TAE TAK' TWO O' THESE FOR A WEEK.
DINNAE THINK SO, PA.
LATER...
JINGS! HOW DID HE MANAGE TAE AVOID EATIN' THE PILLS WI' HIS DENNER?!
NICE TRY, PA.
LET'S SEE YE MANAGE TAE AVOID THEM NOO.
PATE! NOO YE'RE TALKIN'!
BUT...
HE'S BEAT YE AGAIN, PA. LOOK.
HMMM, WE MAY NEED TAE RETHINK THESE DIET PILLS.
FULL BELLY CONTENT
Mike D

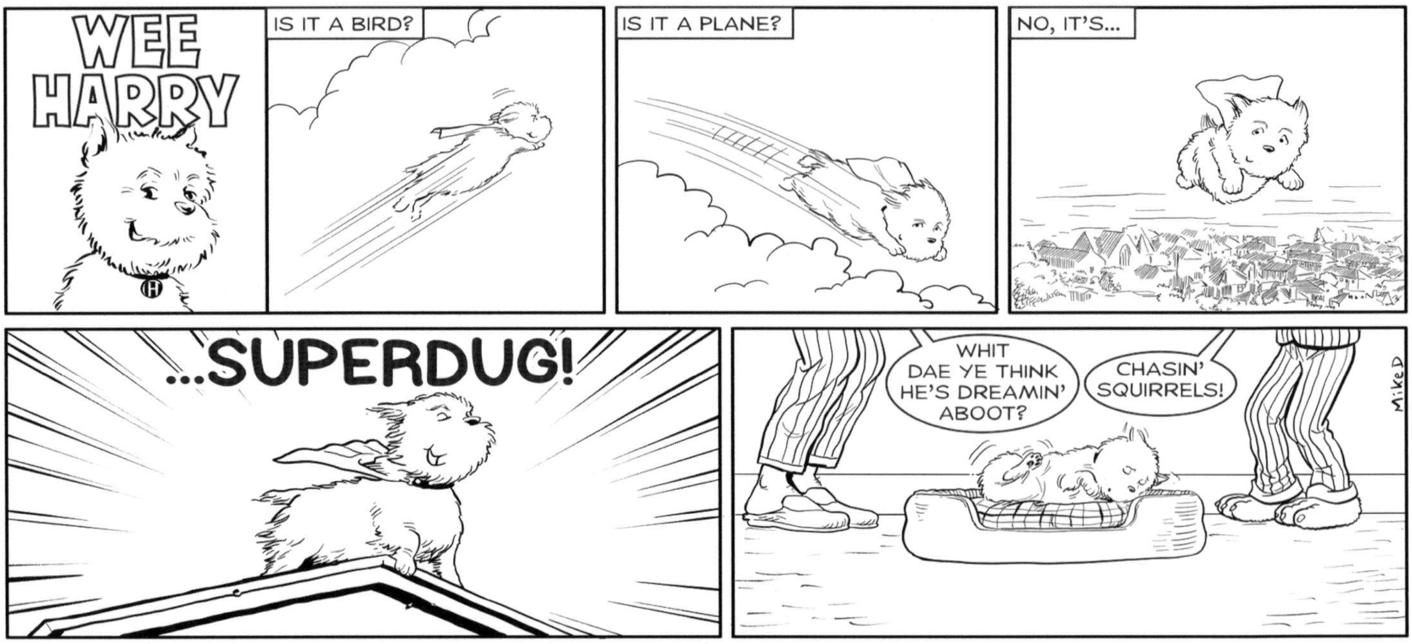
WEE HARRY
IS IT A BIRD?
IS IT A PLANE?
NO, IT'S...
...SUPERDUG!
WHIT DAE YE THINK HE'S DREAMIN' ABOOT?
CHASIN' SQUIRRELS!
MikeD

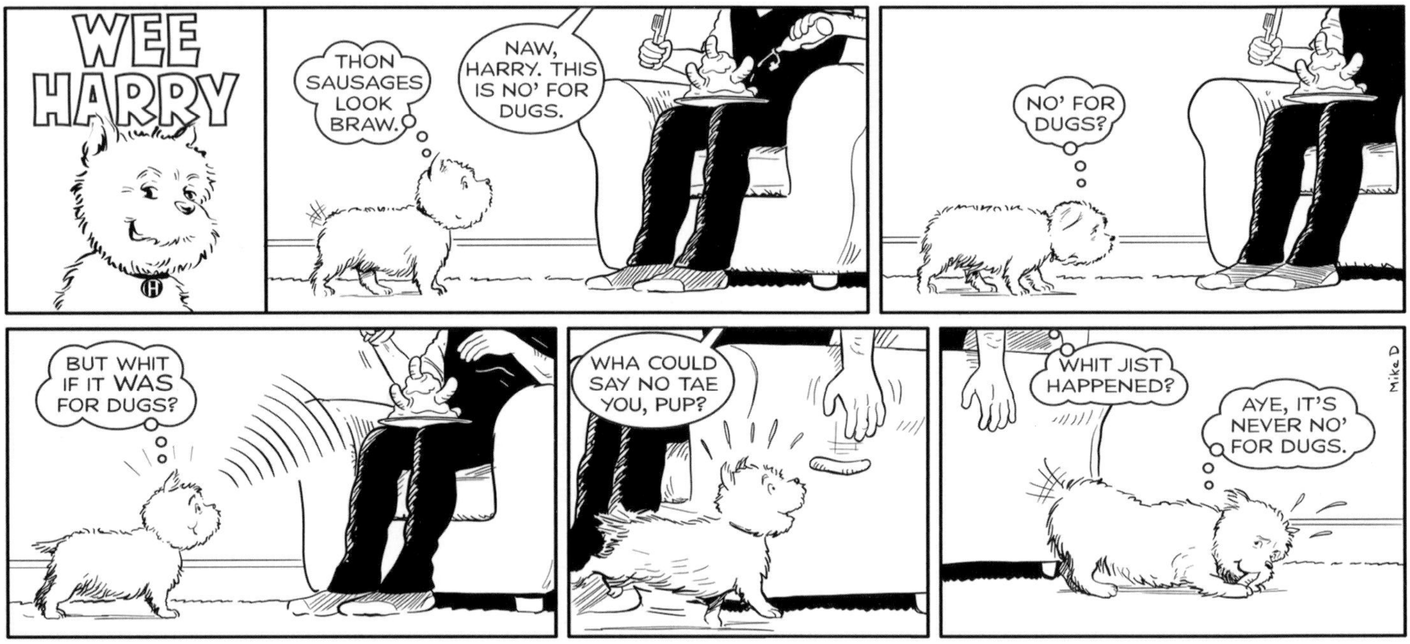
WEE HARRY
THON SAUSAGES LOOK BRAW.
NAW, HARRY. THIS IS NO' FOR DUGS.
NO' FOR DUGS?
BUT WHIT IF IT WAS FOR DUGS?
WHA COULD SAY NO TAE YOU, PUP?
WHIT JIST HAPPENED?
AYE, IT'S NEVER NO' FOR DUGS.
MikeD

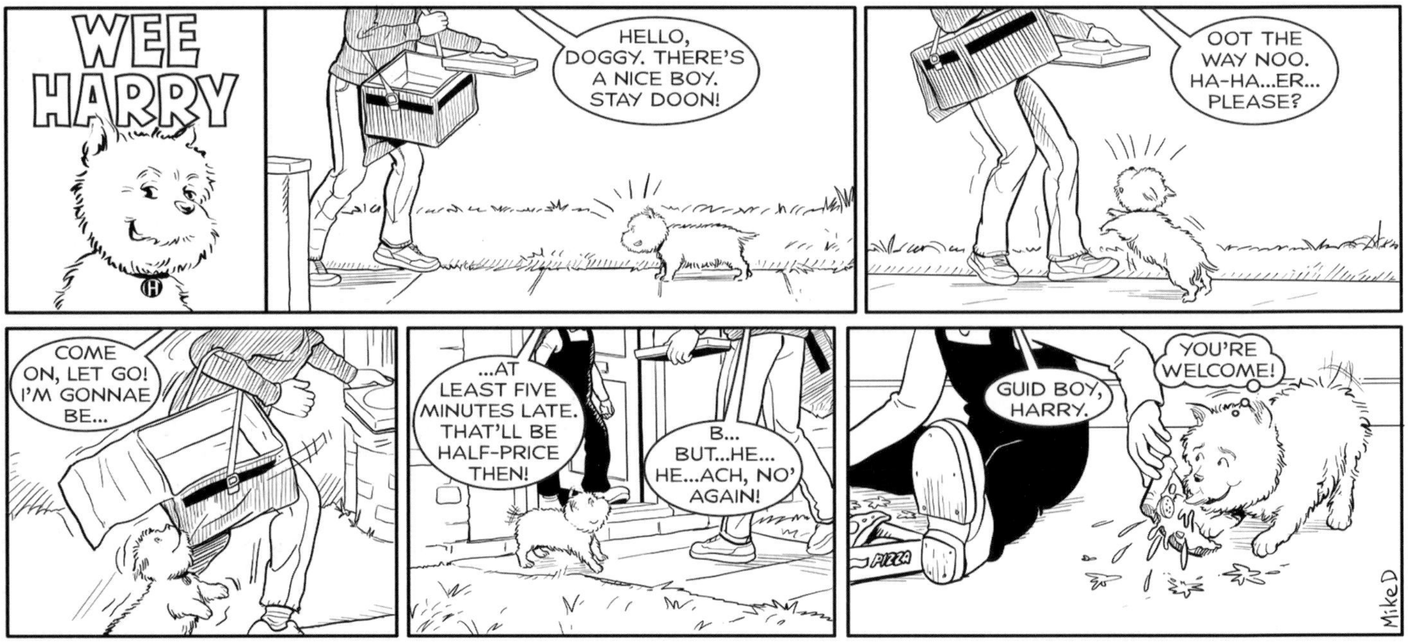
WEE HARRY
HELLO, DOGGY. THERE'S A NICE BOY. STAY DOON!
OOT THE WAY NOO. HA-HA...ER... PLEASE?
COME ON, LET GO! I'M GONNAE BE...
...AT LEAST FIVE MINUTES LATE. THAT'LL BE HALF-PRICE THEN!
B... BUT...HE... HE...ACH, NO' AGAIN!
GUID BOY, HARRY.
YOU'RE WELCOME!
PIZZA
MikeD

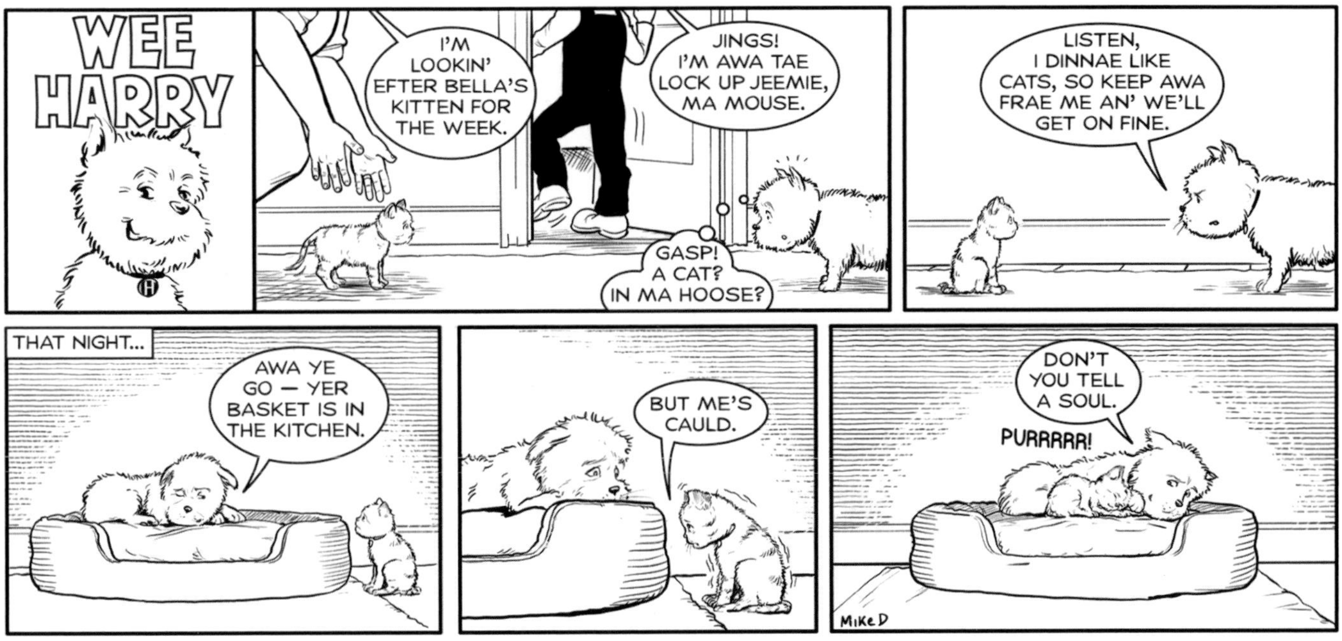
WEE HARRY
I'M LOOKIN' EFTER BELLA'S KITTEN FOR THE WEEK.
JINGS! I'M AWA TAE LOCK UP JEEMIE, MA MOUSE.
GASP! A CAT? IN MA HOOSE?
LISTEN, I DINNAE LIKE CATS, SO KEEP AWA FRAE ME AN' WE'LL GET ON FINE.
THAT NIGHT...
AWA YE GO — YER BASKET IS IN THE KITCHEN.
BUT ME'S CAULD.
DON'T YOU TELL A SOUL.
PURRRRR!
Mike D

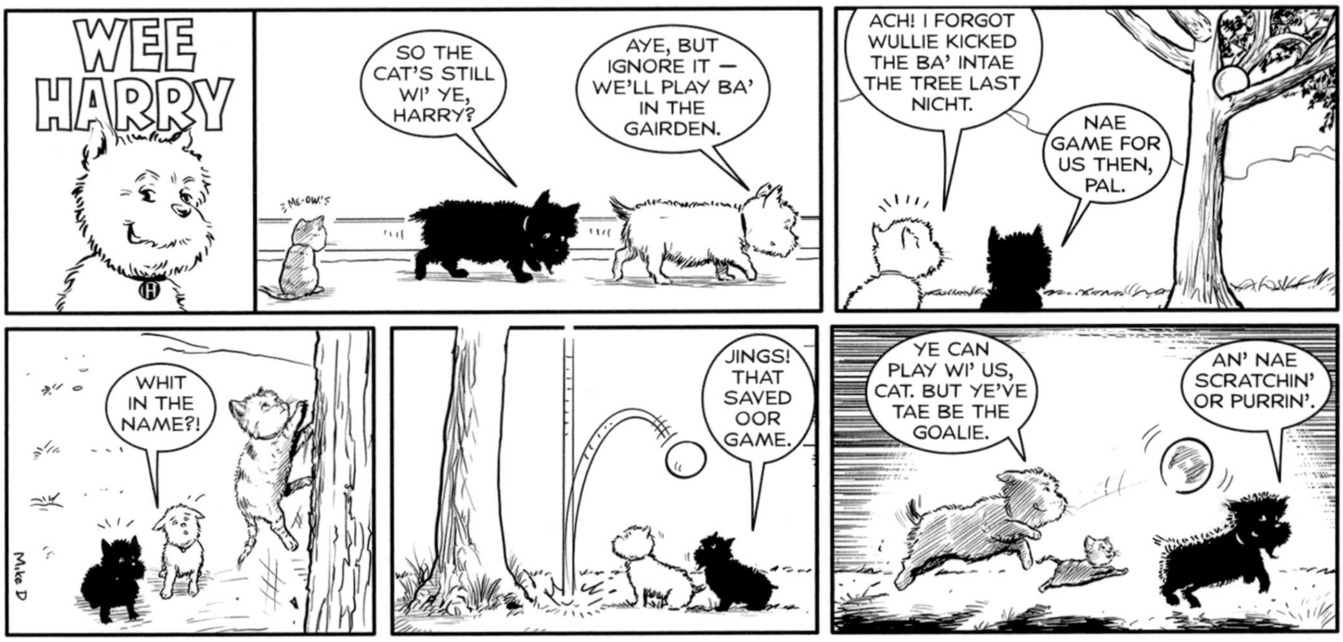
WEE HARRY
ME-OW!
SO THE CAT'S STILL WI' YE, HARRY?
AYE, BUT IGNORE IT — WE'LL PLAY BA' IN THE GAIRDEN.
ACH! I FORGOT WULLIE KICKED THE BA' INTAE THE TREE LAST NICHT.
NAE GAME FOR US THEN, PAL.
WHIT IN THE NAME?!
Mike D
JINGS! THAT SAVED OOR GAME.
YE CAN PLAY WI' US, CAT. BUT YE'VE TAE BE THE GOALIE.
AN' NAE SCRATCHIN' OR PURRIN'.

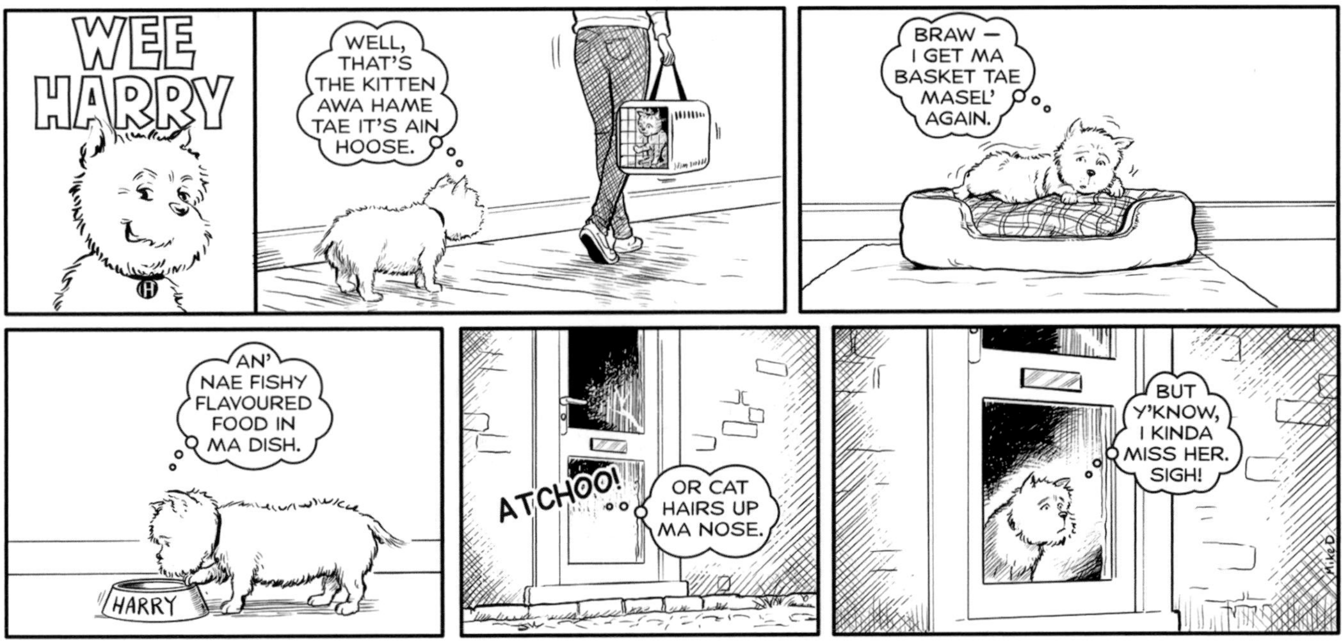
WEE HARRY
WELL, THAT'S THE KITTEN AWA HAME TAE IT'S AIN HOOSE.
BRAW — I GET MA BASKET TAE MASEL' AGAIN.
AN' NAE FISHY FLAVOURED FOOD IN MA DISH.
HARRY
ATCHOO!
OR CAT HAIRS UP MA NOSE.
BUT Y'KNOW, I KINDA MISS HER. SIGH!
Mike D

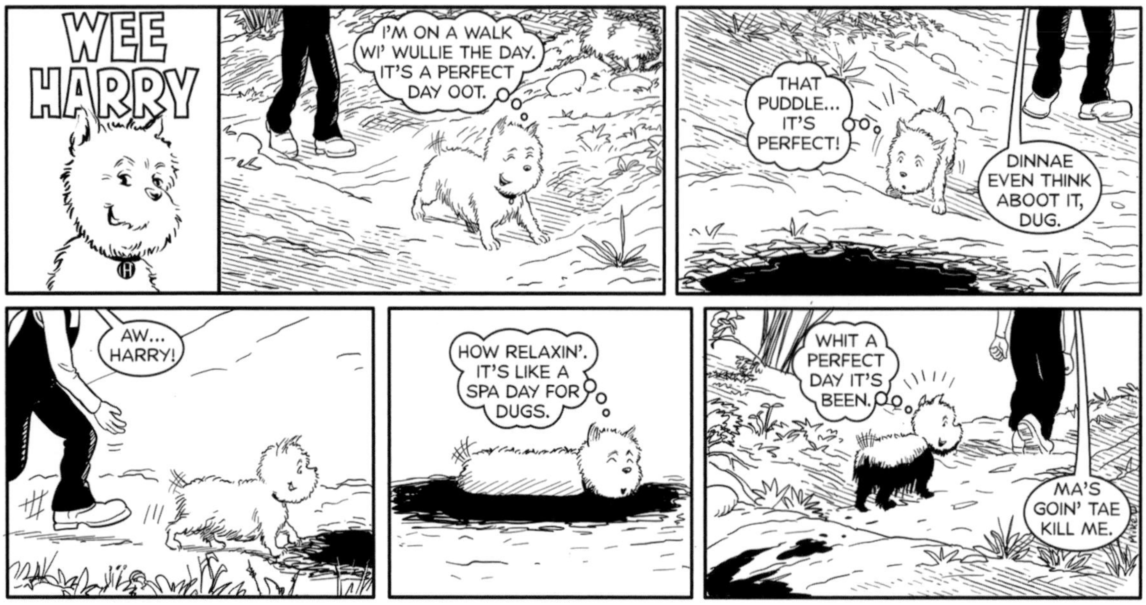
WEE HARRY
I'M ON A WALK WI' WULLIE THE DAY. IT'S A PERFECT DAY OOT.
THAT PUDDLE... IT'S PERFECT!
DINNAE EVEN THINK ABOOT IT, DUG.
AW... HARRY!
HOW RELAXIN'. IT'S LIKE A SPA DAY FOR DUGS.
WHIT A PERFECT DAY IT'S BEEN.
MA'S GOIN' TAE KILL ME.

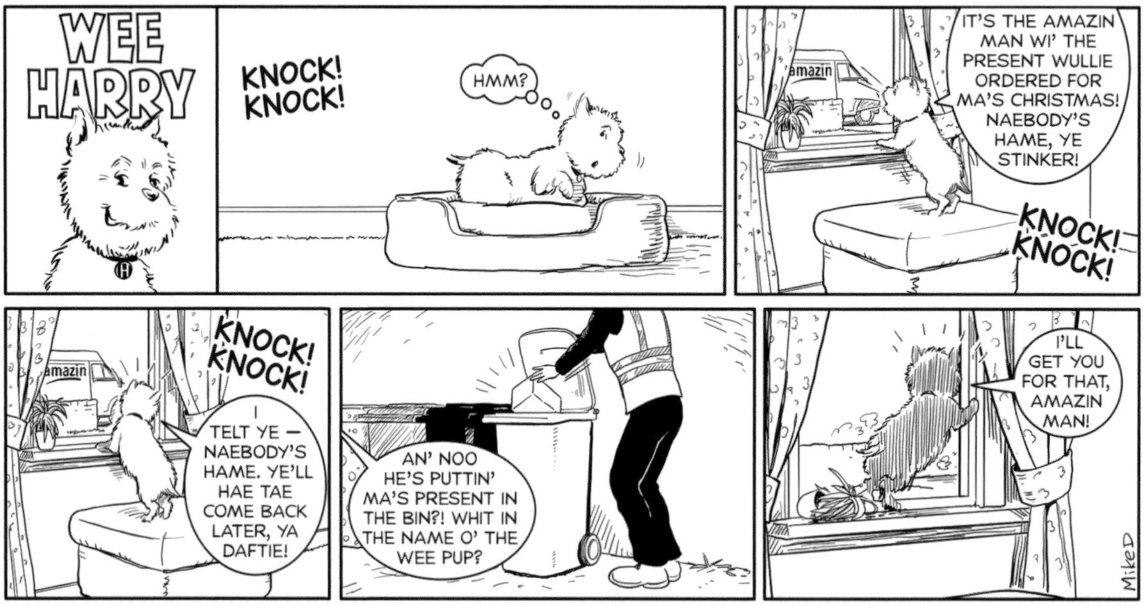
WEE HARRY
KNOCK! KNOCK!
HMM?
IT'S THE AMAZIN MAN WI' THE PRESENT WULLIE ORDERED FOR MA'S CHRISTMAS! NAEBODY'S HAME, YE STINKER!
KNOCK! KNOCK!
KNOCK! KNOCK!
I TELT YE — NAEBODY'S HAME. YE'LL HAE TAE COME BACK LATER, YA DAFTIE!
AN' NOO HE'S PUTTIN' MA'S PRESENT IN THE BIN?! WHIT IN THE NAME O' THE WEE PUP?
I'LL GET YOU FOR THAT, AMAZIN MAN!
MikeD

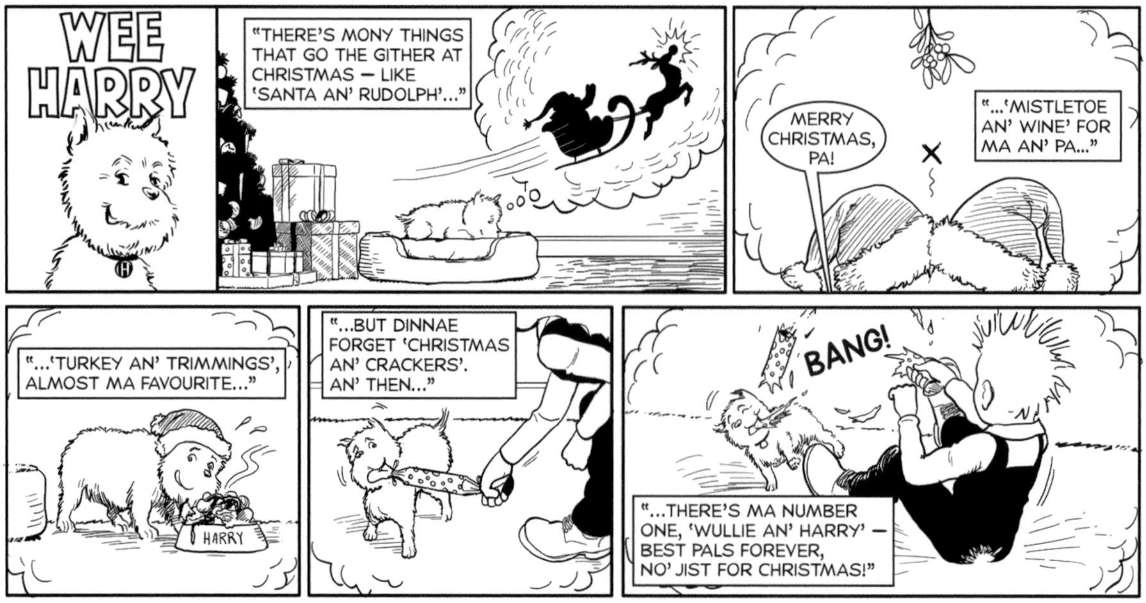
WEE HARRY
"THERE'S MONY THINGS THAT GO THE GITHER AT CHRISTMAS — LIKE 'SANTA AN' RUDOLPH'..."
MERRY CHRISTMAS, PA!
"...'MISTLETOE AN' WINE' FOR MA AN' PA..."
"...'TURKEY AN' TRIMMINGS', ALMOST MA FAVOURITE..."
HARRY
"...BUT DINNAE FORGET 'CHRISTMAS AN' CRACKERS'. AN' THEN..."
BANG!
"...THERE'S MA NUMBER ONE, 'WULLIE AN' HARRY' — BEST PALS FOREVER, NO' JIST FOR CHRISTMAS!"

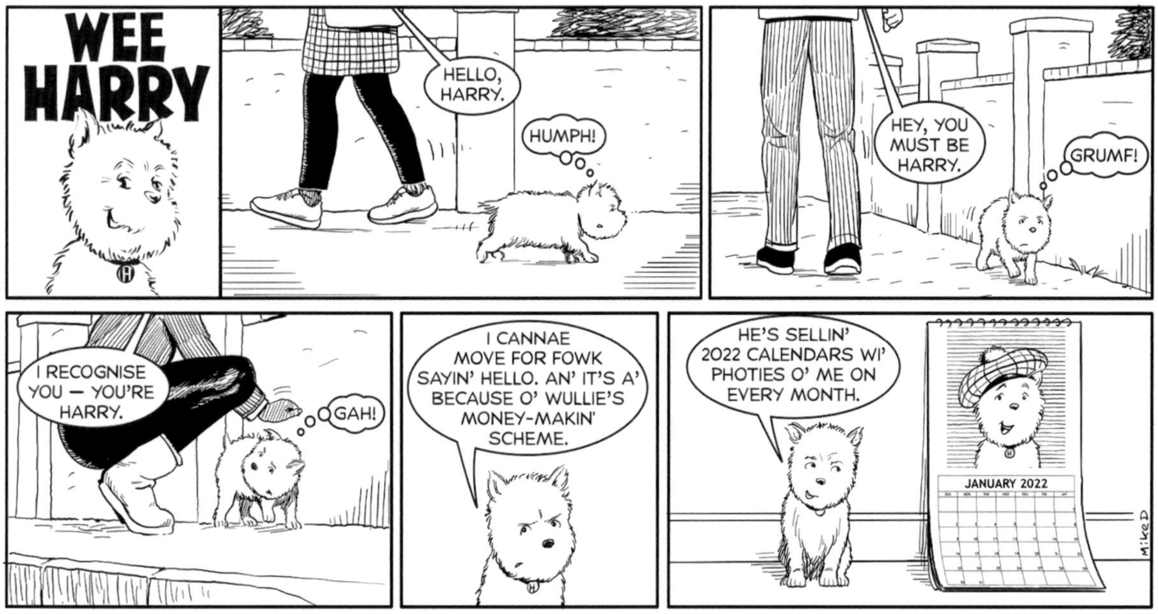
WEE HARRY
HELLO, HARRY.
HUMPH!
HEY, YOU MUST BE HARRY.
GRUMF!
I RECOGNISE YOU — YOU'RE HARRY.
GAH!
I CANNAE MOVE FOR FOWK SAYIN' HELLO. AN' IT'S A' BECAUSE O' WULLIE'S MONEY-MAKIN' SCHEME.
HE'S SELLIN' 2022 CALENDARS WI' PHOTIES O' ME ON EVERY MONTH.
JANUARY 2022
MikeD

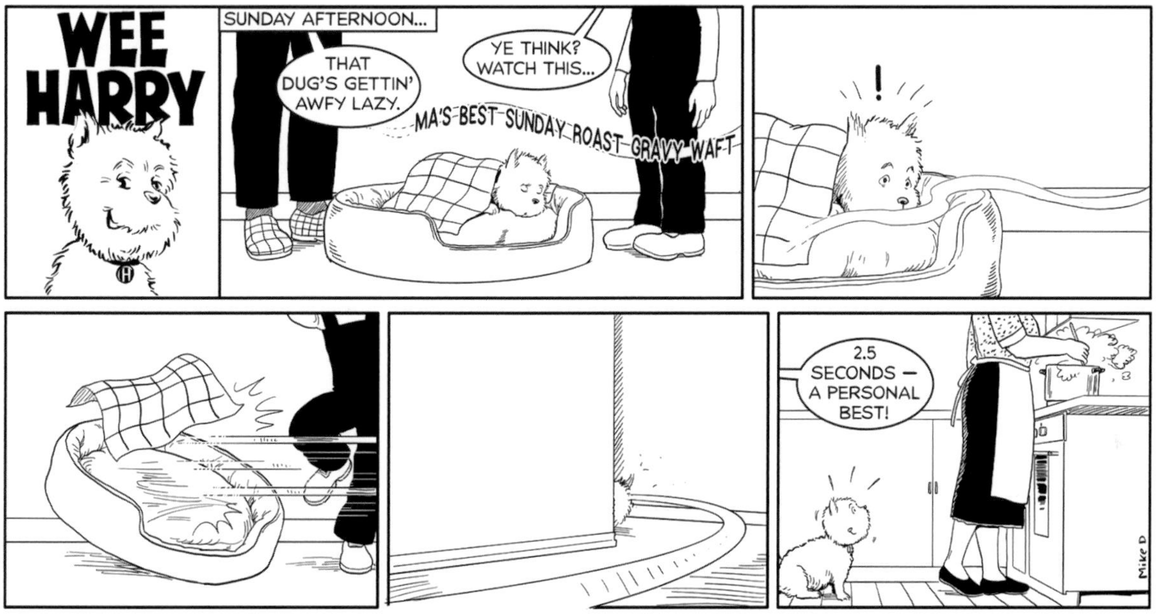
WEE HARRY
SUNDAY AFTERNOON...
THAT DUG'S GETTIN' AWFY LAZY.
YE THINK? WATCH THIS...
MA'S BEST SUNDAY ROAST GRAVY WAFT
!
2.5 SECONDS — A PERSONAL BEST!
MikeD

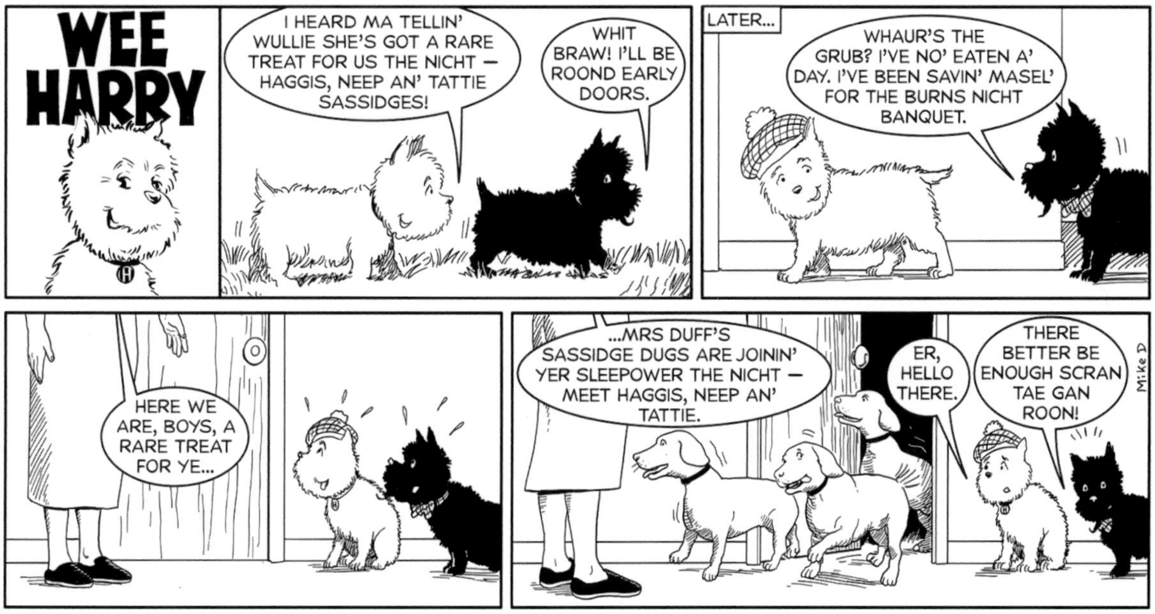
WEE HARRY
I HEARD MA TELLIN' WULLIE SHE'S GOT A RARE TREAT FOR US THE NICHT — HAGGIS, NEEP AN' TATTIE SASSIDGES!
WHIT BRAW! I'LL BE ROOND EARLY DOORS.
LATER...
WHAUR'S THE GRUB? I'VE NO' EATEN A' DAY. I'VE BEEN SAVIN' MASEL' FOR THE BURNS NICHT BANQUET.
HERE WE ARE, BOYS, A RARE TREAT FOR YE...
...MRS DUFF'S SASSIDGE DUGS ARE JOININ' YER SLEEPOWER THE NICHT — MEET HAGGIS, NEEP AN' TATTIE.
ER, HELLO THERE.
THERE BETTER BE ENOUGH SCRAN TAE GAN ROON!
MikeD

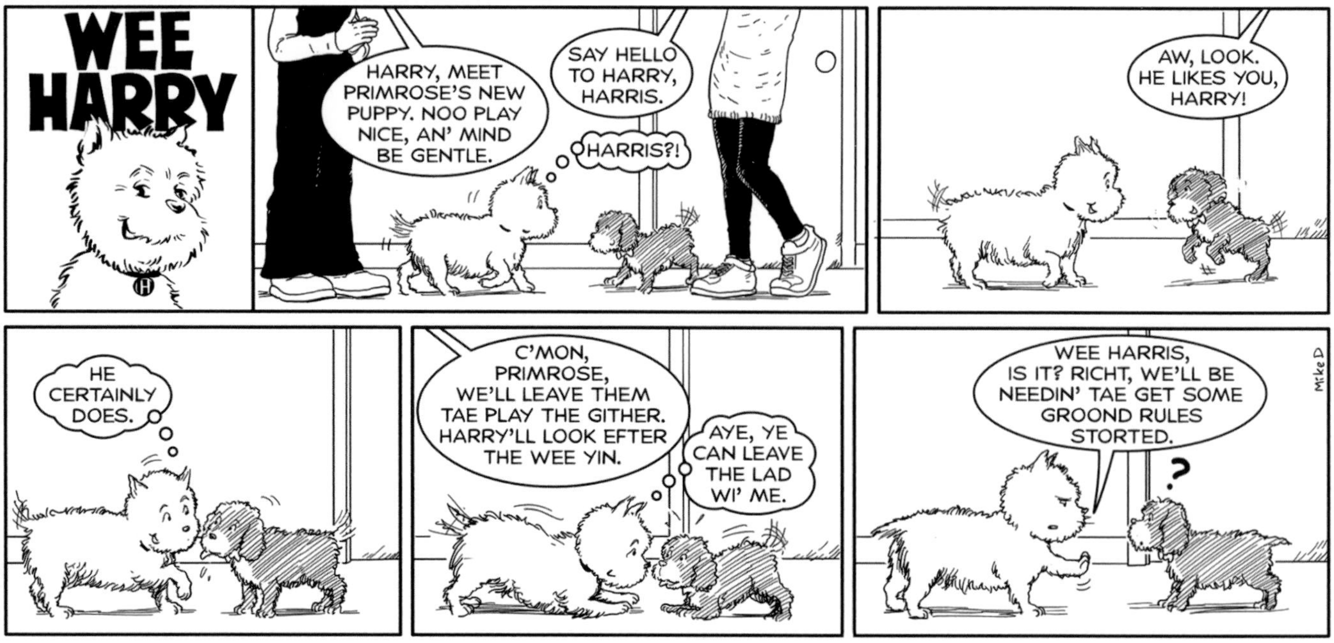
WEE HARRY
HARRY, MEET PRIMROSE'S NEW PUPPY. NOO PLAY NICE, AN' MIND BE GENTLE.
SAY HELLO TO HARRY, HARRIS.
HARRIS?!
AW, LOOK. HE LIKES YOU, HARRY!
HE CERTAINLY DOES.
C'MON, PRIMROSE, WE'LL LEAVE THEM TAE PLAY THE GITHER. HARRY'LL LOOK EFTER THE WEE YIN.
AYE, YE CAN LEAVE THE LAD WI' ME.
WEE HARRIS, IS IT? RICHT, WE'LL BE NEEDIN' TAE GET SOME GROOND RULES STORTED.
?
Mike D

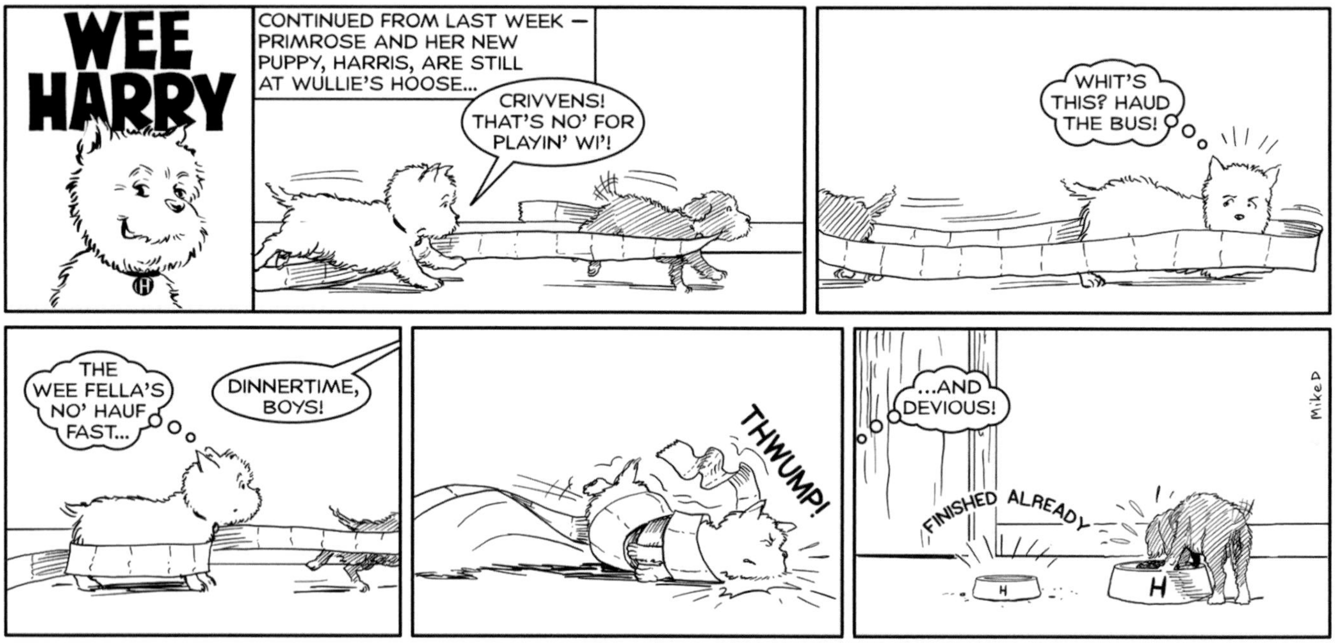
WEE HARRY
CONTINUED FROM LAST WEEK – PRIMROSE AND HER NEW PUPPY, HARRIS, ARE STILL AT WULLIE'S HOOSE...
CRIVVENS! THAT'S NO' FOR PLAYIN' WI'!
WHIT'S THIS? HAUD THE BUS!
THE WEE FELLA'S NO' HAUF FAST...
DINNERTIME, BOYS!
THWUMP!
...AND DEVIOUS!
FINISHED ALREADY
Mike D

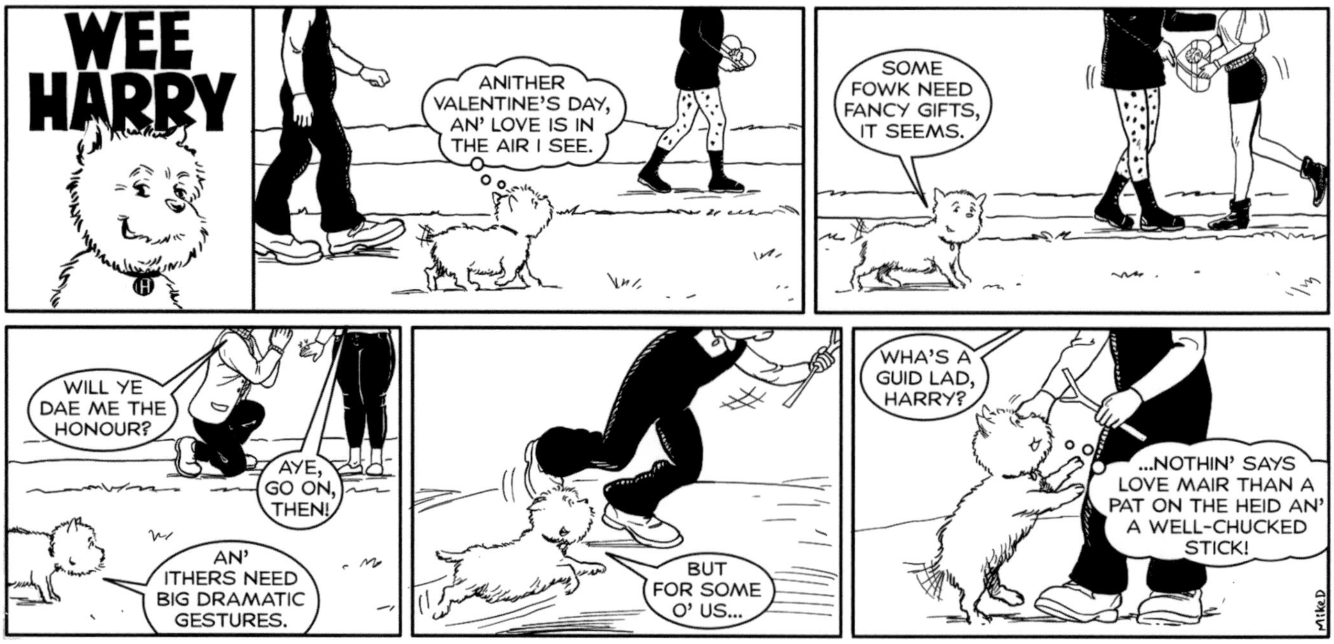
WEE HARRY
ANITHER VALENTINE'S DAY, AN' LOVE IS IN THE AIR I SEE.
SOME FOWK NEED FANCY GIFTS, IT SEEMS.
WILL YE DAE ME THE HONOUR?
AYE, GO ON, THEN!
AN' ITHERS NEED BIG DRAMATIC GESTURES.
BUT FOR SOME O' US...
WHA'S A GUID LAD, HARRY?
...NOTHIN' SAYS LOVE MAIR THAN A PAT ON THE HEID AN' A WELL-CHUCKED STICK!
Mike D

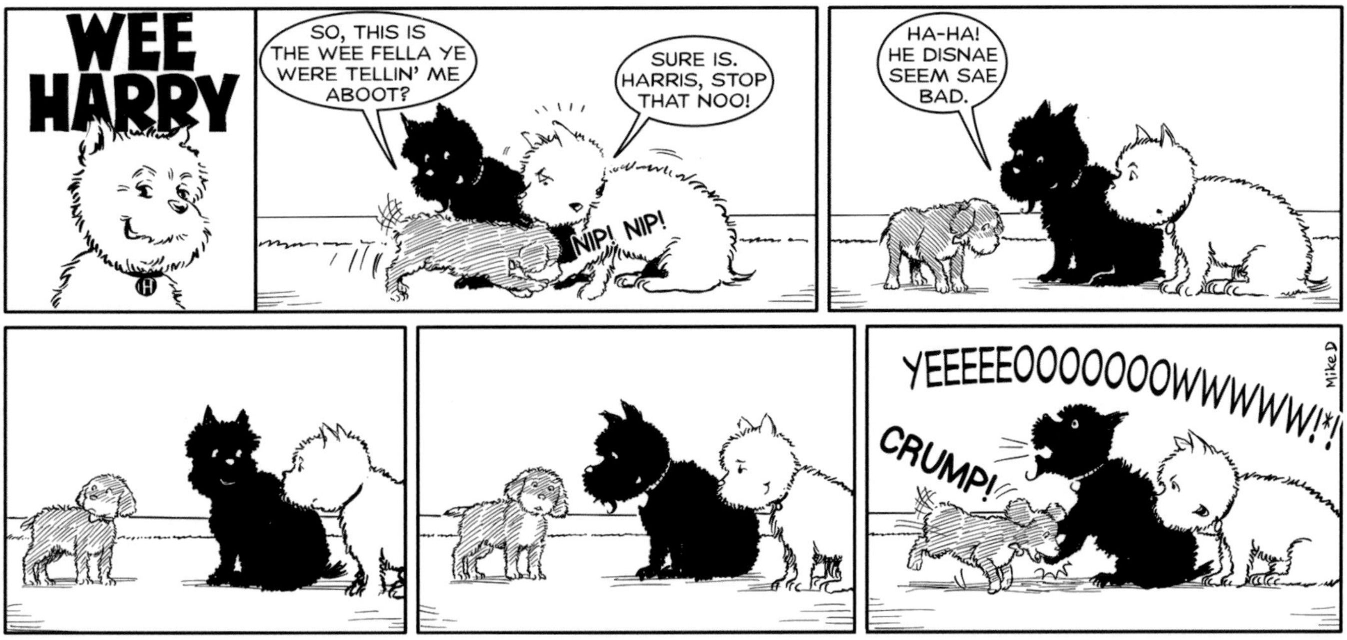
WEE HARRY
SO, THIS IS THE WEE FELLA YE WERE TELLIN' ME ABOOT?
SURE IS. HARRIS, STOP THAT NOO!
NIP! NIP!
HA-HA! HE DISNAE SEEM SAE BAD.
YEEEEEOOOOOOOWWWWW!*!
CRUMP!
Mike D

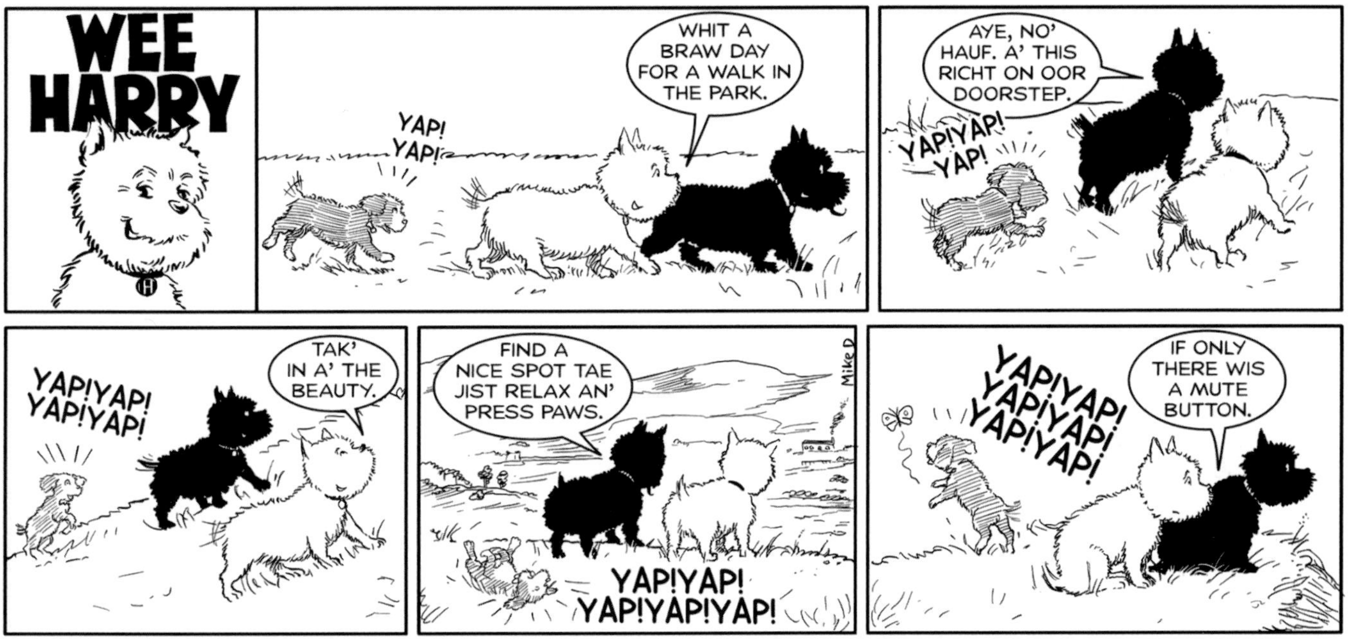
WEE HARRY
YAP! YAP!
WHIT A BRAW DAY FOR A WALK IN THE PARK.
AYE, NO' HAUF. A' THIS RICHT ON OOR DOORSTEP.
YAP!YAP! YAP!
YAP!YAP! YAP!YAP!
TAK' IN A' THE BEAUTY.
FIND A NICE SPOT TAE JIST RELAX AN' PRESS PAWS.
YAP!YAP! YAP!YAP!YAP!
Mike D
YAP!YAP! YAP!YAP! YAP!YAP!
IF ONLY THERE WIS A MUTE BUTTON.

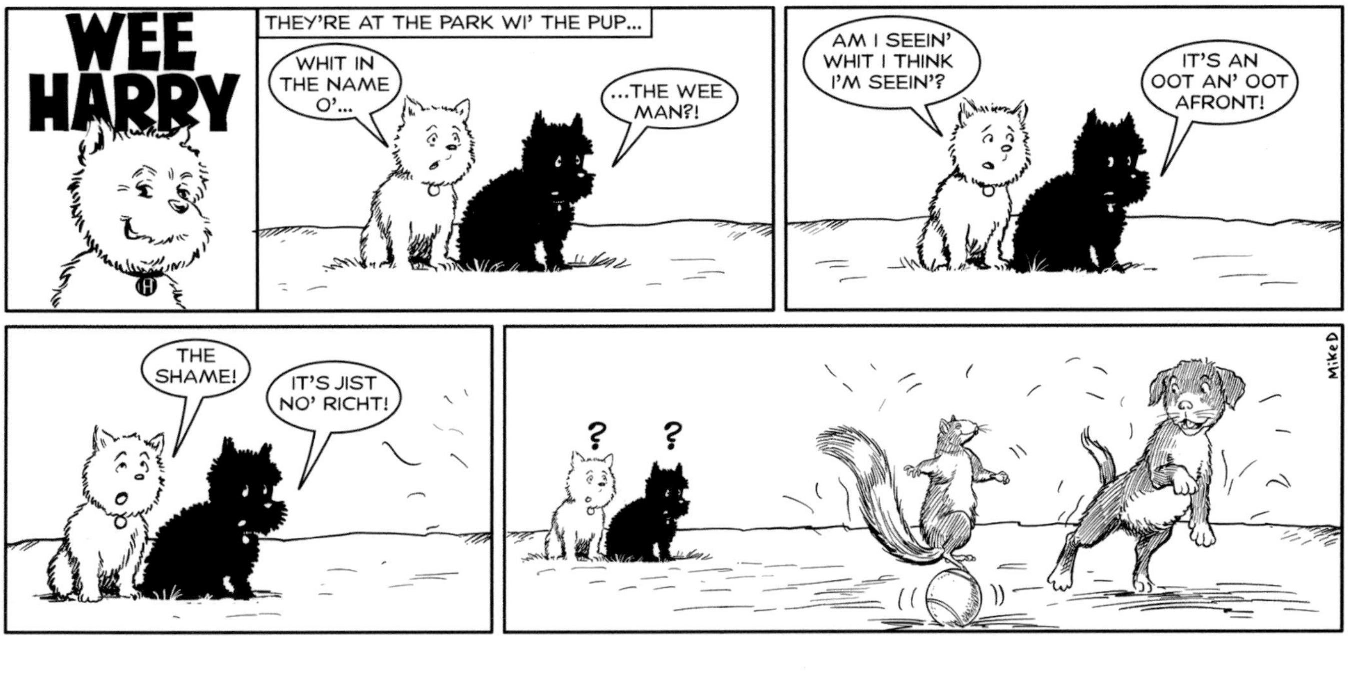
WEE HARRY
THEY'RE AT THE PARK WI' THE PUP...
WHIT IN THE NAME O'...
...THE WEE MAN?!
AM I SEEIN' WHIT I THINK I'M SEEIN'?
IT'S AN OOT AN' OOT AFRONT!
THE SHAME!
IT'S JIST NO' RICHT!
? ?
Mike D

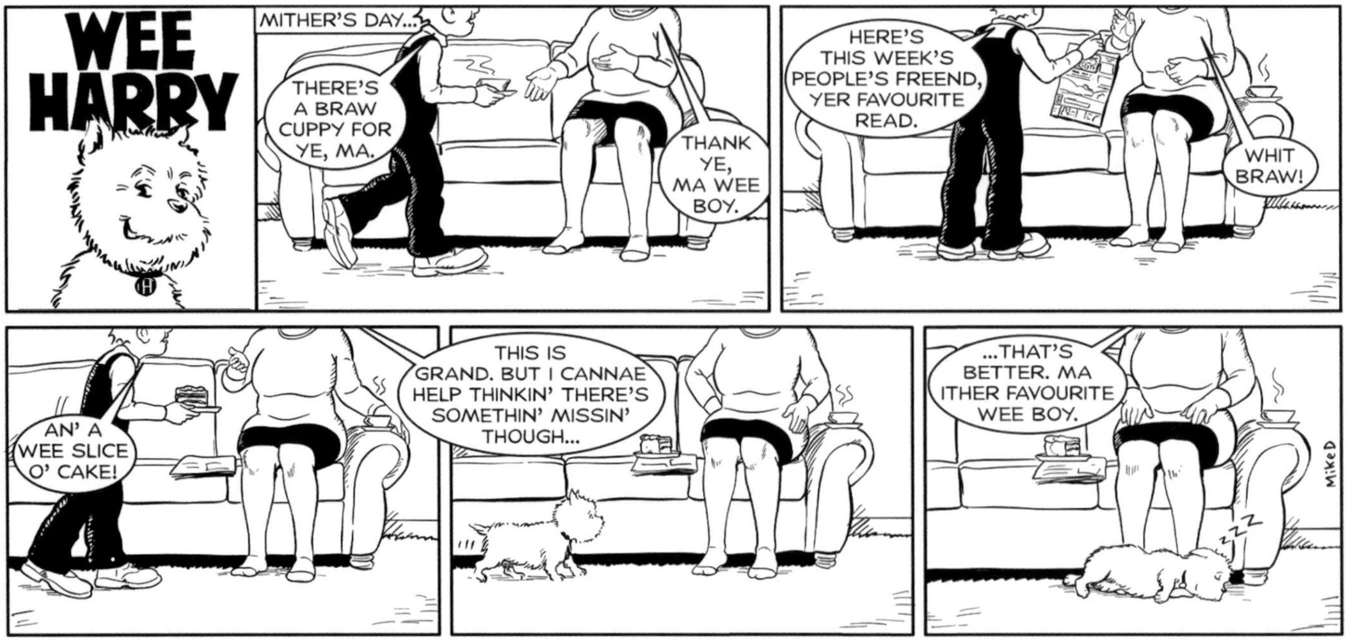
WEE HARRY
MITHER'S DAY...
THERE'S A BRAW CUPPY FOR YE, MA.
THANK YE, MA WEE BOY.
HERE'S THIS WEEK'S PEOPLE'S FREEND, YER FAVOURITE READ.
WHIT BRAW!
AN' A WEE SLICE O' CAKE!
THIS IS GRAND. BUT I CANNAE HELP THINKIN' THERE'S SOMETHIN' MISSIN' THOUGH...
...THAT'S BETTER. MA ITHER FAVOURITE WEE BOY.
MikeD

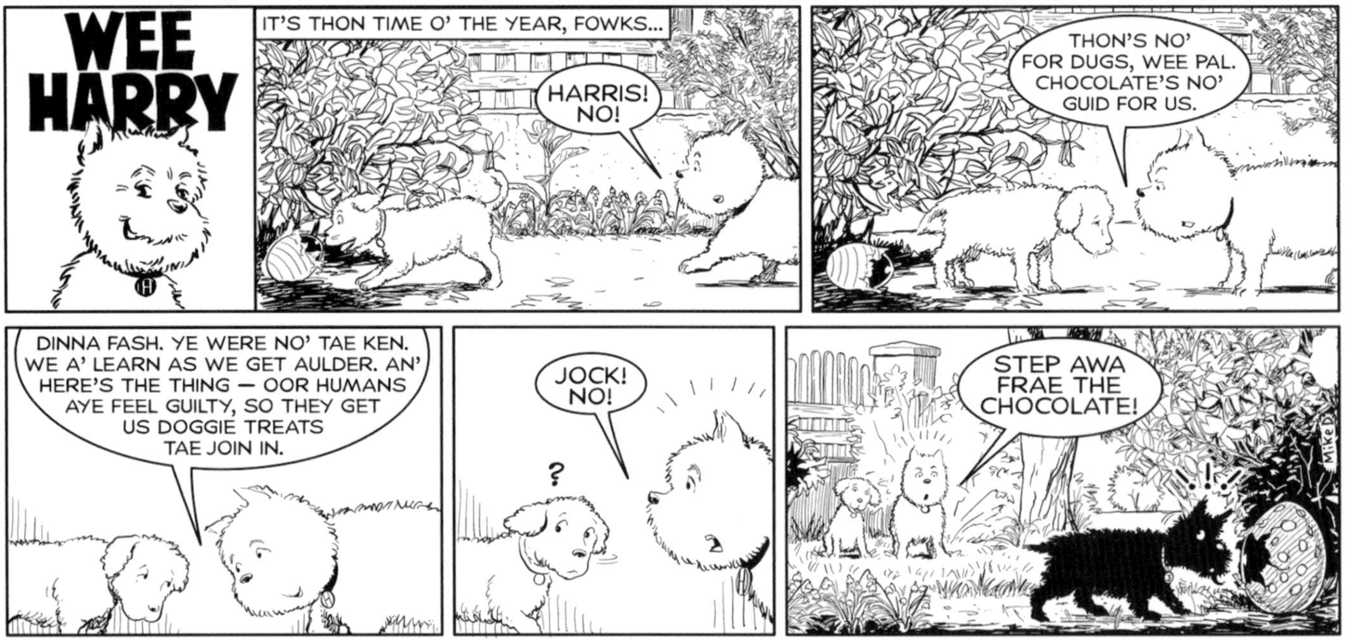
WEE HARRY
IT'S THON TIME O' THE YEAR, FOWKS...
HARRIS! NO!
THON'S NO' FOR DUGS, WEE PAL. CHOCOLATE'S NO' GUID FOR US.
DINNA FASH. YE WERE NO' TAE KEN. WE A' LEARN AS WE GET AULDER. AN' HERE'S THE THING — OOR HUMANS AYE FEEL GUILTY, SO THEY GET US DOGGIE TREATS TAE JOIN IN.
JOCK! NO!
STEP AWA FRAE THE CHOCOLATE!
MikeD

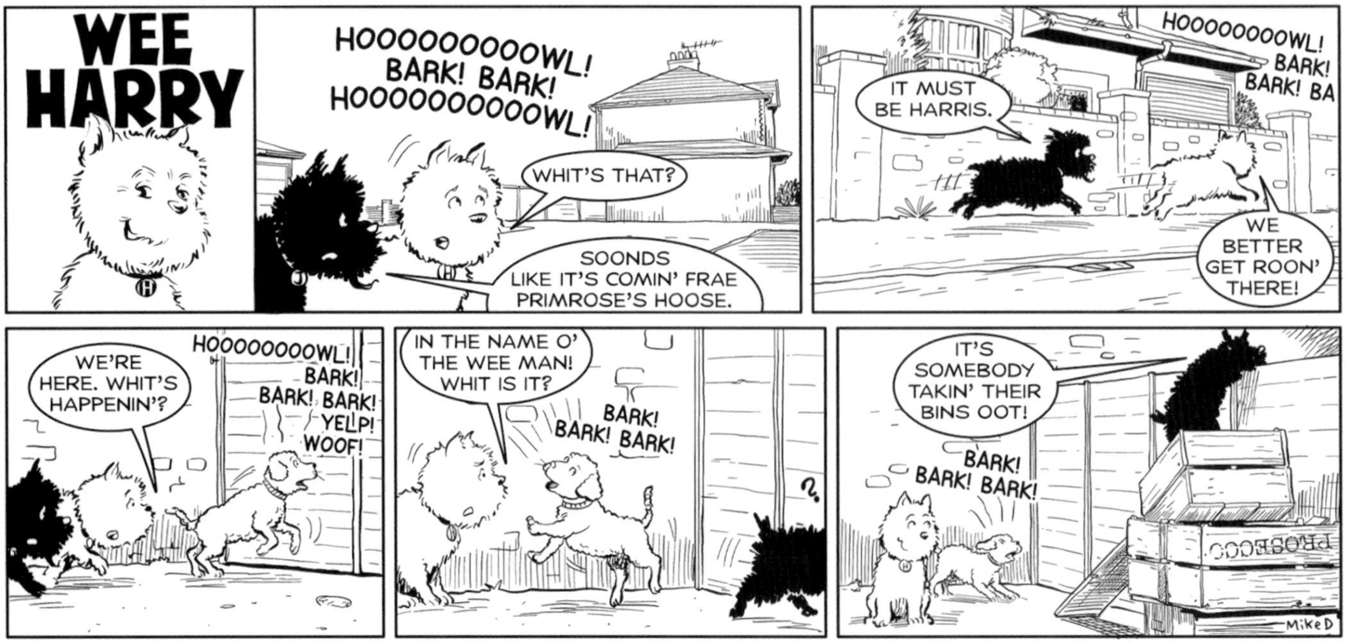
WEE HARRY
HOOOOOOOOOWL! BARK! BARK! HOOOOOOOOOOWL!
WHIT'S THAT?
SOONDS LIKE IT'S COMIN' FRAE PRIMROSE'S HOOSE.
HOOOOOOOOWL! BARK! BARK! BA
IT MUST BE HARRIS.
WE BETTER GET ROON' THERE!
WE'RE HERE. WHIT'S HAPPENIN'?
HOOOOOOOOWL! BARK! BARK! BARK! YELP! WOOF!
IN THE NAME O' THE WEE MAN! WHIT IS IT?
BARK! BARK! BARK!
IT'S SOMEBODY TAKIN' THEIR BINS OOT!
BARK! BARK! BARK!
MikeD

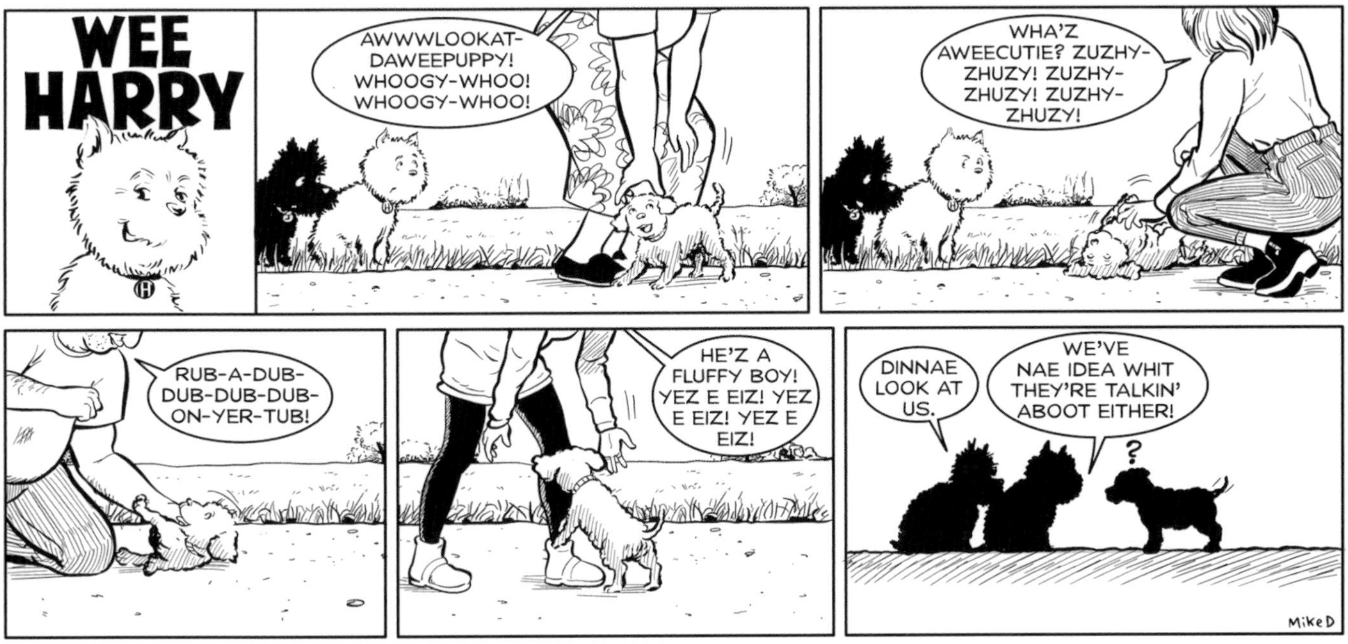
WEE HARRY
AWWWLOOKAT-DAWEEPUPPY! WHOOGY-WHOO! WHOOGY-WHOO!
WHA'Z AWEECUTIE? ZUZHY-ZHUZY! ZUZHY-ZHUZY! ZUZHY-ZHUZY!
RUB-A-DUB-DUB-DUB-DUB-ON-YER-TUB!
HE'Z A FLUFFY BOY! YEZ E EIZ! YEZ E EIZ! YEZ E EIZ!
DINNAE LOOK AT US.
WE'VE NAE IDEA WHIT THEY'RE TALKIN' ABOOT EITHER!
?
MikeD

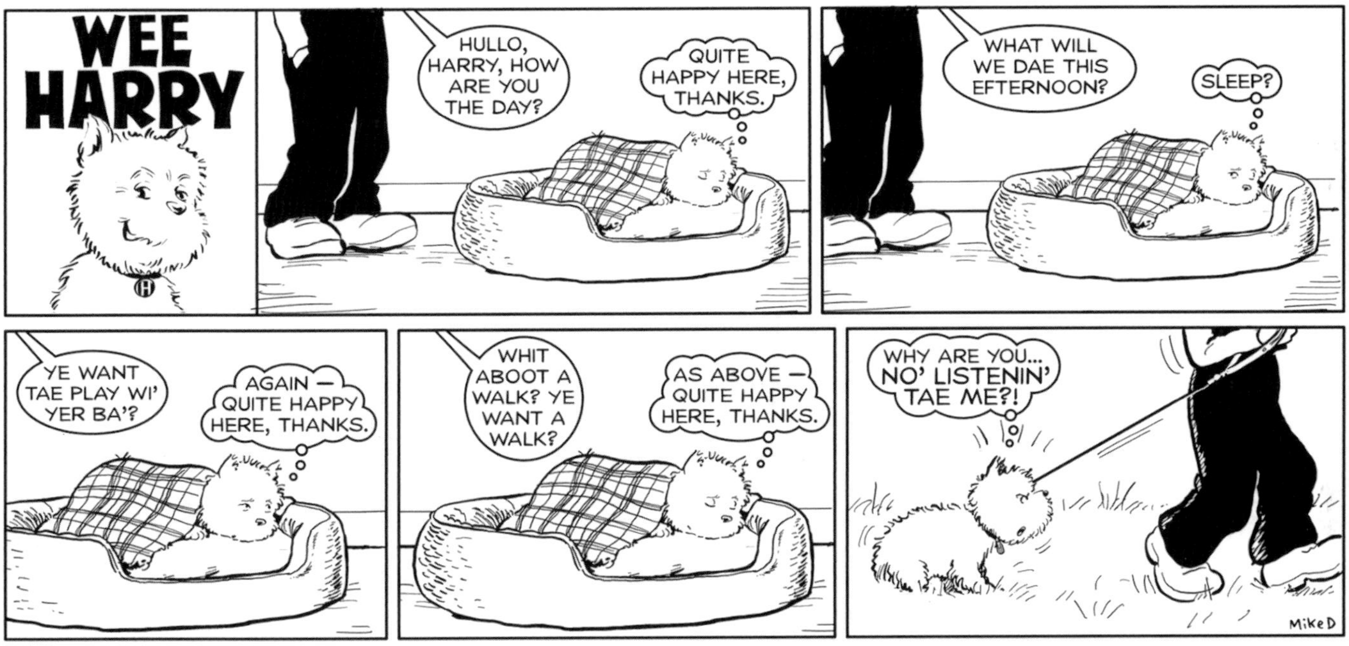
WEE HARRY
HULLO, HARRY, HOW ARE YOU THE DAY?
QUITE HAPPY HERE, THANKS.
WHAT WILL WE DAE THIS EFTERNOON?
SLEEP?
YE WANT TAE PLAY WI' YER BA'?
AGAIN — QUITE HAPPY HERE, THANKS.
WHIT ABOOT A WALK? YE WANT A WALK?
AS ABOVE — QUITE HAPPY HERE, THANKS.
WHY ARE YOU... NO' LISTENIN' TAE ME?!
MikeD

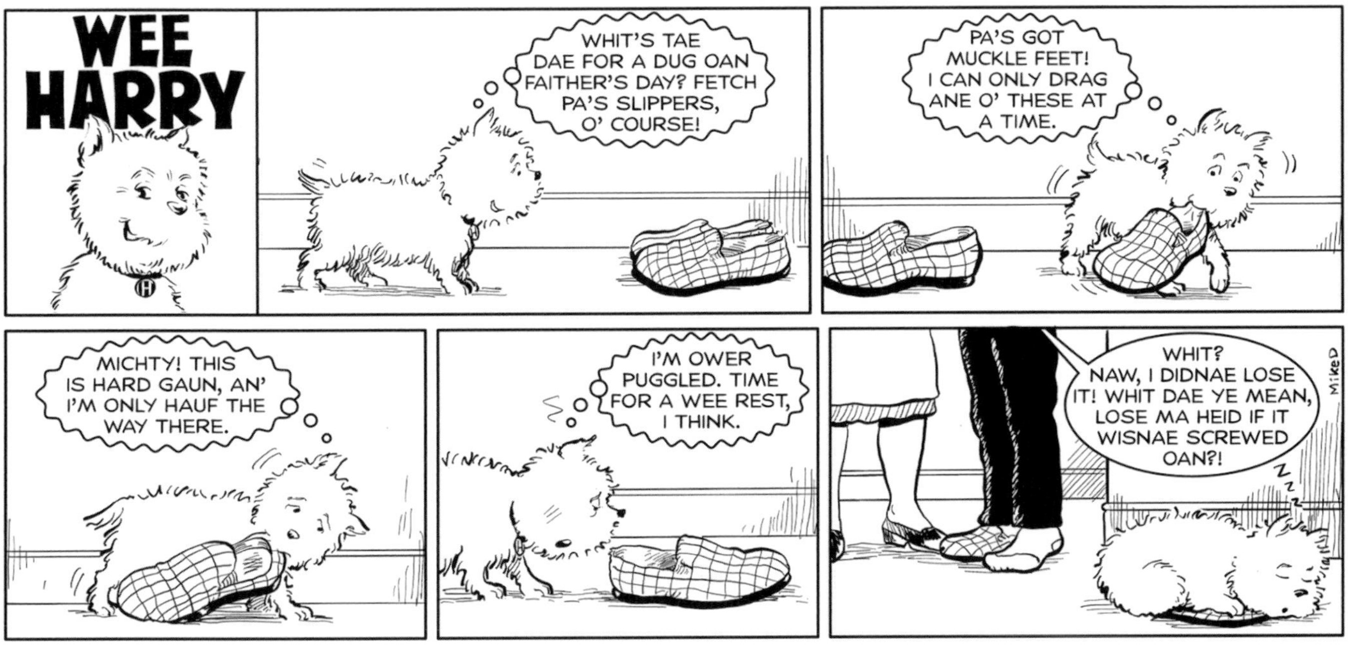
WEE HARRY
WHIT'S TAE DAE FOR A DUG OAN FAITHER'S DAY? FETCH PA'S SLIPPERS, O' COURSE!
PA'S GOT MUCKLE FEET! I CAN ONLY DRAG ANE O' THESE AT A TIME.
MICHTY! THIS IS HARD GAUN, AN' I'M ONLY HAUF THE WAY THERE.
I'M OWER PUGGLED. TIME FOR A WEE REST, I THINK.
WHIT? NAW, I DIDNAE LOSE IT! WHIT DAE YE MEAN, LOSE MA HEID IF IT WISNAE SCREWED OAN?!
Z Z Z
MikeD

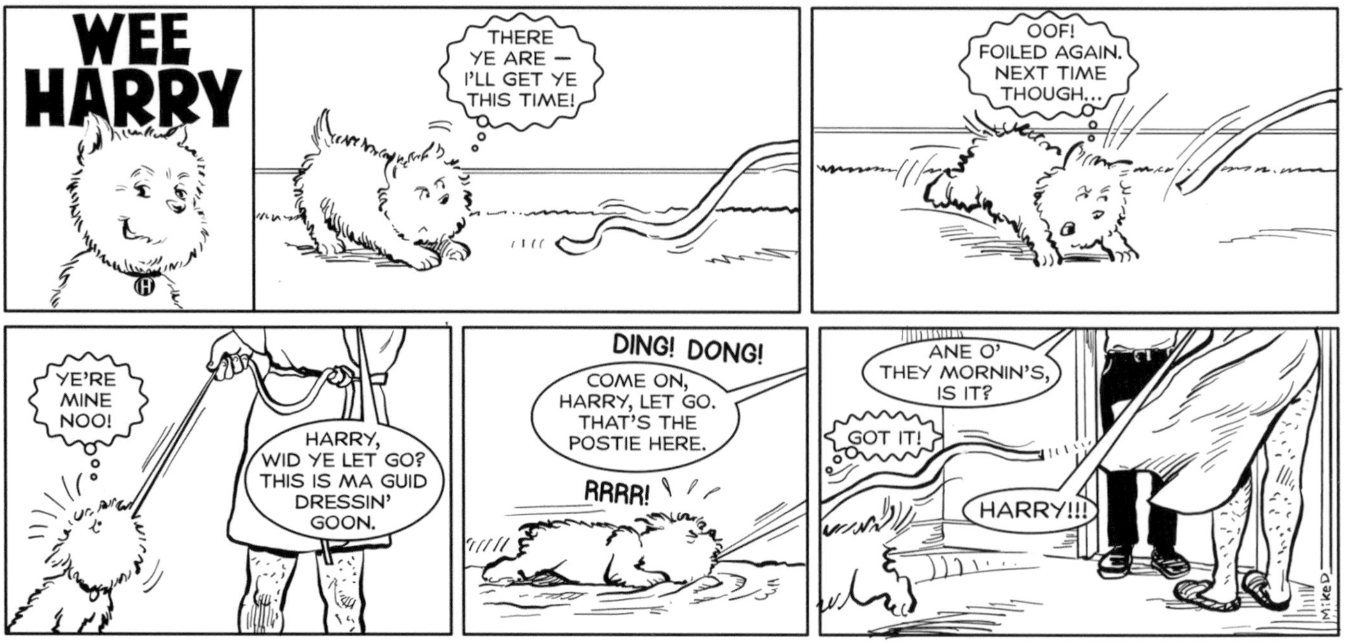
WEE HARRY
THERE YE ARE — I'LL GET YE THIS TIME!
OOF! FOILED AGAIN. NEXT TIME THOUGH...
YE'RE MINE NOO!
HARRY, WID YE LET GO? THIS IS MA GUID DRESSIN' GOON.
DING! DONG!
COME ON, HARRY, LET GO. THAT'S THE POSTIE HERE.
RRRR!
ANE O' THEY MORNIN'S, IS IT?
GOT IT!
HARRY!!!
MikeD

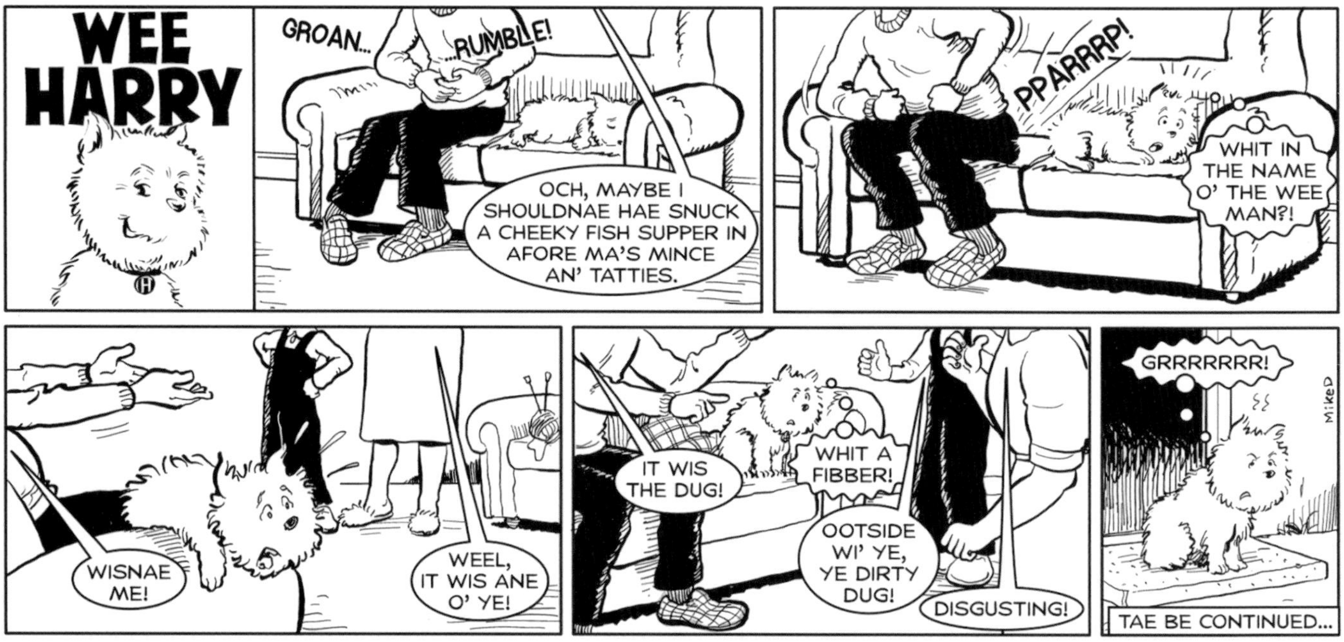
WEE HARRY
GROAN...
RUMBLE!
OCH, MAYBE I SHOULDNAE HAE SNUCK A CHEEKY FISH SUPPER IN AFORE MA'S MINCE AN' TATTIES.
PPARRRP!
WHIT IN THE NAME O' THE WEE MAN?!
WISNAE ME!
WEEL, IT WIS ANE O' YE!
IT WIS THE DUG!
WHIT A FIBBER!
OOTSIDE WI' YE, YE DIRTY DUG!
DISGUSTING!
GRRRRRRR!
MikeD
TAE BE CONTINUED...

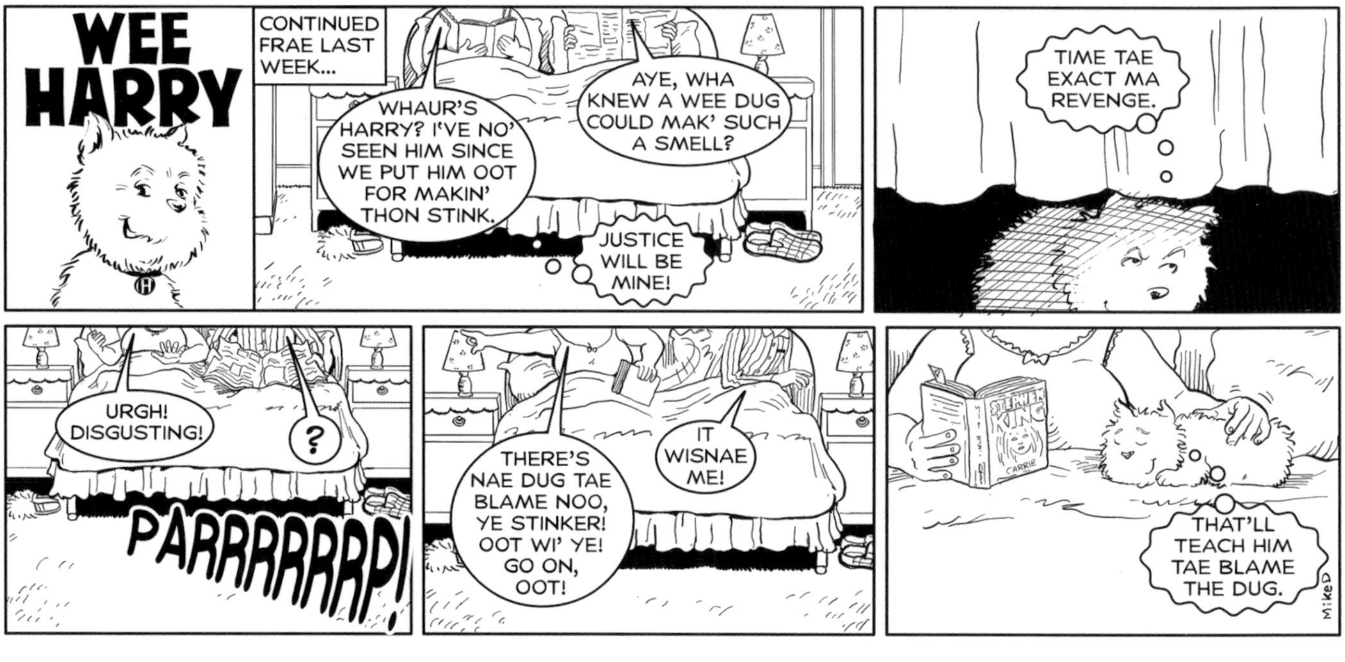
WEE HARRY
CONTINUED FRAE LAST WEEK...
WHAUR'S HARRY? I'VE NO' SEEN HIM SINCE WE PUT HIM OOT FOR MAKIN' THON STINK.
AYE, WHA KNEW A WEE DUG COULD MAK' SUCH A SMELL?
JUSTICE WILL BE MINE!
TIME TAE EXACT MA REVENGE.
URGH! DISGUSTING!
?
PARRRRRRP!
THERE'S NAE DUG TAE BLAME NOO, YE STINKER! OOT WI' YE! GO ON, OOT!
IT WISNAE ME!
STEPHEN KING
CARRIE
THAT'LL TEACH HIM TAE BLAME THE DUG.
MikeD

*Wi' a this din . . .*

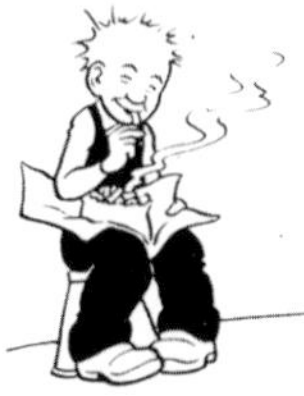

*ye just canna win!*

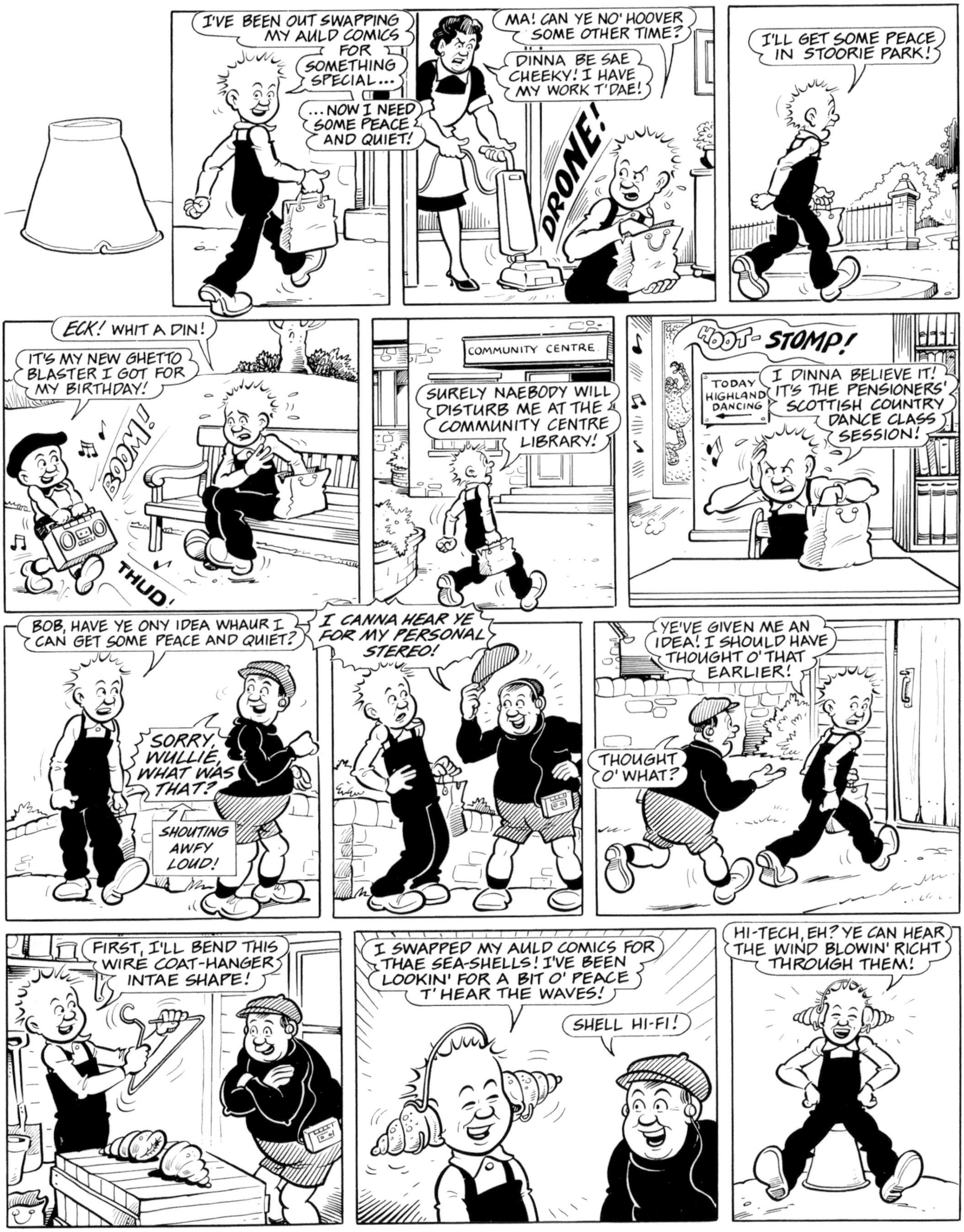

I'VE BEEN OUT SWAPPING MY AULD COMICS FOR SOMETHING SPECIAL...
...NOW I NEED SOME PEACE AND QUIET!
MA! CAN YE NO' HOOVER SOME OTHER TIME?
DINNA BE SAE CHEEKY! I HAVE MY WORK T'DAE!
DRONE!
I'LL GET SOME PEACE IN STOORIE PARK!
ECK! WHIT A DIN!
IT'S MY NEW GHETTO BLASTER I GOT FOR MY BIRTHDAY!
BOOM!
THUD!
COMMUNITY CENTRE
SURELY NAEBODY WILL DISTURB ME AT THE COMMUNITY CENTRE LIBRARY!
HOOT-STOMP!
TODAY HIGHLAND DANCING
I DINNA BELIEVE IT! IT'S THE PENSIONERS' SCOTTISH COUNTRY DANCE CLASS SESSION!
BOB, HAVE YE ONY IDEA WHAUR I CAN GET SOME PEACE AND QUIET?
SORRY, WULLIE, WHAT WAS THAT?
SHOUTING AWFY LOUD!
I CANNA HEAR YE FOR MY PERSONAL STEREO!
YE'VE GIVEN ME AN IDEA! I SHOULD HAVE THOUGHT O' THAT EARLIER!
THOUGHT O' WHAT?
FIRST, I'LL BEND THIS WIRE COAT-HANGER INTAE SHAPE!
I SWAPPED MY AULD COMICS FOR THAE SEA-SHELLS! I'VE BEEN LOOKIN' FOR A BIT O' PEACE T' HEAR THE WAVES!
SHELL HI-FI!
HI-TECH, EH? YE CAN HEAR THE WIND BLOWIN' RICHT THROUGH THEM!

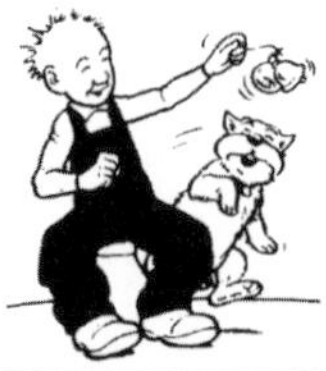

*He wants tae be a circus star,*

*but doesna take things very far!*

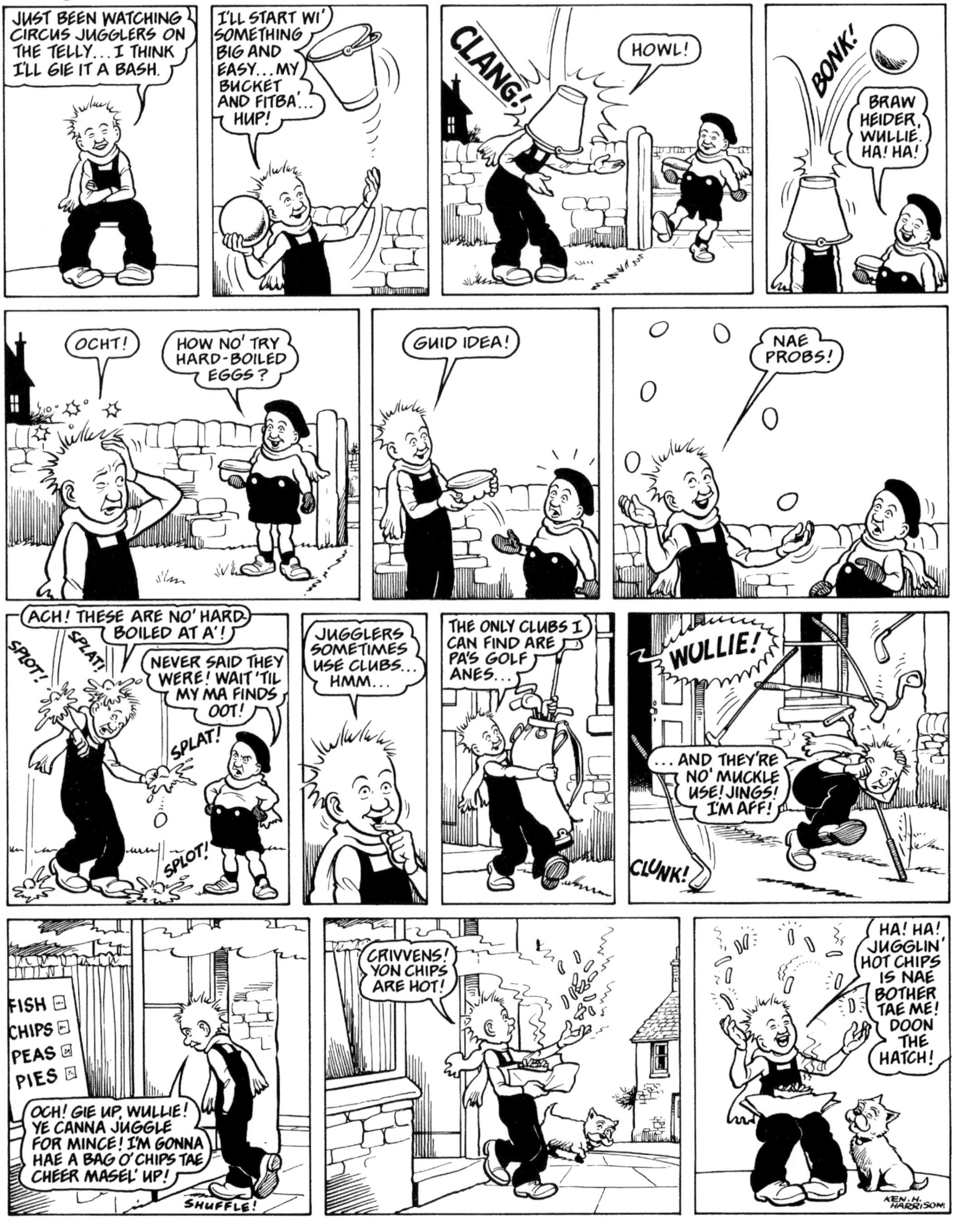
JUST BEEN WATCHING CIRCUS JUGGLERS ON THE TELLY... I THINK I'LL GIE IT A BASH.
I'LL START WI' SOMETHING BIG AND EASY... MY BUCKET AND FITBA'... HUP!
CLANG!
HOWL!
BONK!
BRAW HEIDER, WULLIE. HA! HA!
OCHT!
HOW NO' TRY HARD-BOILED EGGS?
GUID IDEA!
NAE PROBS!
ACH! THESE ARE NO' HARD-BOILED AT A'!
SPLOT!
SPLAT!
NEVER SAID THEY WERE! WAIT 'TIL MY MA FINDS OOT!
SPLAT!
SPLOT!
JUGGLERS SOMETIMES USE CLUBS... HMM...
THE ONLY CLUBS I CAN FIND ARE PA'S GOLF ANES...
WULLIE!
...AND THEY'RE NO' MUCKLE USE! JINGS! I'M AFF!
CLUNK!
FISH
CHIPS
PEAS
PIES
OCH! GIE UP, WULLIE! YE CANNA JUGGLE FOR MINCE! I'M GONNA HAE A BAG O' CHIPS TAE CHEER MASEL' UP!
SHUFFLE!
CRIVVENS! YON CHIPS ARE HOT!
HA! HA! JUGGLIN' HOT CHIPS IS NAE BOTHER TAE ME! DOON THE HATCH!
KEN. H. HARRISON

*Here's one wee clown*

*that just won't let ye down!*

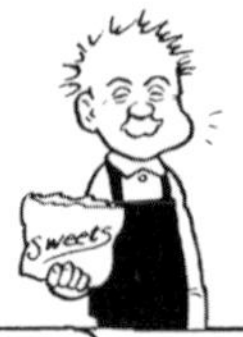

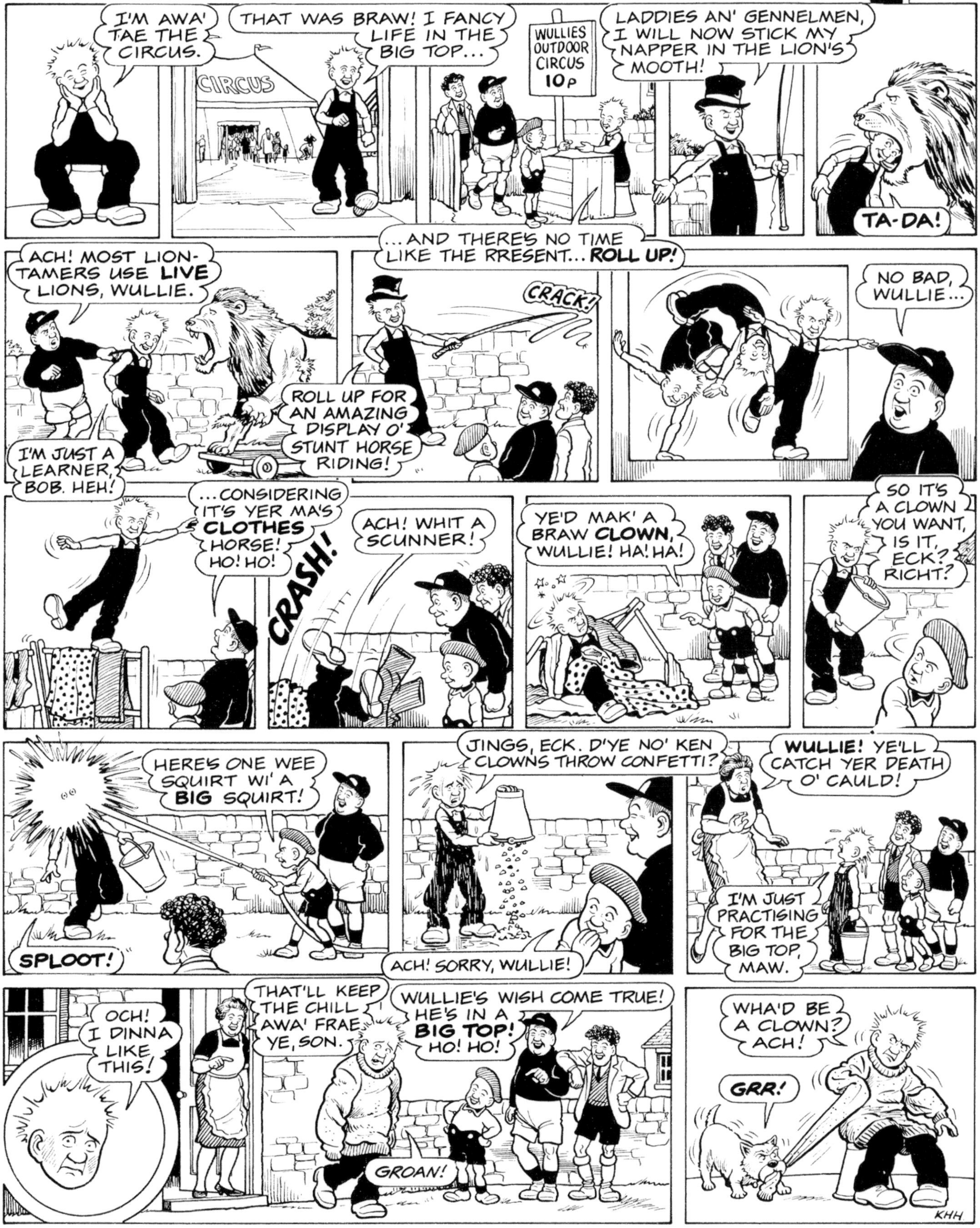

I'M AWA' TAE THE CIRCUS.
CIRCUS
THAT WAS BRAW! I FANCY LIFE IN THE BIG TOP...
WULLIES OUTDOOR CIRCUS 10p
LADDIES AN' GENNELMEN, I WILL NOW STICK MY NAPPER IN THE LION'S MOOTH!
TA-DA!
ACH! MOST LION-TAMERS USE **LIVE** LIONS, WULLIE.
I'M JUST A LEARNER, BOB. HEH!
...AND THERE'S NO TIME LIKE THE RRESENT... **ROLL UP!**
CRACK!
ROLL UP FOR AN AMAZING DISPLAY O' STUNT HORSE RIDING!
NO BAD, WULLIE...
...CONSIDERING IT'S YER MA'S **CLOTHES** HORSE! HO! HO!
CRASH!
ACH! WHIT A SCUNNER!
YE'D MAK' A BRAW **CLOWN**, WULLIE! HA! HA!
SO IT'S A CLOWN YOU WANT, IS IT, ECK? RICHT?
HERE'S ONE WEE SQUIRT WI' A **BIG** SQUIRT!
SPLOOT!
JINGS, ECK. D'YE NO' KEN CLOWNS THROW CONFETTI?
ACH! SORRY, WULLIE!
**WULLIE!** YE'LL CATCH YER DEATH O' CAULD!
I'M JUST PRACTISING FOR THE BIG TOP, MAW.
OCH! I DINNA LIKE THIS!
THAT'LL KEEP THE CHILL AWA' FRAE YE, SON.
WULLIE'S WISH COME TRUE! HE'S IN A **BIG TOP!** HO! HO!
GROAN!
WHA'D BE A CLOWN? ACH!
GRR!
KHH

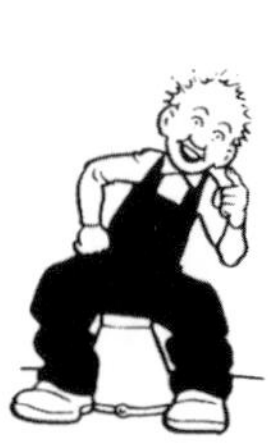

*Oor pal's muscles canna stand*

*haudin' up this Baby Grand!*

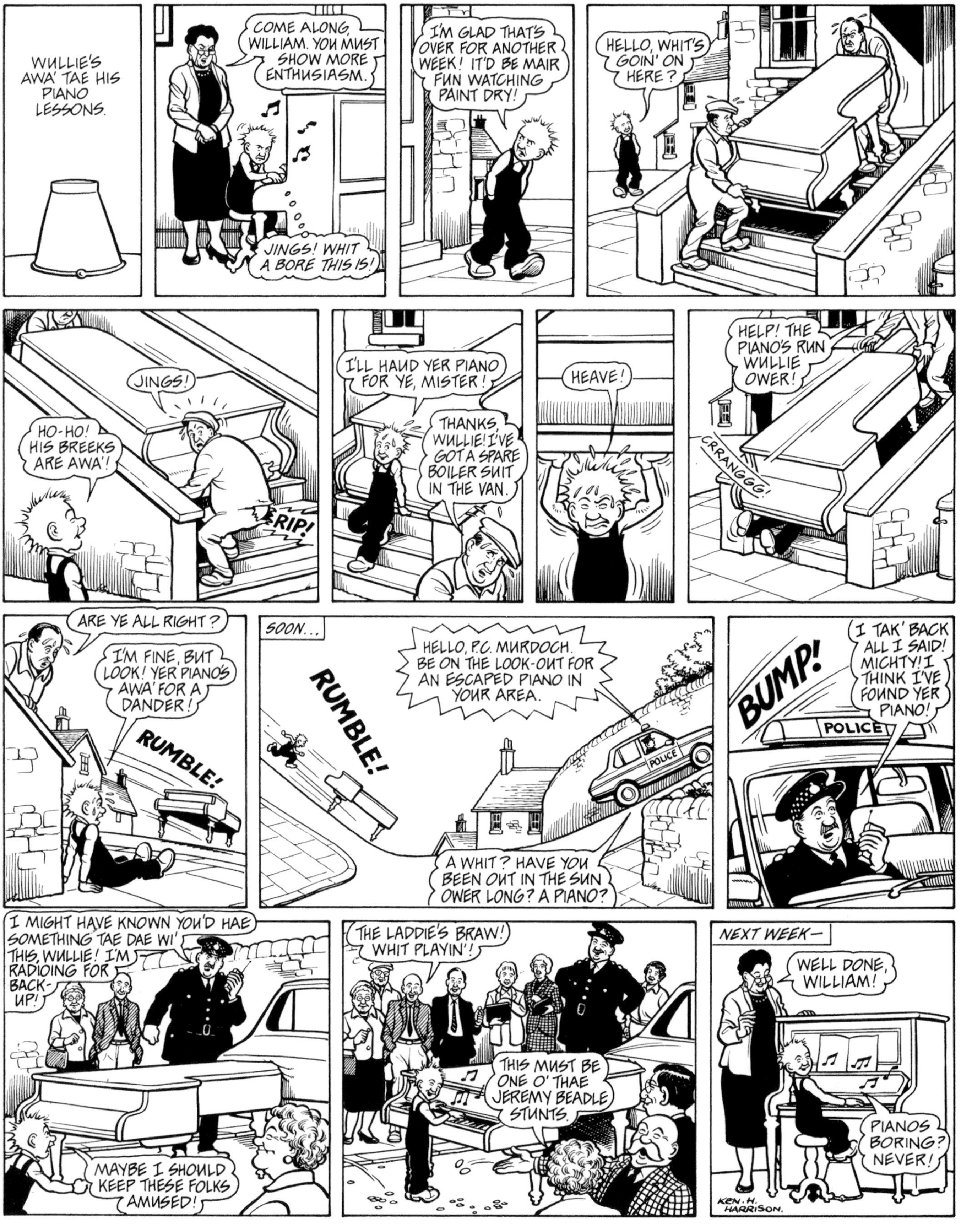

WULLIE'S AWA' TAE HIS PIANO LESSONS.
COME ALONG, WILLIAM. YOU MUST SHOW MORE ENTHUSIASM.
JINGS! WHIT A BORE THIS IS!
I'M GLAD THAT'S OVER FOR ANOTHER WEEK! IT'D BE MAIR FUN WATCHING PAINT DRY!
HELLO, WHIT'S GOIN' ON HERE?
JINGS!
HO-HO! HIS BREEKS ARE AWA'!
RIP!
I'LL HAUD YER PIANO FOR YE, MISTER!
THANKS, WULLIE! I'VE GOT A SPARE BOILER SUIT IN THE VAN.
HEAVE!
HELP! THE PIANO'S RUN WULLIE OWER!
CRRANGGG!
ARE YE ALL RIGHT?
I'M FINE, BUT LOOK! YER PIANO'S AWA' FOR A DANDER!
RUMBLE!
SOON...
RUMBLE!
HELLO, P.C. MURDOCH. BE ON THE LOOK-OUT FOR AN ESCAPED PIANO IN YOUR AREA.
POLICE
A WHIT? HAVE YOU BEEN OUT IN THE SUN OWER LONG? A PIANO?
BUMP!
I TAK' BACK ALL I SAID! MICHTY! I THINK I'VE FOUND YER PIANO!
POLICE
I MIGHT HAVE KNOWN YOU'D HAE SOMETHING TAE DAE WI' THIS, WULLIE! I'M RADIOING FOR BACK-UP!
MAYBE I SHOULD KEEP THESE FOLKS AMUSED!
THE LADDIE'S BRAW! WHIT PLAYIN'!
THIS MUST BE ONE O' THAE JEREMY BEADLE STUNTS.
NEXT WEEK—
WELL DONE, WILLIAM!
PIANOS BORING? NEVER!
KEN. H. HARRISON.

*The Broons think it just can't be beat —*

*— this super, wide-screen T.V. treat.*

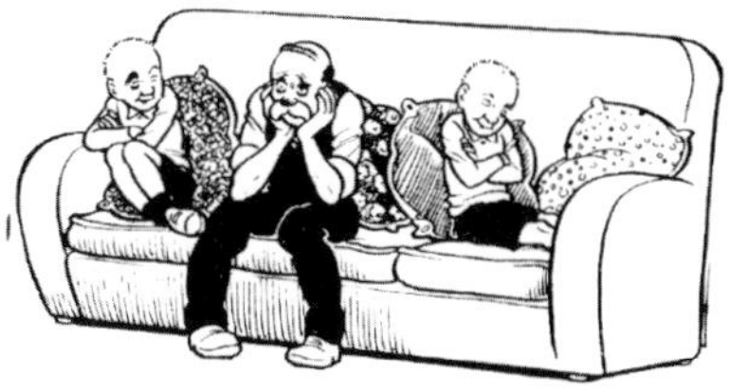

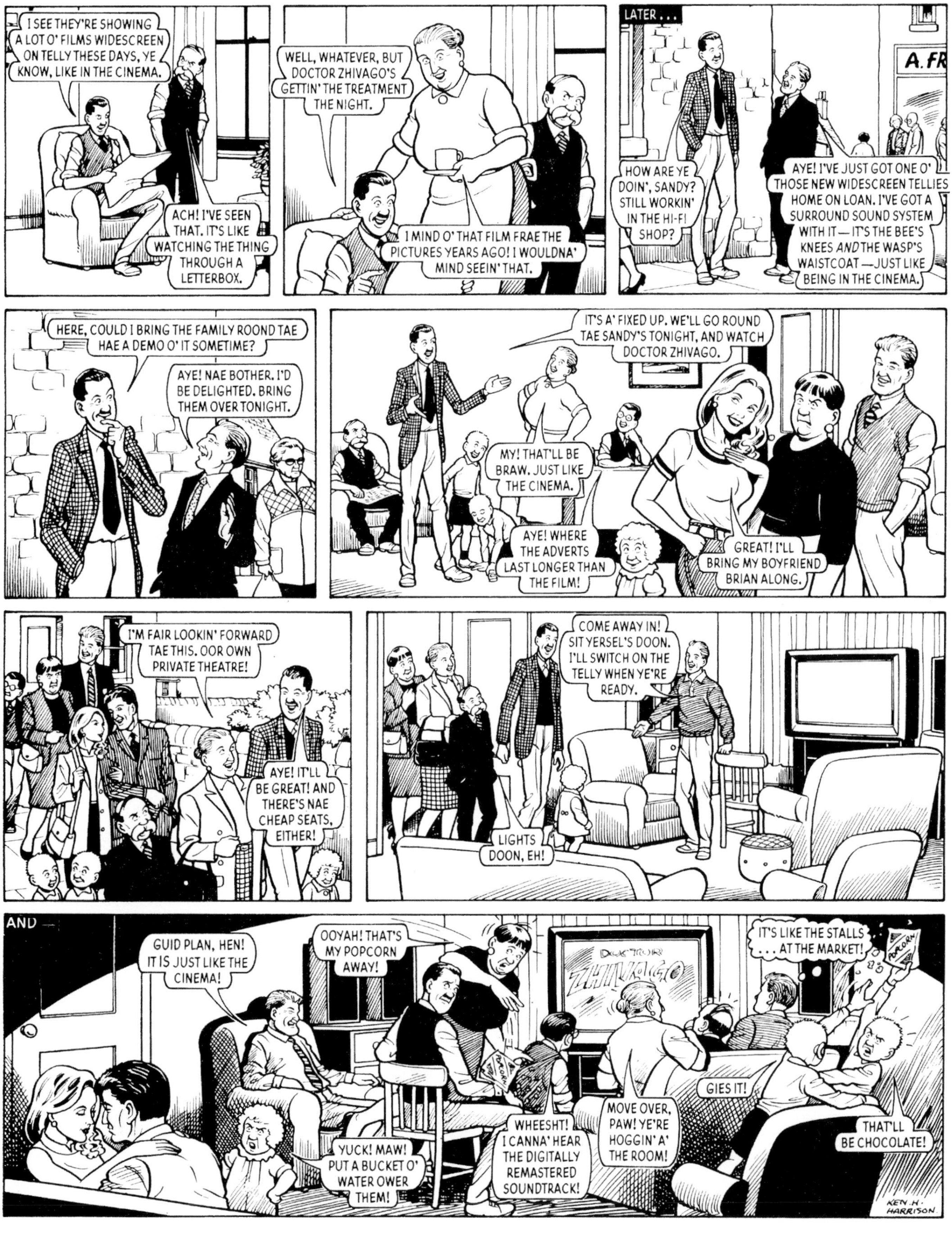

I SEE THEY'RE SHOWING A LOT O' FILMS WIDESCREEN ON TELLY THESE DAYS, YE KNOW, LIKE IN THE CINEMA.
ACH! I'VE SEEN THAT. IT'S LIKE WATCHING THE THING THROUGH A LETTERBOX.
WELL, WHATEVER, BUT DOCTOR ZHIVAGO'S GETTIN' THE TREATMENT THE NIGHT.
I MIND O' THAT FILM FRAE THE PICTURES YEARS AGO! I WOULDNA' MIND SEEIN' THAT.
LATER . . .
HOW ARE YE DOIN', SANDY? STILL WORKIN' IN THE HI-FI SHOP?
AYE! I'VE JUST GOT ONE O' THOSE NEW WIDESCREEN TELLIES HOME ON LOAN. I'VE GOT A SURROUND SOUND SYSTEM WITH IT — IT'S THE BEE'S KNEES *AND* THE WASP'S WAISTCOAT — JUST LIKE BEING IN THE CINEMA.
HERE, COULD I BRING THE FAMILY ROOND TAE HAE A DEMO O' IT SOMETIME?
AYE! NAE BOTHER. I'D BE DELIGHTED. BRING THEM OVER TONIGHT.
IT'S A' FIXED UP. WE'LL GO ROUND TAE SANDY'S TONIGHT, AND WATCH DOCTOR ZHIVAGO.
MY! THAT'LL BE BRAW. JUST LIKE THE CINEMA.
AYE! WHERE THE ADVERTS LAST LONGER THAN THE FILM!
GREAT! I'LL BRING MY BOYFRIEND BRIAN ALONG.
I'M FAIR LOOKIN' FORWARD TAE THIS. OOR OWN PRIVATE THEATRE!
AYE! IT'LL BE GREAT! AND THERE'S NAE CHEAP SEATS, EITHER!
COME AWAY IN! SIT YERSEL'S DOON. I'LL SWITCH ON THE TELLY WHEN YE'RE READY.
LIGHTS DOON, EH!
AND —
GUID PLAN, HEN! IT IS JUST LIKE THE CINEMA!
OOYAH! THAT'S MY POPCORN AWAY!
IT'S LIKE THE STALLS . . . AT THE MARKET!
GIES IT!
YUCK! MAW! PUT A BUCKET O' WATER OWER THEM!
WHEESHT! I CANNA' HEAR THE DIGITALLY REMASTERED SOUNDTRACK!
MOVE OVER, PAW! YE'RE HOGGIN' A' THE ROOM!
THAT'LL BE CHOCOLATE!
KEN H. HARRISON

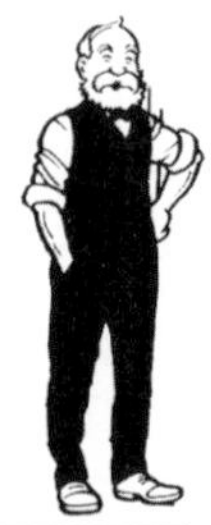

*It's plain tae see that Paw's left wishin' —*

*— he hadnae crossed this guid magician.*

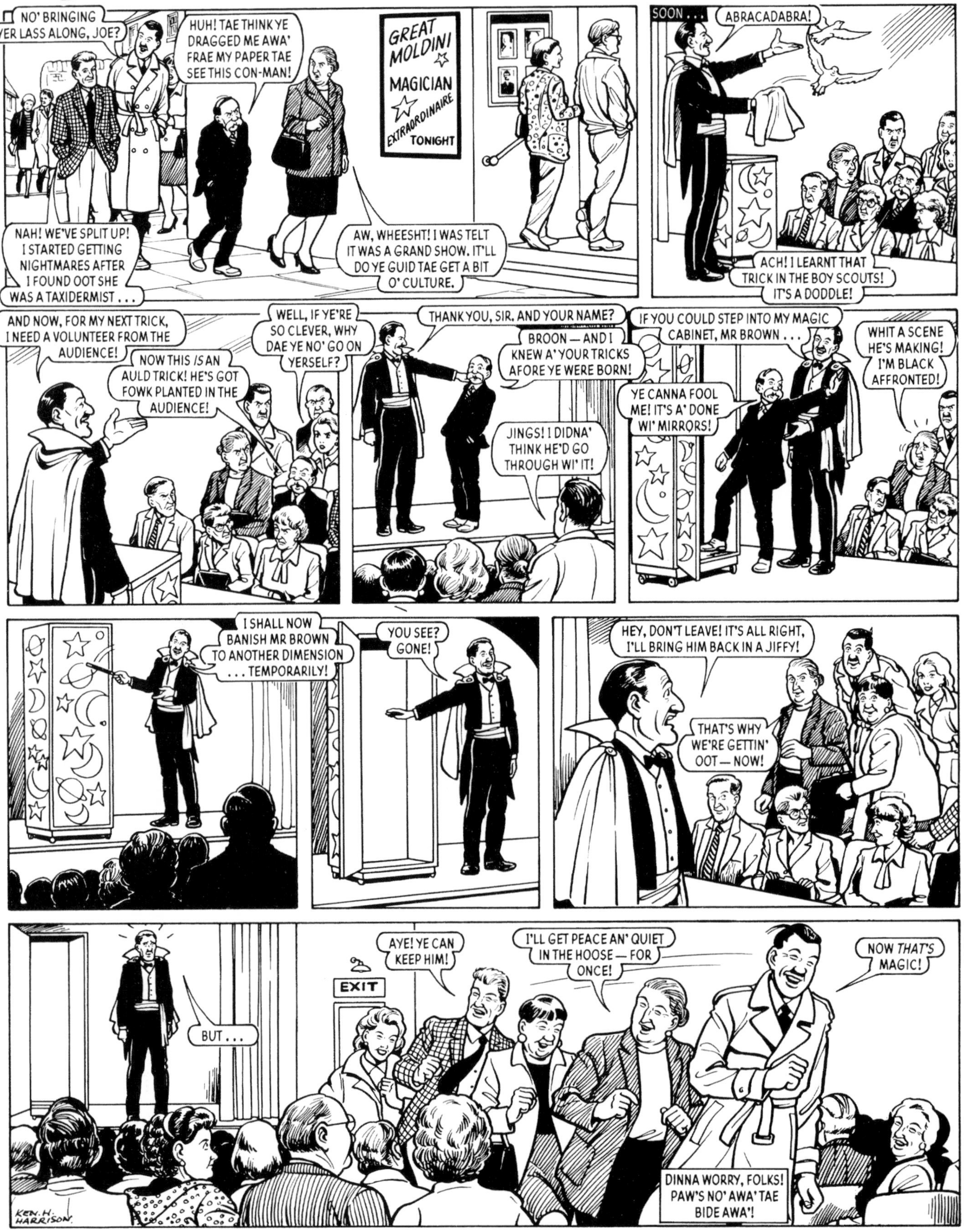

NO' BRINGING YER LASS ALONG, JOE?
NAH! WE'VE SPLIT UP! I STARTED GETTING NIGHTMARES AFTER I FOUND OOT SHE WAS A TAXIDERMIST . . .
HUH! TAE THINK YE DRAGGED ME AWA' FRAE MY PAPER TAE SEE THIS CON-MAN!
AW, WHEESHT! I WAS TELT IT WAS A GRAND SHOW. IT'LL DO YE GUID TAE GET A BIT O' CULTURE.
GREAT MOLDINI MAGICIAN EXTRAORDINAIRE TONIGHT
SOON . . .
ABRACADABRA!
ACH! I LEARNT THAT TRICK IN THE BOY SCOUTS! IT'S A DODDLE!
AND NOW, FOR MY NEXT TRICK, I NEED A VOLUNTEER FROM THE AUDIENCE!
NOW THIS *IS* AN AULD TRICK! HE'S GOT FOWK PLANTED IN THE AUDIENCE!
WELL, IF YE'RE SO CLEVER, WHY DAE YE NO' GO ON YERSELF?
THANK YOU, SIR. AND YOUR NAME?
BROON — AND I KNEW A' YOUR TRICKS AFORE YE WERE BORN!
JINGS! I DIDNA' THINK HE'D GO THROUGH WI' IT!
IF YOU COULD STEP INTO MY MAGIC CABINET, MR BROWN . . .
YE CANNA FOOL ME! IT'S A' DONE WI' MIRRORS!
WHIT A SCENE HE'S MAKING! I'M BLACK AFFRONTED!
I SHALL NOW BANISH MR BROWN TO ANOTHER DIMENSION . . . TEMPORARILY!
YOU SEE? GONE!
HEY, DON'T LEAVE! IT'S ALL RIGHT, I'LL BRING HIM BACK IN A JIFFY!
THAT'S WHY WE'RE GETTIN' OOT — NOW!
BUT . . .
EXIT
AYE! YE CAN KEEP HIM!
I'LL GET PEACE AN' QUIET IN THE HOOSE — FOR ONCE!
NOW *THAT'S* MAGIC!
DINNA WORRY, FOLKS! PAW'S NO' AWA' TAE BIDE AWA'!
KEN. H. HARRISON.

## PITY THE AULD LAD IN TRACTION
## WHEN OOR DAPH BLASTS INTAE ACTION!

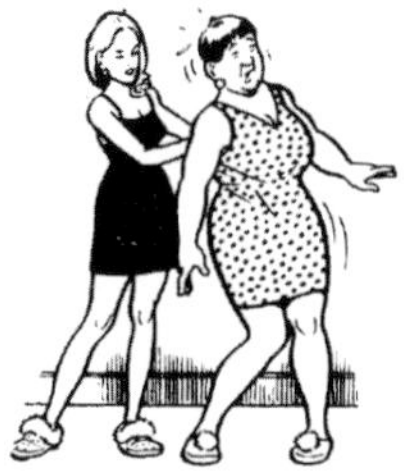

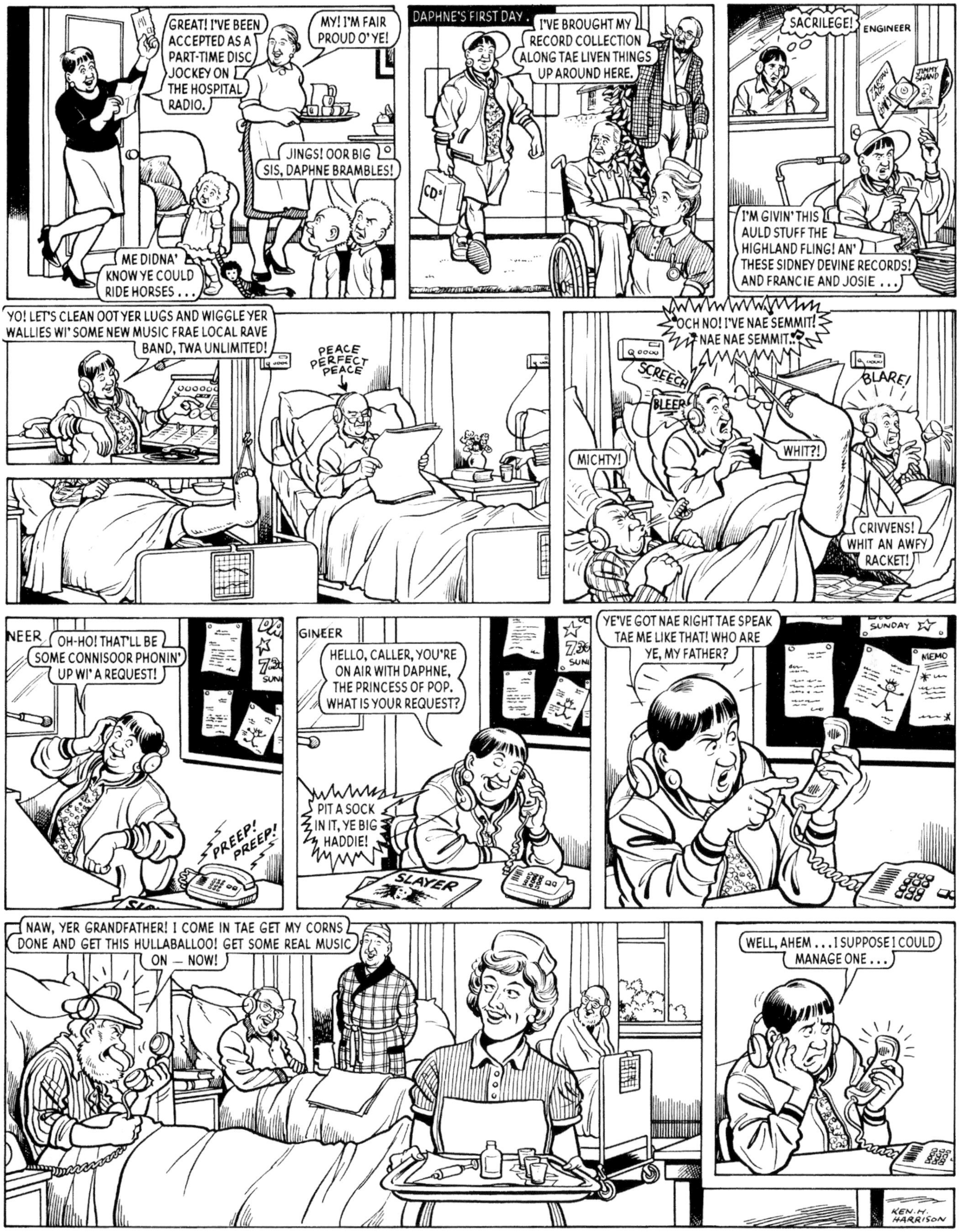
GREAT! I'VE BEEN ACCEPTED AS A PART-TIME DISC JOCKEY ON THE HOSPITAL RADIO.
MY! I'M FAIR PROUD O' YE!
JINGS! OOR BIG SIS, DAPHNE BRAMBLES!
ME DIDNA' KNOW YE COULD RIDE HORSES . . .
DAPHNE'S FIRST DAY.
I'VE BROUGHT MY RECORD COLLECTION ALONG TAE LIVEN THINGS UP AROUND HERE.
CD's
SACRILEGE!
ENGINEER
JIMMY SHAND
I'M GIVIN' THIS AULD STUFF THE HIGHLAND FLING! AN' THESE SIDNEY DEVINE RECORDS! AND FRANCIE AND JOSIE . . .
YO! LET'S CLEAN OOT YER LUGS AND WIGGLE YER WALLIES WI' SOME NEW MUSIC FRAE LOCAL RAVE BAND, TWA UNLIMITED!
PEACE PERFECT PEACE
OCH NO! I'VE NAE SEMMIT! NAE NAE SEMMIT.
SCREECH
BLEEP
BLARE!
MICHTY!
WHIT?!
CRIVVENS! WHIT AN AWFY RACKET!
OH-HO! THAT'LL BE SOME CONNISOOR PHONIN' UP WI' A REQUEST!
PREEP! PREEP!
HELLO, CALLER, YOU'RE ON AIR WITH DAPHNE, THE PRINCESS OF POP. WHAT IS YOUR REQUEST?
PIT A SOCK IN IT, YE BIG HADDIE!
SLAYER
YE'VE GOT NAE RIGHT TAE SPEAK TAE ME LIKE THAT! WHO ARE YE, MY FATHER?
SUNDAY
MEMO
NAW, YER GRANDFATHER! I COME IN TAE GET MY CORNS DONE AND GET THIS HULLABALLOO! GET SOME REAL MUSIC ON — NOW!
WELL, AHEM . . . I SUPPOSE I COULD MANAGE ONE . . .
KEN H. HARRISON

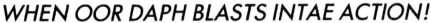

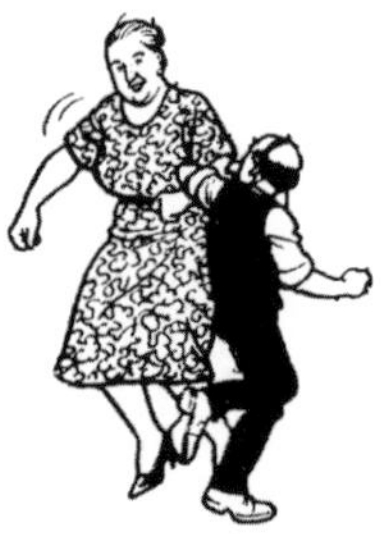

## THE LASSIES ARE A' SET TAE ROCK —

## — HING ON F'R AN AWFY SHOCK!

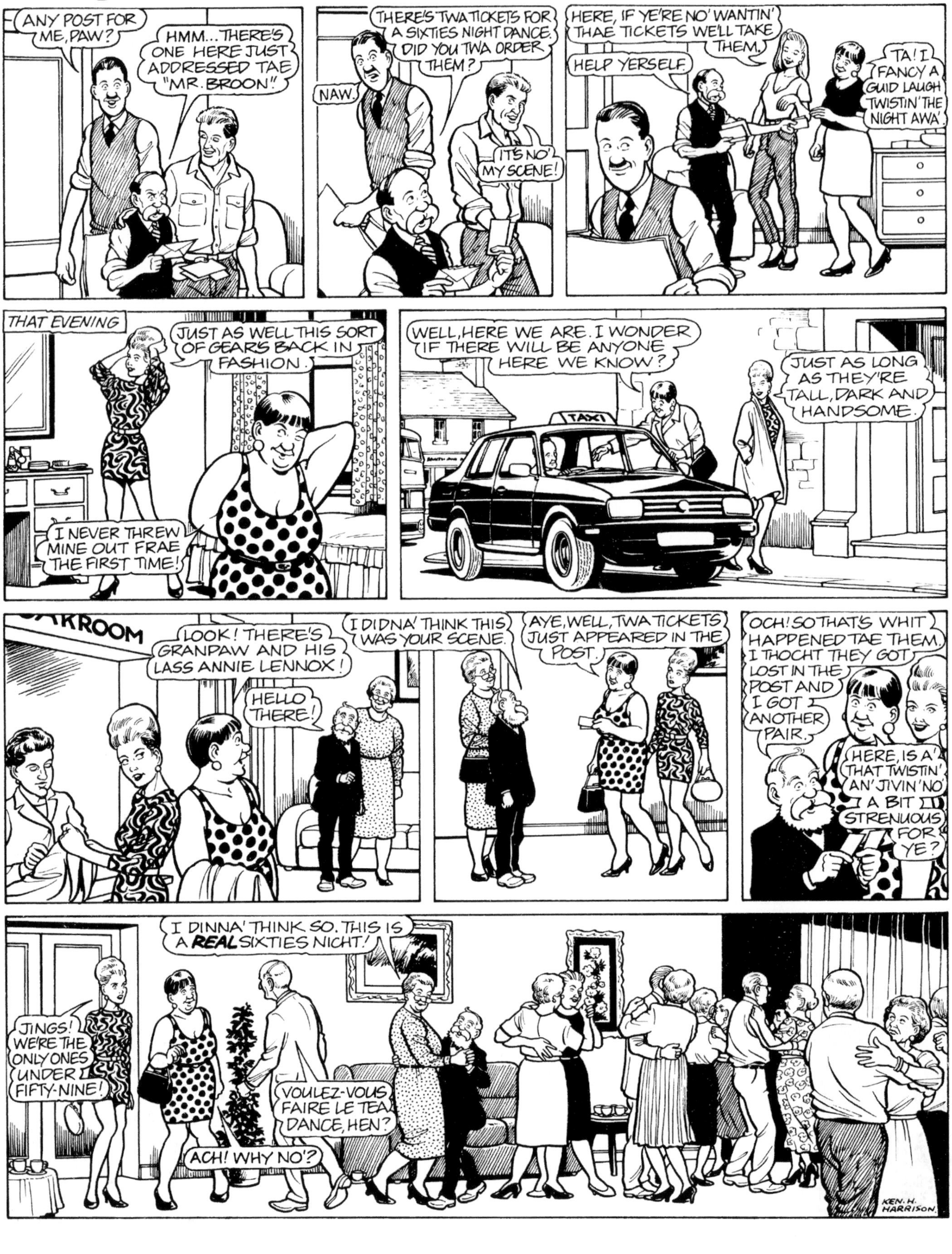

ANY POST FOR ME, PAW?
HMM... THERE'S ONE HERE JUST ADDRESSED TAE "MR. BROON."
THERE'S TWA TICKETS FOR A SIXTIES NIGHT DANCE. DID YOU TWA ORDER THEM?
NAW.
IT'S NO' MY SCENE!
HERE, IF YE'RE NO' WANTIN' THAE TICKETS WE'LL TAKE THEM.
HELP YERSELF.
TA! I FANCY A GUID LAUGH TWISTIN' THE NIGHT AWA'.
THAT EVENING
JUST AS WELL THIS SORT OF GEAR'S BACK IN FASHION.
I NEVER THREW MINE OUT FRAE THE FIRST TIME!
WELL, HERE WE ARE. I WONDER IF THERE WILL BE ANYONE HERE WE KNOW?
JUST AS LONG AS THEY'RE TALL, DARK AND HANDSOME.
TAXI
LOOK! THERE'S GRANPAW AND HIS LASS ANNIE LENNOX!
HELLO THERE!
I DIDNA' THINK THIS WAS YOUR SCENE.
AYE, WELL, TWA TICKETS JUST APPEARED IN THE POST.
OCH! SO THAT'S WHIT HAPPENED TAE THEM. I THOCHT THEY GOT LOST IN THE POST AND I GOT ANOTHER PAIR.
HERE, IS A' THAT TWISTIN' AN' JIVIN' NO' A BIT STRENUOUS FOR YE?
I DINNA' THINK SO. THIS IS A REAL SIXTIES NICHT!
JINGS! WE'RE THE ONLY ONES UNDER FIFTY-NINE!
VOULEZ-VOUS FAIRE LE TEA DANCE, HEN?
ACH! WHY NO'?
KEN. H. HARRISON

*Paw doesnae think it a treat —*

*— when Maw asks for a brand new suite!*

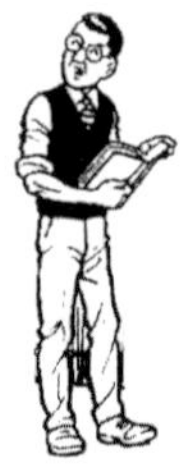

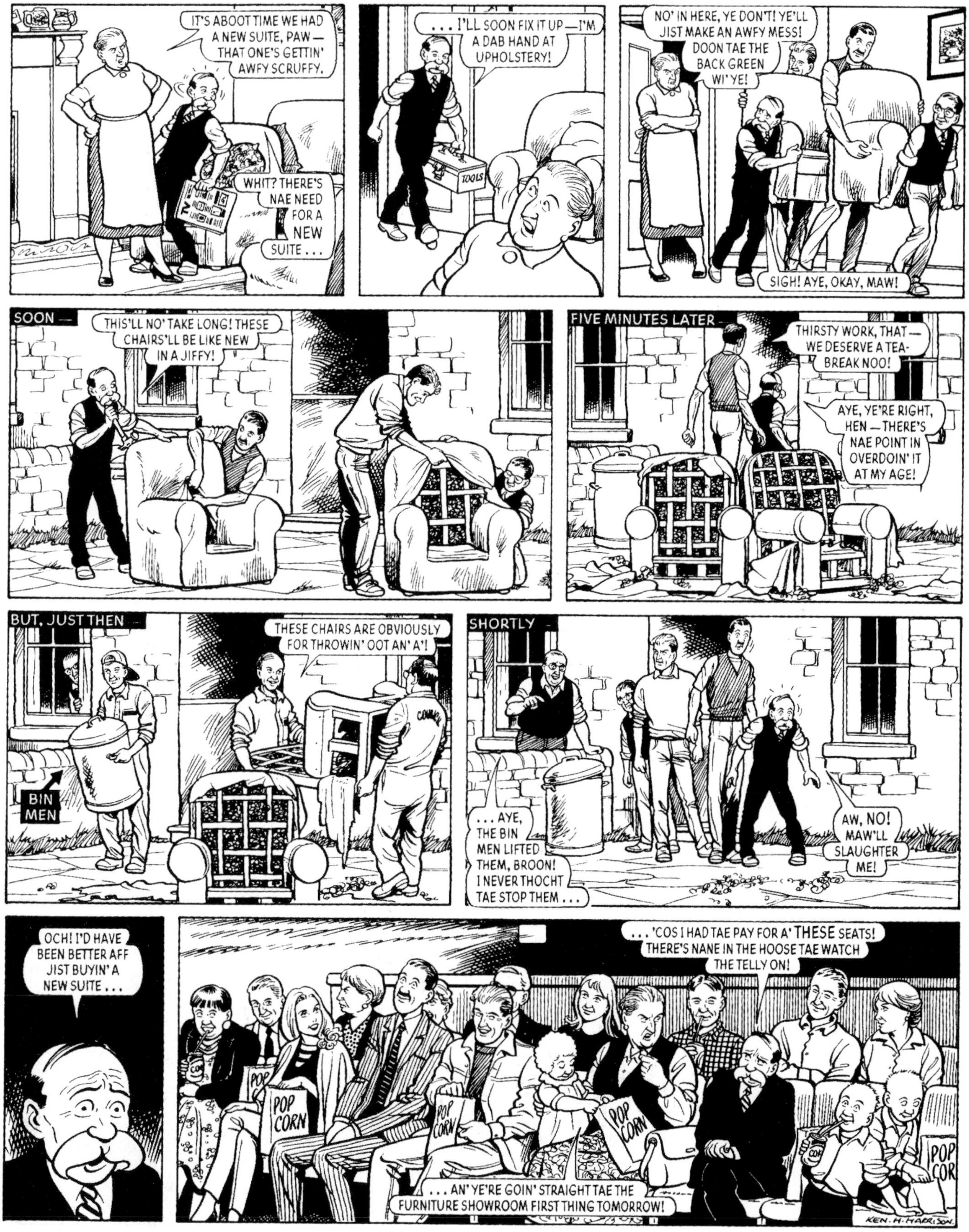
IT'S ABOOT TIME WE HAD A NEW SUITE, PAW — THAT ONE'S GETTIN' AWFY SCRUFFY.
WHIT? THERE'S NAE NEED FOR A NEW SUITE . . .
. . . I'LL SOON FIX IT UP — I'M A DAB HAND AT UPHOLSTERY!
TOOLS
NO' IN HERE, YE DON'T! YE'LL JIST MAKE AN AWFY MESS! DOON TAE THE BACK GREEN WI' YE!
SIGH! AYE, OKAY, MAW!
SOON —
THIS'LL NO' TAKE LONG! THESE CHAIRS'LL BE LIKE NEW IN A JIFFY!
FIVE MINUTES LATER —
THIRSTY WORK, THAT — WE DESERVE A TEA-BREAK NOO!
AYE, YE'RE RIGHT, HEN — THERE'S NAE POINT IN OVERDOIN' IT AT MY AGE!
BUT, JUST THEN —
BIN MEN
THESE CHAIRS ARE OBVIOUSLY FOR THROWIN' OOT AN' A'!
SHORTLY —
. . . AYE, THE BIN MEN LIFTED THEM, BROON! I NEVER THOCHT TAE STOP THEM . . .
AW, NO! MAW'LL SLAUGHTER ME!
OCH! I'D HAVE BEEN BETTER AFF JIST BUYIN' A NEW SUITE . . .
. . . 'COS I HAD TAE PAY FOR A' THESE SEATS! THERE'S NANE IN THE HOOSE TAE WATCH THE TELLY ON!
. . . AN' YE'RE GOIN' STRAIGHT TAE THE FURNITURE SHOWROOM FIRST THING TOMORROW!
POP CORN
KEN. H. HARRISON.

*Paw wants to start a conversation —*

*— but then he causes much frustration!*

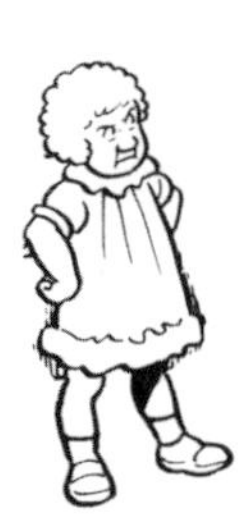

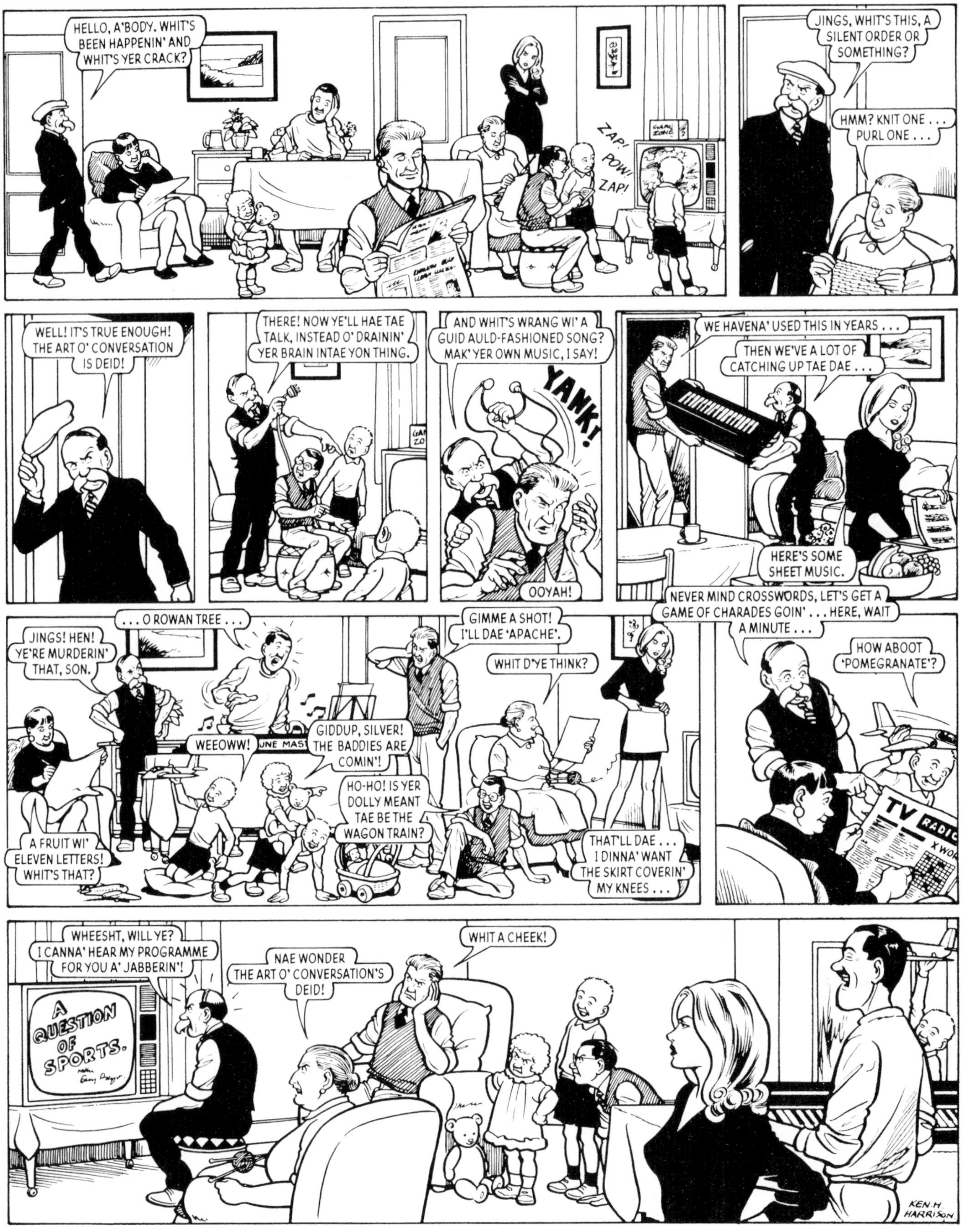
HELLO, A'BODY. WHIT'S BEEN HAPPENIN' AND WHIT'S YER CRACK?
ZAP! POW! ZAP!
JINGS, WHIT'S THIS, A SILENT ORDER OR SOMETHING?
HMM? KNIT ONE . . . PURL ONE . . .
WELL! IT'S TRUE ENOUGH! THE ART O' CONVERSATION IS DEID!
THERE! NOW YE'LL HAE TAE TALK, INSTEAD O' DRAININ' YER BRAIN INTAE YON THING.
AND WHIT'S WRANG WI' A GUID AULD-FASHIONED SONG? MAK' YER OWN MUSIC, I SAY!
YANK!
OOYAH!
WE HAVENA' USED THIS IN YEARS . . .
THEN WE'VE A LOT OF CATCHING UP TAE DAE . . .
HERE'S SOME SHEET MUSIC.
JINGS! HEN! YE'RE MURDERIN' THAT, SON.
. . . O ROWAN TREE . . .
GIMME A SHOT! I'LL DAE 'APACHE'.
WHIT D'YE THINK?
WEEOWW!
GIDDUP, SILVER! THE BADDIES ARE COMIN'!
HO-HO! IS YER DOLLY MEANT TAE BE THE WAGON TRAIN?
A FRUIT WI' ELEVEN LETTERS! WHIT'S THAT?
THAT'LL DAE . . . I DINNA' WANT THE SKIRT COVERIN' MY KNEES . . .
NEVER MIND CROSSWORDS, LET'S GET A GAME OF CHARADES GOIN' . . . HERE, WAIT A MINUTE . . .
HOW ABOOT 'POMEGRANATE'?
TV
RADIO
WHEESHT, WILL YE? I CANNA' HEAR MY PROGRAMME FOR YOU A' JABBERIN'!
NAE WONDER THE ART O' CONVERSATION'S DEID!
WHIT A CHEEK!
A QUESTION OF SPORTS.
KEN.H HARRISON

*Fly Granpaw's got . . .*

*the Premier spot!*

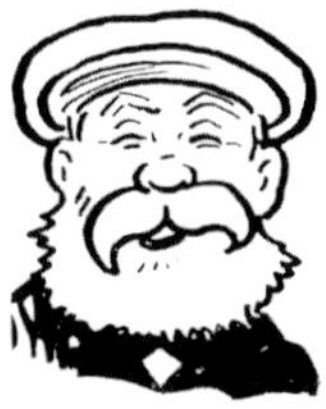

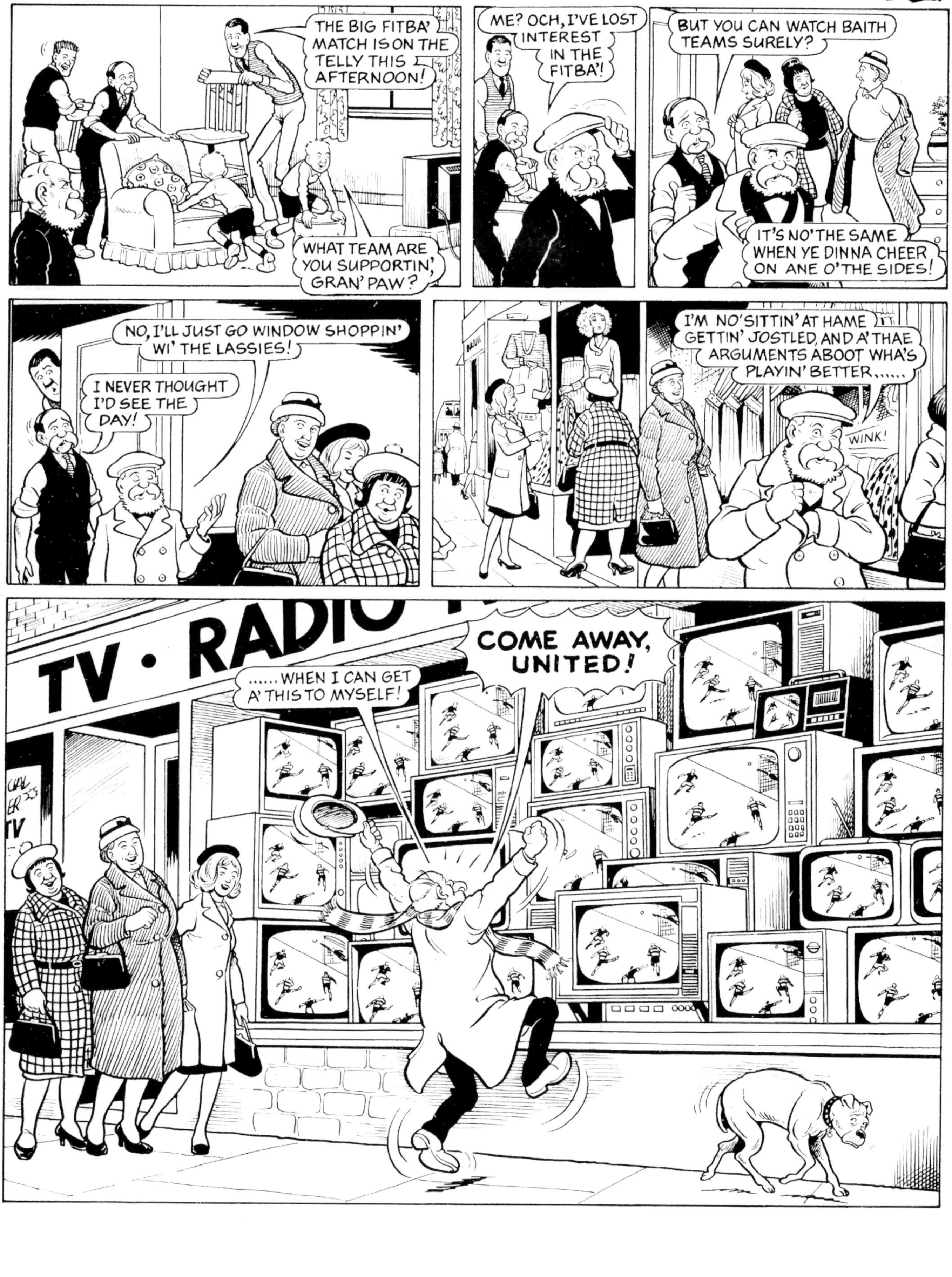
THE BIG FITBA' MATCH IS ON THE TELLY THIS AFTERNOON!
WHAT TEAM ARE YOU SUPPORTIN', GRAN'PAW?
ME? OCH, I'VE LOST INTEREST IN THE FITBA'!
BUT YOU CAN WATCH BAITH TEAMS SURELY?
IT'S NO' THE SAME WHEN YE DINNA CHEER ON ANE O' THE SIDES!
NO, I'LL JUST GO WINDOW SHOPPIN' WI' THE LASSIES!
I NEVER THOUGHT I'D SEE THE DAY!
I'M NO' SITTIN' AT HAME GETTIN' JOSTLED, AN' A' THAE ARGUMENTS ABOOT WHA'S PLAYIN' BETTER......
WINK!
TV · RADIO
......WHEN I CAN GET A' THIS TO MYSELF!
COME AWAY, UNITED!

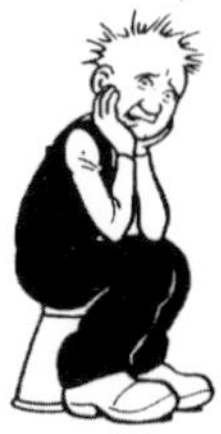

*Soccer? Pop Star? Buildin' site?*

*What's the best for oor wee mite?*

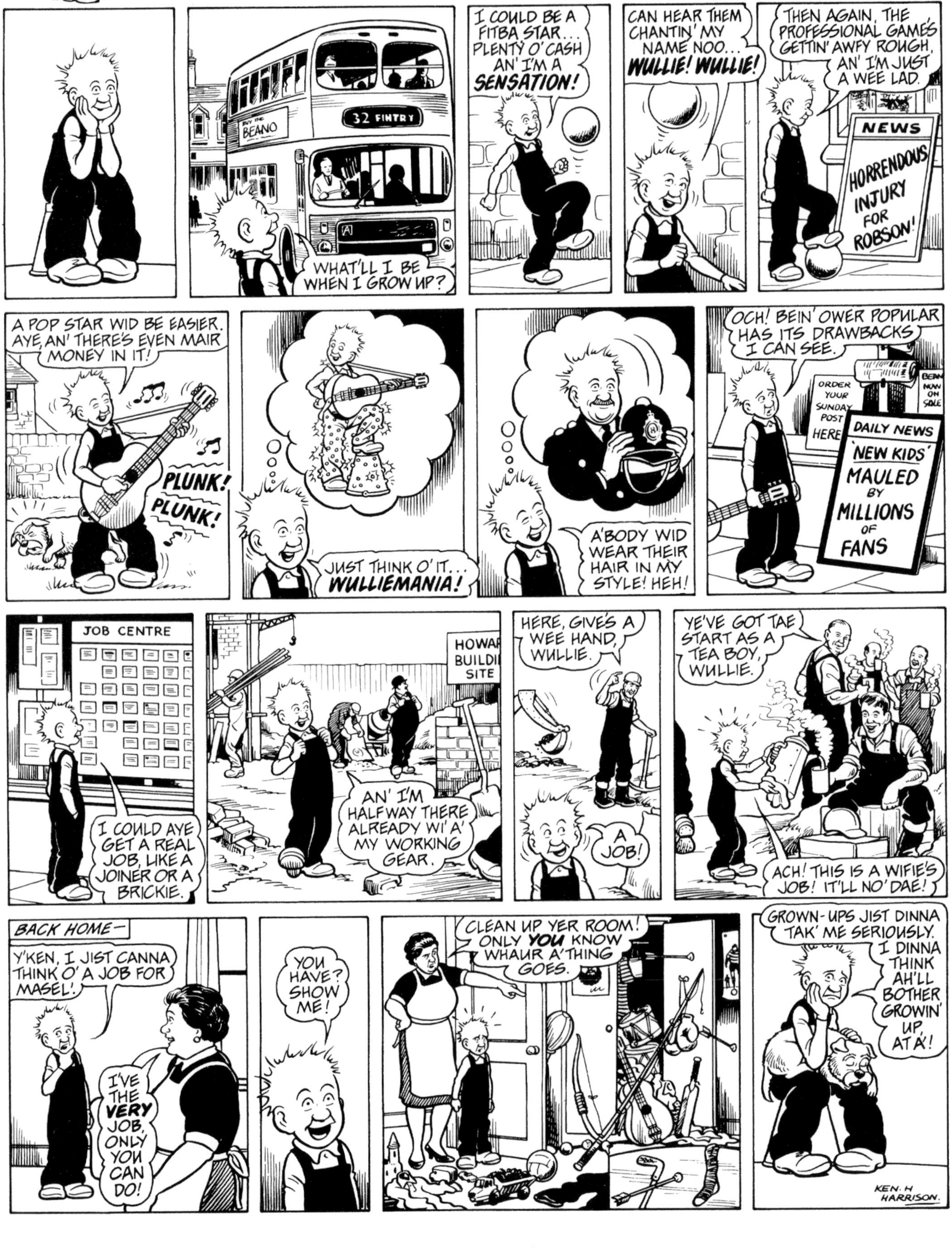

BUY THE BEANO
32 FINTRY
WHAT'LL I BE WHEN I GROW UP?
I COULD BE A FITBA STAR... PLENTY O' CASH AN' I'M A SENSATION!
CAN HEAR THEM CHANTIN' MY NAME NOO... WULLIE! WULLIE!
THEN AGAIN, THE PROFESSIONAL GAME'S GETTIN' AWFY ROUGH, AN' I'M JUST A WEE LAD.
NEWS
HORRENDOUS INJURY FOR ROBSON!
A POP STAR WID BE EASIER. AYE, AN' THERE'S EVEN MAIR MONEY IN IT!
PLUNK! PLUNK!
JUST THINK O' IT... WULLIEMANIA!
A'BODY WID WEAR THEIR HAIR IN MY STYLE! HEH!
OCH! BEIN' OWER POPULAR HAS ITS DRAWBACKS I CAN SEE.
ORDER YOUR SUNDAY POST HERE
BEANO NOW ON SALE
DAILY NEWS
'NEW KIDS' MAULED BY MILLIONS OF FANS
JOB CENTRE
I COULD AYE GET A REAL JOB, LIKE A JOINER OR A BRICKIE.
HOWAR BUILDI SITE
AN' I'M HALFWAY THERE ALREADY WI' A' MY WORKING GEAR.
HERE, GIVE'S A WEE HAND, WULLIE.
A JOB!
YE'VE GOT TAE START AS A TEA BOY, WULLIE.
ACH! THIS IS A WIFIE'S JOB! IT'LL NO' DAE!
BACK HOME—
Y'KEN, I JIST CANNA THINK O' A JOB FOR MASEL'.
I'VE THE VERY JOB, ONLY YOU CAN DO!
YOU HAVE? SHOW ME!
CLEAN UP YER ROOM! ONLY YOU KNOW WHAUR A' THING GOES.
GROWN-UPS JIST DINNA TAK' ME SERIOUSLY. I DINNA THINK AH'LL BOTHER GROWIN' UP AT A'!
KEN. H HARRISON.

*The Empire mannie's filled wi' woe*

*when fower wee comics steal the show!*

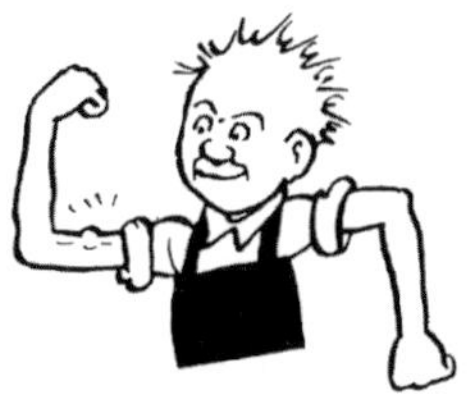

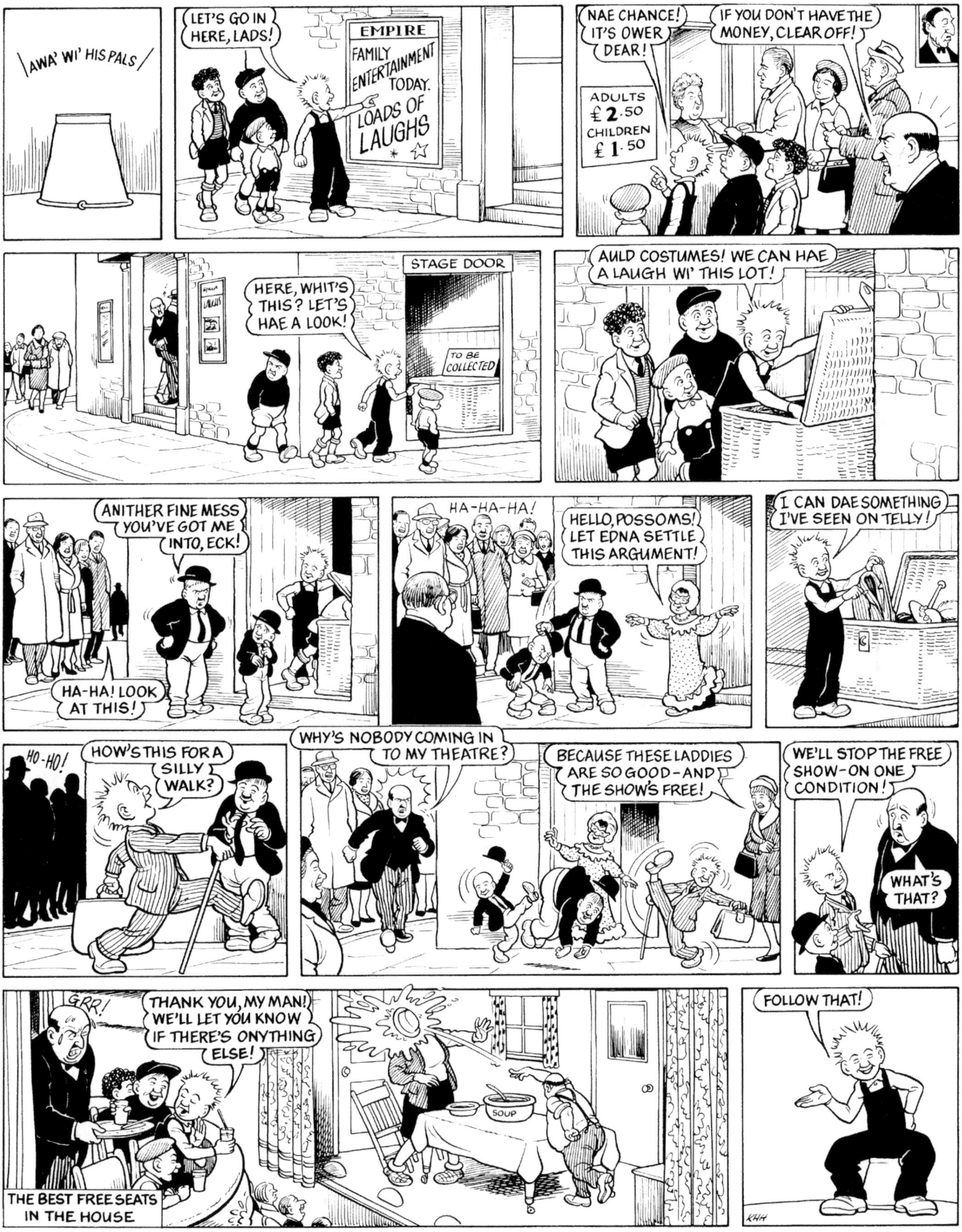
AWA' WI' HIS PALS
LET'S GO IN HERE, LADS!
EMPIRE
FAMILY ENTERTAINMENT TODAY.
LOADS OF LAUGHS
NAE CHANCE! IT'S OWER DEAR!
IF YOU DON'T HAVE THE MONEY, CLEAR OFF!
ADULTS £2.50
CHILDREN £1.50
STAGE DOOR
HERE, WHIT'S THIS? LET'S HAE A LOOK!
TO BE COLLECTED
AULD COSTUMES! WE CAN HAE A LAUGH WI' THIS LOT!
ANITHER FINE MESS YOU'VE GOT ME INTO, ECK!
HA-HA! LOOK AT THIS!
HA-HA-HA!
HELLO, POSSOMS! LET EDNA SETTLE THIS ARGUMENT!
I CAN DAE SOMETHING I'VE SEEN ON TELLY!
HO-HO!
HOW'S THIS FOR A SILLY WALK?
WHY'S NOBODY COMING IN TO MY THEATRE?
BECAUSE THESE LADDIES ARE SO GOOD - AND THE SHOW'S FREE!
WE'LL STOP THE FREE SHOW - ON ONE CONDITION!
WHAT'S THAT?
GRR!
THANK YOU, MY MAN! WE'LL LET YOU KNOW IF THERE'S ONYTHING ELSE!
THE BEST FREE SEATS IN THE HOUSE
SOUP
FOLLOW THAT!
KHH

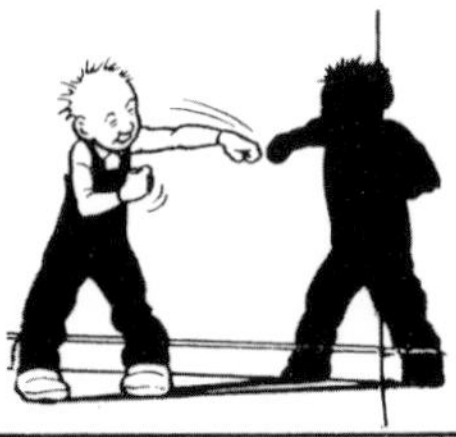

*Dinna miss yer ringside seat!*

*As a clown, he's hard tae beat!*

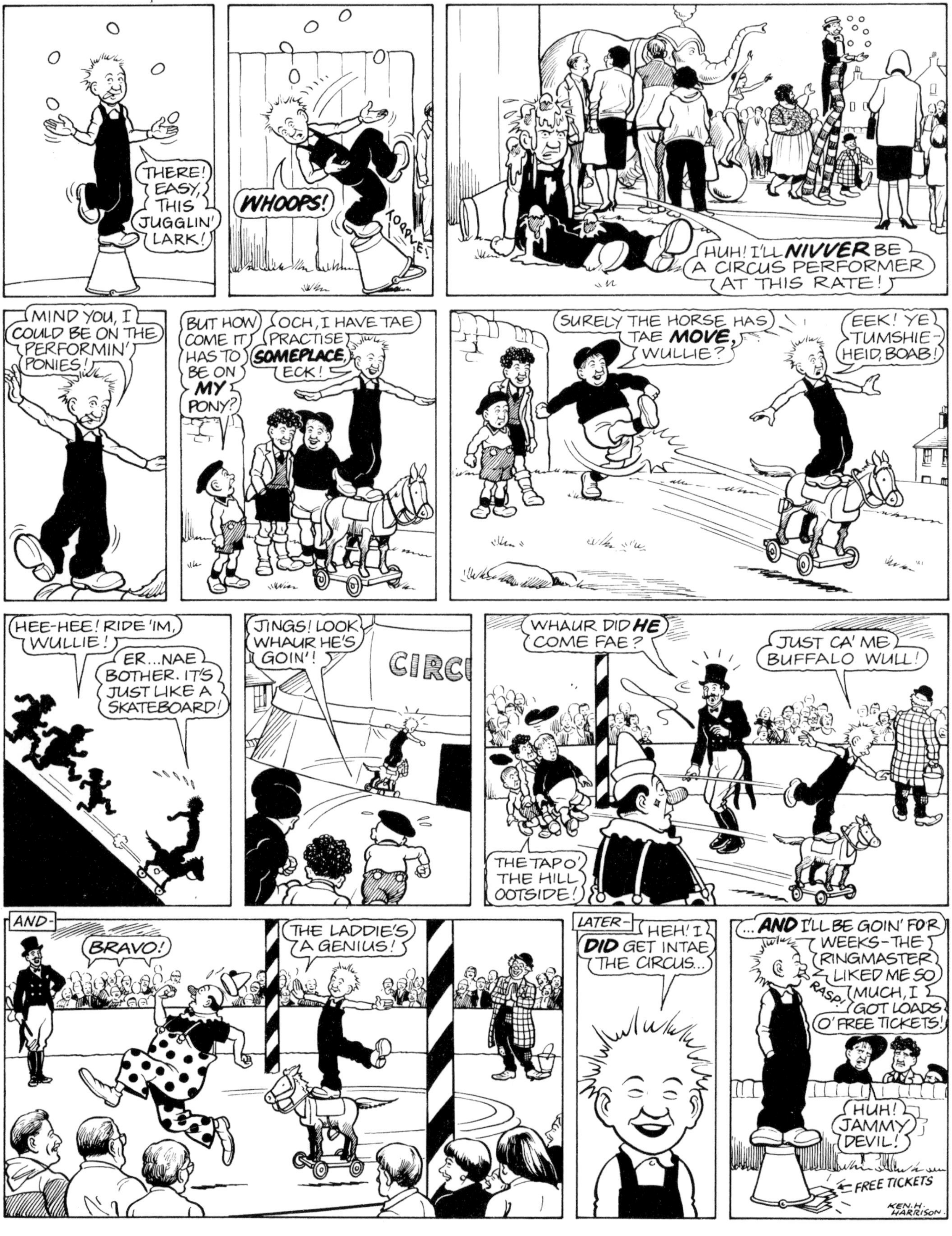

THERE! EASY, THIS JUGGLIN' LARK!
WHOOPS!
TOPPLE!
HUH! I'LL NIVVER BE A CIRCUS PERFORMER AT THIS RATE!
MIND YOU, I COULD BE ON THE PERFORMIN' PONIES!
BUT HOW COME IT HAS TO BE ON MY PONY?
OCH, I HAVE TAE PRACTISE SOMEPLACE, ECK!
SURELY THE HORSE HAS TAE MOVE, WULLIE?
EEK! YE TUMSHIE-HEID, BOAB!
HEE-HEE! RIDE 'IM, WULLIE!
ER...NAE BOTHER. IT'S JUST LIKE A SKATEBOARD!
JINGS! LOOK WHAUR HE'S GOIN'!
CIRC
WHAUR DID HE COME FAE?
THE TAP O' THE HILL OOTSIDE!
JUST CA' ME BUFFALO WULL!
AND-
BRAVO!
THE LADDIE'S A GENIUS!
LATER-
HEH! I DID GET INTAE THE CIRCUS...
...AND I'LL BE GOIN' FOR WEEKS-THE RINGMASTER LIKED ME SO MUCH, I GOT LOADS O' FREE TICKETS!
RASP!
HUH! JAMMY DEVIL!
FREE TICKETS
KEN. H. HARRISON.

*Wullie dreams o' the silver screen . . .*

*. . . but soon, this lassie's caused a scene!*

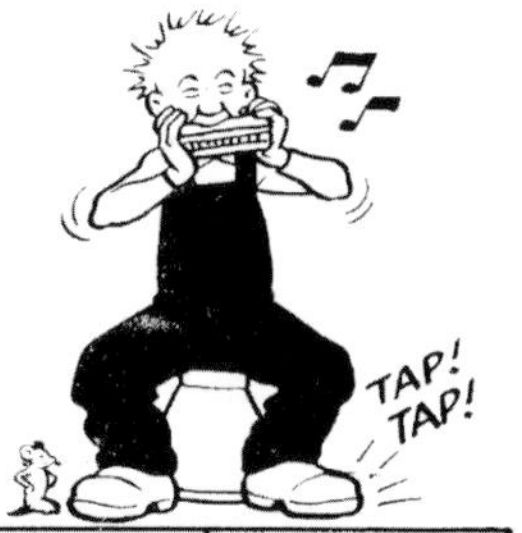

TAP! TAP!


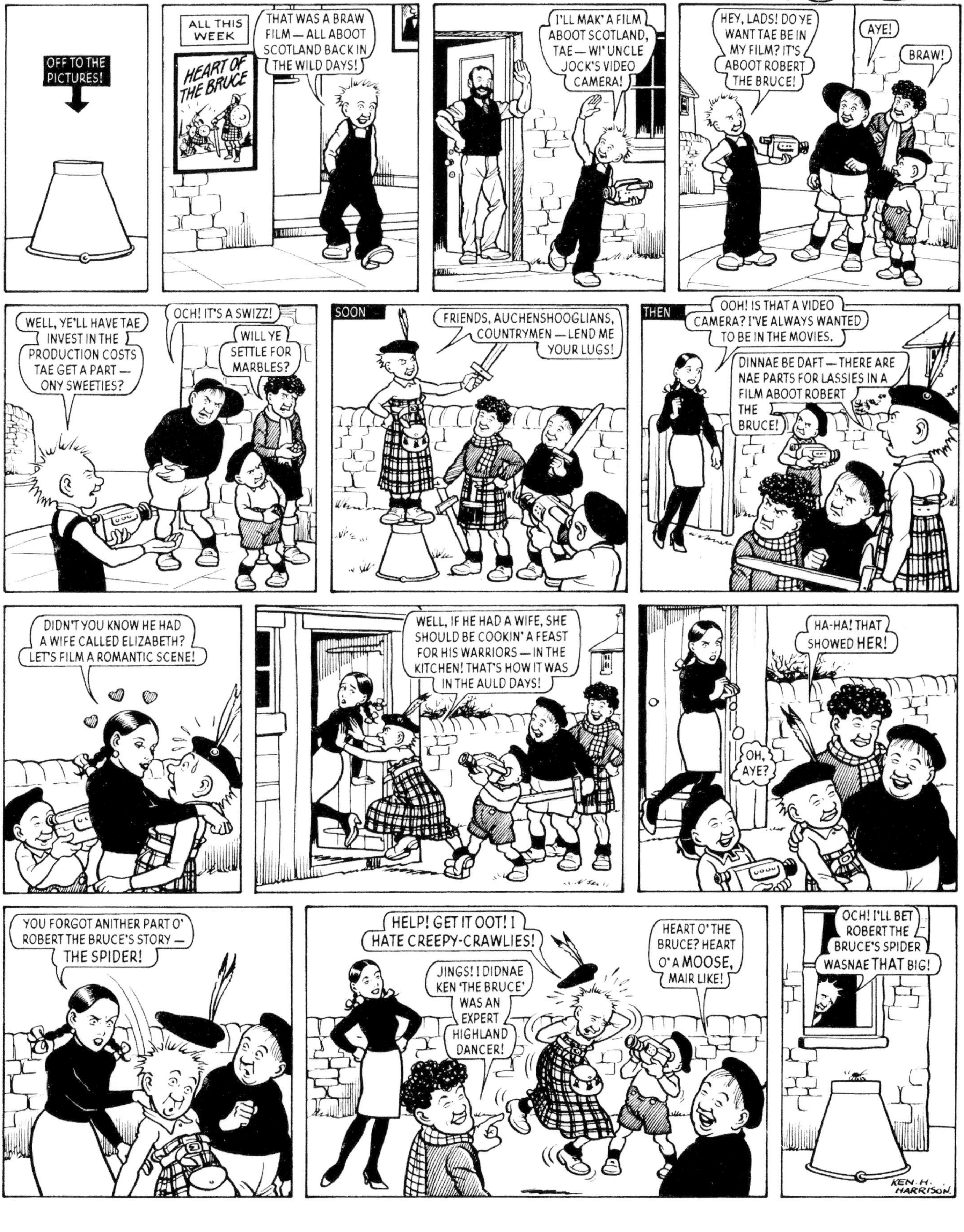

OFF TO THE PICTURES!
ALL THIS WEEK
HEART OF THE BRUCE
THAT WAS A BRAW FILM — ALL ABOOT SCOTLAND BACK IN THE WILD DAYS!
I'LL MAK' A FILM ABOOT SCOTLAND, TAE — WI' UNCLE JOCK'S VIDEO CAMERA!
HEY, LADS! DO YE WANT TAE BE IN MY FILM? IT'S ABOOT ROBERT THE BRUCE!
AYE!
BRAW!
WELL, YE'LL HAVE TAE INVEST IN THE PRODUCTION COSTS TAE GET A PART — ONY SWEETIES?
OCH! IT'S A SWIZZ!
WILL YE SETTLE FOR MARBLES?
SOON
FRIENDS, AUCHENSHOOGLIANS, COUNTRYMEN — LEND ME YOUR LUGS!
THEN
OOH! IS THAT A VIDEO CAMERA? I'VE ALWAYS WANTED TO BE IN THE MOVIES.
DINNAE BE DAFT — THERE ARE NAE PARTS FOR LASSIES IN A FILM ABOOT ROBERT THE BRUCE!
DIDN'T YOU KNOW HE HAD A WIFE CALLED ELIZABETH? LET'S FILM A ROMANTIC SCENE!
WELL, IF HE HAD A WIFE, SHE SHOULD BE COOKIN' A FEAST FOR HIS WARRIORS — IN THE KITCHEN! THAT'S HOW IT WAS IN THE AULD DAYS!
HA-HA! THAT SHOWED HER!
OH, AYE?
YOU FORGOT ANITHER PART O' ROBERT THE BRUCE'S STORY — THE SPIDER!
HELP! GET IT OOT! I HATE CREEPY-CRAWLIES!
JINGS! I DIDNAE KEN 'THE BRUCE' WAS AN EXPERT HIGHLAND DANCER!
HEART O' THE BRUCE? HEART O' A MOOSE, MAIR LIKE!
OCH! I'LL BET ROBERT THE BRUCE'S SPIDER WASNAE THAT BIG!
KEN. H. HARRISON.

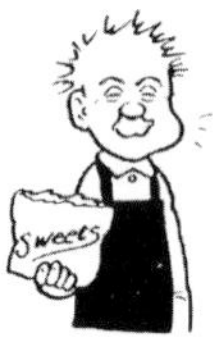

*Here's yer chance tae see the knees*

*o' the best-kent lad in dungarees!*

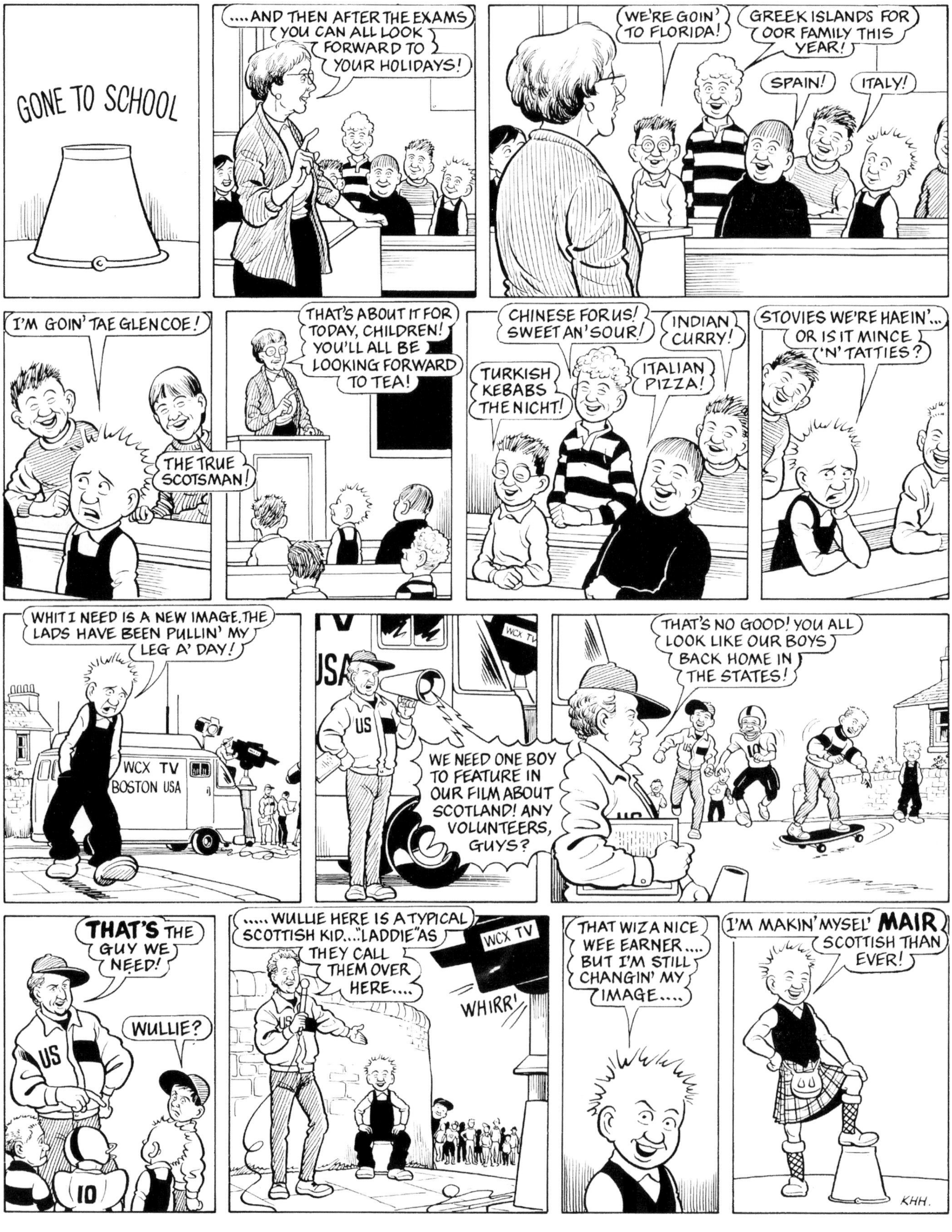
GONE TO SCHOOL
....AND THEN AFTER THE EXAMS YOU CAN ALL LOOK FORWARD TO YOUR HOLIDAYS!
WE'RE GOIN' TO FLORIDA!
GREEK ISLANDS FOR OOR FAMILY THIS YEAR!
SPAIN!
ITALY!
I'M GOIN' TAE GLENCOE!
THE TRUE SCOTSMAN!
THAT'S ABOUT IT FOR TODAY, CHILDREN! YOU'LL ALL BE LOOKING FORWARD TO TEA!
CHINESE FOR US! SWEET AN' SOUR!
INDIAN CURRY!
TURKISH KEBABS THE NICHT!
ITALIAN PIZZA!
STOVIES WE'RE HAEIN'... OR IS IT MINCE 'N' TATTIES?
WHIT I NEED IS A NEW IMAGE. THE LADS HAVE BEEN PULLIN' MY LEG A' DAY!
WCX TV BOSTON USA
WCX TV
US
THAT'S NO GOOD! YOU ALL LOOK LIKE OUR BOYS BACK HOME IN THE STATES!
WE NEED ONE BOY TO FEATURE IN OUR FILM ABOUT SCOTLAND! ANY VOLUNTEERS, GUYS?
THAT'S THE GUY WE NEED!
WULLIE?
US
10
.....WULLIE HERE IS A TYPICAL SCOTTISH KID..."LADDIE" AS THEY CALL THEM OVER HERE....
WCX TV
WHIRR!
THAT WIZ A NICE WEE EARNER.... BUT I'M STILL CHANGIN' MY IMAGE....
I'M MAKIN' MYSEL' MAIR SCOTTISH THAN EVER!
KHH.

NAE ARGUMENTS, THE TELLY'S AFF . . .

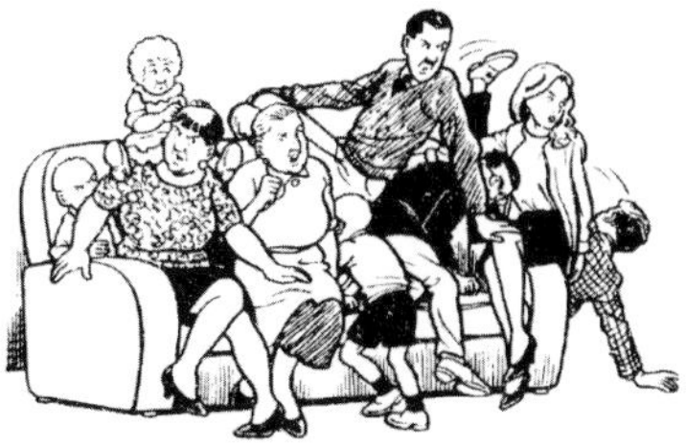

HAPPY FAMILIES? DINNA LAUGH!

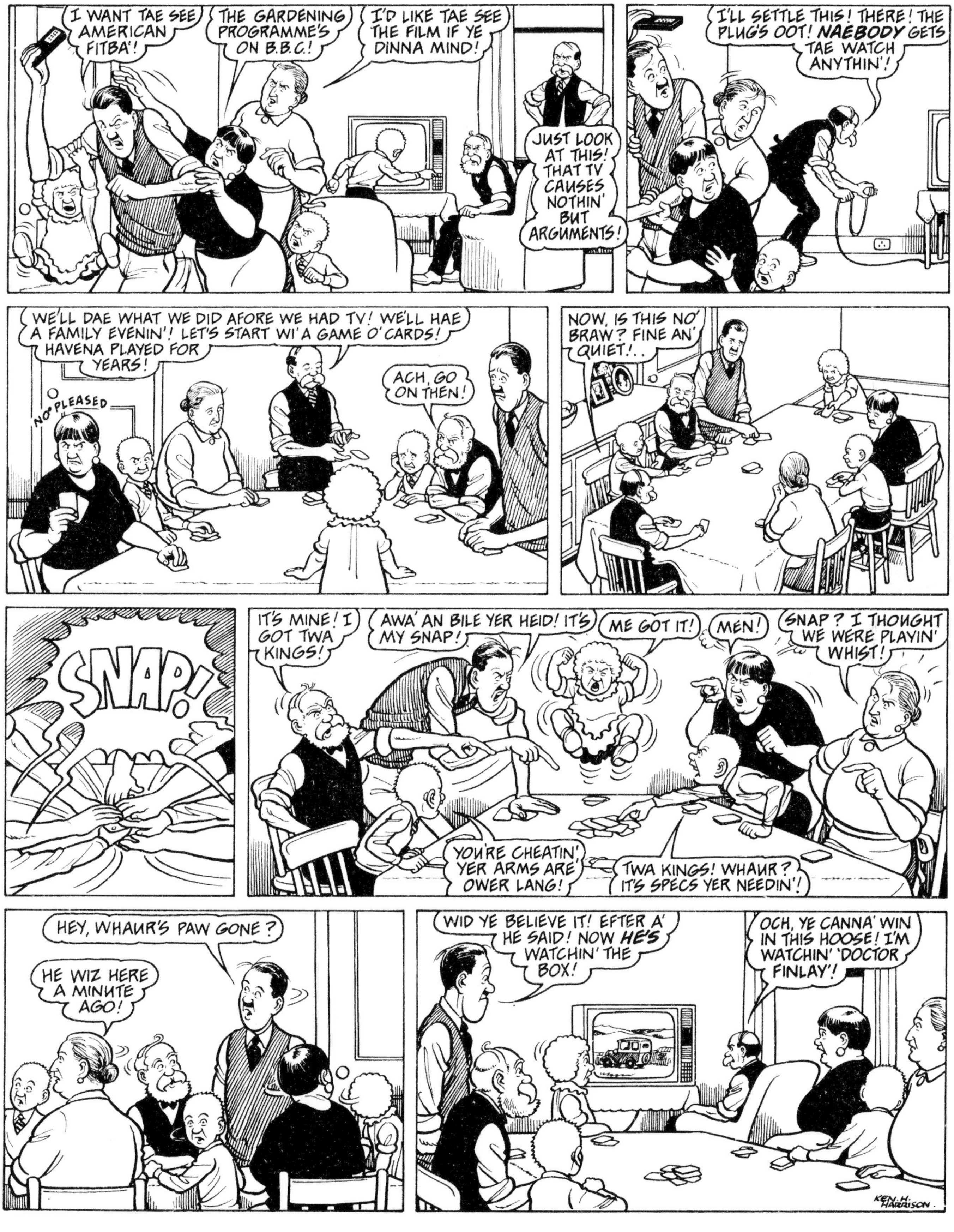
I WANT TAE SEE AMERICAN FITBA'!
THE GARDENING PROGRAMME'S ON B.B.C.!
I'D LIKE TAE SEE THE FILM IF YE DINNA MIND!
JUST LOOK AT THIS! THAT TV CAUSES NOTHIN' BUT ARGUMENTS!
I'LL SETTLE THIS! THERE! THE PLUG'S OOT! NAEBODY GETS TAE WATCH ANYTHIN'!
WE'LL DAE WHAT WE DID AFORE WE HAD TV! WE'LL HAE A FAMILY EVENIN'! LET'S START WI' A GAME O' CARDS! HAVENA PLAYED FOR YEARS!
NO' PLEASED
ACH, GO ON THEN!
NOW, IS THIS NO' BRAW? FINE AN' QUIET!..
SNAP!
IT'S MINE! I GOT TWA KINGS!
AWA' AN BILE YER HEID! IT'S MY SNAP!
ME GOT IT!
MEN!
SNAP? I THOUGHT WE WERE PLAYIN' WHIST!
YOU'RE CHEATIN' YER ARMS ARE OWER LANG!
TWA KINGS! WHAUR? IT'S SPECS YER NEEDIN'!
HEY, WHAUR'S PAW GONE?
HE WIZ HERE A MINUTE AGO!
WID YE BELIEVE IT! EFTER A' HE SAID! NOW HE'S WATCHIN' THE BOX!
OCH, YE CANNA' WIN IN THIS HOOSE! I'M WATCHIN' 'DOCTOR FINLAY'!
KEN H. HARRISON.

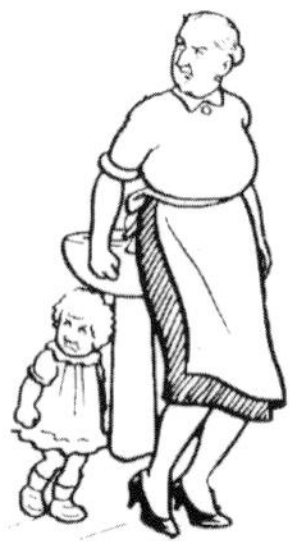

*Paw disnae care —*

*— for a day at the fair.*

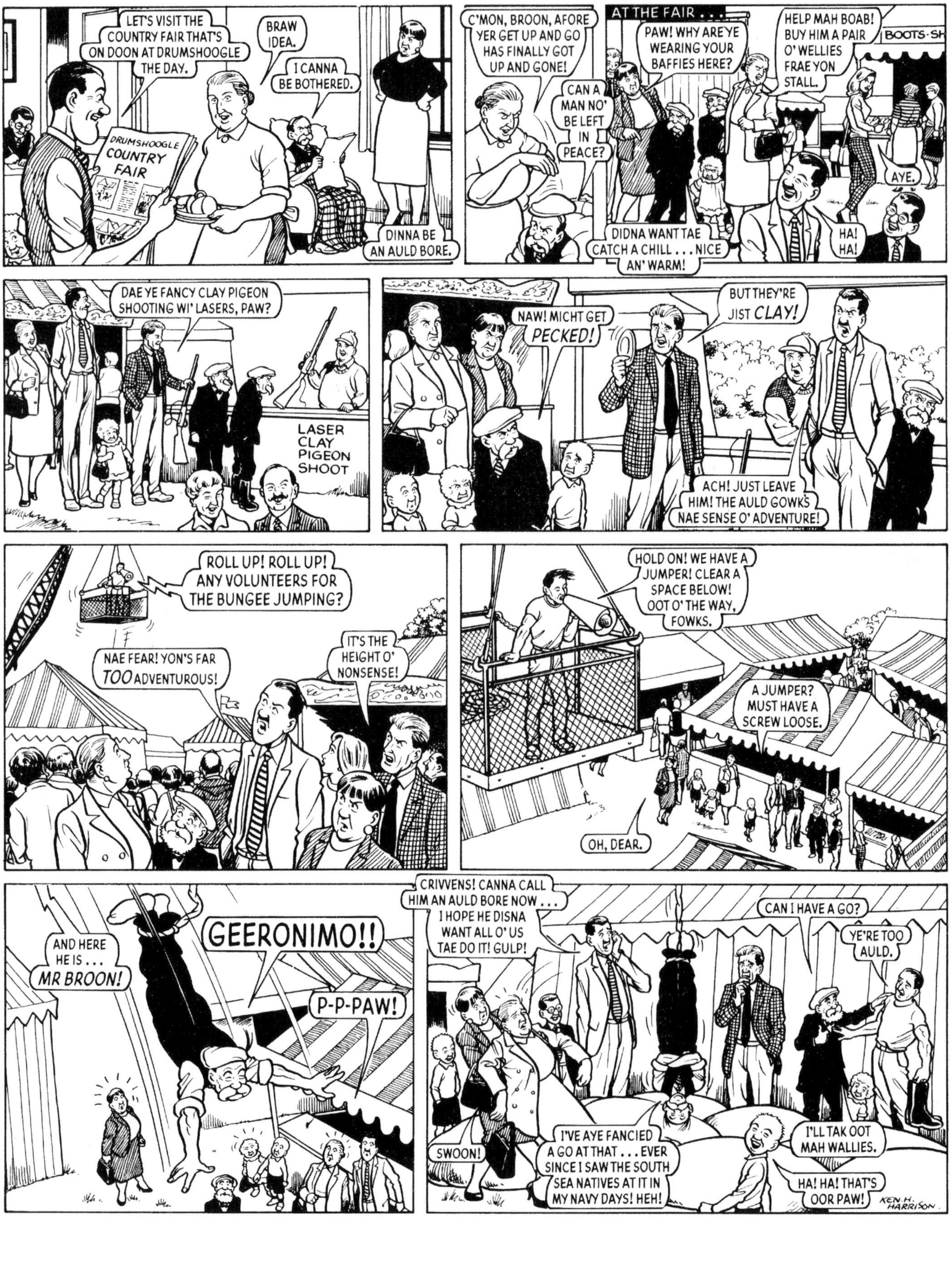
LET'S VISIT THE COUNTRY FAIR THAT'S ON DOON AT DRUMSHOOGLE THE DAY.
DRUMSHOOGLE COUNTRY FAIR
BRAW IDEA.
I CANNA BE BOTHERED.
DINNA BE AN AULD BORE.
C'MON, BROON, AFORE YER GET UP AND GO HAS FINALLY GOT UP AND GONE!
CAN A MAN NO' BE LEFT IN PEACE?
DIDNA WANT TAE CATCH A CHILL . . . NICE AN' WARM!
AT THE FAIR . . .
PAW! WHY ARE YE WEARING YOUR BAFFIES HERE?
HELP MAH BOAB! BUY HIM A PAIR O' WELLIES FRAE YON STALL.
AYE.
HA! HA!
DAE YE FANCY CLAY PIGEON SHOOTING WI' LASERS, PAW?
LASER CLAY PIGEON SHOOT
NAW! MICHT GET PECKED!
BUT THEY'RE JIST CLAY!
ACH! JUST LEAVE HIM! THE AULD GOWK'S NAE SENSE O' ADVENTURE!
ROLL UP! ROLL UP! ANY VOLUNTEERS FOR THE BUNGEE JUMPING?
NAE FEAR! YON'S FAR TOO ADVENTUROUS!
IT'S THE HEIGHT O' NONSENSE!
HOLD ON! WE HAVE A JUMPER! CLEAR A SPACE BELOW! OOT O' THE WAY, FOWKS.
A JUMPER? MUST HAVE A SCREW LOOSE.
OH, DEAR.
AND HERE HE IS . . . MR BROON!
GEERONIMO!!
P-P-PAW!
CRIVVENS! CANNA CALL HIM AN AULD BORE NOW . . . I HOPE HE DISNA WANT ALL O' US TAE DO IT! GULP!
CAN I HAVE A GO?
YE'RE TOO AULD.
SWOON!
I'VE AYE FANCIED A GO AT THAT . . . EVER SINCE I SAW THE SOUTH SEA NATIVES AT IT IN MY NAVY DAYS! HEH!
I'LL TAK OOT MAH WALLIES.
HA! HA! THAT'S OOR PAW!
KEN H. HARRISON

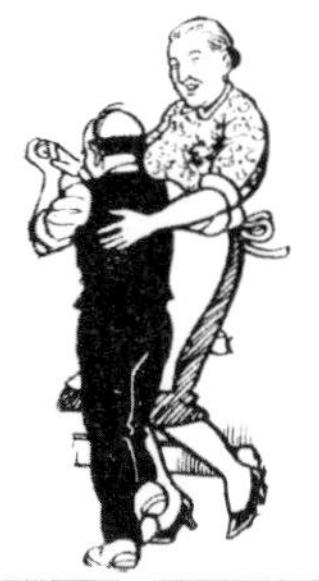

NAE WONDER THEY A' STAND AN' STARE —

HE'S NO' EXACTLY FRED ASTAIRE!

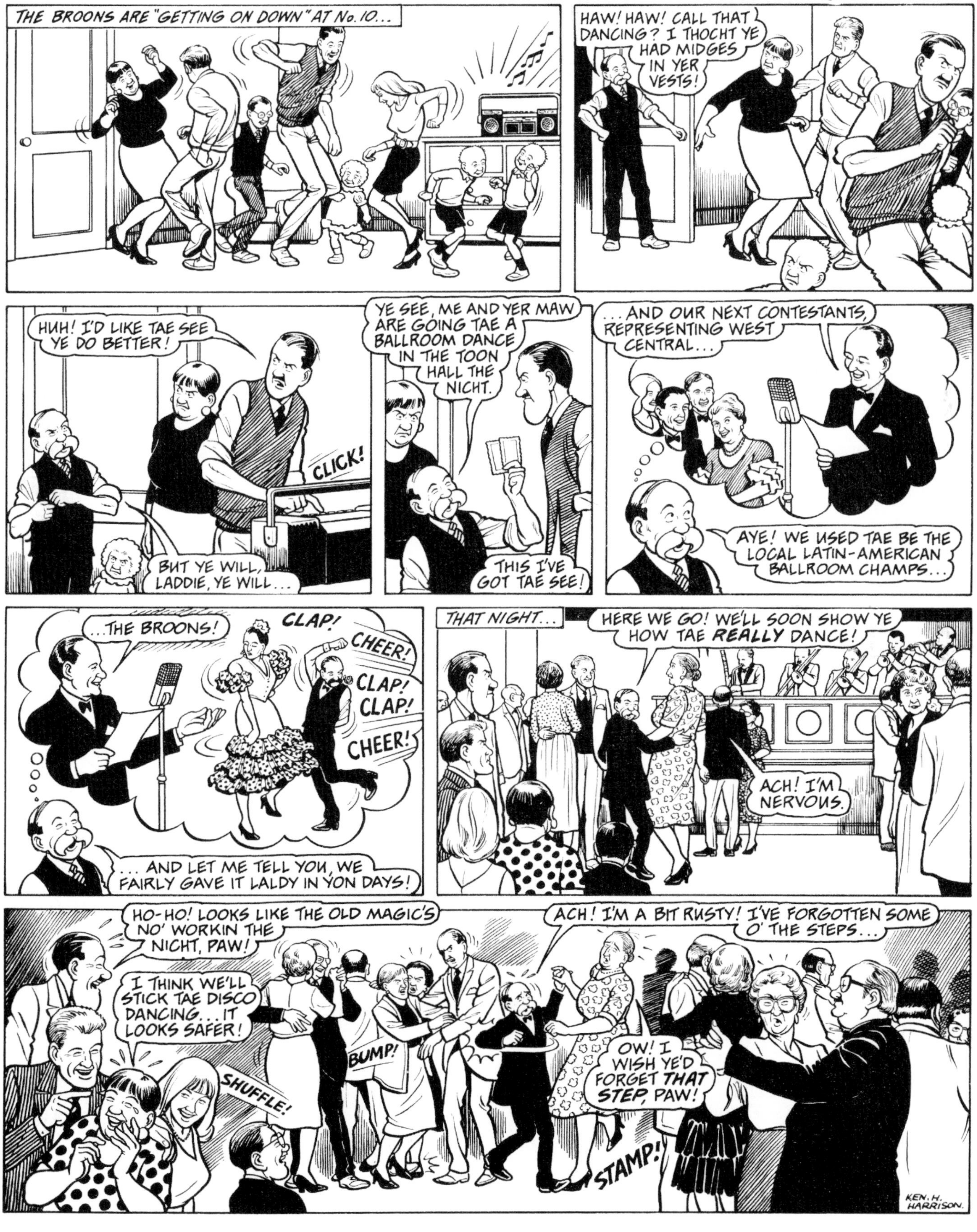
THE BROONS ARE "GETTING ON DOWN" AT No. 10...
HAW! HAW! CALL THAT DANCING? I THOCHT YE HAD MIDGES IN YER VESTS!
HUH! I'D LIKE TAE SEE YE DO BETTER!
CLICK!
BUT YE WILL, LADDIE, YE WILL...
YE SEE, ME AND YER MAW ARE GOING TAE A BALLROOM DANCE IN THE TOON HALL THE NICHT.
THIS I'VE GOT TAE SEE!
...AND OUR NEXT CONTESTANTS, REPRESENTING WEST CENTRAL...
AYE! WE USED TAE BE THE LOCAL LATIN-AMERICAN BALLROOM CHAMPS...
...THE BROONS!
CLAP!
CHEER!
CLAP!
CLAP!
CHEER!
...AND LET ME TELL YOU, WE FAIRLY GAVE IT LALDY IN YON DAYS!
THAT NIGHT...
HERE WE GO! WE'LL SOON SHOW YE HOW TAE REALLY DANCE!
ACH! I'M NERVOUS.
HO-HO! LOOKS LIKE THE OLD MAGIC'S NO' WORKIN THE NICHT, PAW!
ACH! I'M A BIT RUSTY! I'VE FORGOTTEN SOME O' THE STEPS...
I THINK WE'LL STICK TAE DISCO DANCING... IT LOOKS SAFER!
BUMP!
SHUFFLE!
OW! I WISH YE'D FORGET THAT STEP, PAW!
STAMP!
KEN. H. HARRISON.

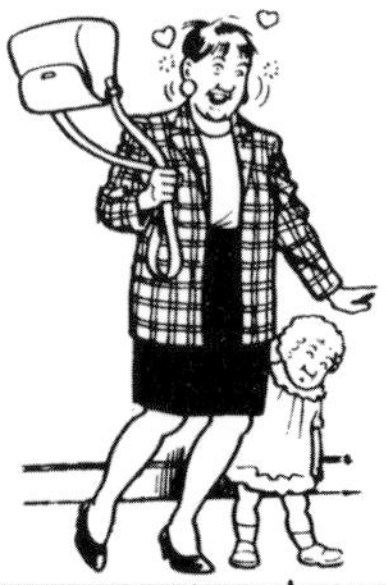

## DAPHNE LIKES THAE WRESTLING HUNKS — AN' RIPPING LUMPS AFF O' THEIR TRUNKS!

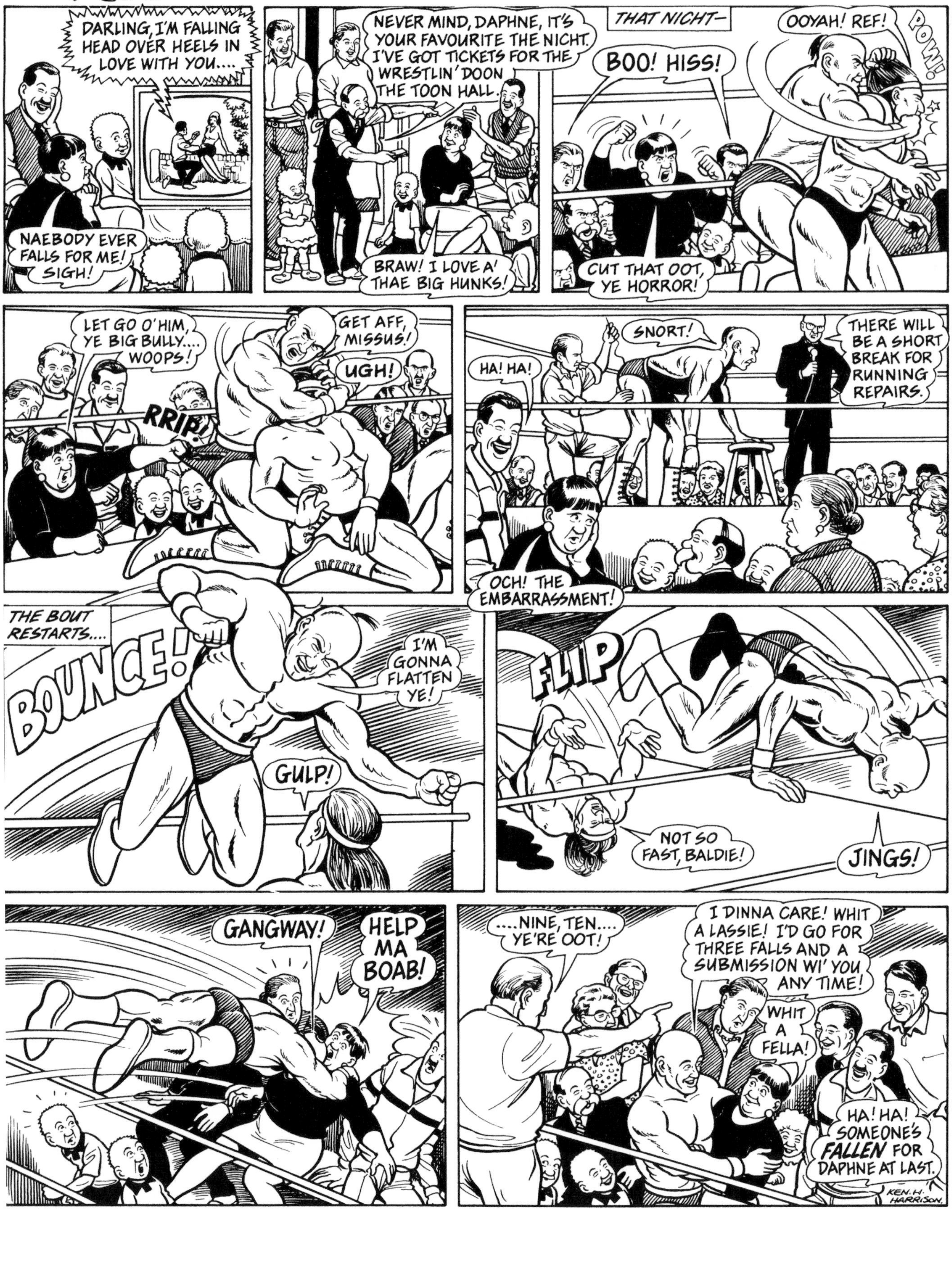
DARLING, I'M FALLING HEAD OVER HEELS IN LOVE WITH YOU....
NAEBODY EVER FALLS FOR ME! SIGH!
NEVER MIND, DAPHNE, IT'S YOUR FAVOURITE THE NICHT. I'VE GOT TICKETS FOR THE WRESTLIN' DOON THE TOON HALL.
BRAW! I LOVE A' THAE BIG HUNKS!
THAT NICHT—
BOO! HISS!
OOYAH! REF!
POW!
CUT THAT OOT, YE HORROR!
LET GO O'HIM, YE BIG BULLY.... WOOPS!
GET AFF, MISSUS!
UGH!
RRIP!
SNORT!
HA! HA!
THERE WILL BE A SHORT BREAK FOR RUNNING REPAIRS.
OCH! THE EMBARRASSMENT!
THE BOUT RESTARTS....
BOUNCE!
I'M GONNA FLATTEN YE!
GULP!
FLIP
NOT SO FAST, BALDIE!
JINGS!
GANGWAY!
HELP MA BOAB!
....NINE, TEN.... YE'RE OOT!
I DINNA CARE! WHIT A LASSIE! I'D GO FOR THREE FALLS AND A SUBMISSION WI' YOU ANY TIME!
WHIT A FELLA!
HA! HA! SOMEONE'S FALLEN FOR DAPHNE AT LAST.
KEN.H. HARRISON.

## SOAPS ON TELLY? DEAR, OH, DEAR!!

## GIE THEM SOCCER AN' A DRAP O' BEER!

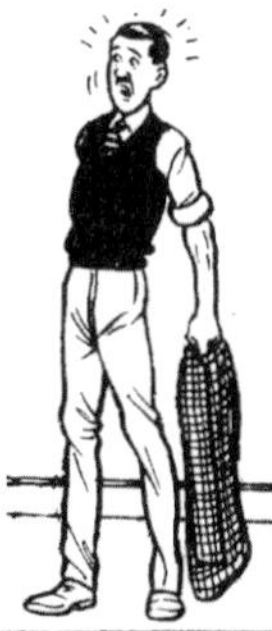

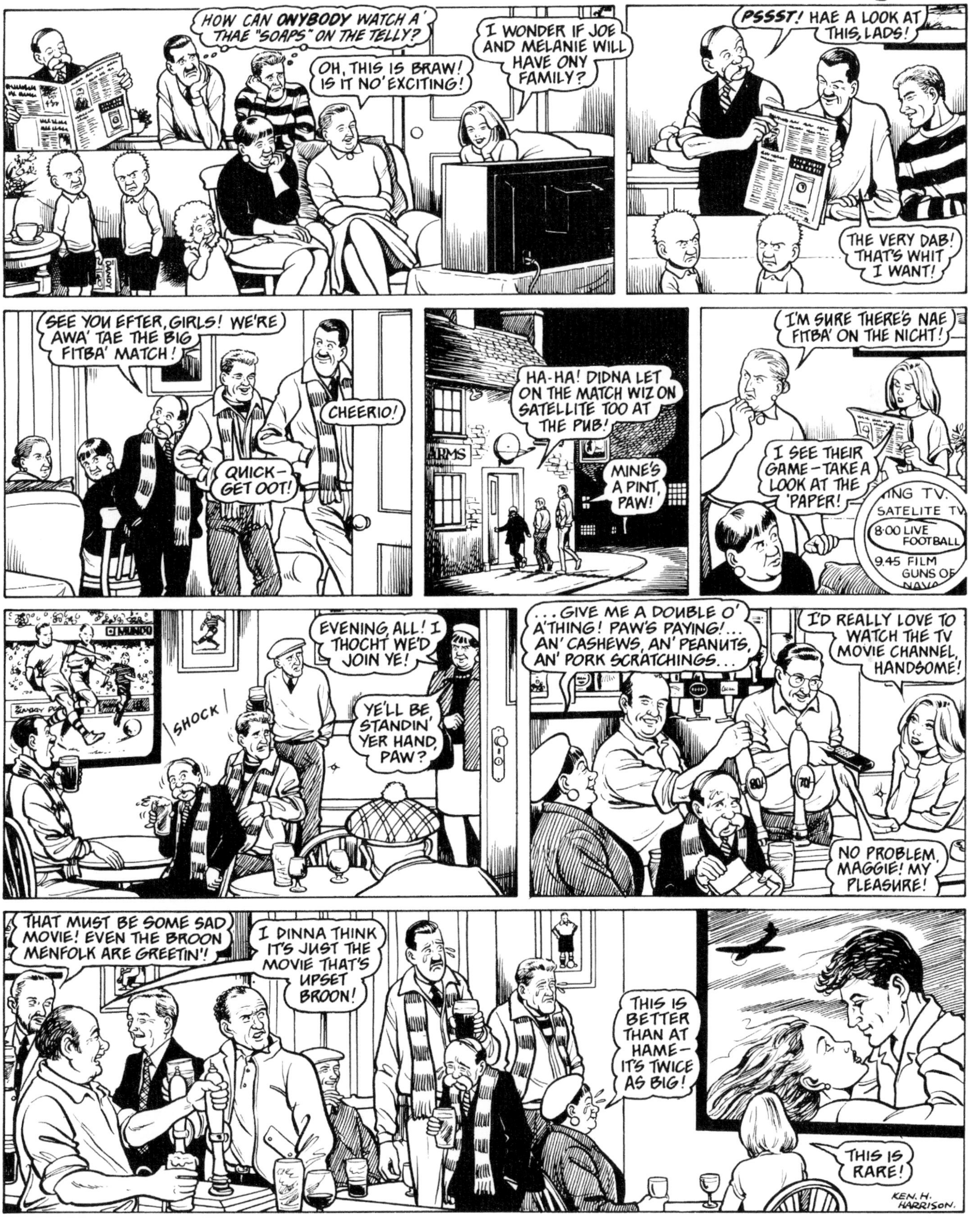
HOW CAN ONYBODY WATCH A' THAE "SOAPS" ON THE TELLY?
OH, THIS IS BRAW! IS IT NO' EXCITING!
I WONDER IF JOE AND MELANIE WILL HAVE ONY FAMILY?
DANDY
PSSST! HAE A LOOK AT THIS, LADS!
THE VERY DAB! THAT'S WHIT I WANT!
SEE YOU EFTER, GIRLS! WE'RE AWA' TAE THE BIG FITBA' MATCH!
CHEERIO!
QUICK—GET OOT!
HA-HA! DIDNA LET ON THE MATCH WIZ ON SATELLITE TOO AT THE PUB!
ARMS
MINE'S A PINT, PAW!
I'M SURE THERE'S NAE FITBA' ON THE NICHT!
I SEE THEIR GAME—TAKE A LOOK AT THE 'PAPER!
SATELITE TV
8·00 LIVE FOOTBALL
9·45 FILM GUNS OF
MUNDO
EVENING ALL! I THOCHT WE'D JOIN YE!
SHOCK
YE'LL BE STANDIN' YER HAND, PAW?
...GIVE ME A DOUBLE O' A'THING! PAW'S PAYING!... AN' CASHEWS, AN' PEANUTS, AN' PORK SCRATCHINGS...
I'D REALLY LOVE TO WATCH THE TV MOVIE CHANNEL, HANDSOME!
NO PROBLEM, MAGGIE! MY PLEASURE!
THAT MUST BE SOME SAD MOVIE! EVEN THE BROON MENFOLK ARE GREETIN'!
I DINNA THINK IT'S JUST THE MOVIE THAT'S UPSET BROON!
THIS IS BETTER THAN AT HAME—IT'S TWICE AS BIG!
THIS IS RARE!
KEN. H. HARRISON.

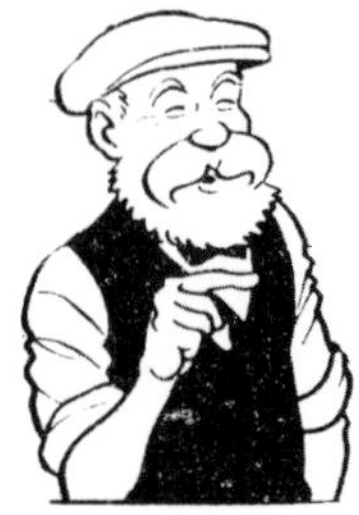

# PAW'S INCESSANT RECITATION CAUSES CONSTANT IRRITATION!

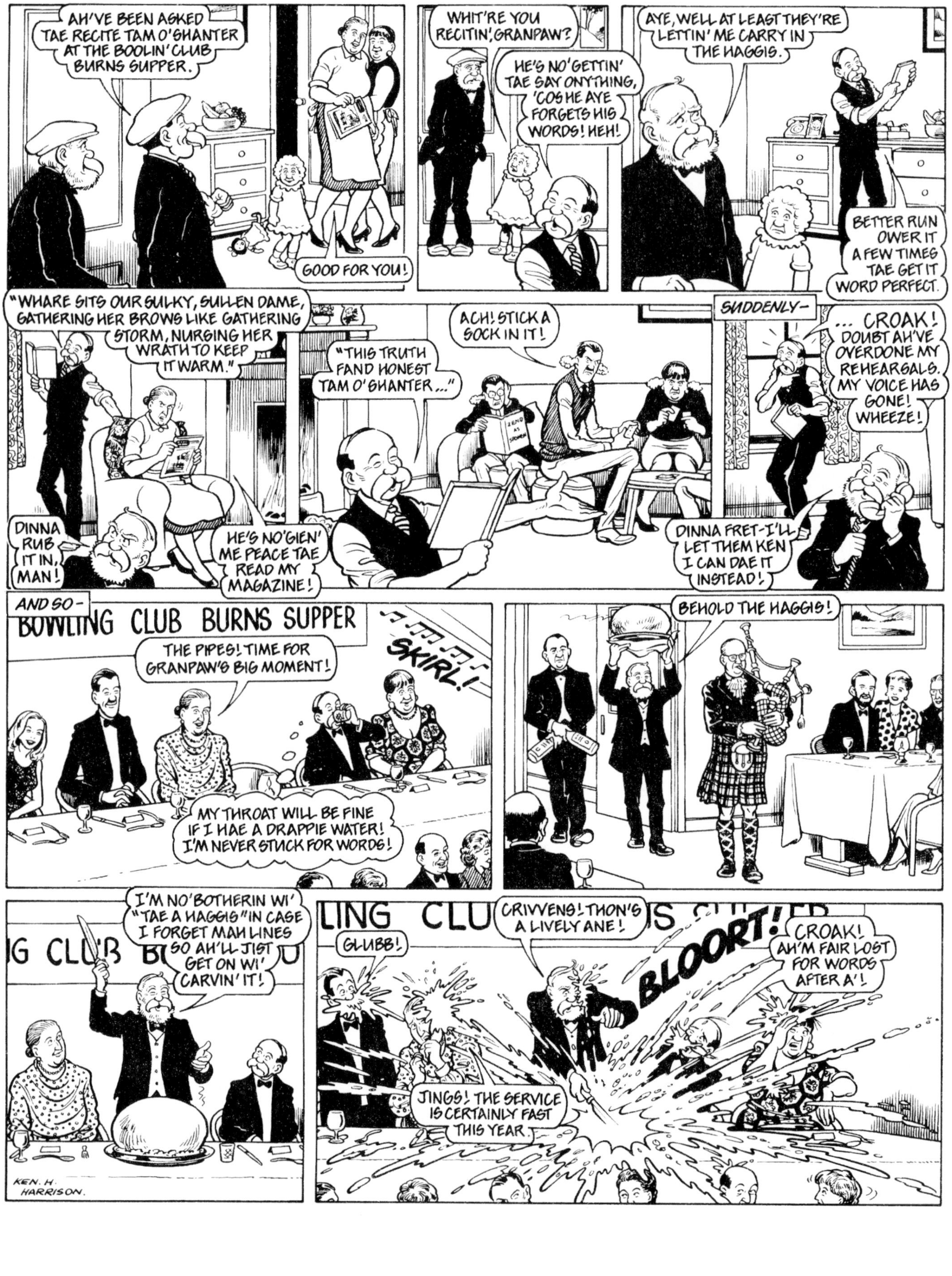
AH'VE BEEN ASKED TAE RECITE TAM O'SHANTER AT THE BOOLIN' CLUB BURNS SUPPER.
GOOD FOR YOU!
WHIT'RE YOU RECITIN', GRANPAW?
HE'S NO' GETTIN' TAE SAY ONYTHING, 'COS HE AYE FORGETS HIS WORDS! HEH!
AYE, WELL AT LEAST THEY'RE LETTIN' ME CARRY IN THE HAGGIS.
BETTER RUN OWER IT A FEW TIMES TAE GET IT WORD PERFECT.
"WHARE SITS OUR SULKY, SULLEN DAME, GATHERING HER BROWS LIKE GATHERING STORM, NURSING HER WRATH TO KEEP IT WARM."
DINNA RUB IT IN, MAN!
"THIS TRUTH FAND HONEST TAM O'SHANTER..."
HE'S NO' GIEN' ME PEACE TAE READ MY MAGAZINE!
ACH! STICK A SOCK IN IT!
SUDDENLY–
... CROAK! DOUBT AH'VE OVERDONE MY REHEARSALS. MY VOICE HAS GONE! WHEEZE!
DINNA FRET–I'LL LET THEM KEN I CAN DAE IT INSTEAD!
AND SO–
BOWLING CLUB BURNS SUPPER
SKIRL!
THE PIPES! TIME FOR GRANPAW'S BIG MOMENT!
MY THROAT WILL BE FINE IF I HAE A DRAPPIE WATER! I'M NEVER STUCK FOR WORDS!
BEHOLD THE HAGGIS!
I'M NO' BOTHERIN WI' "TAE A HAGGIS" IN CASE I FORGET MAH LINES SO AH'LL JIST GET ON WI' CARVIN' IT!
GLUBB!
CRIVVENS! THON'S A LIVELY ANE!
BLOORT!
CROAK! AH'M FAIR LOST FOR WORDS AFTER A'!
JINGS! THE SERVICE IS CERTAINLY FAST THIS YEAR.
KEN. H. HARRISON.

*A musical scheme doesnae go as planned.*

*Is this band aboot tae be banned?*

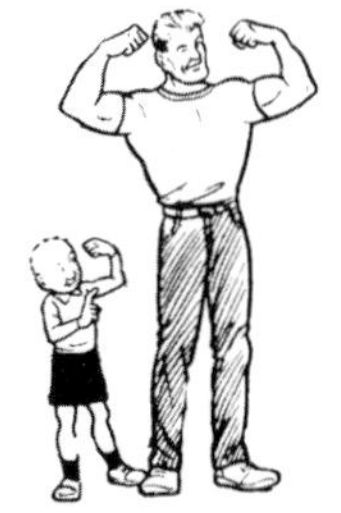

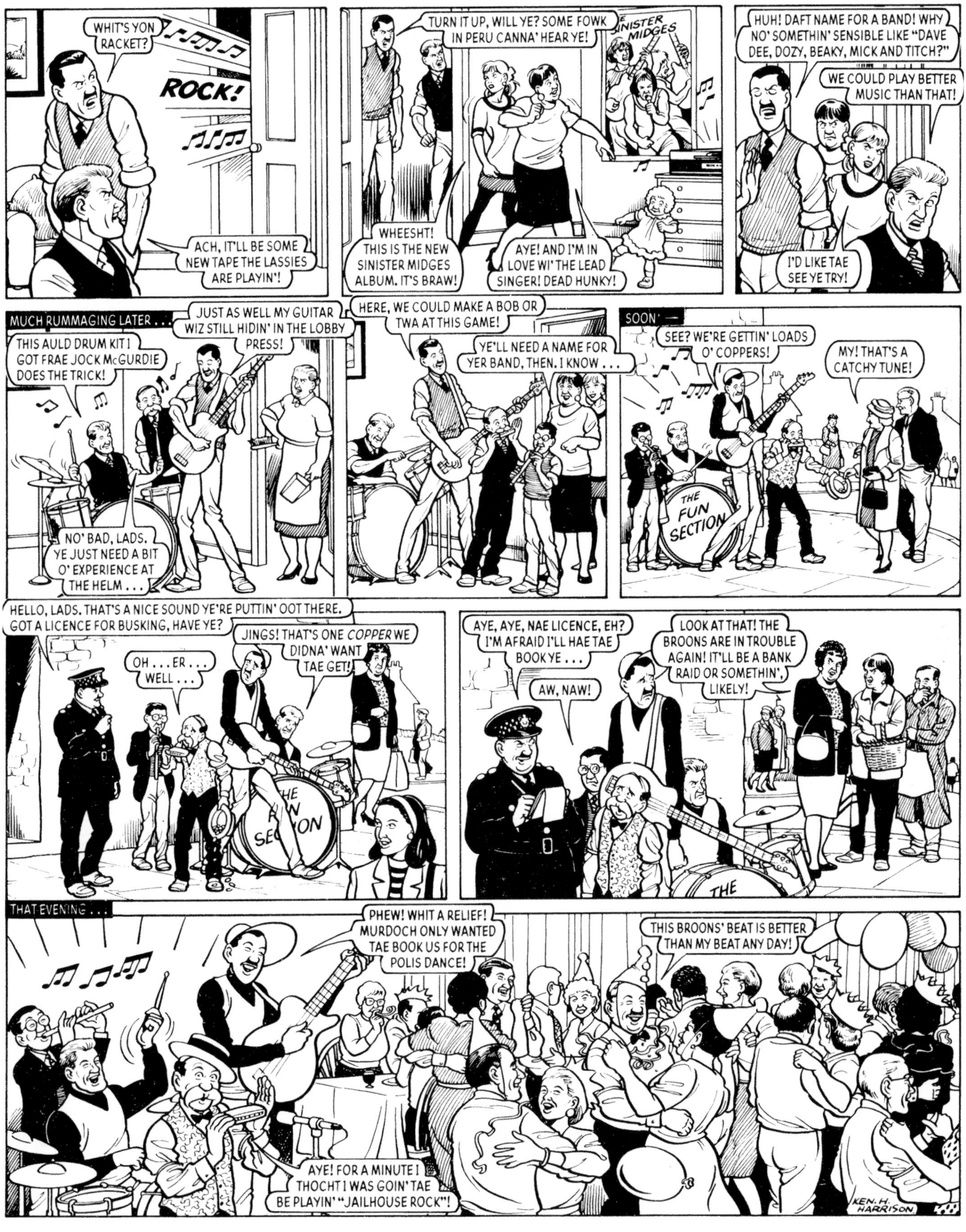

WHIT'S YON RACKET?
ROCK!
ACH, IT'LL BE SOME NEW TAPE THE LASSIES ARE PLAYIN'!
TURN IT UP, WILL YE? SOME FOWK IN PERU CANNA' HEAR YE!
SINISTER MIDGES
WHEESHT! THIS IS THE NEW SINISTER MIDGES ALBUM. IT'S BRAW!
AYE! AND I'M IN LOVE WI' THE LEAD SINGER! DEAD HUNKY!
HUH! DAFT NAME FOR A BAND! WHY NO' SOMETHIN' SENSIBLE LIKE "DAVE DEE, DOZY, BEAKY, MICK AND TITCH?"
WE COULD PLAY BETTER MUSIC THAN THAT!
I'D LIKE TAE SEE YE TRY!
MUCH RUMMAGING LATER . . .
THIS AULD DRUM KIT I GOT FRAE JOCK McGURDIE DOES THE TRICK!
JUST AS WELL MY GUITAR WIZ STILL HIDIN' IN THE LOBBY PRESS!
NO' BAD, LADS. YE JUST NEED A BIT O' EXPERIENCE AT THE HELM . . .
HERE, WE COULD MAKE A BOB OR TWA AT THIS GAME!
YE'LL NEED A NAME FOR YER BAND, THEN. I KNOW . . .
SOON . . .
SEE? WE'RE GETTIN' LOADS O' COPPERS!
MY! THAT'S A CATCHY TUNE!
THE FUN SECTION
HELLO, LADS. THAT'S A NICE SOUND YE'RE PUTTIN' OOT THERE. GOT A LICENCE FOR BUSKING, HAVE YE?
OH . . . ER . . . WELL . . .
JINGS! THAT'S ONE *COPPER* WE DIDNA' WANT TAE GET!
AYE, AYE, NAE LICENCE, EH? I'M AFRAID I'LL HAE TAE BOOK YE . . .
AW, NAW!
LOOK AT THAT! THE BROONS ARE IN TROUBLE AGAIN! IT'LL BE A BANK RAID OR SOMETHIN', LIKELY!
THAT EVENING . . .
PHEW! WHIT A RELIEF! MURDOCH ONLY WANTED TAE BOOK US FOR THE POLIS DANCE!
THIS BROONS' BEAT IS BETTER THAN MY BEAT ANY DAY!
AYE! FOR A MINUTE I THOCHT I WAS GOIN' TAE BE PLAYIN' "JAILHOUSE ROCK"!
KEN. H. HARRISON.

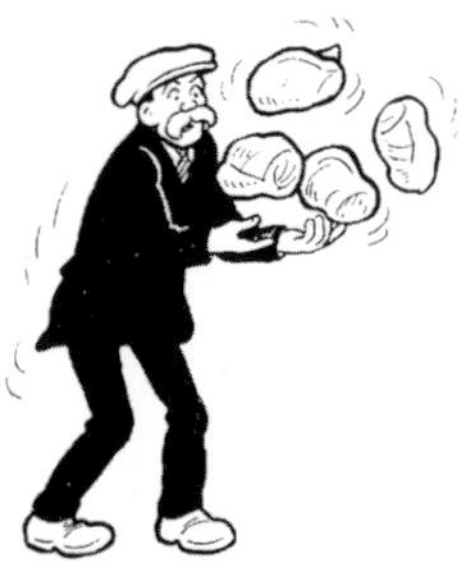

*The bairns find circus clowns a bore —*

*A' the fun's been seen before.*

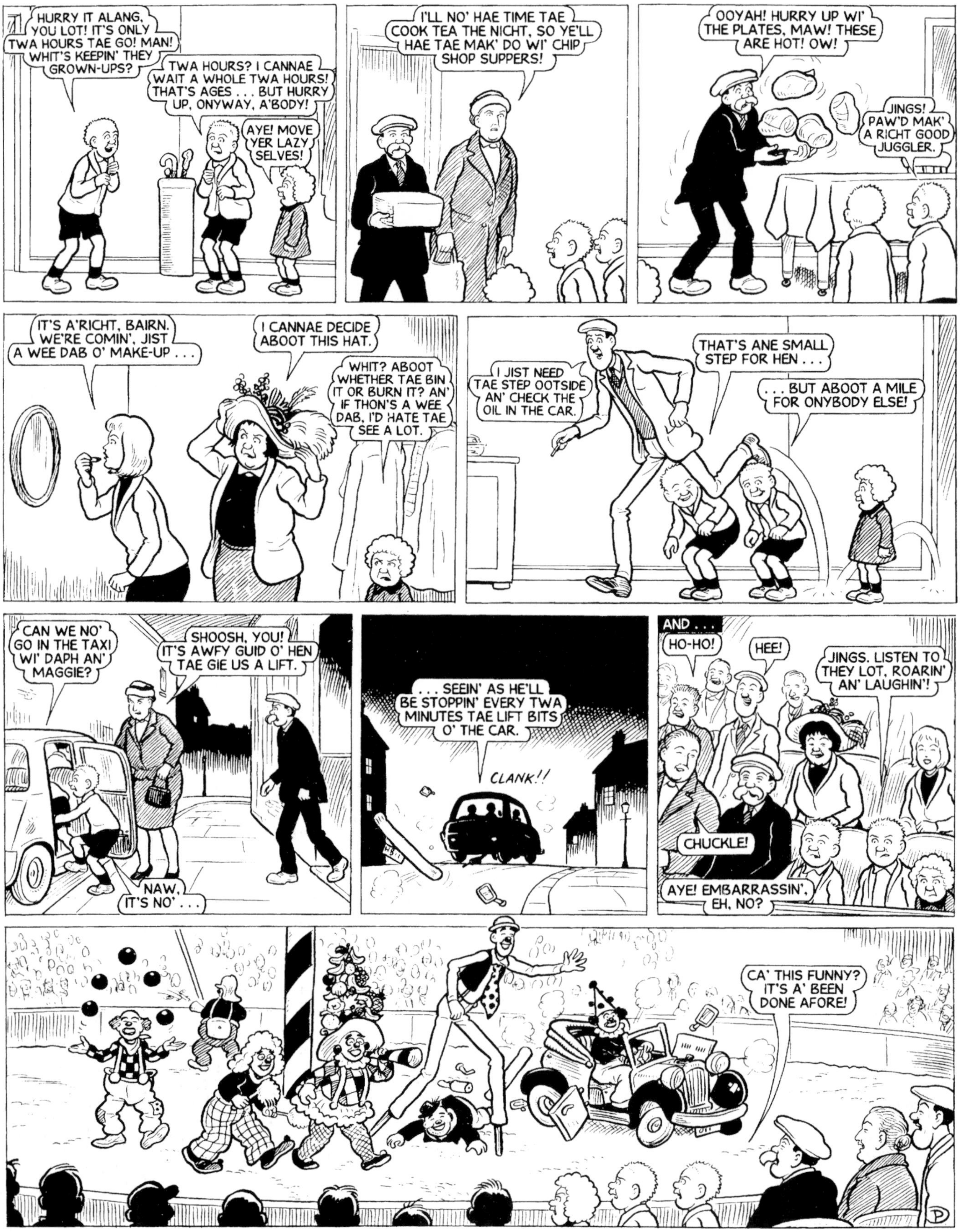

HURRY IT ALANG, YOU LOT! IT'S ONLY TWA HOURS TAE GO! MAN! WHIT'S KEEPIN' THEY GROWN-UPS?
TWA HOURS? I CANNAE WAIT A WHOLE TWA HOURS! THAT'S AGES . . . BUT HURRY UP, ONYWAY, A'BODY!
AYE! MOVE YER LAZY SELVES!
I'LL NO' HAE TIME TAE COOK TEA THE NICHT, SO YE'LL HAE TAE MAK' DO WI' CHIP SHOP SUPPERS!
OOYAH! HURRY UP WI' THE PLATES, MAW! THESE ARE HOT! OW!
JINGS! PAW'D MAK' A RICHT GOOD JUGGLER.
IT'S A'RICHT, BAIRN. WE'RE COMIN', JIST A WEE DAB O' MAKE-UP . . .
I CANNAE DECIDE ABOOT THIS HAT.
WHIT? ABOOT WHETHER TAE BIN IT OR BURN IT? AN' IF THON'S A WEE DAB, I'D HATE TAE SEE A LOT.
I JIST NEED TAE STEP OOTSIDE AN' CHECK THE OIL IN THE CAR.
THAT'S ANE SMALL STEP FOR HEN . . .
. . . BUT ABOOT A MILE FOR ONYBODY ELSE!
CAN WE NO' GO IN THE TAXI WI' DAPH AN' MAGGIE?
SHOOSH, YOU! IT'S AWFY GUID O' HEN TAE GIE US A LIFT.
NAW, IT'S NO' . . .
. . . SEEIN' AS HE'LL BE STOPPIN' EVERY TWA MINUTES TAE LIFT BITS O' THE CAR.
CLANK!!
AND . . .
HO-HO!
HEE!
JINGS. LISTEN TO THEY LOT, ROARIN' AN' LAUGHIN'!
CHUCKLE!
AYE! EMBARRASSIN', EH, NO?
CA' THIS FUNNY? IT'S A' BEEN DONE AFORE!

*The Bairn's fly, the Bairn's slick —*

*Just see her disappearing trick!*

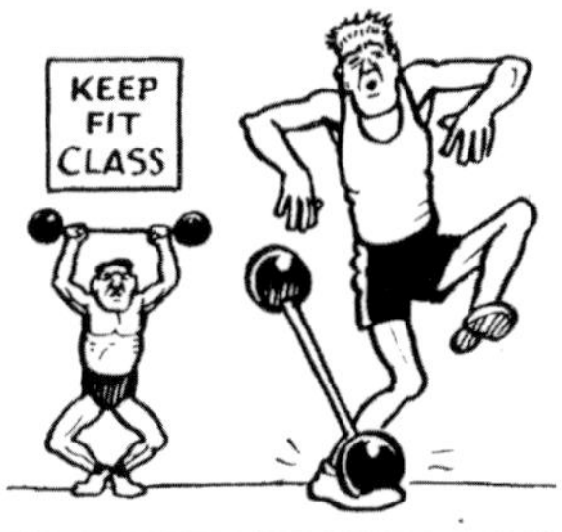
KEEP FIT CLASS

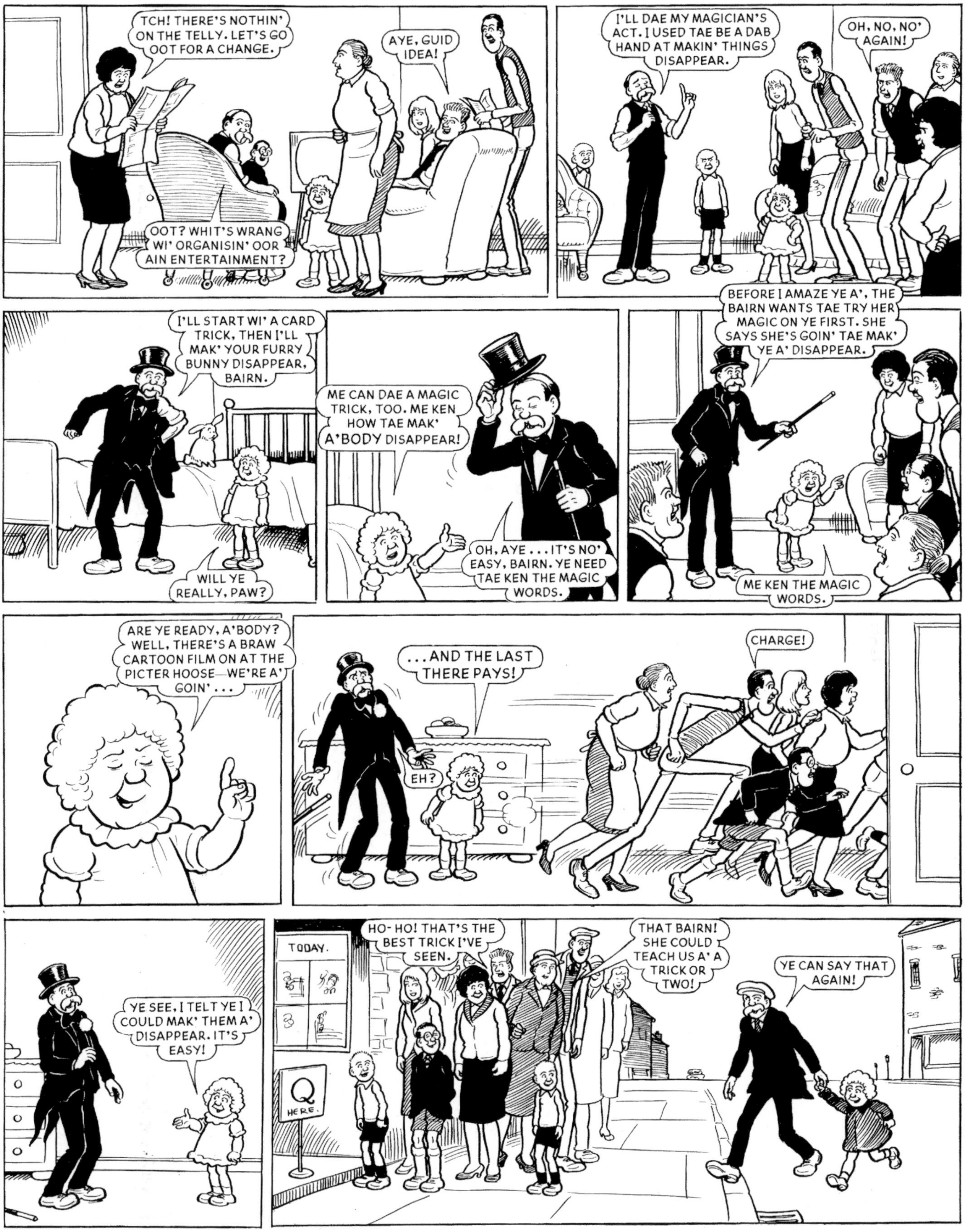
TCH! THERE'S NOTHIN' ON THE TELLY. LET'S GO OOT FOR A CHANGE.
AYE, GUID IDEA!
OOT? WHIT'S WRANG WI' ORGANISIN' OOR AIN ENTERTAINMENT?
I'LL DAE MY MAGICIAN'S ACT. I USED TAE BE A DAB HAND AT MAKIN' THINGS DISAPPEAR.
OH, NO, NO' AGAIN!
I'LL START WI' A CARD TRICK, THEN I'LL MAK' YOUR FURRY BUNNY DISAPPEAR, BAIRN.
WILL YE REALLY, PAW?
ME CAN DAE A MAGIC TRICK, TOO. ME KEN HOW TAE MAK' A'BODY DISAPPEAR!
OH, AYE . . . IT'S NO' EASY, BAIRN. YE NEED TAE KEN THE MAGIC WORDS.
BEFORE I AMAZE YE A', THE BAIRN WANTS TAE TRY HER MAGIC ON YE FIRST. SHE SAYS SHE'S GOIN' TAE MAK' YE A' DISAPPEAR.
ME KEN THE MAGIC WORDS.
ARE YE READY, A'BODY? WELL, THERE'S A BRAW CARTOON FILM ON AT THE PICTER HOOSE—WE'RE A' GOIN' . . .
. . . AND THE LAST THERE PAYS!
EH?
CHARGE!
YE SEE, I TELT YE I COULD MAK' THEM A' DISAPPEAR. IT'S EASY!
TODAY.
Q HERE.
HO- HO! THAT'S THE BEST TRICK I'VE SEEN.
THAT BAIRN! SHE COULD TEACH US A' A TRICK OR TWO!
YE CAN SAY THAT AGAIN!

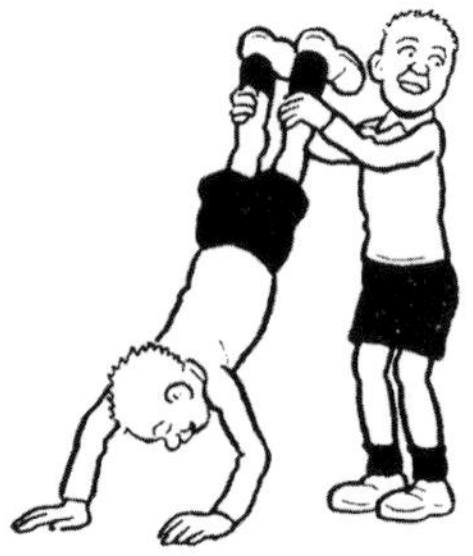

*A'thegither, up they go —*
*Tae try and win a talent show.*

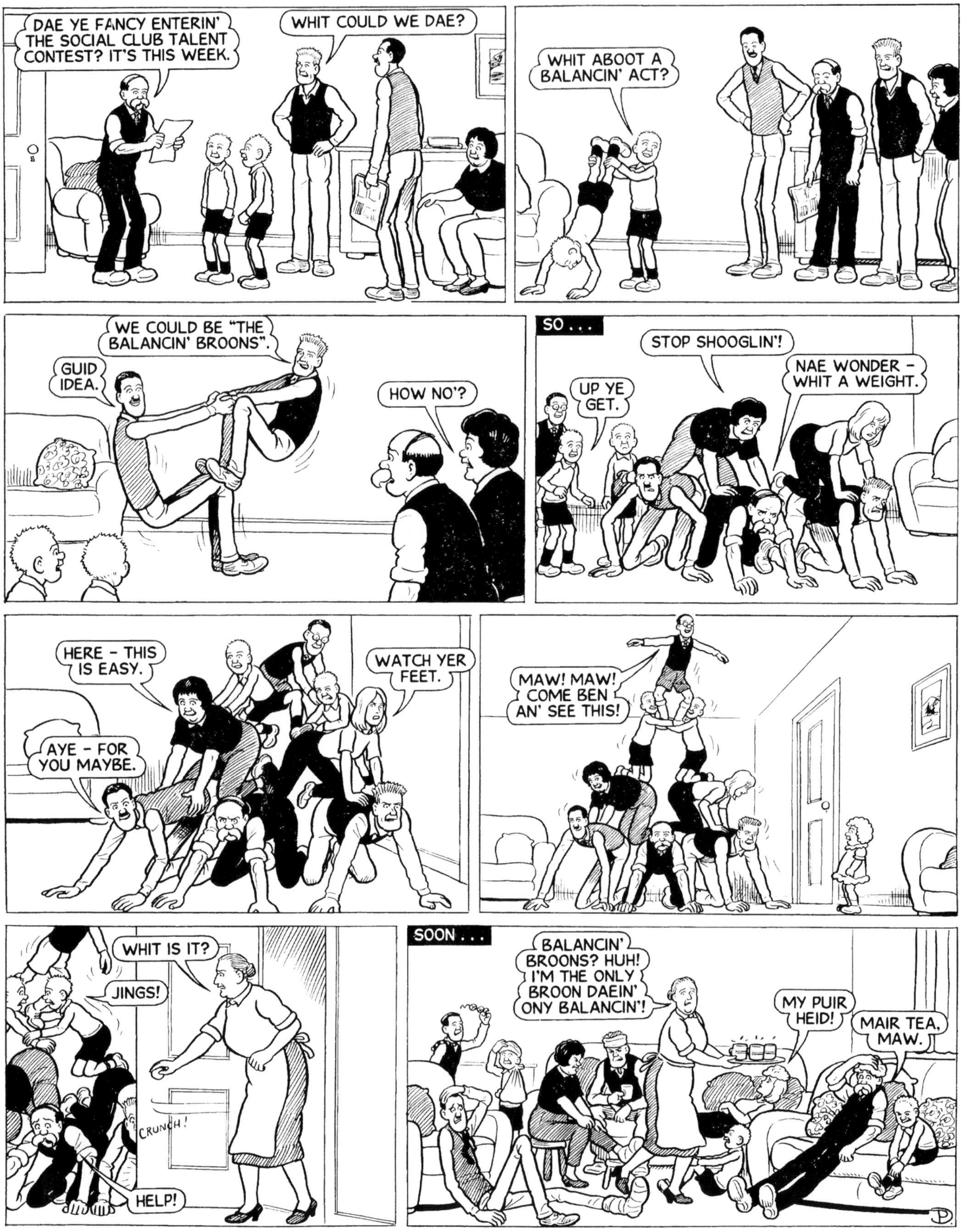

DAE YE FANCY ENTERIN' THE SOCIAL CLUB TALENT CONTEST? IT'S THIS WEEK.
WHIT COULD WE DAE?
WHIT ABOOT A BALANCIN' ACT?
GUID IDEA.
WE COULD BE "THE BALANCIN' BROONS".
HOW NO'?
SO . . .
UP YE GET.
STOP SHOOGLIN'!
NAE WONDER – WHIT A WEIGHT.
HERE – THIS IS EASY.
AYE – FOR YOU MAYBE.
WATCH YER FEET.
MAW! MAW! COME BEN AN' SEE THIS!
WHIT IS IT?
JINGS!
CRUNCH!
HELP!
SOON . . .
BALANCIN' BROONS? HUH! I'M THE ONLY BROON DAEIN' ONY BALANCIN'!
MY PUIR HEID!
MAIR TEA, MAW.

# Has Granpaw gone ravin' –
# instead o' behavin'?

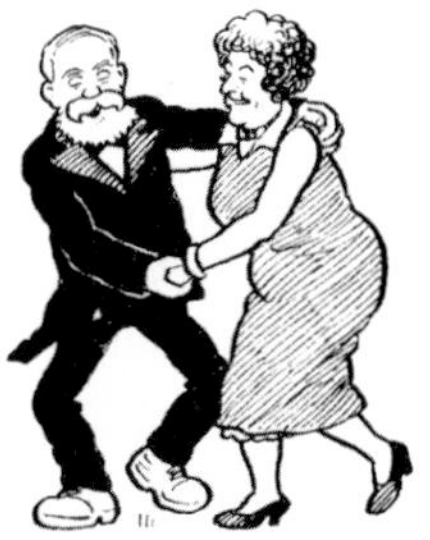

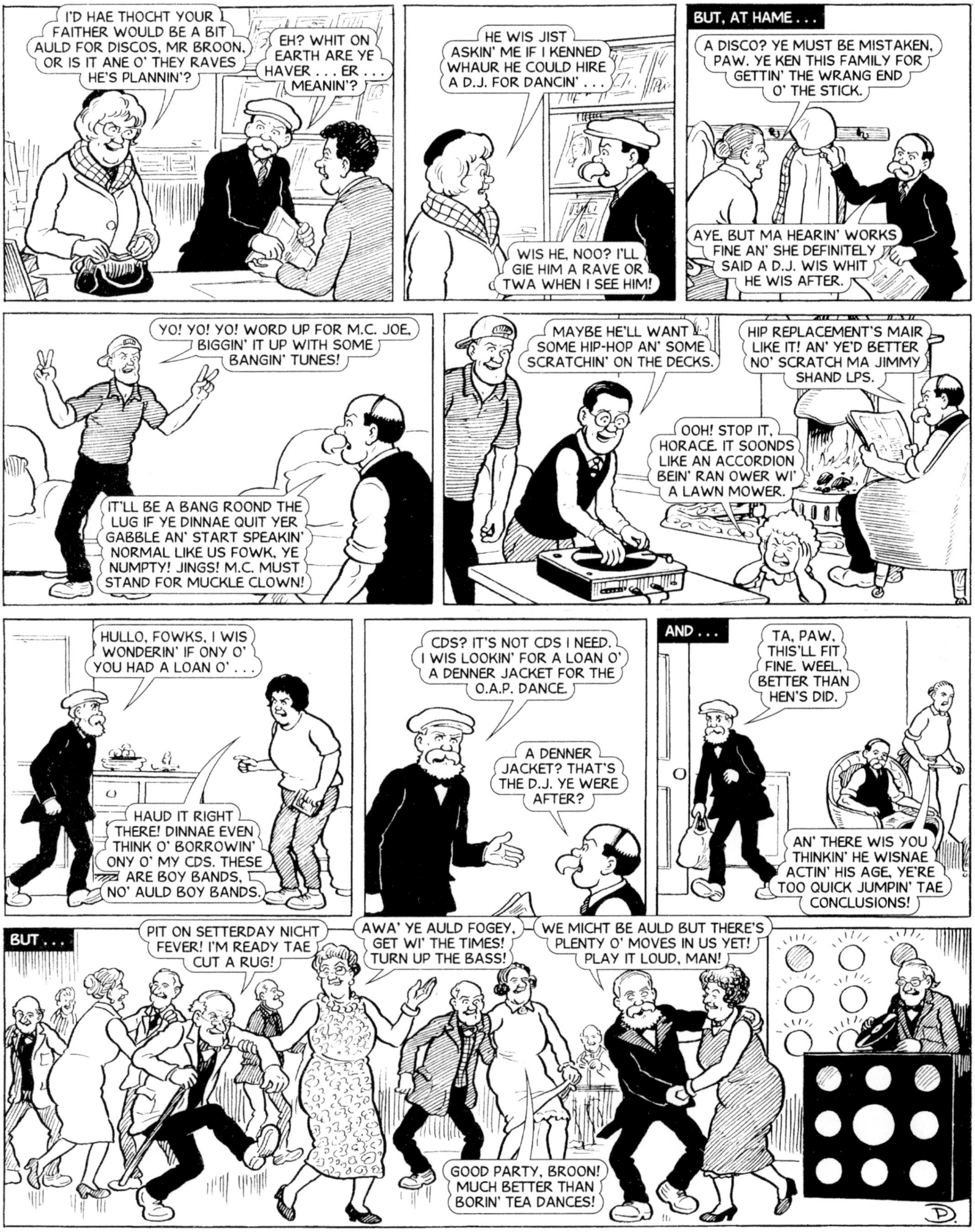

I'D HAE THOCHT YOUR FAITHER WOULD BE A BIT AULD FOR DISCOS, MR BROON, OR IS IT ANE O' THEY RAVES HE'S PLANNIN'?
EH? WHIT ON EARTH ARE YE HAVER . . . ER . . . MEANIN'?
HE WIS JIST ASKIN' ME IF I KENNED WHAUR HE COULD HIRE A D.J. FOR DANCIN' . . .
WIS HE, NOO? I'LL GIE HIM A RAVE OR TWA WHEN I SEE HIM!
BUT, AT HAME . . .
A DISCO? YE MUST BE MISTAKEN, PAW. YE KEN THIS FAMILY FOR GETTIN' THE WRANG END O' THE STICK.
AYE, BUT MA HEARIN' WORKS FINE AN' SHE DEFINITELY SAID A D.J. WIS WHIT HE WIS AFTER.
YO! YO! YO! WORD UP FOR M.C. JOE, BIGGIN' IT UP WITH SOME BANGIN' TUNES!
IT'LL BE A BANG ROOND THE LUG IF YE DINNAE QUIT YER GABBLE AN' START SPEAKIN' NORMAL LIKE US FOWK, YE NUMPTY! JINGS! M.C. MUST STAND FOR MUCKLE CLOWN!
MAYBE HE'LL WANT SOME HIP-HOP AN' SOME SCRATCHIN' ON THE DECKS.
HIP REPLACEMENT'S MAIR LIKE IT! AN' YE'D BETTER NO' SCRATCH MA JIMMY SHAND LPS.
OOH! STOP IT, HORACE. IT SOONDS LIKE AN ACCORDION BEIN' RAN OWER WI' A LAWN MOWER.
HULLO, FOWKS, I WIS WONDERIN' IF ONY O' YOU HAD A LOAN O' . . .
HAUD IT RIGHT THERE! DINNAE EVEN THINK O' BORROWIN' ONY O' MY CDS. THESE ARE BOY BANDS, NO' AULD BOY BANDS.
CDS? IT'S NOT CDS I NEED. I WIS LOOKIN' FOR A LOAN O' A DENNER JACKET FOR THE O.A.P. DANCE.
A DENNER JACKET? THAT'S THE D.J. YE WERE AFTER?
AND . . .
TA, PAW, THIS'LL FIT FINE. WEEL, BETTER THAN HEN'S DID.
AN' THERE WIS YOU THINKIN' HE WISNAE ACTIN' HIS AGE, YE'RE TOO QUICK JUMPIN' TAE CONCLUSIONS!
BUT . . .
PIT ON SETTERDAY NICHT FEVER! I'M READY TAE CUT A RUG!
AWA' YE AULD FOGEY, GET WI' THE TIMES! TURN UP THE BASS!
WE MICHT BE AULD BUT THERE'S PLENTY O' MOVES IN US YET! PLAY IT LOUD, MAN!
GOOD PARTY, BROON! MUCH BETTER THAN BORIN' TEA DANCES!

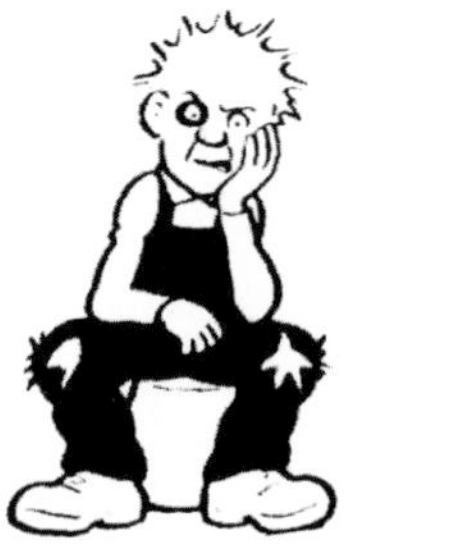

*See whit he daes —*

*Wi' the Drama Club claes!*

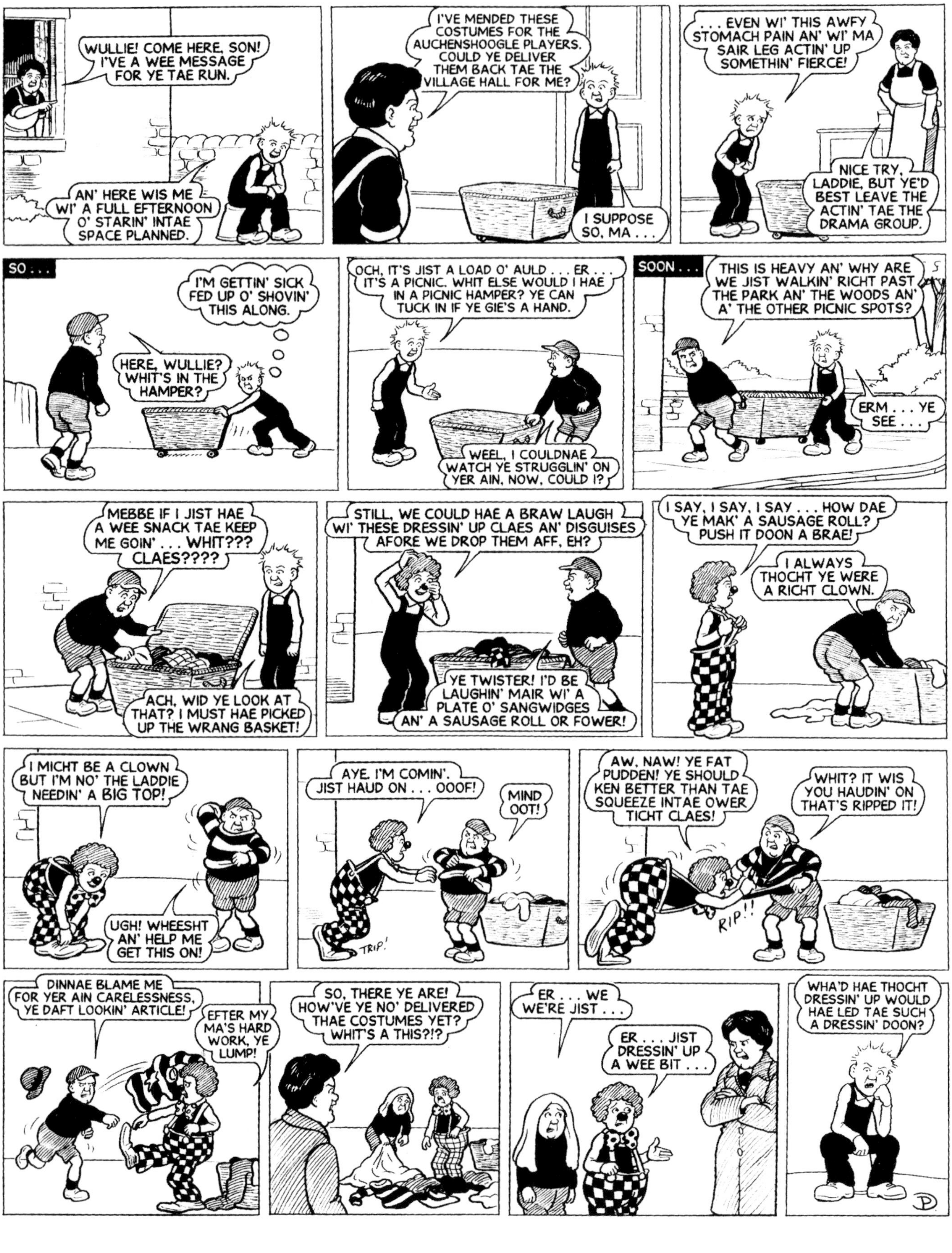

WULLIE! COME HERE, SON! I'VE A WEE MESSAGE FOR YE TAE RUN.
AN' HERE WIS ME WI' A FULL EFTERNOON O' STARIN' INTAE SPACE PLANNED.
I'VE MENDED THESE COSTUMES FOR THE AUCHENSHOOGLE PLAYERS. COULD YE DELIVER THEM BACK TAE THE VILLAGE HALL FOR ME?
I SUPPOSE SO, MA . . .
. . . EVEN WI' THIS AWFY STOMACH PAIN AN' WI' MA SAIR LEG ACTIN' UP SOMETHIN' FIERCE!
NICE TRY, LADDIE, BUT YE'D BEST LEAVE THE ACTIN' TAE THE DRAMA GROUP.
SO . . .
I'M GETTIN' SICK FED UP O' SHOVIN' THIS ALONG.
HERE, WULLIE? WHIT'S IN THE HAMPER?
OCH, IT'S JIST A LOAD O' AULD . . . ER . . . IT'S A PICNIC. WHIT ELSE WOULD I HAE IN A PICNIC HAMPER? YE CAN TUCK IN IF YE GIE'S A HAND.
WEEL, I COULDNAE WATCH YE STRUGGLIN' ON YER AIN, NOW, COULD I?
SOON . . .
THIS IS HEAVY AN' WHY ARE WE JIST WALKIN' RICHT PAST THE PARK AN' THE WOODS AN' A' THE OTHER PICNIC SPOTS?
ERM . . . YE SEE . . .
MEBBE IF I JIST HAE A WEE SNACK TAE KEEP ME GOIN' . . . WHIT??? CLAES????
ACH, WID YE LOOK AT THAT? I MUST HAE PICKED UP THE WRANG BASKET!
STILL, WE COULD HAE A BRAW LAUGH WI' THESE DRESSIN' UP CLAES AN' DISGUISES AFORE WE DROP THEM AFF, EH?
YE TWISTER! I'D BE LAUGHIN' MAIR WI' A PLATE O' SANGWIDGES AN' A SAUSAGE ROLL OR FOWER!
I SAY, I SAY, I SAY . . . HOW DAE YE MAK' A SAUSAGE ROLL? PUSH IT DOON A BRAE!
I ALWAYS THOCHT YE WERE A RICHT CLOWN.
I MICHT BE A CLOWN BUT I'M NO' THE LADDIE NEEDIN' A BIG TOP!
UGH! WHEESHT AN' HELP ME GET THIS ON!
AYE. I'M COMIN'. JIST HAUD ON . . . OOOF!
MIND OOT!
TRIP!
AW, NAW! YE FAT PUDDEN! YE SHOULD KEN BETTER THAN TAE SQUEEZE INTAE OWER TICHT CLAES!
WHIT? IT WIS YOU HAUDIN' ON THAT'S RIPPED IT!
RIP!!
DINNAE BLAME ME FOR YER AIN CARELESSNESS, YE DAFT LOOKIN' ARTICLE!
EFTER MY MA'S HARD WORK, YE LUMP!
SO, THERE YE ARE! HOW'VE YE NO' DELIVERED THAE COSTUMES YET? WHIT'S A THIS?!?
ER . . . WE WE'RE JIST . . .
ER . . . JIST DRESSIN' UP A WEE BIT . . .
WHA'D HAE THOCHT DRESSIN' UP WOULD HAE LED TAE SUCH A DRESSIN' DOON?

A talkin' tree gies fowk a fright —
But Wullie's "bark" is worse than his bite!

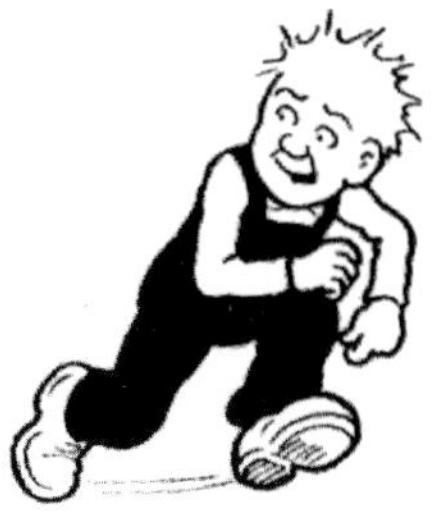

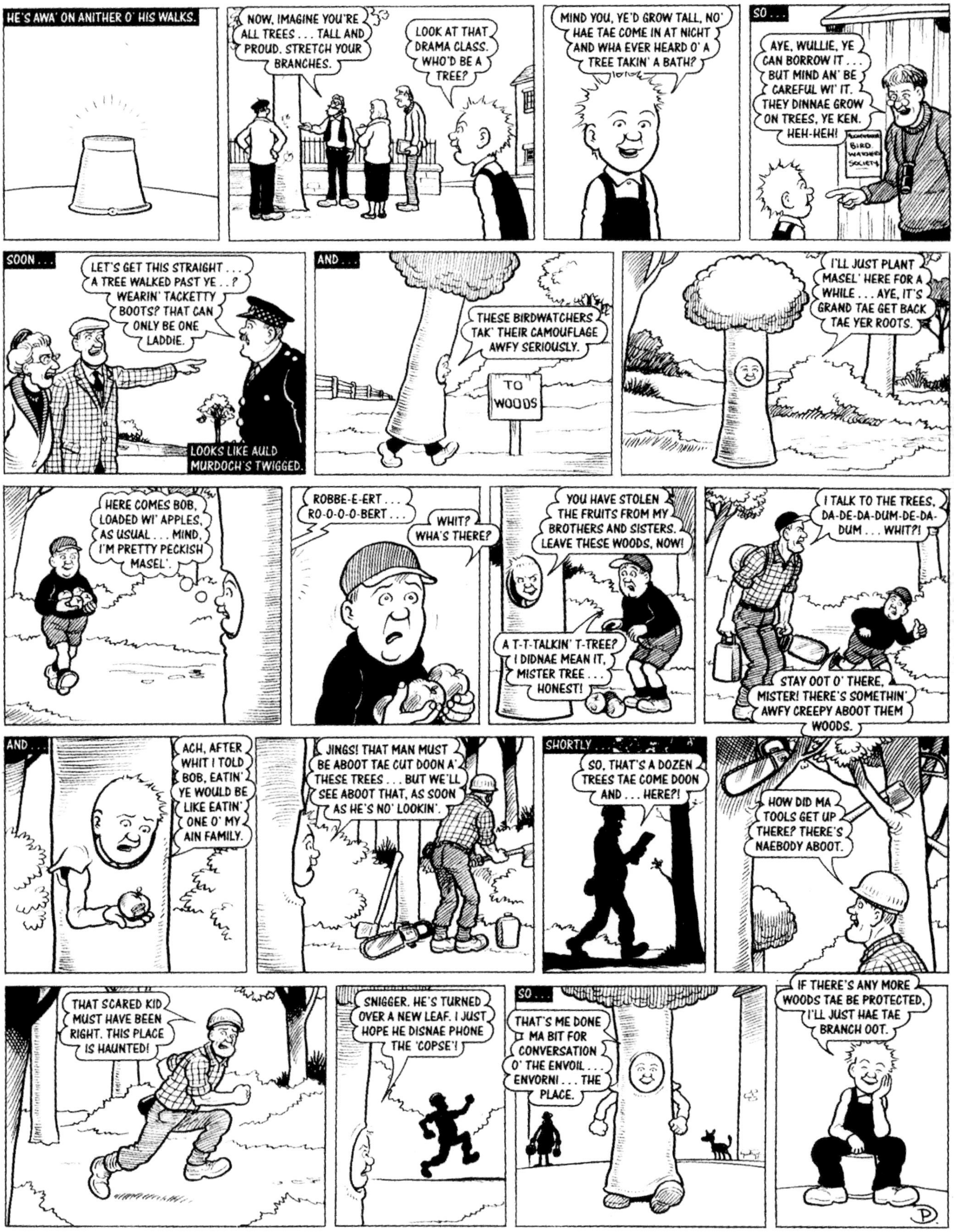
HE'S AWA' ON ANITHER O' HIS WALKS.
NOW, IMAGINE YOU'RE ALL TREES . . . TALL AND PROUD. STRETCH YOUR BRANCHES.
LOOK AT THAT DRAMA CLASS. WHO'D BE A TREE?
MIND YOU, YE'D GROW TALL, NO' HAE TAE COME IN AT NIGHT AND WHA EVER HEARD O' A TREE TAKIN' A BATH?
SO . . .
AYE, WULLIE, YE CAN BORROW IT . . . BUT MIND AN' BE CAREFUL WI' IT. THEY DINNAE GROW ON TREES, YE KEN. HEH-HEH!
BIRD WATCHERS SOCIETY
SOON . . .
LET'S GET THIS STRAIGHT . . . A TREE WALKED PAST YE . . ? WEARIN' TACKETTY BOOTS? THAT CAN ONLY BE ONE LADDIE.
LOOKS LIKE AULD MURDOCH'S TWIGGED.
AND . . .
THESE BIRDWATCHERS TAK' THEIR CAMOUFLAGE AWFY SERIOUSLY.
TO WOODS
I'LL JUST PLANT MASEL' HERE FOR A WHILE . . . AYE, IT'S GRAND TAE GET BACK TAE YER ROOTS.
HERE COMES BOB, LOADED WI' APPLES, AS USUAL . . . MIND, I'M PRETTY PECKISH MASEL'.
ROBBE-E-ERT . . . RO-O-O-O-BERT . . .
WHIT? WHA'S THERE?
YOU HAVE STOLEN THE FRUITS FROM MY BROTHERS AND SISTERS. LEAVE THESE WOODS, NOW!
A T-T-TALKIN' T-TREE? I DIDNAE MEAN IT, MISTER TREE . . . HONEST!
I TALK TO THE TREES, DA-DE-DA-DUM-DE-DA-DUM . . . WHIT?!
STAY OOT O' THERE, MISTER! THERE'S SOMETHIN' AWFY CREEPY ABOOT THEM WOODS.
AND . . .
ACH, AFTER WHIT I TOLD BOB, EATIN' YE WOULD BE LIKE EATIN' ONE O' MY AIN FAMILY.
JINGS! THAT MAN MUST BE ABOOT TAE CUT DOON A' THESE TREES . . . BUT WE'LL SEE ABOOT THAT, AS SOON AS HE'S NO' LOOKIN'.
SHORTLY . . .
SO, THAT'S A DOZEN TREES TAE COME DOON AND . . . HERE?!
HOW DID MA TOOLS GET UP THERE? THERE'S NAEBODY ABOOT.
THAT SCARED KID MUST HAVE BEEN RIGHT. THIS PLACE IS HAUNTED!
SNIGGER. HE'S TURNED OVER A NEW LEAF. I JUST HOPE HE DISNAE PHONE THE 'COPSE'!
SO . . .
THAT'S ME DONE MA BIT FOR CONVERSATION O' THE ENVOIL . . . ENVORNI . . . THE PLACE.
IF THERE'S ANY MORE WOODS TAE BE PROTECTED, I'LL JUST HAE TAE BRANCH OOT.

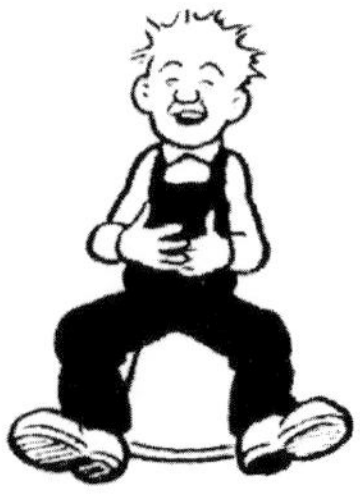

*See Wull's pals wince! —*

*It's a film . . . about MINCE!*

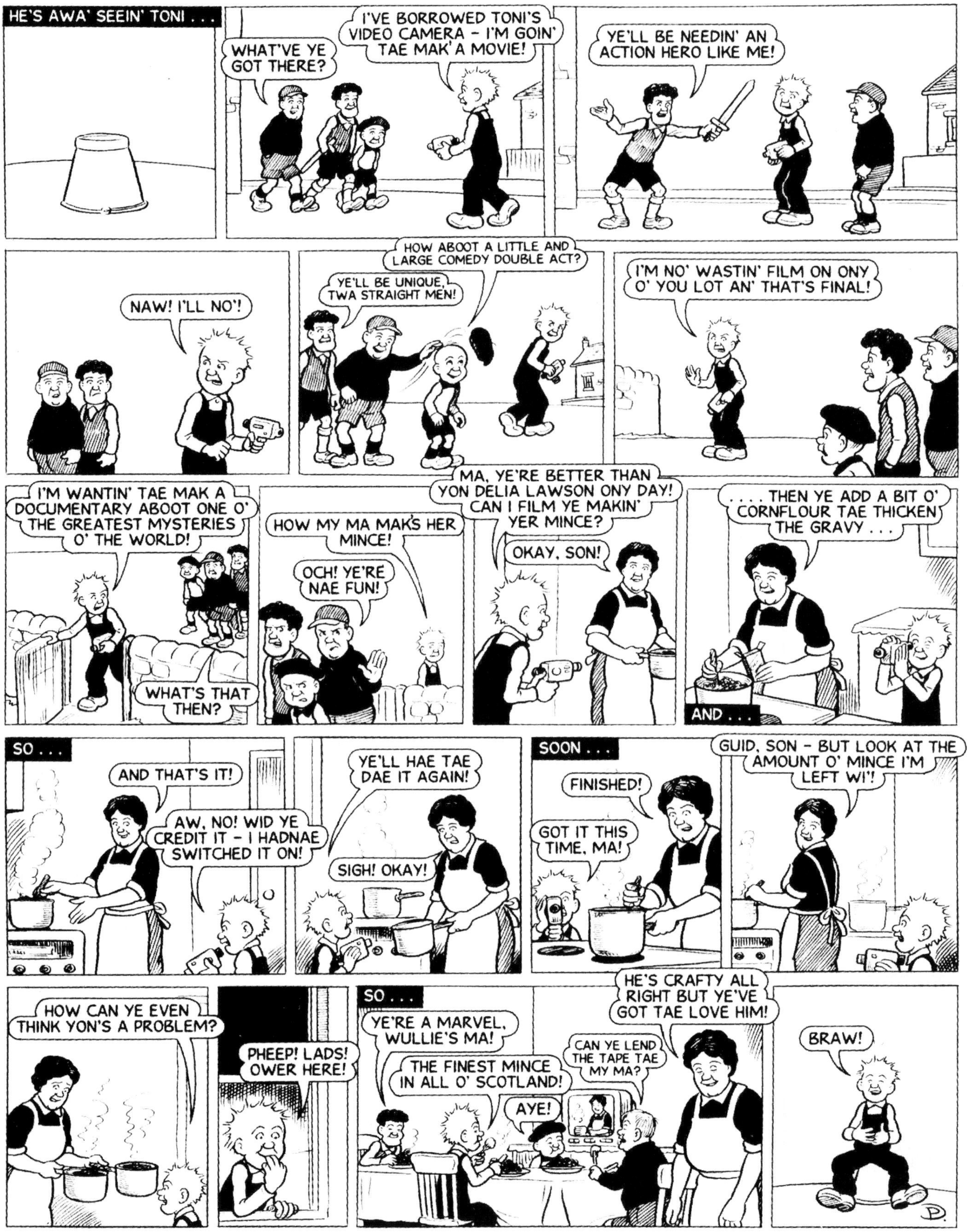

HE'S AWA' SEEIN' TONI . . .
WHAT'VE YE GOT THERE?
I'VE BORROWED TONI'S VIDEO CAMERA – I'M GOIN' TAE MAK' A MOVIE!
YE'LL BE NEEDIN' AN ACTION HERO LIKE ME!
NAW! I'LL NO'!
HOW ABOOT A LITTLE AND LARGE COMEDY DOUBLE ACT?
YE'LL BE UNIQUE, TWA STRAIGHT MEN!
I'M NO' WASTIN' FILM ON ONY O' YOU LOT AN' THAT'S FINAL!
I'M WANTIN' TAE MAK A DOCUMENTARY ABOOT ONE O' THE GREATEST MYSTERIES O' THE WORLD!
WHAT'S THAT THEN?
HOW MY MA MAKS HER MINCE!
OCH! YE'RE NAE FUN!
MA, YE'RE BETTER THAN YON DELIA LAWSON ONY DAY! CAN I FILM YE MAKIN' YER MINCE?
OKAY, SON!
. . . . THEN YE ADD A BIT O' CORNFLOUR TAE THICKEN THE GRAVY . . .
AND . . .
SO . . .
AND THAT'S IT!
AW, NO! WID YE CREDIT IT – I HADNAE SWITCHED IT ON!
YE'LL HAE TAE DAE IT AGAIN!
SIGH! OKAY!
SOON . . .
FINISHED!
GOT IT THIS TIME, MA!
GUID, SON – BUT LOOK AT THE AMOUNT O' MINCE I'M LEFT WI'!
HOW CAN YE EVEN THINK YON'S A PROBLEM?
PHEEP! LADS! OWER HERE!
SO . . .
YE'RE A MARVEL, WULLIE'S MA!
THE FINEST MINCE IN ALL O' SCOTLAND!
AYE!
CAN YE LEND THE TAPE TAE MY MA?
HE'S CRAFTY ALL RIGHT BUT YE'VE GOT TAE LOVE HIM!
BRAW!

## WULLIE SWINGS HIS SWORD WI' POWER, BUT IT TURNS HIM INTAE A FLOWER.

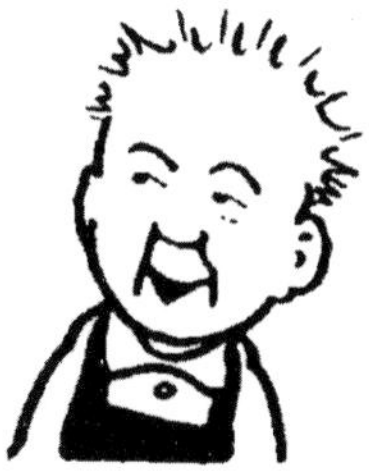

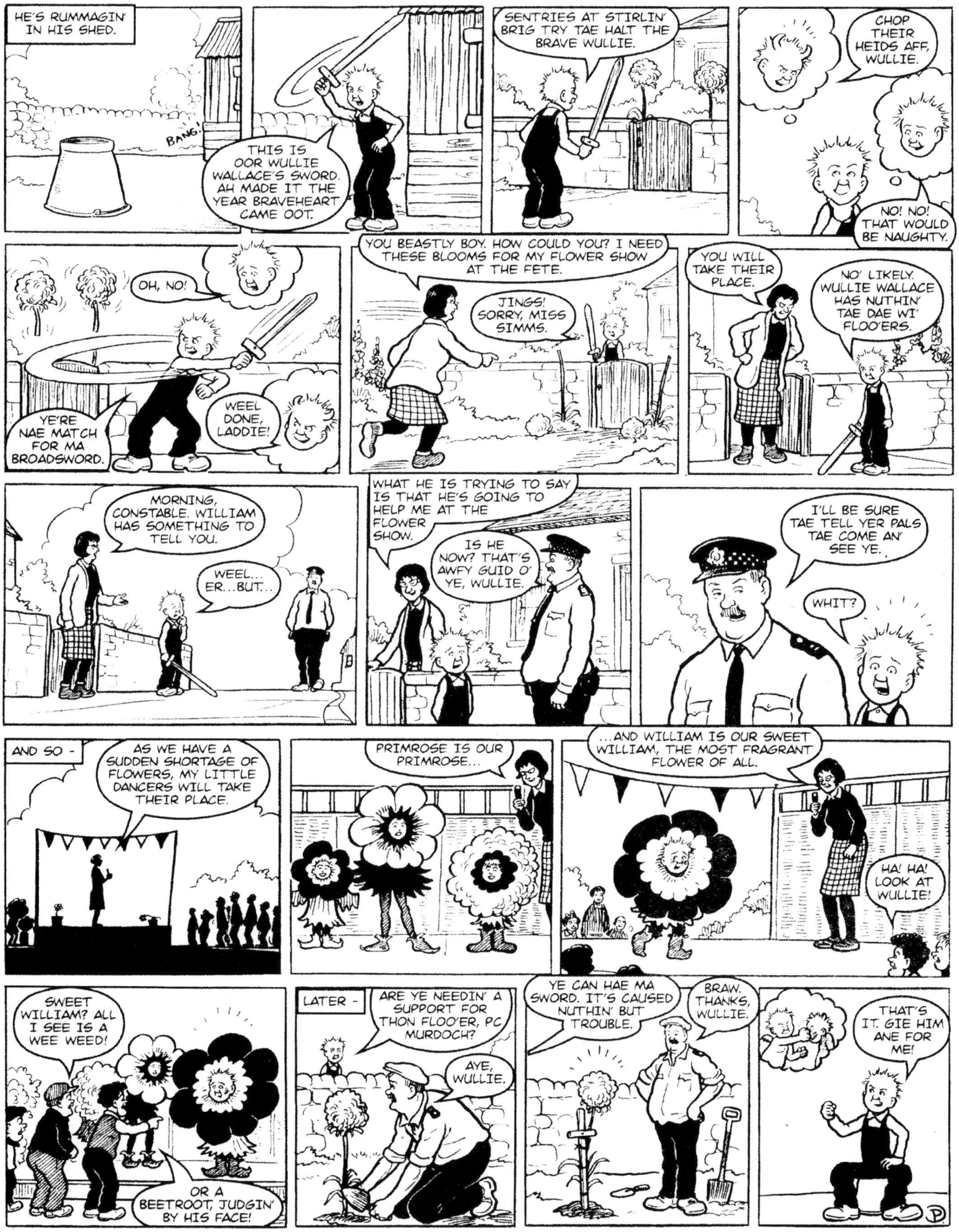

HE'S RUMMAGIN' IN HIS SHED.
BANG!
THIS IS OOR WULLIE WALLACE'S SWORD. AH MADE IT THE YEAR BRAVEHEART CAME OOT.
SENTRIES AT STIRLIN' BRIG TRY TAE HALT THE BRAVE WULLIE.
CHOP THEIR HEIDS AFF, WULLIE.
NO! NO! THAT WOULD BE NAUGHTY.
OH, NO!
YE'RE NAE MATCH FOR MA BROADSWORD.
WEEL DONE, LADDIE!
YOU BEASTLY BOY. HOW COULD YOU? I NEED THESE BLOOMS FOR MY FLOWER SHOW AT THE FETE.
JINGS! SORRY, MISS SIMMS.
YOU WILL TAKE THEIR PLACE.
NO' LIKELY. WULLIE WALLACE HAS NUTHIN' TAE DAE WI' FLOO'ERS.
MORNING, CONSTABLE. WILLIAM HAS SOMETHING TO TELL YOU.
WEEL... ER...BUT...
WHAT HE IS TRYING TO SAY IS THAT HE'S GOING TO HELP ME AT THE FLOWER SHOW.
IS HE NOW? THAT'S AWFY GUID O' YE, WULLIE.
I'LL BE SURE TAE TELL YER PALS TAE COME AN' SEE YE.
WHIT?
AND SO -
AS WE HAVE A SUDDEN SHORTAGE OF FLOWERS, MY LITTLE DANCERS WILL TAKE THEIR PLACE.
PRIMROSE IS OUR PRIMROSE...
...AND WILLIAM IS OUR SWEET WILLIAM, THE MOST FRAGRANT FLOWER OF ALL.
HA! HA! LOOK AT WULLIE!
SWEET WILLIAM? ALL I SEE IS A WEE WEED!
OR A BEETROOT, JUDGIN' BY HIS FACE!
LATER -
ARE YE NEEDIN' A SUPPORT FOR THON FLOO'ER, PC MURDOCH?
AYE, WULLIE.
YE CAN HAE MA SWORD. IT'S CAUSED NUTHIN' BUT TROUBLE.
BRAW. THANKS, WULLIE.
THAT'S IT. GIE HIM ANE FOR ME!

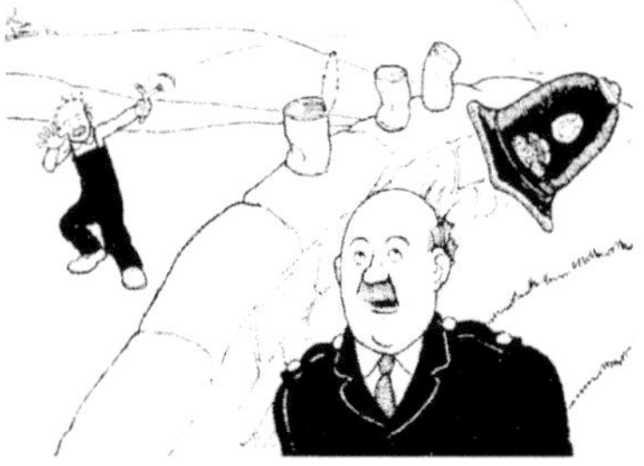

NEVER A DAY SEEMS TO PASS,
WITHOOT WULL KEPT BEHIND IN CLASS.

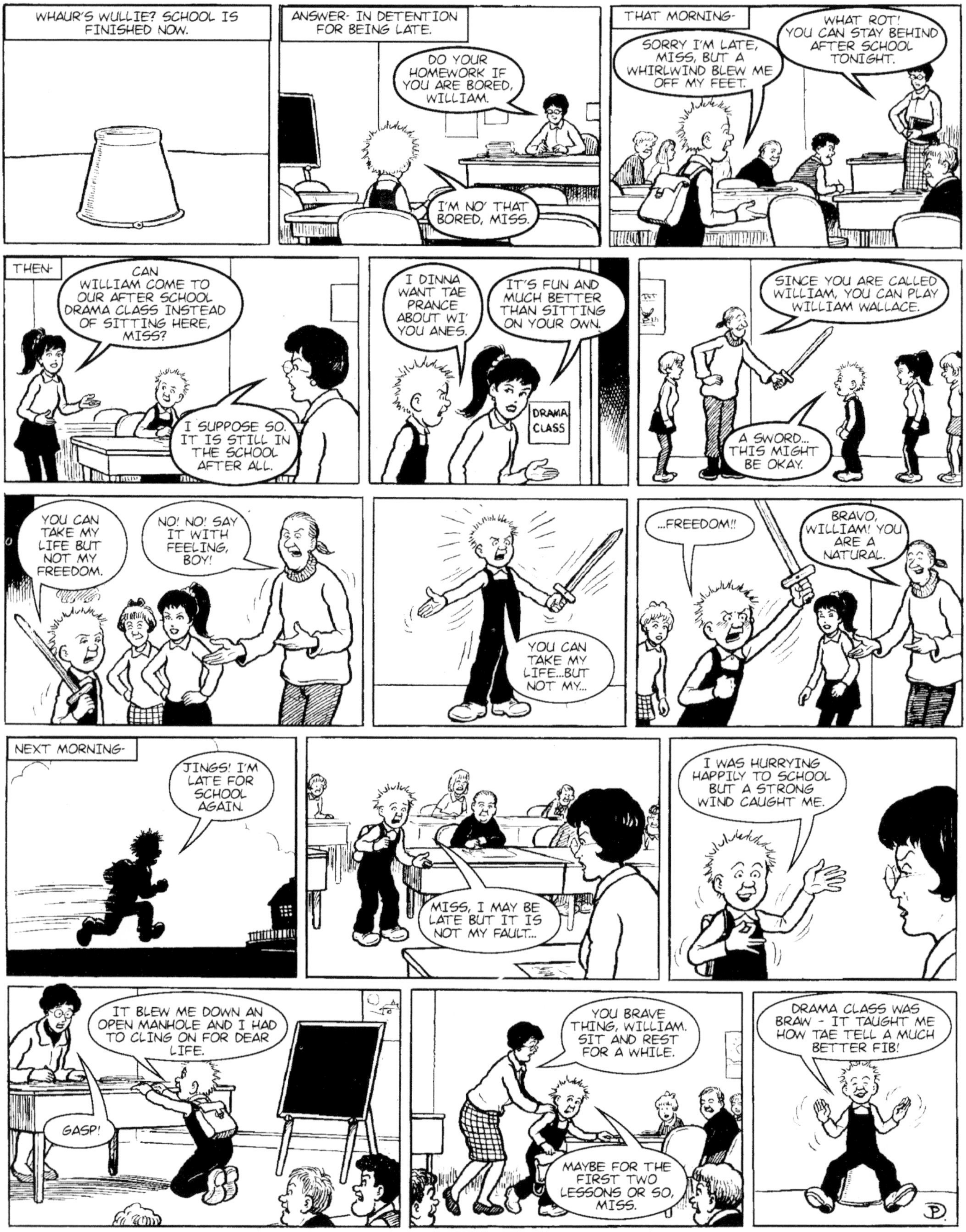

WHAUR'S WULLIE? SCHOOL IS FINISHED NOW.
ANSWER- IN DETENTION FOR BEING LATE.
DO YOUR HOMEWORK IF YOU ARE BORED, WILLIAM.
I'M NO' THAT BORED, MISS.
THAT MORNING-
SORRY I'M LATE, MISS, BUT A WHIRLWIND BLEW ME OFF MY FEET.
WHAT ROT! YOU CAN STAY BEHIND AFTER SCHOOL TONIGHT.
THEN-
CAN WILLIAM COME TO OUR AFTER SCHOOL DRAMA CLASS INSTEAD OF SITTING HERE, MISS?
I SUPPOSE SO. IT IS STILL IN THE SCHOOL AFTER ALL.
I DINNA WANT TAE PRANCE ABOUT WI' YOU ANES.
IT'S FUN AND MUCH BETTER THAN SITTING ON YOUR OWN.
DRAMA CLASS
SINCE YOU ARE CALLED WILLIAM, YOU CAN PLAY WILLIAM WALLACE.
A SWORD... THIS MIGHT BE OKAY.
YOU CAN TAKE MY LIFE BUT NOT MY FREEDOM.
NO! NO! SAY IT WITH FEELING, BOY!
YOU CAN TAKE MY LIFE...BUT NOT MY...
...FREEDOM!!
BRAVO, WILLIAM! YOU ARE A NATURAL.
NEXT MORNING-
JINGS! I'M LATE FOR SCHOOL AGAIN.
MISS, I MAY BE LATE BUT IT IS NOT MY FAULT...
I WAS HURRYING HAPPILY TO SCHOOL BUT A STRONG WIND CAUGHT ME.
IT BLEW ME DOWN AN OPEN MANHOLE AND I HAD TO CLING ON FOR DEAR LIFE.
GASP!
YOU BRAVE THING, WILLIAM. SIT AND REST FOR A WHILE.
MAYBE FOR THE FIRST TWO LESSONS OR SO, MISS.
DRAMA CLASS WAS BRAW - IT TAUGHT ME HOW TAE TELL A MUCH BETTER FIB!

A Hieland fling an' eightsome reel,
Are things that hae nae real appeal.

'Til Wullie's telt they were the rage,
Wi' laddies o' a bygone age.

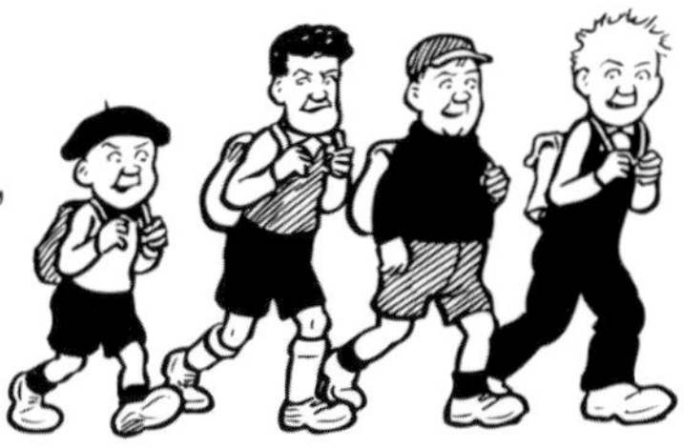

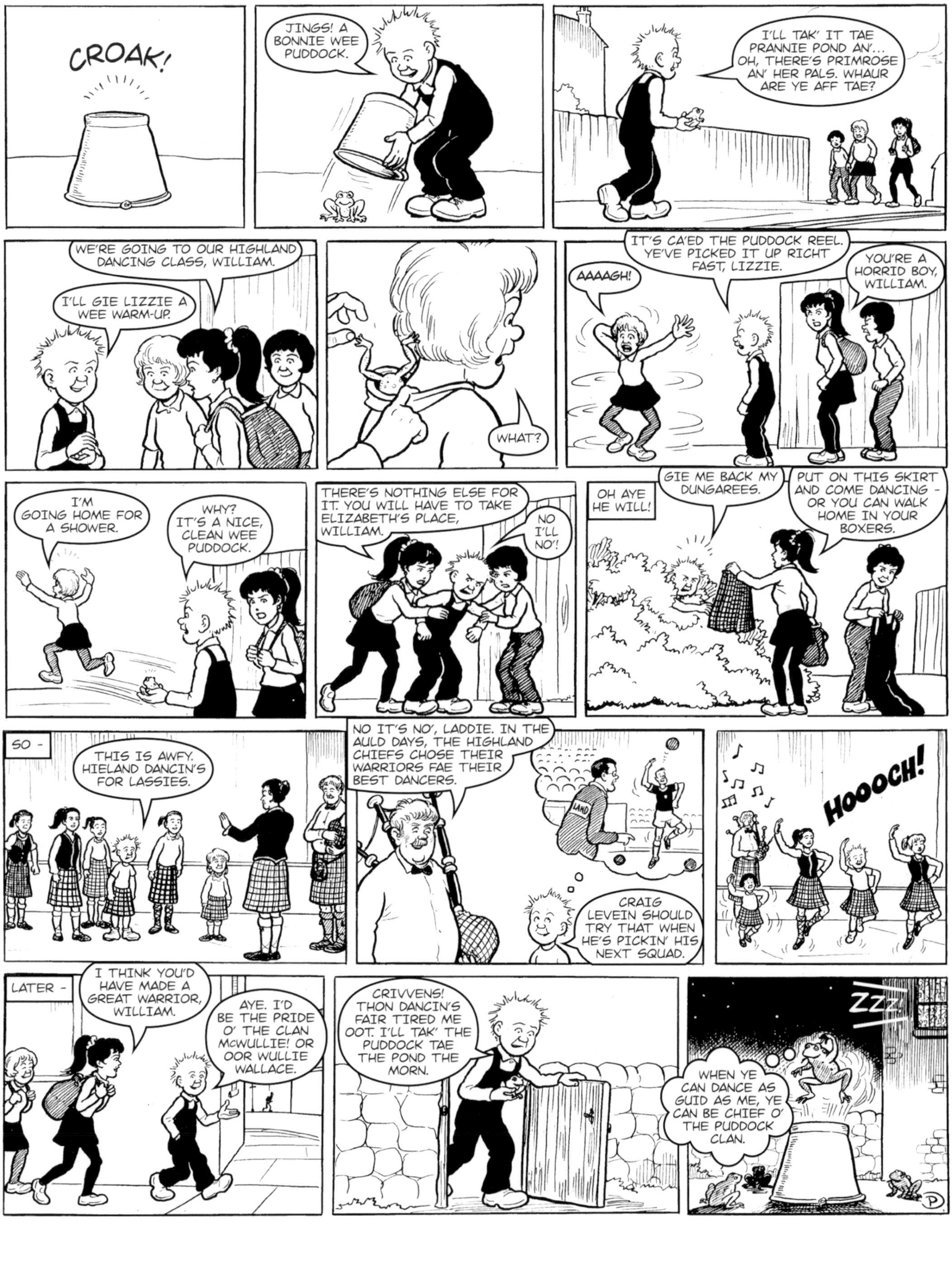

CROAK!
JINGS! A BONNIE WEE PUDDOCK.
I'LL TAK' IT TAE PRANNIE POND AN'... OH, THERE'S PRIMROSE AN' HER PALS. WHAUR ARE YE AFF TAE?
WE'RE GOING TO OUR HIGHLAND DANCING CLASS, WILLIAM.
I'LL GIE LIZZIE A WEE WARM-UP.
WHAT?
AAAAGH!
IT'S CA'ED THE PUDDOCK REEL. YE'VE PICKED IT UP RICHT FAST, LIZZIE.
YOU'RE A HORRID BOY, WILLIAM.
I'M GOING HOME FOR A SHOWER.
WHY? IT'S A NICE, CLEAN WEE PUDDOCK.
THERE'S NOTHING ELSE FOR IT. YOU WILL HAVE TO TAKE ELIZABETH'S PLACE, WILLIAM.
NO I'LL NO'!
OH AYE HE WILL!
GIE ME BACK MY DUNGAREES.
PUT ON THIS SKIRT AND COME DANCING - OR YOU CAN WALK HOME IN YOUR BOXERS.
SO -
THIS IS AWFY. HIELAND DANCIN'S FOR LASSIES.
NO IT'S NO', LADDIE. IN THE AULD DAYS, THE HIGHLAND CHIEFS CHOSE THEIR WARRIORS FAE THEIR BEST DANCERS.
LAND
CRAIG LEVEIN SHOULD TRY THAT WHEN HE'S PICKIN' HIS NEXT SQUAD.
HOOOCH!
LATER -
I THINK YOU'D HAVE MADE A GREAT WARRIOR, WILLIAM.
AYE. I'D BE THE PRIDE O' THE CLAN McWULLIE! OR OOR WULLIE WALLACE.
CRIVVENS! THON DANCIN'S FAIR TIRED ME OOT. I'LL TAK' THE PUDDOCK TAE THE POND THE MORN.
ZZZ
WHEN YE CAN DANCE AS GUID AS ME, YE CAN BE CHIEF O' THE PUDDOCK CLAN.

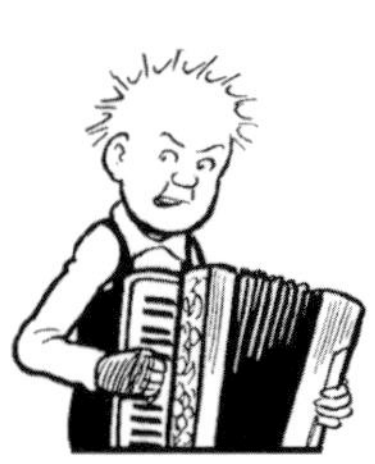

Puir Bob is set tae lose his socks –
A' thanks tae Wullie an' his box.

Cos though his music's no' that great,
At trickery, oor lad's first-rate.

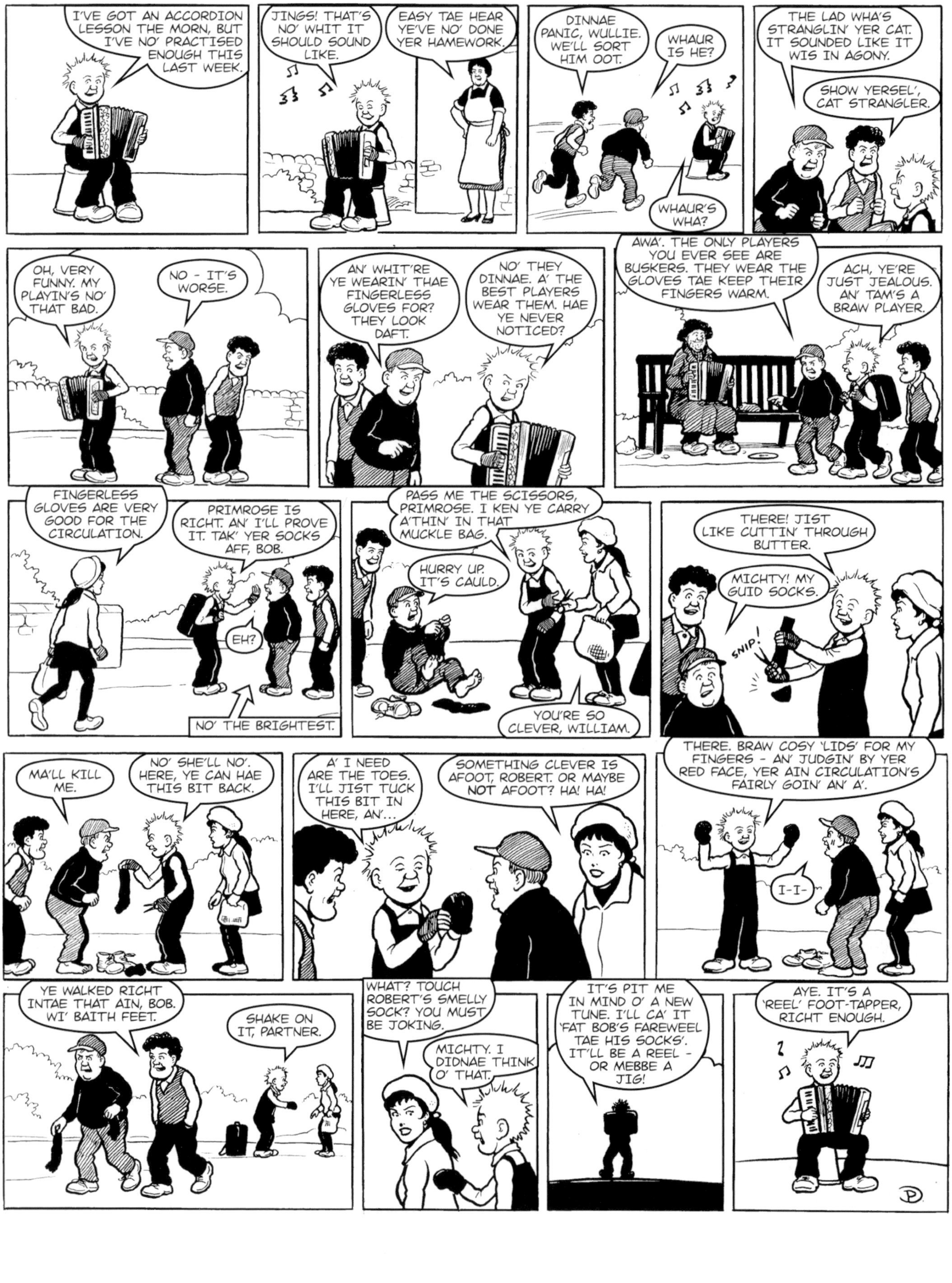

I'VE GOT AN ACCORDION LESSON THE MORN, BUT I'VE NO' PRACTISED ENOUGH THIS LAST WEEK.
JINGS! THAT'S NO' WHIT IT SHOULD SOUND LIKE.
EASY TAE HEAR YE'VE NO' DONE YER HAMEWORK.
DINNAE PANIC, WULLIE. WE'LL SORT HIM OOT.
WHAUR IS HE?
WHAUR'S WHA?
THE LAD WHA'S STRANGLIN' YER CAT. IT SOUNDED LIKE IT WIS IN AGONY.
SHOW YERSEL', CAT STRANGLER.
OH, VERY FUNNY. MY PLAYIN'S NO' THAT BAD.
NO - IT'S WORSE.
AN' WHIT'RE YE WEARIN' THAE FINGERLESS GLOVES FOR? THEY LOOK DAFT.
NO' THEY DINNAE. A' THE BEST PLAYERS WEAR THEM. HAE YE NEVER NOTICED?
AWA'. THE ONLY PLAYERS YOU EVER SEE ARE BUSKERS. THEY WEAR THE GLOVES TAE KEEP THEIR FINGERS WARM.
ACH, YE'RE JUST JEALOUS. AN' TAM'S A BRAW PLAYER.
FINGERLESS GLOVES ARE VERY GOOD FOR THE CIRCULATION.
PRIMROSE IS RICHT. AN' I'LL PROVE IT. TAK' YER SOCKS AFF, BOB.
EH?
NO' THE BRIGHTEST.
PASS ME THE SCISSORS, PRIMROSE. I KEN YE CARRY A'THIN' IN THAT MUCKLE BAG.
HURRY UP. IT'S CAULD.
YOU'RE SO CLEVER, WILLIAM.
THERE! JIST LIKE CUTTIN' THROUGH BUTTER.
MICHTY! MY GUID SOCKS.
SNIP!
MA'LL KILL ME.
NO' SHE'LL NO'. HERE, YE CAN HAE THIS BIT BACK.
A' I NEED ARE THE TOES. I'LL JIST TUCK THIS BIT IN HERE, AN'...
SOMETHING CLEVER IS AFOOT, ROBERT. OR MAYBE NOT AFOOT? HA! HA!
THERE. BRAW COSY 'LIDS' FOR MY FINGERS - AN' JUDGIN' BY YER RED FACE, YER AIN CIRCULATION'S FAIRLY GOIN' AN' A'.
I-I-
YE WALKED RICHT INTAE THAT AIN, BOB. WI' BAITH FEET.
SHAKE ON IT, PARTNER.
WHAT? TOUCH ROBERT'S SMELLY SOCK? YOU MUST BE JOKING.
MICHTY. I DIDNAE THINK O' THAT.
IT'S PIT ME IN MIND O' A NEW TUNE. I'LL CA' IT 'FAT BOB'S FAREWEEL TAE HIS SOCKS'. IT'LL BE A REEL - OR MEBBE A JIG!
AYE. IT'S A 'REEL' FOOT-TAPPER, RICHT ENOUGH.

FOR TREATING HIS CLASS WI' GREAT CARE,
WULLIE'S GIVEN THE DIRECTOR'S CHAIR.

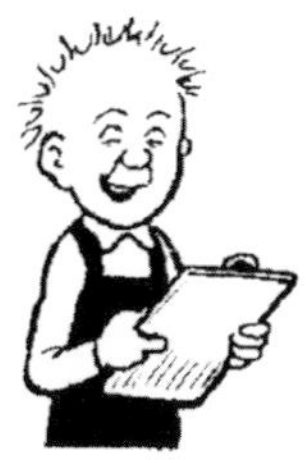

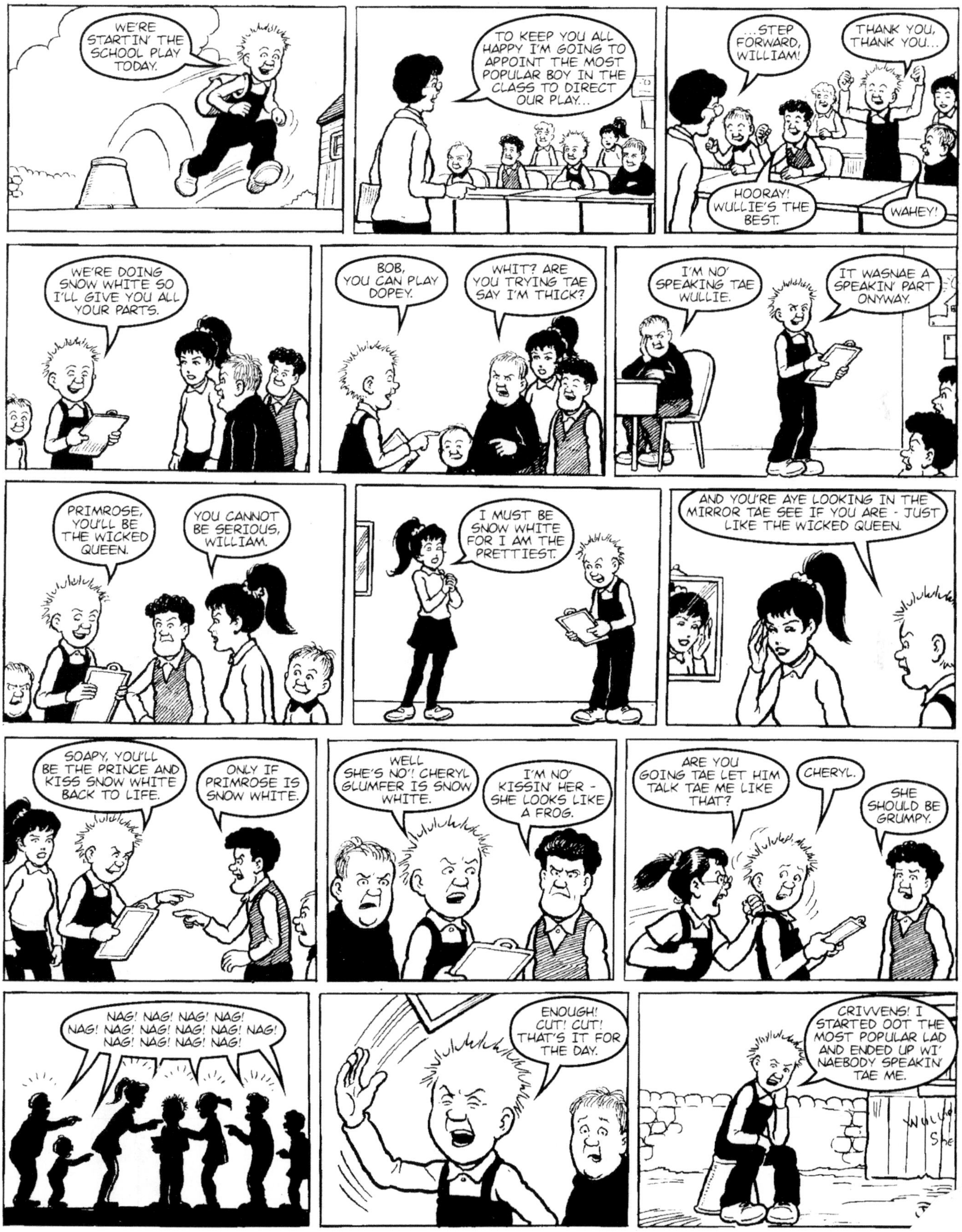

WE'RE STARTIN' THE SCHOOL PLAY TODAY.
TO KEEP YOU ALL HAPPY I'M GOING TO APPOINT THE MOST POPULAR BOY IN THE CLASS TO DIRECT OUR PLAY...
...STEP FORWARD, WILLIAM!
THANK YOU, THANK YOU...
HOORAY! WULLIE'S THE BEST.
WAHEY!
WE'RE DOING SNOW WHITE SO I'LL GIVE YOU ALL YOUR PARTS.
BOB, YOU CAN PLAY DOPEY.
WHIT? ARE YOU TRYING TAE SAY I'M THICK?
I'M NO' SPEAKING TAE WULLIE.
IT WASNAE A SPEAKIN' PART ONYWAY.
PRIMROSE, YOU'LL BE THE WICKED QUEEN.
YOU CANNOT BE SERIOUS, WILLIAM.
I MUST BE SNOW WHITE FOR I AM THE PRETTIEST.
AND YOU'RE AYE LOOKING IN THE MIRROR TAE SEE IF YOU ARE - JUST LIKE THE WICKED QUEEN.
SOAPY, YOU'LL BE THE PRINCE AND KISS SNOW WHITE BACK TO LIFE.
ONLY IF PRIMROSE IS SNOW WHITE.
WELL SHE'S NO'! CHERYL GLUMFER IS SNOW WHITE.
I'M NO' KISSIN' HER - SHE LOOKS LIKE A FROG.
ARE YOU GOING TAE LET HIM TALK TAE ME LIKE THAT?
CHERYL.
SHE SHOULD BE GRUMPY.
NAG! NAG! NAG! NAG! NAG! NAG! NAG! NAG! NAG! NAG! NAG! NAG! NAG! NAG!
ENOUGH! CUT! CUT! THAT'S IT FOR THE DAY.
CRIVVENS! I STARTED OOT THE MOST POPULAR LAD AND ENDED UP WI' NAEBODY SPEAKIN' TAE ME.

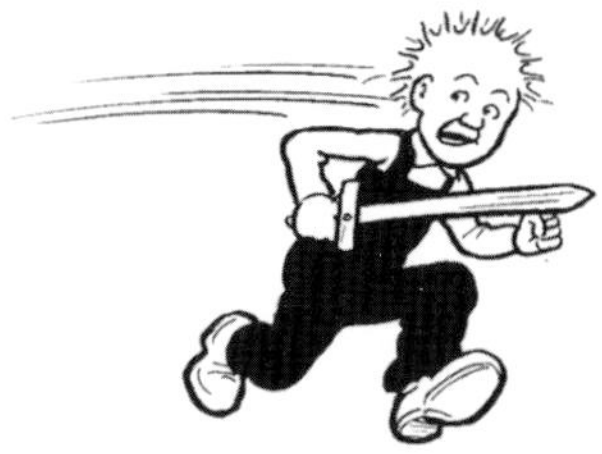

Wullie's career might go far,
If he becomes a film star.

There could be fame and wealth ahead,
With a help from his auld shed.

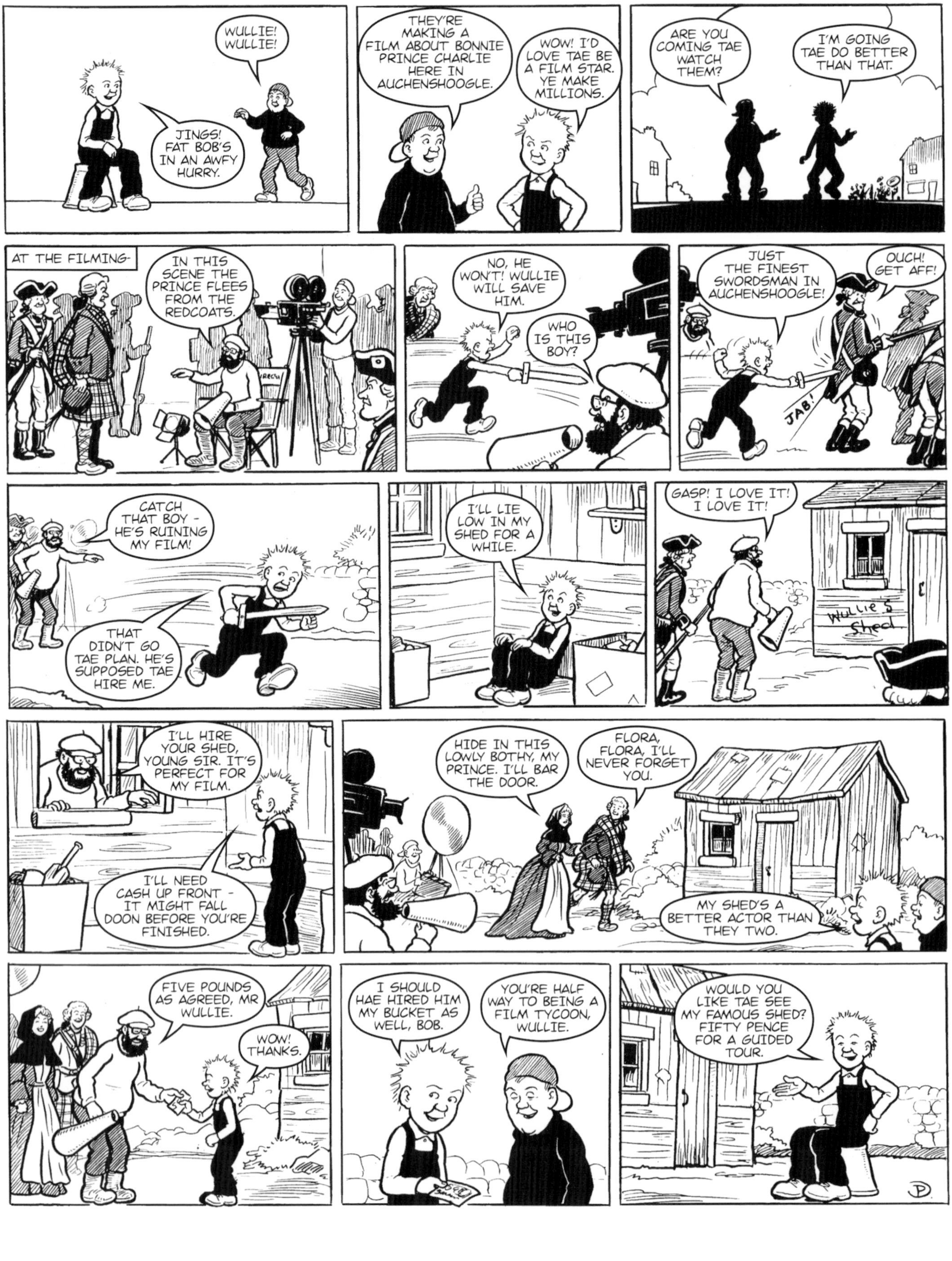

WULLIE! WULLIE!
JINGS! FAT BOB'S IN AN AWFY HURRY.
THEY'RE MAKING A FILM ABOUT BONNIE PRINCE CHARLIE HERE IN AUCHENSHOOGLE.
WOW! I'D LOVE TAE BE A FILM STAR. YE MAKE MILLIONS.
ARE YOU COMING TAE WATCH THEM?
I'M GOING TAE DO BETTER THAN THAT.
AT THE FILMING-
IN THIS SCENE THE PRINCE FLEES FROM THE REDCOATS.
NO, HE WON'T! WULLIE WILL SAVE HIM.
WHO IS THIS BOY?
JUST THE FINEST SWORDSMAN IN AUCHENSHOOGLE!
OUCH! GET AFF!
JAB!
CATCH THAT BOY - HE'S RUINING MY FILM!
THAT DIDN'T GO TAE PLAN. HE'S SUPPOSED TAE HIRE ME.
I'LL LIE LOW IN MY SHED FOR A WHILE.
GASP! I LOVE IT! I LOVE IT!
Wullie's Shed
I'LL HIRE YOUR SHED, YOUNG SIR. IT'S PERFECT FOR MY FILM.
I'LL NEED CASH UP FRONT - IT MIGHT FALL DOON BEFORE YOU'RE FINISHED.
HIDE IN THIS LOWLY BOTHY, MY PRINCE. I'LL BAR THE DOOR.
FLORA, FLORA, I'LL NEVER FORGET YOU.
MY SHED'S A BETTER ACTOR THAN THEY TWO.
FIVE POUNDS AS AGREED, MR WULLIE.
WOW! THANKS.
I SHOULD HAE HIRED HIM MY BUCKET AS WELL, BOB.
YOU'RE HALF WAY TO BEING A FILM TYCOON, WULLIE.
WOULD YOU LIKE TAE SEE MY FAMOUS SHED? FIFTY PENCE FOR A GUIDED TOUR.

# Wullie's heavy rockin' –
# is somethin' truly shockin'!

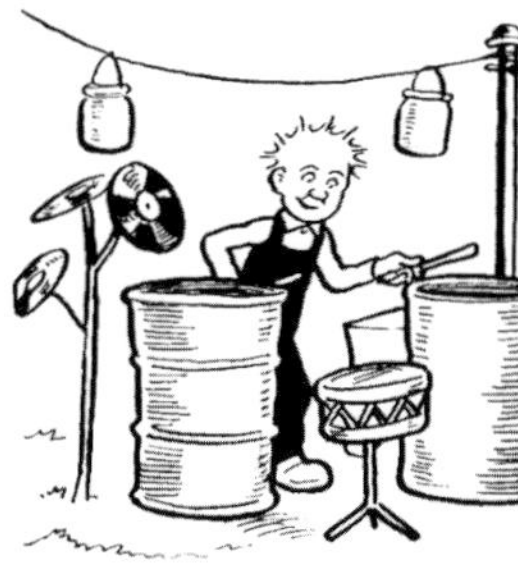

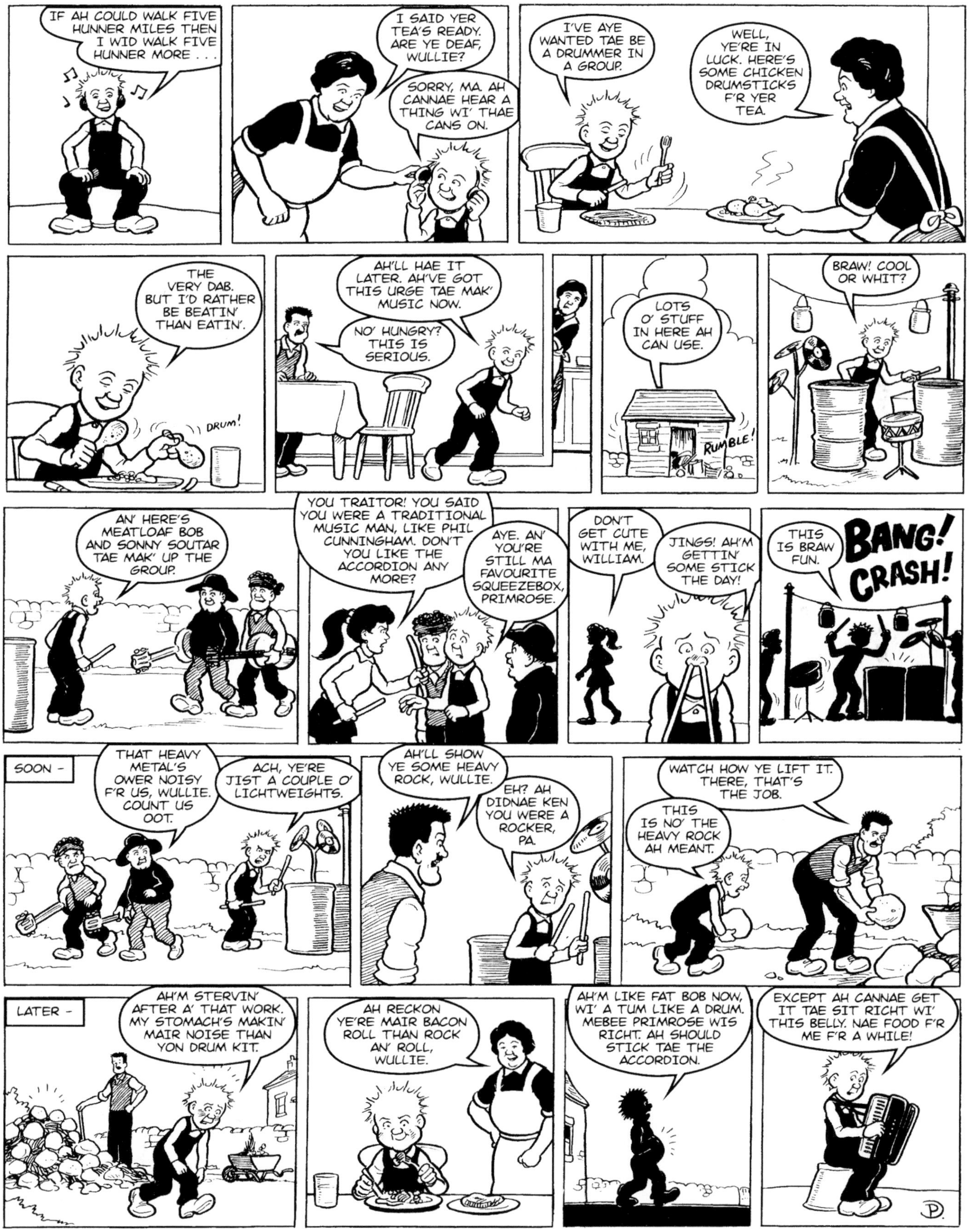

IF AH COULD WALK FIVE HUNNER MILES THEN I WID WALK FIVE HUNNER MORE . . .
I SAID YER TEA'S READY. ARE YE DEAF, WULLIE?
SORRY, MA. AH CANNAE HEAR A THING WI' THAE CANS ON.
I'VE AYE WANTED TAE BE A DRUMMER IN A GROUP.
WELL, YE'RE IN LUCK. HERE'S SOME CHICKEN DRUMSTICKS F'R YER TEA.
THE VERY DAB. BUT I'D RATHER BE BEATIN' THAN EATIN'.
DRUM!
AH'LL HAE IT LATER. AH'VE GOT THIS URGE TAE MAK' MUSIC NOW.
NO' HUNGRY? THIS IS SERIOUS.
LOTS O' STUFF IN HERE AH CAN USE.
RUMBLE!
BRAW! COOL OR WHIT?
AN' HERE'S MEATLOAF BOB AND SONNY SOUTAR TAE MAK' UP THE GROUP.
YOU TRAITOR! YOU SAID YOU WERE A TRADITIONAL MUSIC MAN, LIKE PHIL CUNNINGHAM. DON'T YOU LIKE THE ACCORDION ANY MORE?
AYE. AN' YOU'RE STILL MA FAVOURITE SQUEEZEBOX, PRIMROSE.
DON'T GET CUTE WITH ME, WILLIAM.
JINGS! AH'M GETTIN' SOME STICK THE DAY!
THIS IS BRAW FUN.
BANG! CRASH!
SOON –
THAT HEAVY METAL'S OWER NOISY F'R US, WULLIE. COUNT US OOT.
ACH, YE'RE JIST A COUPLE O' LICHTWEIGHTS.
AH'LL SHOW YE SOME HEAVY ROCK, WULLIE.
EH? AH DIDNAE KEN YOU WERE A ROCKER, PA.
WATCH HOW YE LIFT IT. THERE, THAT'S THE JOB.
THIS IS NO' THE HEAVY ROCK AH MEANT.
LATER –
AH'M STERVIN' AFTER A' THAT WORK. MY STOMACH'S MAKIN' MAIR NOISE THAN YON DRUM KIT.
AH RECKON YE'RE MAIR BACON ROLL THAN ROCK AN' ROLL, WULLIE.
AH'M LIKE FAT BOB NOW, WI' A TUM LIKE A DRUM. MEBEE PRIMROSE WIS RICHT. AH SHOULD STICK TAE THE ACCORDION.
EXCEPT AH CANNAE GET IT TAE SIT RICHT WI' THIS BELLY. NAE FOOD F'R ME F'R A WHILE!

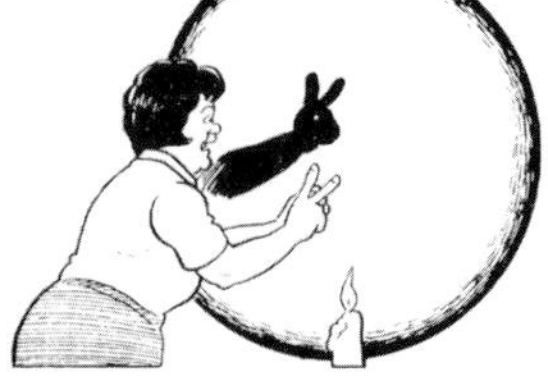

Life's a laugh –

when the power goes aff.

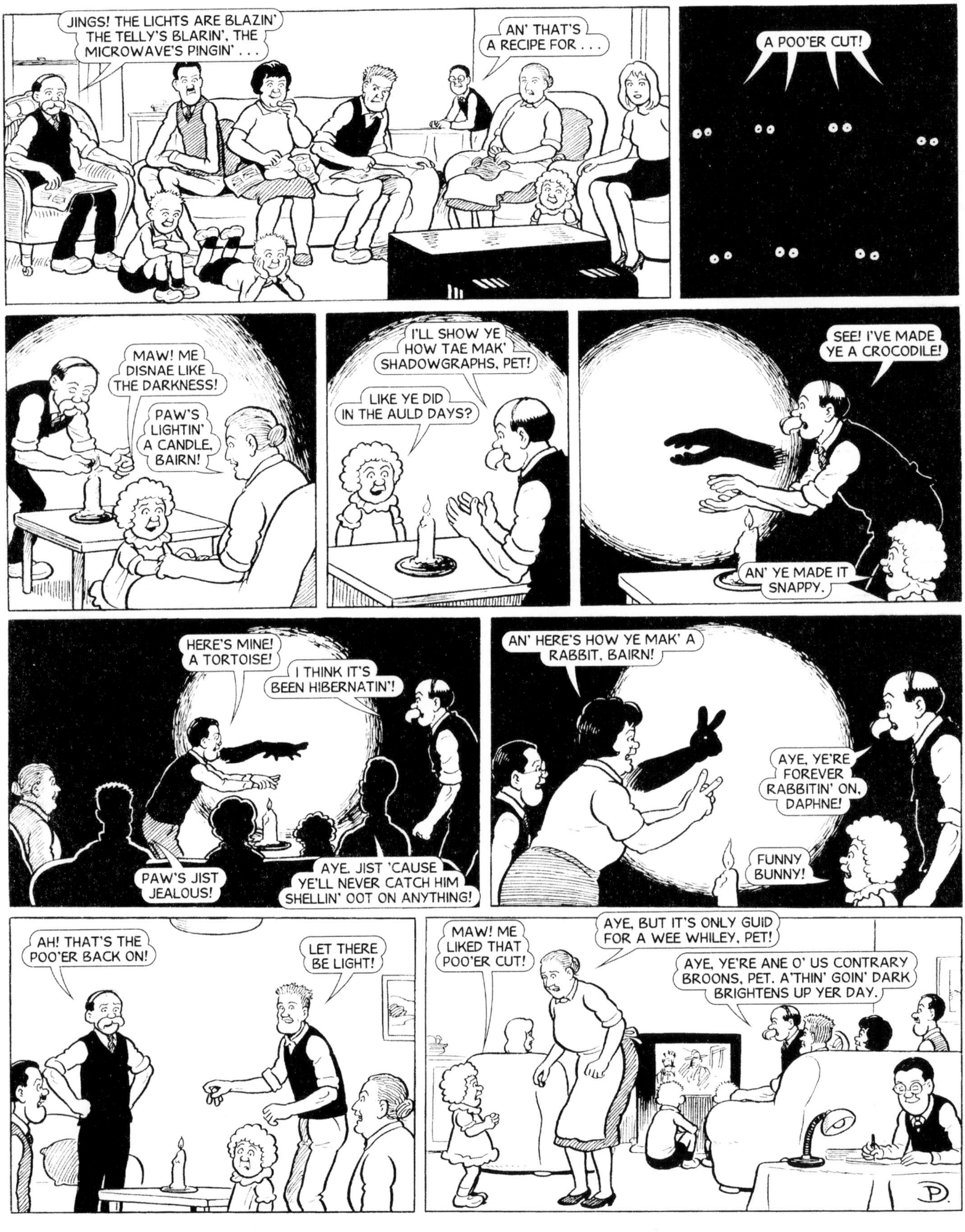
JINGS! THE LICHTS ARE BLAZIN' THE TELLY'S BLARIN', THE MICROWAVE'S PINGIN' . . .
AN' THAT'S A RECIPE FOR . . .
A POO'ER CUT!
MAW! ME DISNAE LIKE THE DARKNESS!
PAW'S LIGHTIN' A CANDLE, BAIRN!
I'LL SHOW YE HOW TAE MAK' SHADOWGRAPHS, PET!
LIKE YE DID IN THE AULD DAYS?
SEE! I'VE MADE YE A CROCODILE!
AN' YE MADE IT SNAPPY.
HERE'S MINE! A TORTOISE!
I THINK IT'S BEEN HIBERNATIN'!
PAW'S JIST JEALOUS!
AYE. JIST 'CAUSE YE'LL NEVER CATCH HIM SHELLIN' OOT ON ANYTHING!
AN' HERE'S HOW YE MAK' A RABBIT, BAIRN!
AYE, YE'RE FOREVER RABBITIN' ON, DAPHNE!
FUNNY BUNNY!
AH! THAT'S THE POO'ER BACK ON!
LET THERE BE LIGHT!
MAW! ME LIKED THAT POO'ER CUT!
AYE, BUT IT'S ONLY GUID FOR A WEE WHILEY, PET!
AYE, YE'RE ANE O' US CONTRARY BROONS, PET. A'THIN' GOIN' DARK BRIGHTENS UP YER DAY.

THE BAIRN CANNA GET IN THE BAND,
UNTIL MAW LENDS A HELPIN' HAND.

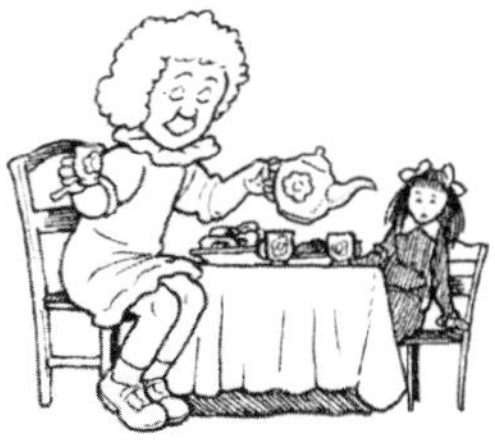

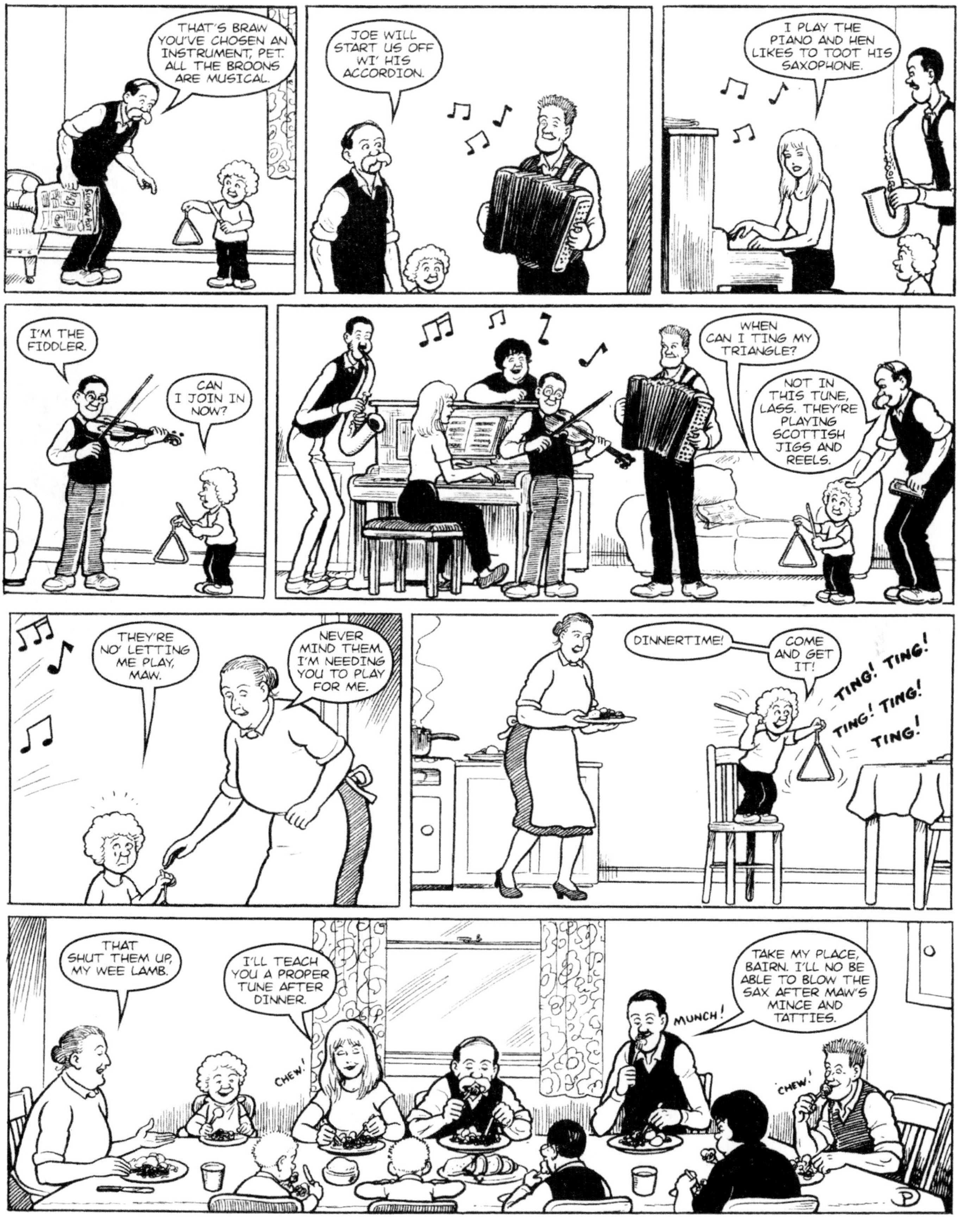

THAT'S BRAW YOU'VE CHOSEN AN INSTRUMENT, PET. ALL THE BROONS ARE MUSICAL.
JOE WILL START US OFF WI' HIS ACCORDION.
I PLAY THE PIANO AND HEN LIKES TO TOOT HIS SAXOPHONE.
I'M THE FIDDLER.
CAN I JOIN IN NOW?
WHEN CAN I TING MY TRIANGLE?
NOT IN THIS TUNE, LASS. THEY'RE PLAYING SCOTTISH JIGS AND REELS.
THEY'RE NO' LETTING ME PLAY, MAW.
NEVER MIND THEM. I'M NEEDING YOU TO PLAY FOR ME.
DINNERTIME!
COME AND GET IT!
TING! TING!
TING! TING!
TING!
THAT SHUT THEM UP, MY WEE LAMB.
I'LL TEACH YOU A PROPER TUNE AFTER DINNER.
CHEW!
MUNCH!
TAKE MY PLACE, BAIRN. I'LL NO BE ABLE TO BLOW THE SAX AFTER MAW'S MINCE AND TATTIES.
CHEW!

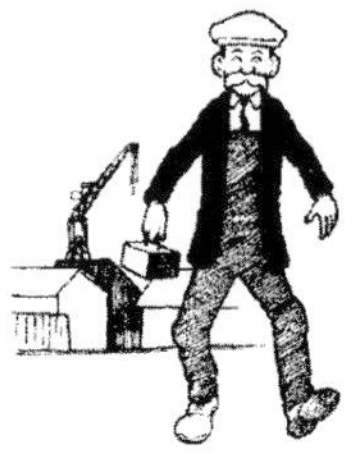

## PAW SEEMS TO HAE A MAGICAL TOUCH, WHICH POOR MAW DISNAE APPRECIATE MUCH.

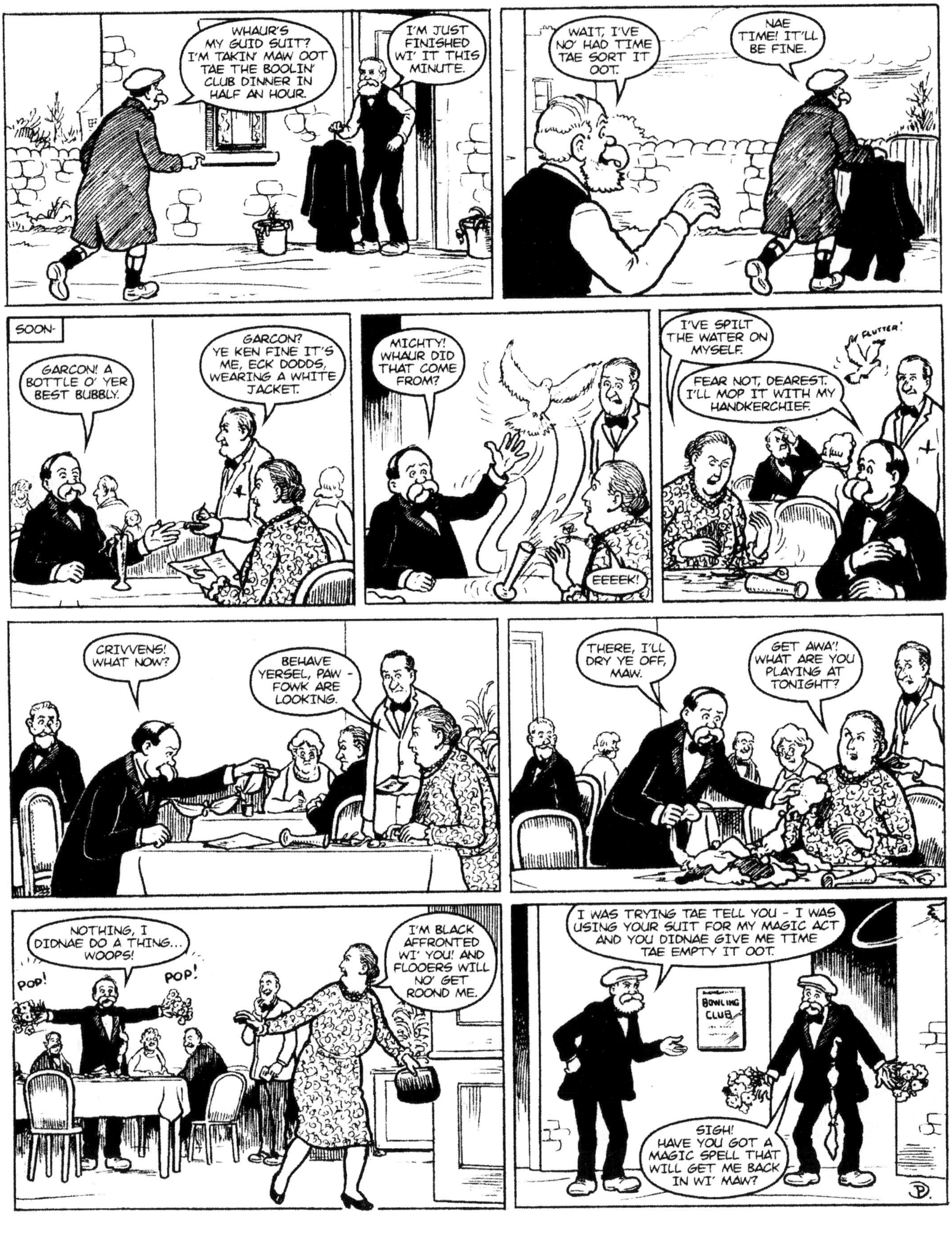
WHAUR'S MY GUID SUIT? I'M TAKIN' MAW OOT TAE THE BOOLIN' CLUB DINNER IN HALF AN HOUR.
I'M JUST FINISHED WI' IT THIS MINUTE.
WAIT, I'VE NO' HAD TIME TAE SORT IT OOT.
NAE TIME! IT'LL BE FINE.
SOON-
GARCON! A BOTTLE O' YER BEST BUBBLY.
GARCON? YE KEN FINE IT'S ME, ECK DODDS, WEARING A WHITE JACKET.
MICHTY! WHAUR DID THAT COME FROM?
EEEEK!
I'VE SPILT THE WATER ON MYSELF.
FLUTTER!
FEAR NOT, DEAREST. I'LL MOP IT WITH MY HANDKERCHIEF.
CRIVVENS! WHAT NOW?
BEHAVE YERSEL, PAW - FOWK ARE LOOKING.
THERE, I'LL DRY YE OFF, MAW.
GET AWA'! WHAT ARE YOU PLAYING AT TONIGHT?
NOTHING, I DIDNAE DO A THING... WOOPS!
POP!
POP!
I'M BLACK AFFRONTED WI' YOU! AND FLOOERS WILL NO' GET ROOND ME.
I WAS TRYING TAE TELL YOU - I WAS USING YOUR SUIT FOR MY MAGIC ACT AND YOU DIDNAE GIVE ME TIME TAE EMPTY IT OOT.
BOWLING CLUB
SIGH! HAVE YOU GOT A MAGIC SPELL THAT WILL GET ME BACK IN WI' MAW?

*Tail-coat, bow-tie, top hat too —*

*What is Horace going to do?*

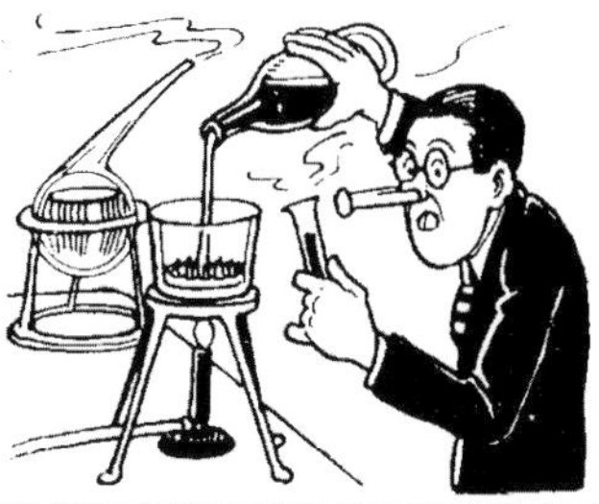

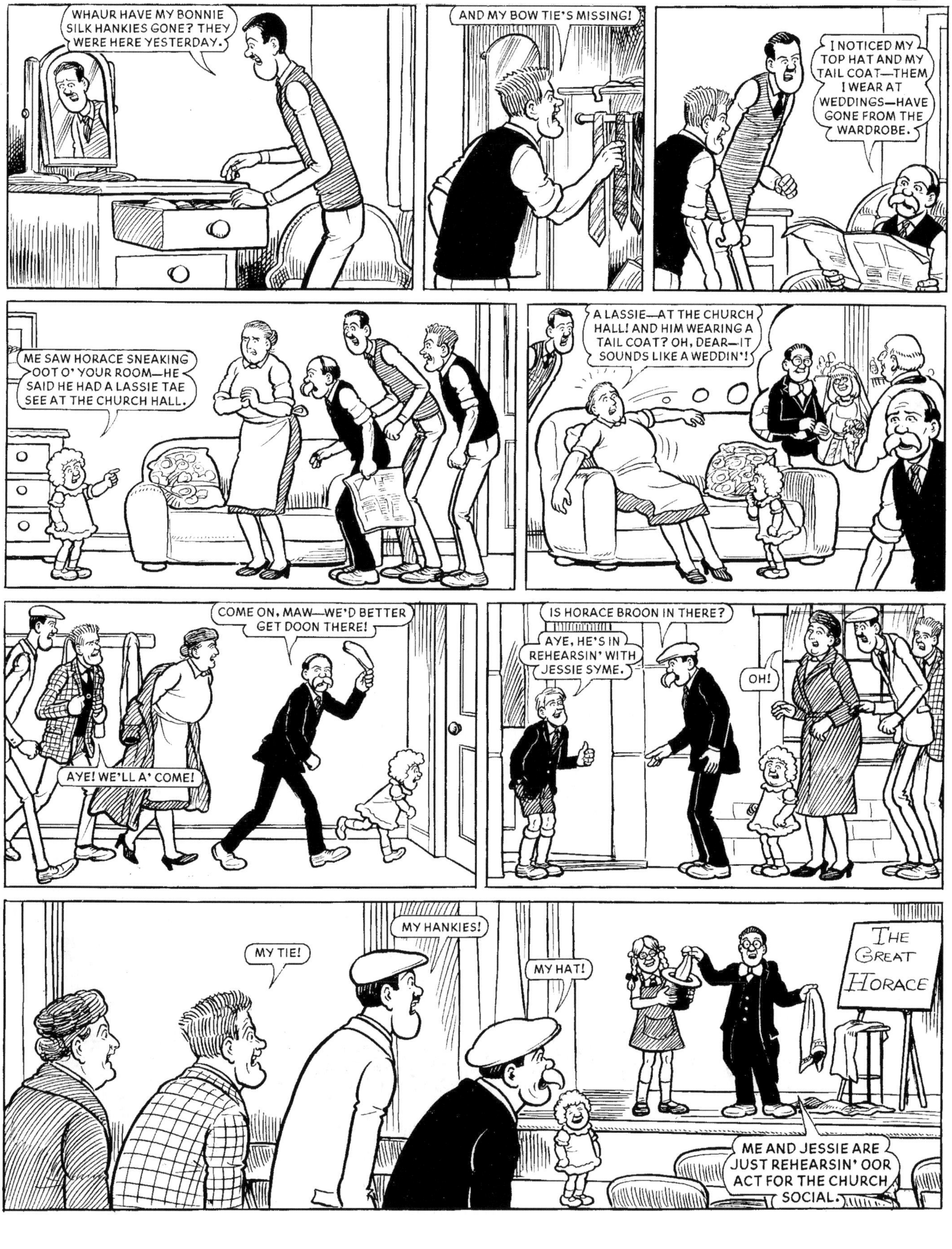

WHAUR HAVE MY BONNIE SILK HANKIES GONE? THEY WERE HERE YESTERDAY.
AND MY BOW TIE'S MISSING!
I NOTICED MY TOP HAT AND MY TAIL COAT—THEM I WEAR AT WEDDINGS—HAVE GONE FROM THE WARDROBE.
ME SAW HORACE SNEAKING OOT O' YOUR ROOM—HE SAID HE HAD A LASSIE TAE SEE AT THE CHURCH HALL.
A LASSIE—AT THE CHURCH HALL! AND HIM WEARING A TAIL COAT? OH, DEAR—IT SOUNDS LIKE A WEDDIN'!
COME ON, MAW—WE'D BETTER GET DOON THERE!
AYE! WE'LL A' COME!
IS HORACE BROON IN THERE?
AYE, HE'S IN REHEARSIN' WITH JESSIE SYME.
OH!
MY TIE!
MY HANKIES!
MY HAT!
THE GREAT HORACE
ME AND JESSIE ARE JUST REHEARSIN' OOR ACT FOR THE CHURCH SOCIAL.

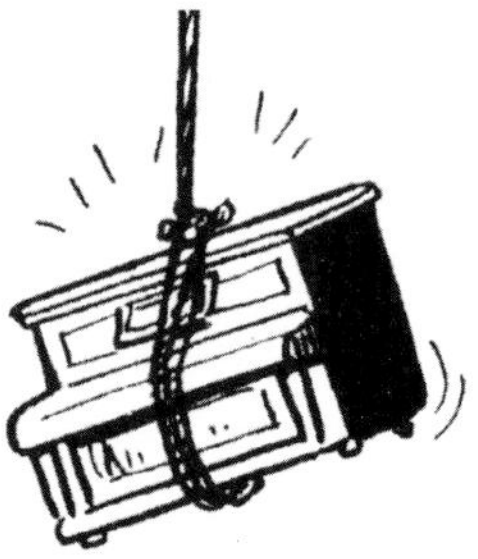

# Paw kens the very mannie – tae tak' the auld pianny.

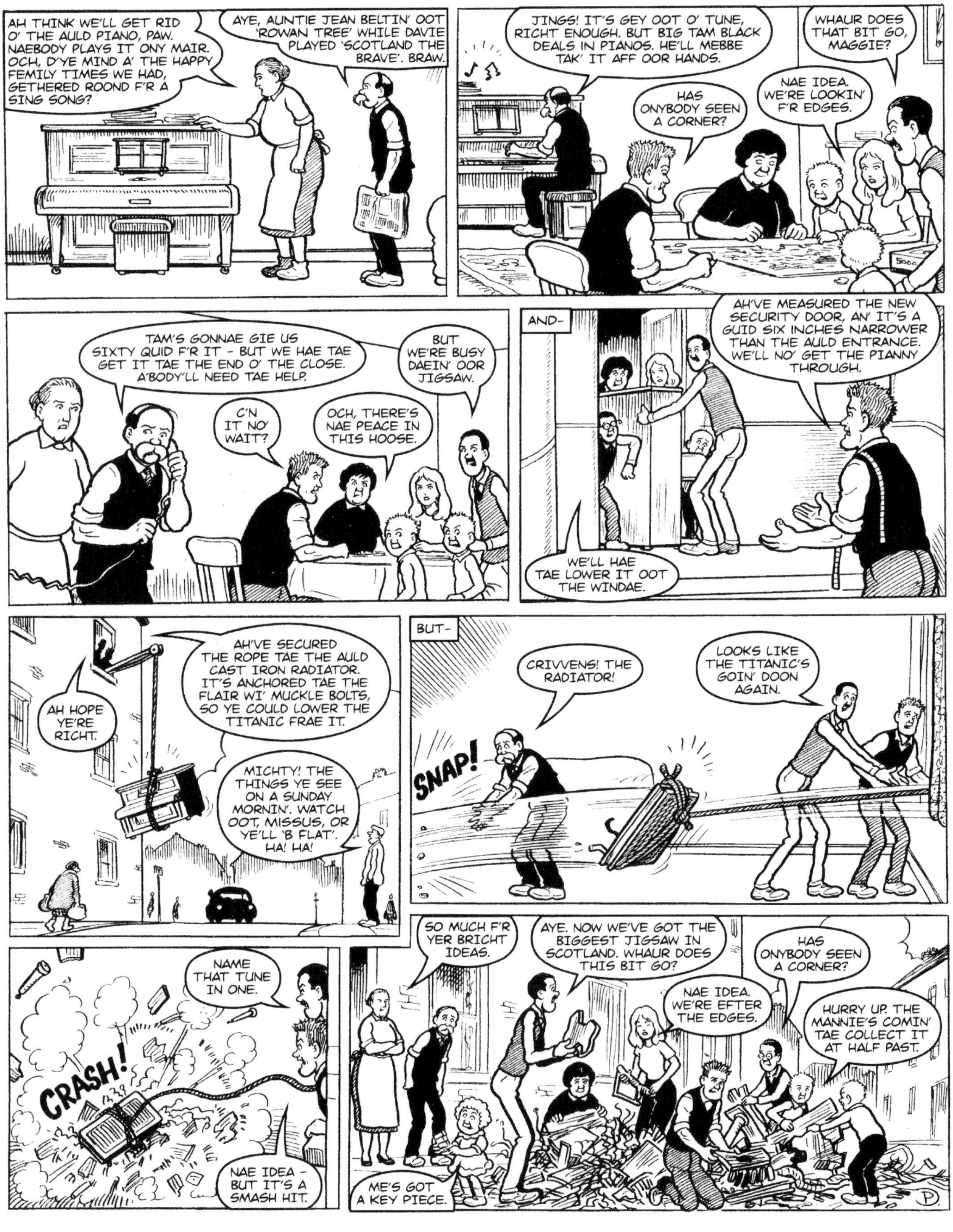

AH THINK WE'LL GET RID O' THE AULD PIANO, PAW. NAEBODY PLAYS IT ONY MAIR. OCH, D'YE MIND A' THE HAPPY FEMILY TIMES WE HAD, GETHERED ROOND F'R A SING SONG?
AYE, AUNTIE JEAN BELTIN' OOT 'ROWAN TREE' WHILE DAVIE PLAYED 'SCOTLAND THE BRAVE'. BRAW.
JINGS! IT'S GEY OOT O' TUNE, RICHT ENOUGH. BUT BIG TAM BLACK DEALS IN PIANOS. HE'LL MEBBE TAK' IT AFF OOR HANDS.
WHAUR DOES THAT BIT GO, MAGGIE?
NAE IDEA. WE'RE LOOKIN' F'R EDGES.
HAS ONYBODY SEEN A CORNER?
5000
TAM'S GONNAE GIE US SIXTY QUID F'R IT – BUT WE HAE TAE GET IT TAE THE END O' THE CLOSE. A'BODY'LL NEED TAE HELP.
BUT WE'RE BUSY DAEIN' OOR JIGSAW.
C'N IT NO' WAIT?
OCH, THERE'S NAE PEACE IN THIS HOOSE.
AND–
AH'VE MEASURED THE NEW SECURITY DOOR, AN' IT'S A GUID SIX INCHES NARROWER THAN THE AULD ENTRANCE. WE'LL NO' GET THE PIANNY THROUGH.
WE'LL HAE TAE LOWER IT OOT THE WINDAE.
AH'VE SECURED THE ROPE TAE THE AULD CAST IRON RADIATOR. IT'S ANCHORED TAE THE FLAIR WI' MUCKLE BOLTS, SO YE COULD LOWER THE TITANIC FRAE IT.
AH HOPE YE'RE RICHT.
MICHTY! THE THINGS YE SEE ON A SUNDAY MORNIN'. WATCH OOT, MISSUS, OR YE'LL 'B FLAT'. HA! HA!
BUT–
CRIVVENS! THE RADIATOR!
LOOKS LIKE THE TITANIC'S GOIN' DOON AGAIN.
SNAP!
NAME THAT TUNE IN ONE.
CRASH!
NAE IDEA – BUT IT'S A SMASH HIT.
SO MUCH F'R YER BRICHT IDEAS.
AYE. NOW WE'VE GOT THE BIGGEST JIGSAW IN SCOTLAND. WHAUR DOES THIS BIT GO?
HAS ONYBODY SEEN A CORNER?
NAE IDEA. WE'RE EFTER THE EDGES.
HURRY UP. THE MANNIE'S COMIN' TAE COLLECT IT AT HALF PAST.
ME'S GOT A KEY PIECE.

Maw an' Paw are no' delighted –
a weddin' an' they're no' invited.

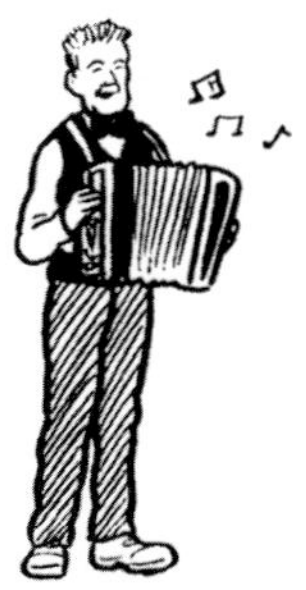

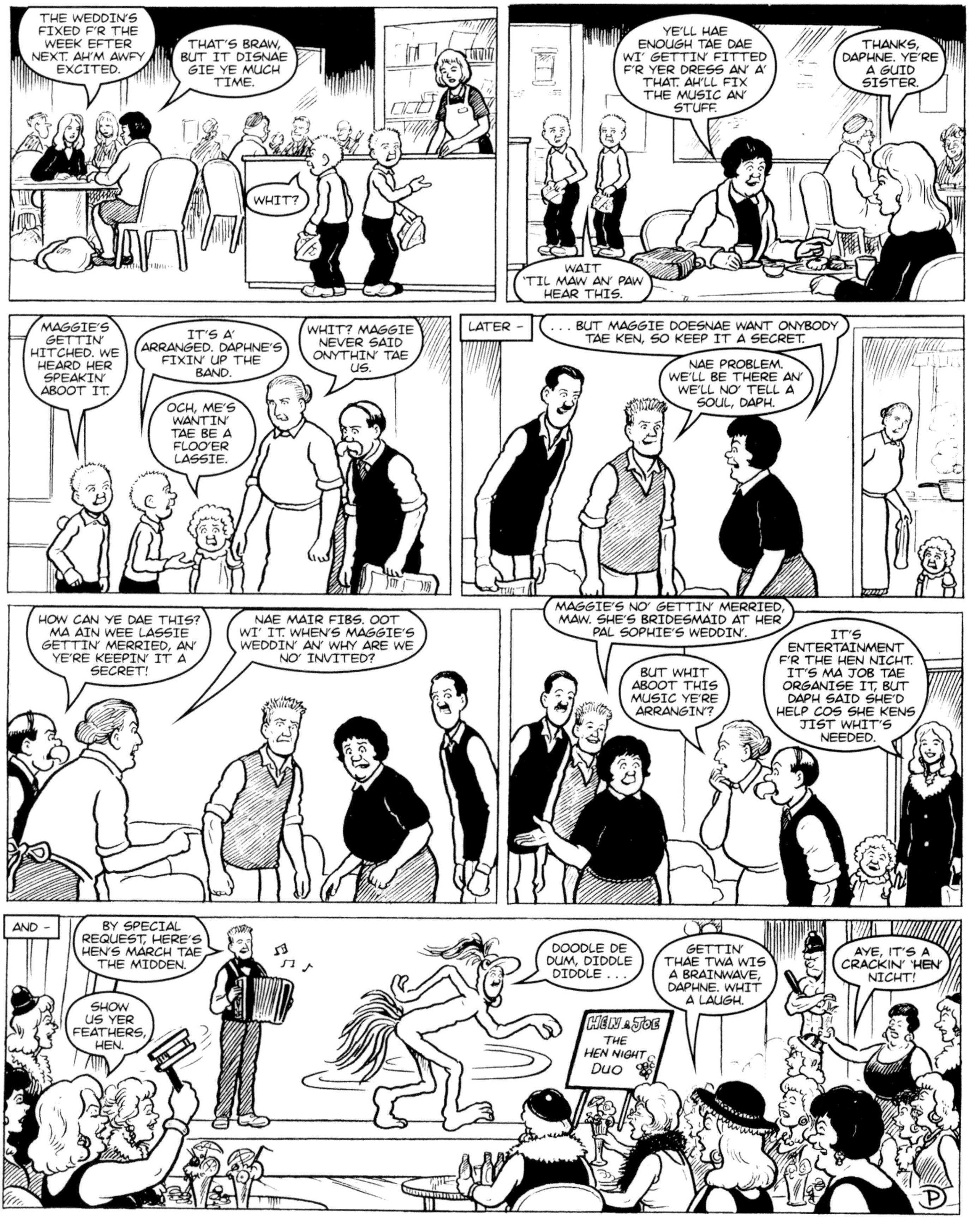
THE WEDDIN'S FIXED F'R THE WEEK EFTER NEXT. AH'M AWFY EXCITED.
THAT'S BRAW, BUT IT DISNAE GIE YE MUCH TIME.
WHIT?
YE'LL HAE ENOUGH TAE DAE WI' GETTIN' FITTED F'R YER DRESS AN' A' THAT. AH'LL FIX THE MUSIC AN' STUFF.
THANKS, DAPHNE. YE'RE A GUID SISTER.
WAIT 'TIL MAW AN' PAW HEAR THIS.
MAGGIE'S GETTIN' HITCHED. WE HEARD HER SPEAKIN' ABOOT IT.
IT'S A' ARRANGED. DAPHNE'S FIXIN' UP THE BAND.
OCH, ME'S WANTIN' TAE BE A FLOO'ER LASSIE.
WHIT? MAGGIE NEVER SAID ONYTHIN' TAE US.
LATER –
. . . BUT MAGGIE DOESNAE WANT ONYBODY TAE KEN, SO KEEP IT A SECRET.
NAE PROBLEM. WE'LL BE THERE AN' WE'LL NO' TELL A SOUL, DAPH.
HOW CAN YE DAE THIS? MA AIN WEE LASSIE GETTIN' MERRIED, AN' YE'RE KEEPIN' IT A SECRET!
NAE MAIR FIBS. OOT WI' IT. WHEN'S MAGGIE'S WEDDIN' AN' WHY ARE WE NO' INVITED?
MAGGIE'S NO' GETTIN' MERRIED, MAW. SHE'S BRIDESMAID AT HER PAL SOPHIE'S WEDDIN'.
BUT WHIT ABOOT THIS MUSIC YE'RE ARRANGIN'?
IT'S ENTERTAINMENT F'R THE HEN NICHT. IT'S MA JOB TAE ORGANISE IT, BUT DAPH SAID SHE'D HELP COS SHE KENS JIST WHIT'S NEEDED.
AND –
BY SPECIAL REQUEST, HERE'S HEN'S MARCH TAE THE MIDDEN.
SHOW US YER FEATHERS, HEN.
DOODLE DE DUM, DIDDLE DIDDLE . . .
HEN & JOE
THE HEN NIGHT DUO
GETTIN' THAE TWA WIS A BRAINWAVE, DAPHNE. WHIT A LAUGH.
AYE, IT'S A CRACKIN' 'HEN' NICHT!

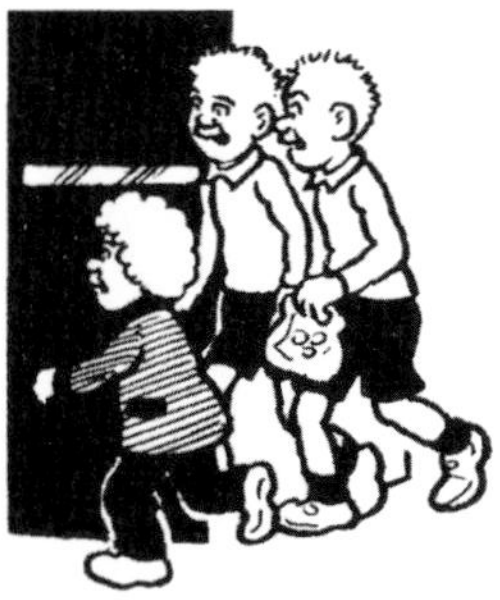

At times it's awfy hard tae beat –
a guid auld-fashioned femily treat.

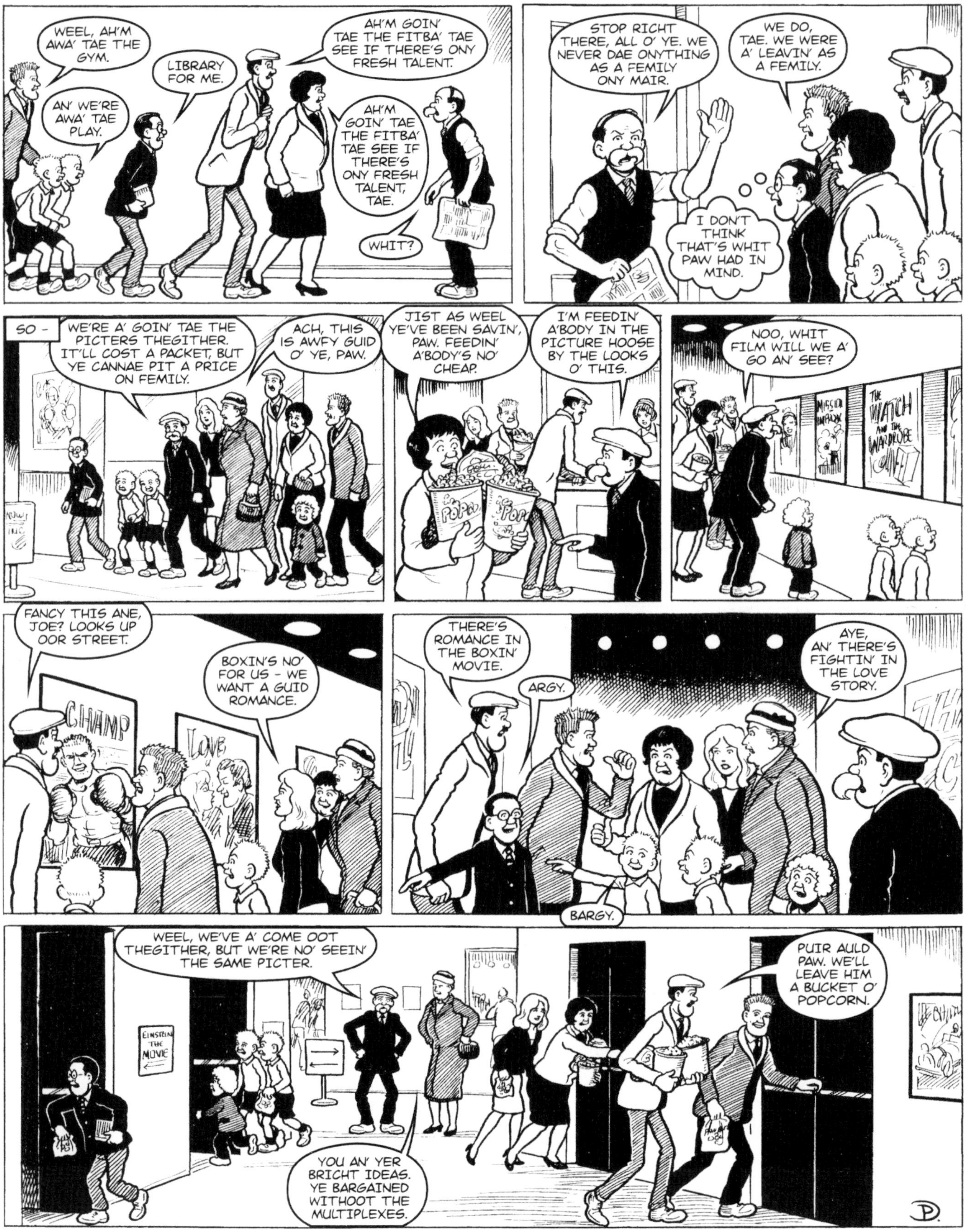
WEEL, AH'M AWA' TAE THE GYM.
AN' WE'RE AWA' TAE PLAY.
LIBRARY FOR ME.
AH'M GOIN' TAE THE FITBA' TAE SEE IF THERE'S ONY FRESH TALENT.
AH'M GOIN' TAE THE FITBA' TAE SEE IF THERE'S ONY FRESH TALENT, TAE.
WHIT?
STOP RICHT THERE, ALL O' YE. WE NEVER DAE ONYTHING AS A FEMILY ONY MAIR.
WE DO, TAE. WE WERE A' LEAVIN' AS A FEMILY.
I DON'T THINK THAT'S WHIT PAW HAD IN MIND.
SO –
WE'RE A' GOIN' TAE THE PICTERS THEGITHER. IT'LL COST A PACKET, BUT YE CANNAE PIT A PRICE ON FEMILY.
ACH, THIS IS AWFY GUID O' YE, PAW.
JIST AS WEEL YE'VE BEEN SAVIN', PAW. FEEDIN' A'BODY'S NO' CHEAP.
I'M FEEDIN' A'BODY IN THE PICTURE HOOSE BY THE LOOKS O' THIS.
NOO, WHIT FILM WILL WE A' GO AN' SEE?
FANCY THIS ANE, JOE? LOOKS UP OOR STREET.
CHAMP
BOXIN'S NO' FOR US – WE WANT A GUID ROMANCE.
THERE'S ROMANCE IN THE BOXIN' MOVIE.
ARGY.
AYE, AN' THERE'S FIGHTIN' IN THE LOVE STORY.
BARGY.
WEEL, WE'VE A' COME OOT THEGITHER, BUT WE'RE NO' SEEIN' THE SAME PICTER.
EINSTEIN THE MOVIE
PUIR AULD PAW. WE'LL LEAVE HIM A BUCKET O' POPCORN.
YOU AN' YER BRICHT IDEAS. YE BARGAINED WITHOOT THE MULTIPLEXES.

*A nicht oot is fine —*
*When Maw gets in line.*

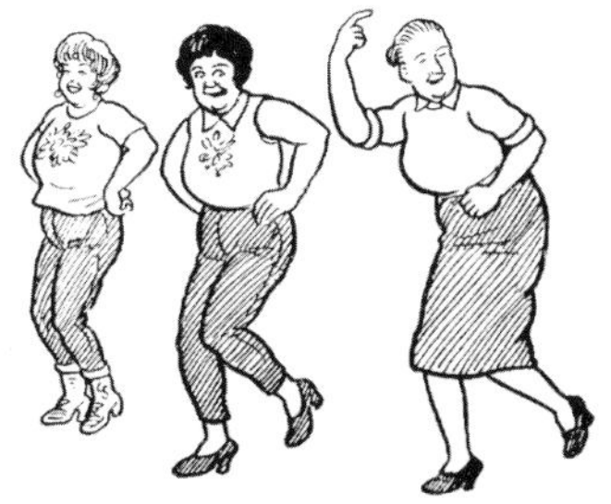

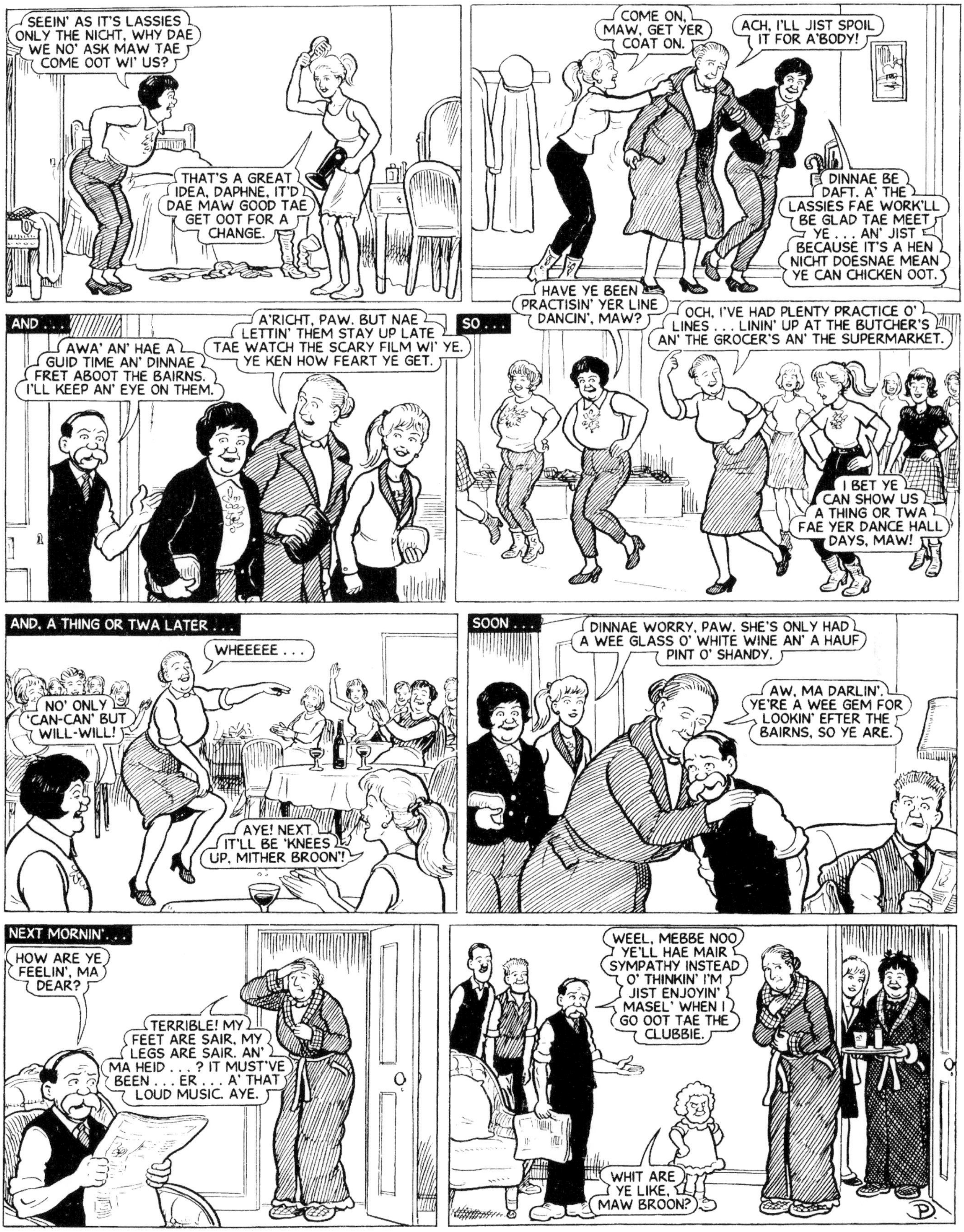

SEEIN' AS IT'S LASSIES ONLY THE NICHT, WHY DAE WE NO' ASK MAW TAE COME OOT WI' US?
THAT'S A GREAT IDEA, DAPHNE, IT'D DAE MAW GOOD TAE GET OOT FOR A CHANGE.
COME ON, MAW, GET YER COAT ON.
ACH, I'LL JIST SPOIL IT FOR A'BODY!
DINNAE BE DAFT. A' THE LASSIES FAE WORK'LL BE GLAD TAE MEET YE . . . AN' JIST BECAUSE IT'S A HEN NICHT DOESNAE MEAN YE CAN CHICKEN OOT.
AND . . .
AWA' AN' HAE A GUID TIME AN' DINNAE FRET ABOOT THE BAIRNS. I'LL KEEP AN' EYE ON THEM.
A'RICHT, PAW. BUT NAE LETTIN' THEM STAY UP LATE TAE WATCH THE SCARY FILM WI' YE. YE KEN HOW FEART YE GET.
SO . . .
HAVE YE BEEN PRACTISIN' YER LINE DANCIN', MAW?
OCH, I'VE HAD PLENTY PRACTICE O' LINES . . . LININ' UP AT THE BUTCHER'S AN' THE GROCER'S AN' THE SUPERMARKET.
I BET YE CAN SHOW US A THING OR TWA FAE YER DANCE HALL DAYS, MAW!
AND, A THING OR TWA LATER . . .
WHEEEEE . . .
NO' ONLY 'CAN-CAN' BUT WILL-WILL!
AYE! NEXT IT'LL BE 'KNEES UP, MITHER BROON'!
SOON . . .
DINNAE WORRY, PAW. SHE'S ONLY HAD A WEE GLASS O' WHITE WINE AN' A HAUF PINT O' SHANDY.
AW, MA DARLIN'. YE'RE A WEE GEM FOR LOOKIN' EFTER THE BAIRNS, SO YE ARE.
NEXT MORNIN' . . .
HOW ARE YE FEELIN', MA DEAR?
TERRIBLE! MY FEET ARE SAIR, MY LEGS ARE SAIR. AN' MA HEID . . . ? IT MUST'VE BEEN . . . ER . . . A' THAT LOUD MUSIC. AYE.
WEEL, MEBBE NOO YE'LL HAE MAIR SYMPATHY INSTEAD O' THINKIN' I'M JIST ENJOYIN' MASEL' WHEN I GO OOT TAE THE CLUBBIE.
WHIT ARE YE LIKE, MAW BROON?

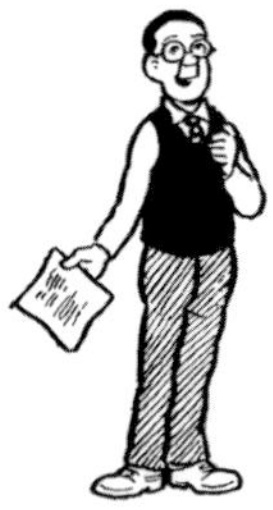

**The rhymes o' Horace, Glebe Street bard,**
**Are clearly held in high regard.**

**But whit his faither thinks is great,**
**Is poetry - served on a plate.**

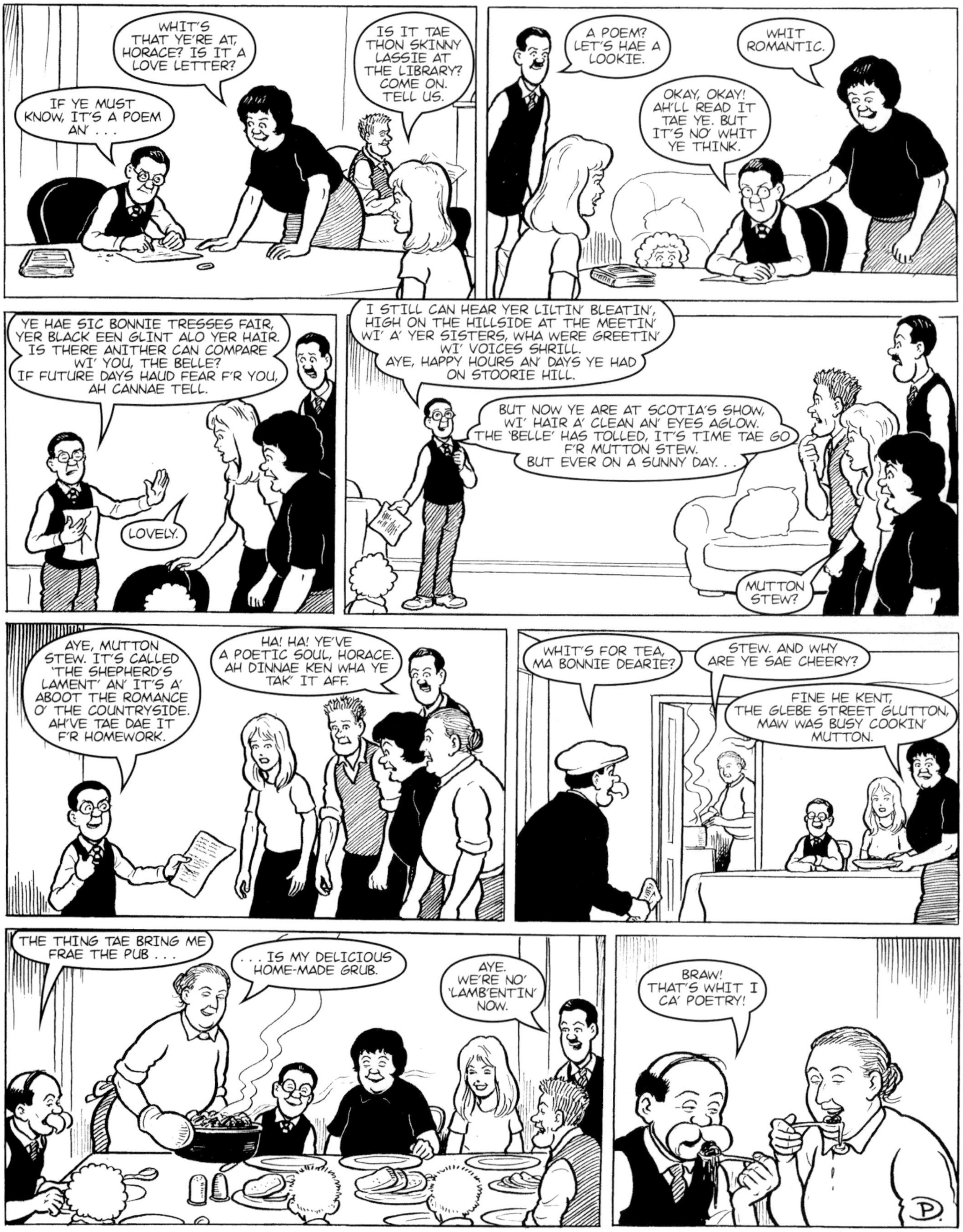

WHIT'S THAT YE'RE AT, HORACE? IS IT A LOVE LETTER?
IF YE MUST KNOW, IT'S A POEM AN' . . .
IS IT TAE THON SKINNY LASSIE AT THE LIBRARY? COME ON. TELL US.
A POEM? LET'S HAE A LOOKIE.
WHIT ROMANTIC.
OKAY, OKAY! AH'LL READ IT TAE YE. BUT IT'S NO' WHIT YE THINK.
YE HAE SIC BONNIE TRESSES FAIR, YER BLACK EEN GLINT ALO YER HAIR. IS THERE ANITHER CAN COMPARE WI' YOU, THE BELLE? IF FUTURE DAYS HAUD FEAR F'R YOU, AH CANNAE TELL.
LOVELY.
I STILL CAN HEAR YER LILTIN' BLEATIN', HIGH ON THE HILLSIDE AT THE MEETIN' WI' A' YER SISTERS, WHA WERE GREETIN' WI' VOICES SHRILL. AYE, HAPPY HOURS AN' DAYS YE HAD ON STOORIE HILL.
BUT NOW YE ARE AT SCOTIA'S SHOW, WI' HAIR A' CLEAN AN' EYES AGLOW. THE 'BELLE' HAS TOLLED, IT'S TIME TAE GO F'R MUTTON STEW. BUT EVER ON A SUNNY DAY. . .
MUTTON STEW?
AYE, MUTTON STEW. IT'S CALLED 'THE SHEPHERD'S LAMENT' AN' IT'S A' ABOOT THE ROMANCE O' THE COUNTRYSIDE. AH'VE TAE DAE IT F'R HOMEWORK.
HA! HA! YE'VE A POETIC SOUL, HORACE. AH DINNAE KEN WHA YE TAK' IT AFF.
WHIT'S FOR TEA, MA BONNIE DEARIE?
STEW. AND WHY ARE YE SAE CHEERY?
FINE HE KENT, THE GLEBE STREET GLUTTON, MAW WAS BUSY COOKIN' MUTTON.
THE THING TAE BRING ME FRAE THE PUB . . .
. . . IS MY DELICIOUS HOME-MADE GRUB.
AYE. WE'RE NO' 'LAMB'ENTIN' NOW.
BRAW! THAT'S WHIT I CA' POETRY!
P.

Singin' isnae Granpaw's style –

but he can always raise a smile.

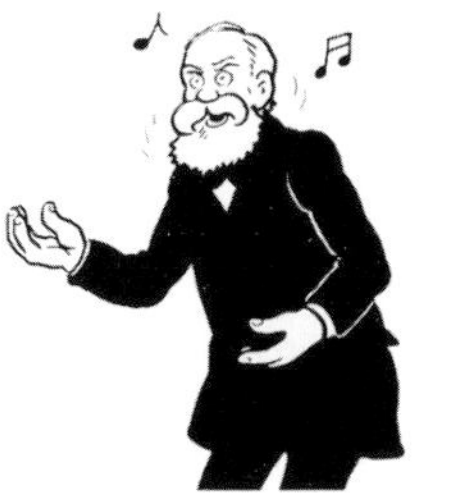

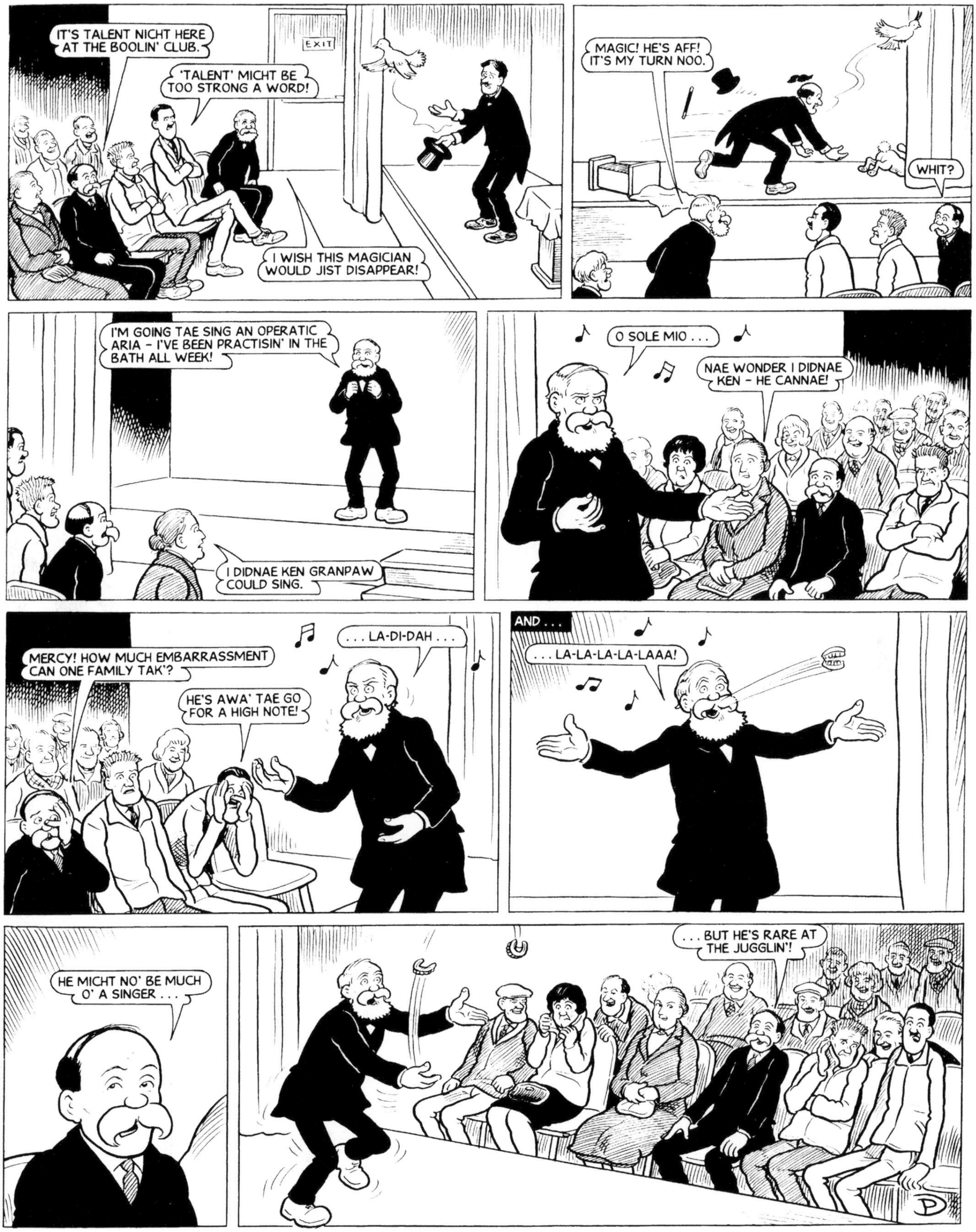
IT'S TALENT NICHT HERE AT THE BOOLIN' CLUB.
'TALENT' MICHT BE TOO STRONG A WORD!
EXIT
I WISH THIS MAGICIAN WOULD JIST DISAPPEAR!
MAGIC! HE'S AFF! IT'S MY TURN NOO.
WHIT?
I'M GOING TAE SING AN OPERATIC ARIA – I'VE BEEN PRACTISIN' IN THE BATH ALL WEEK!
I DIDNAE KEN GRANPAW COULD SING.
O SOLE MIO . . .
NAE WONDER I DIDNAE KEN – HE CANNAE!
MERCY! HOW MUCH EMBARRASSMENT CAN ONE FAMILY TAK'?
HE'S AWA' TAE GO FOR A HIGH NOTE!
. . . LA-DI-DAH . . .
AND . . .
. . . LA-LA-LA-LA-LAAA!
HE MICHT NO' BE MUCH O' A SINGER . . .
. . . BUT HE'S RARE AT THE JUGGLIN'!

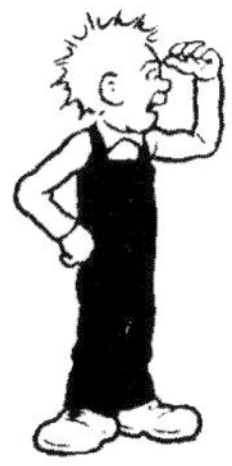

*Yer Sunday Post chum —*

*Has some fun wi' a drum!*

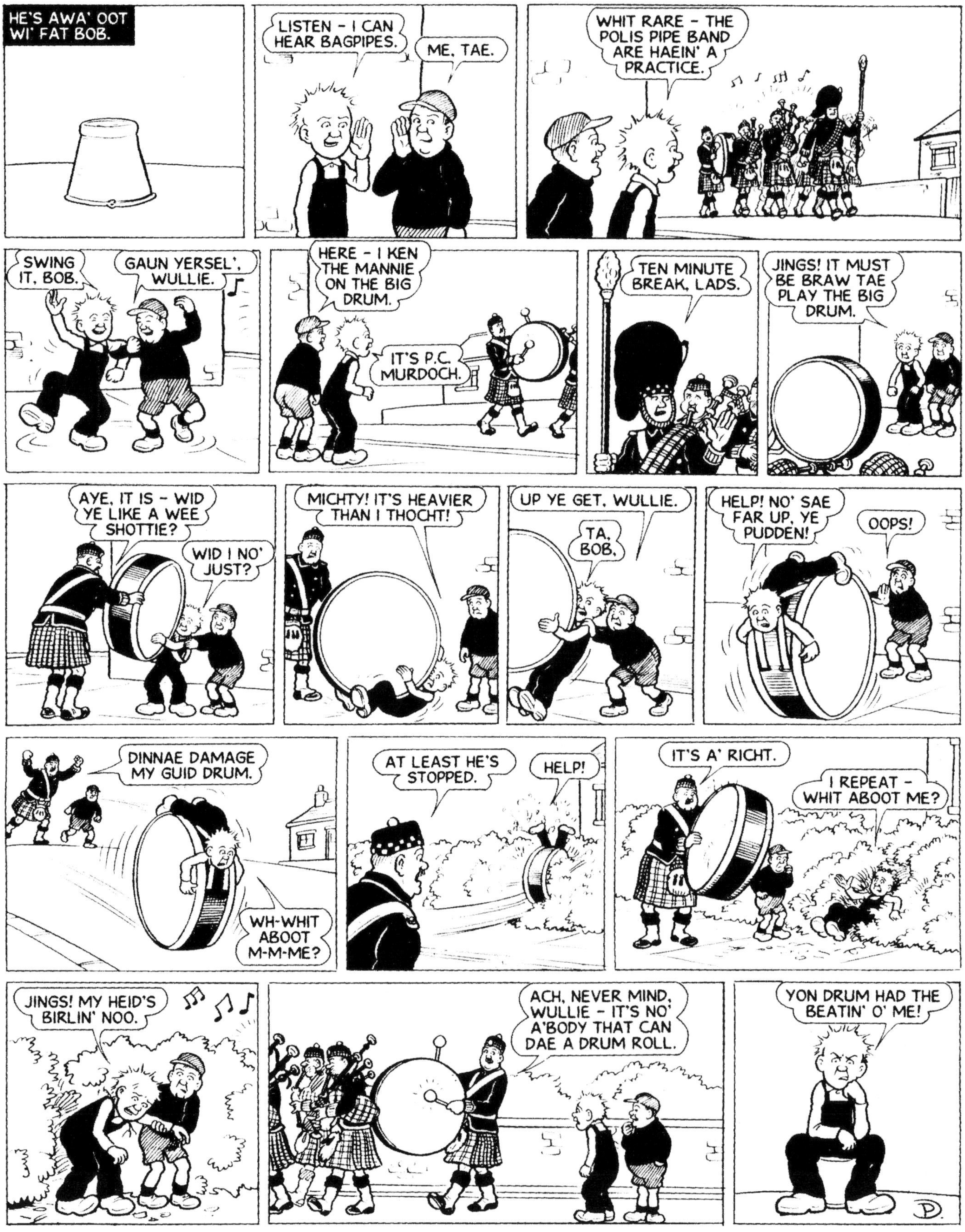

HE'S AWA' OOT WI' FAT BOB.
LISTEN - I CAN HEAR BAGPIPES.
ME, TAE.
WHIT RARE - THE POLIS PIPE BAND ARE HAEIN' A PRACTICE.
SWING IT, BOB.
GAUN YERSEL', WULLIE.
HERE - I KEN THE MANNIE ON THE BIG DRUM.
IT'S P.C. MURDOCH.
TEN MINUTE BREAK, LADS.
JINGS! IT MUST BE BRAW TAE PLAY THE BIG DRUM.
AYE, IT IS - WID YE LIKE A WEE SHOTTIE?
WID I NO' JUST?
MICHTY! IT'S HEAVIER THAN I THOCHT!
UP YE GET, WULLIE.
TA, BOB.
HELP! NO' SAE FAR UP, YE PUDDEN!
OOPS!
DINNAE DAMAGE MY GUID DRUM.
WH-WHIT ABOOT M-M-ME?
AT LEAST HE'S STOPPED.
HELP!
IT'S A' RICHT.
I REPEAT - WHIT ABOOT ME?
JINGS! MY HEID'S BIRLIN' NOO.
ACH, NEVER MIND, WULLIE - IT'S NO' A'BODY THAT CAN DAE A DRUM ROLL.
YON DRUM HAD THE BEATIN' O' ME!
D.

## *There's a fine how do ye do —*

## *— at the local cinema queue!*

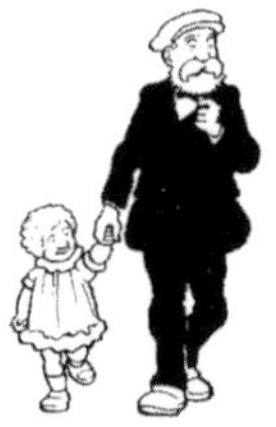

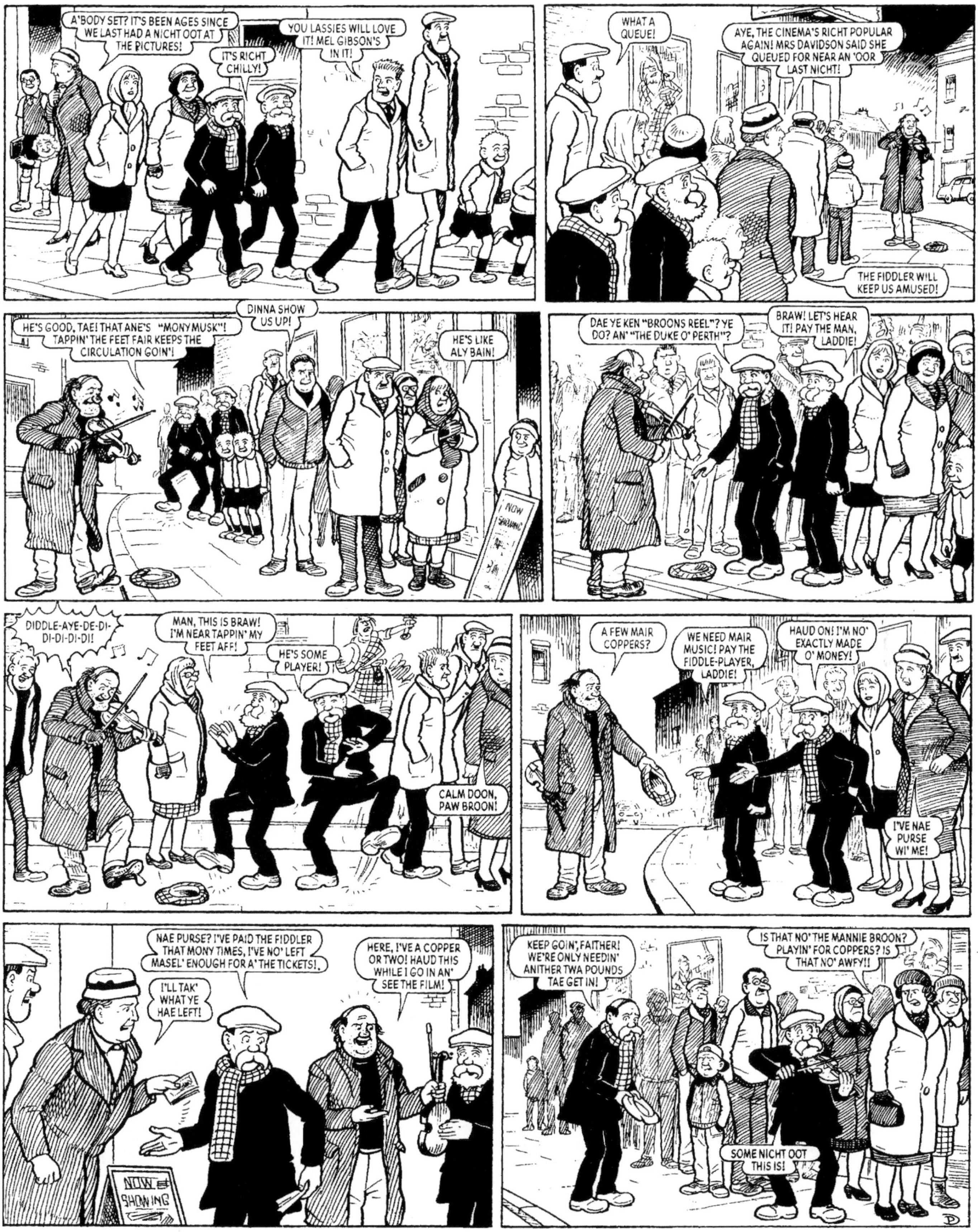
A'BODY SET? IT'S BEEN AGES SINCE WE LAST HAD A NICHT OOT AT THE PICTURES!
IT'S RICHT CHILLY!
YOU LASSIES WILL LOVE IT! MEL GIBSON'S IN IT!
WHAT A QUEUE!
AYE, THE CINEMA'S RICHT POPULAR AGAIN! MRS DAVIDSON SAID SHE QUEUED FOR NEAR AN 'OOR LAST NICHT!
THE FIDDLER WILL KEEP US AMUSED!
HE'S GOOD, TAE! THAT ANE'S "MONY MUSK"! TAPPIN' THE FEET FAIR KEEPS THE CIRCULATION GOIN'!
DINNA SHOW US UP!
HE'S LIKE ALY BAIN!
DAE YE KEN "BROONS REEL"? YE DO? AN' "THE DUKE O' PERTH"?
BRAW! LET'S HEAR IT! PAY THE MAN, LADDIE!
DIDDLE-AYE-DE-DI-DI-DI-DI-DI!
MAN, THIS IS BRAW! I'M NEAR TAPPIN' MY FEET AFF!
HE'S SOME PLAYER!
CALM DOON, PAW BROON!
A FEW MAIR COPPERS?
WE NEED MAIR MUSIC! PAY THE FIDDLE-PLAYER, LADDIE!
HAUD ON! I'M NO' EXACTLY MADE O' MONEY!
I'VE NAE PURSE WI' ME!
NAE PURSE? I'VE PAID THE FIDDLER THAT MONY TIMES, I'VE NO' LEFT MASEL' ENOUGH FOR A' THE TICKETS!
I'LL TAK' WHAT YE HAE LEFT!
HERE, I'VE A COPPER OR TWO! HAUD THIS WHILE I GO IN AN' SEE THE FILM!
NOW SHOWING
KEEP GOIN', FAITHER! WE'RE ONLY NEEDIN' ANITHER TWA POUNDS TAE GET IN!
IS THAT NO' THE MANNIE BROON? PLAYIN' FOR COPPERS? IS THAT NO' AWFY!!
SOME NICHT OOT THIS IS!

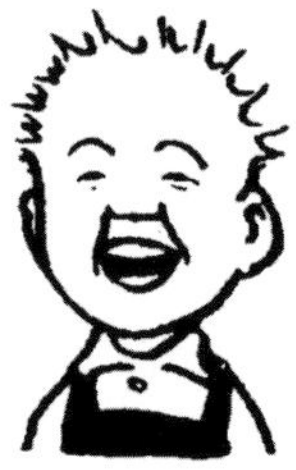

POOR WEE LADDIE, PLEASE DON'T MOCK,
IT'S NOT EASY TAE CONTROL A FLOCK.

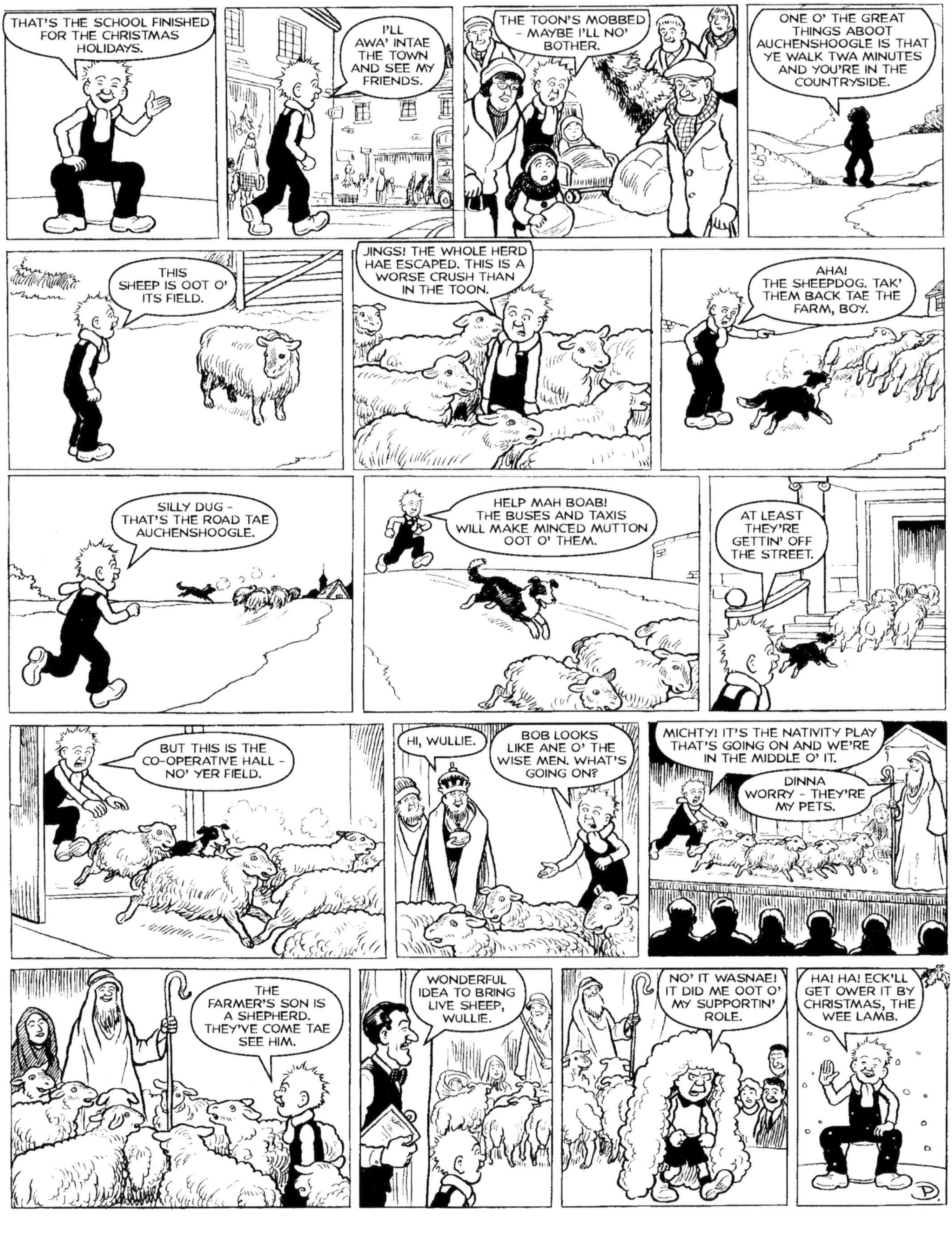

THAT'S THE SCHOOL FINISHED FOR THE CHRISTMAS HOLIDAYS.
I'LL AWA' INTAE THE TOWN AND SEE MY FRIENDS.
THE TOON'S MOBBED - MAYBE I'LL NO' BOTHER.
ONE O' THE GREAT THINGS ABOUT AUCHENSHOOGLE IS THAT YE WALK TWA MINUTES AND YOU'RE IN THE COUNTRYSIDE.
THIS SHEEP IS OOT O' ITS FIELD.
JINGS! THE WHOLE HERD HAE ESCAPED. THIS IS A WORSE CRUSH THAN IN THE TOON.
AHA! THE SHEEPDOG. TAK' THEM BACK TAE THE FARM, BOY.
SILLY DUG - THAT'S THE ROAD TAE AUCHENSHOOGLE.
HELP MAH BOAB! THE BUSES AND TAXIS WILL MAKE MINCED MUTTON OOT O' THEM.
AT LEAST THEY'RE GETTIN' OFF THE STREET.
BUT THIS IS THE CO-OPERATIVE HALL - NO' YER FIELD.
HI, WULLIE.
BOB LOOKS LIKE ANE O' THE WISE MEN. WHAT'S GOING ON?
MICHTY! IT'S THE NATIVITY PLAY THAT'S GOING ON AND WE'RE IN THE MIDDLE O' IT.
DINNA WORRY - THEY'RE MY PETS.
THE FARMER'S SON IS A SHEPHERD. THEY'VE COME TAE SEE HIM.
WONDERFUL IDEA TO BRING LIVE SHEEP, WULLIE.
NO' IT WASNAE! IT DID ME OOT O' MY SUPPORTIN' ROLE.
HA! HA! ECK'LL GET OWER IT BY CHRISTMAS, THE WEE LAMB.

*Here they are, wi' a sook and a blaw —*

*And a tum-ti-tum, and a screech or twa!*

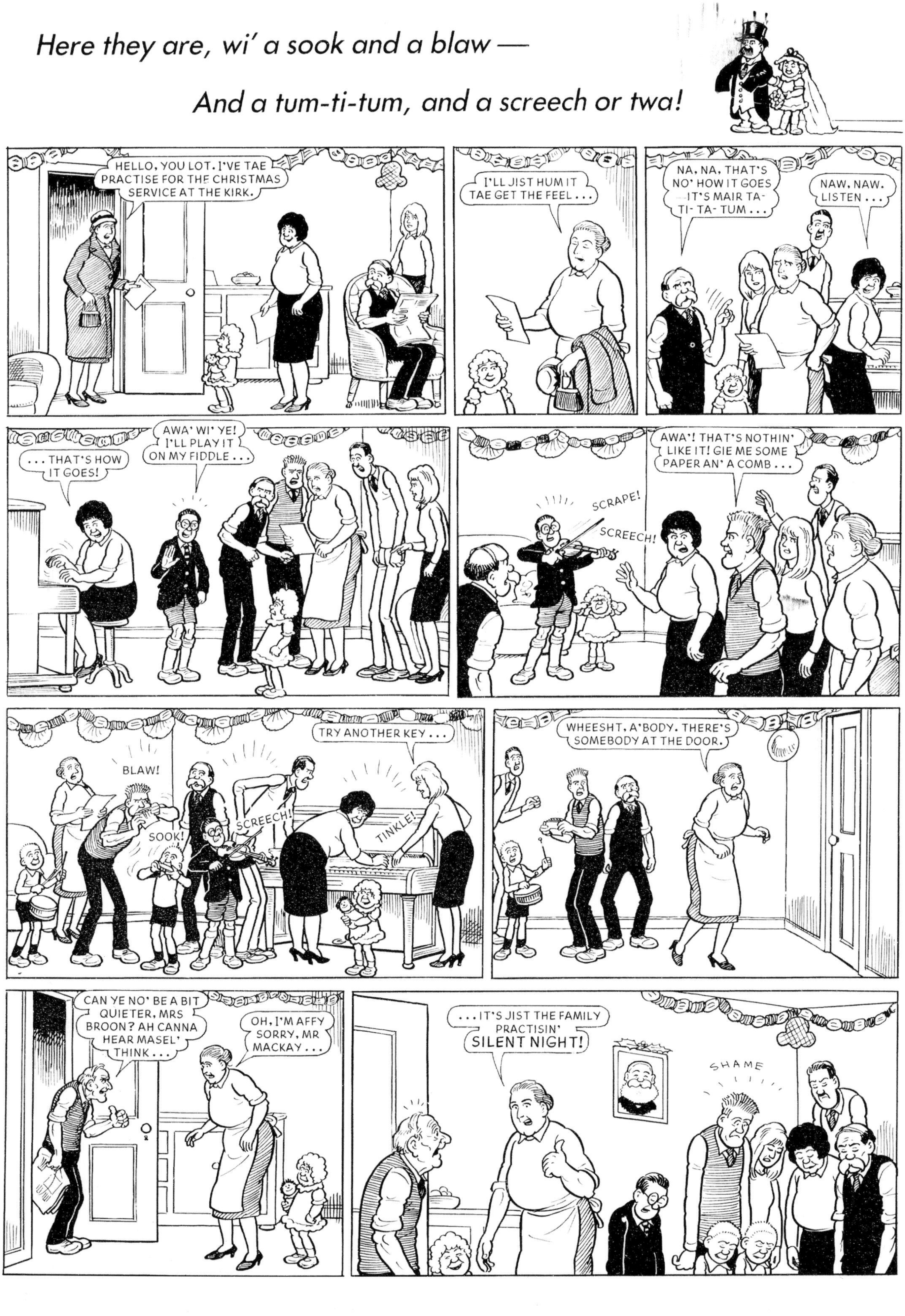

HELLO, YOU LOT. I'VE TAE PRACTISE FOR THE CHRISTMAS SERVICE AT THE KIRK.
I'LL JIST HUM IT TAE GET THE FEEL...
NA, NA, THAT'S NO' HOW IT GOES — IT'S MAIR TA-TI-TA-TUM...
NAW, NAW. LISTEN...
...THAT'S HOW IT GOES!
AWA' WI' YE! I'LL PLAY IT ON MY FIDDLE...
SCRAPE!
SCREECH!
AWA'! THAT'S NOTHIN' LIKE IT! GIE ME SOME PAPER AN' A COMB...
TRY ANOTHER KEY...
BLAW!
SOOK!
SCREECH!
TINKLE!
WHEESHT, A'BODY. THERE'S SOMEBODY AT THE DOOR.
CAN YE NO' BE A BIT QUIETER, MRS BROON? AH CANNA HEAR MASEL' THINK...
OH, I'M AFFY SORRY, MR MACKAY...
...IT'S JIST THE FAMILY PRACTISIN' SILENT NIGHT!
SHAME

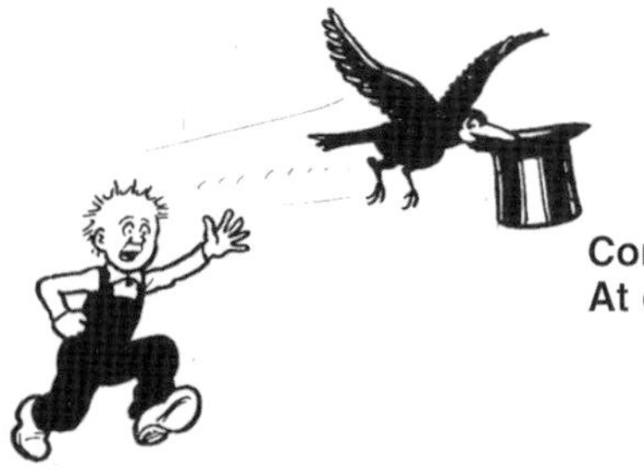

Come now and tak' a glance
At oor lad being led a dance

First a cat and then a craw
Wullie has nae luck at a'.

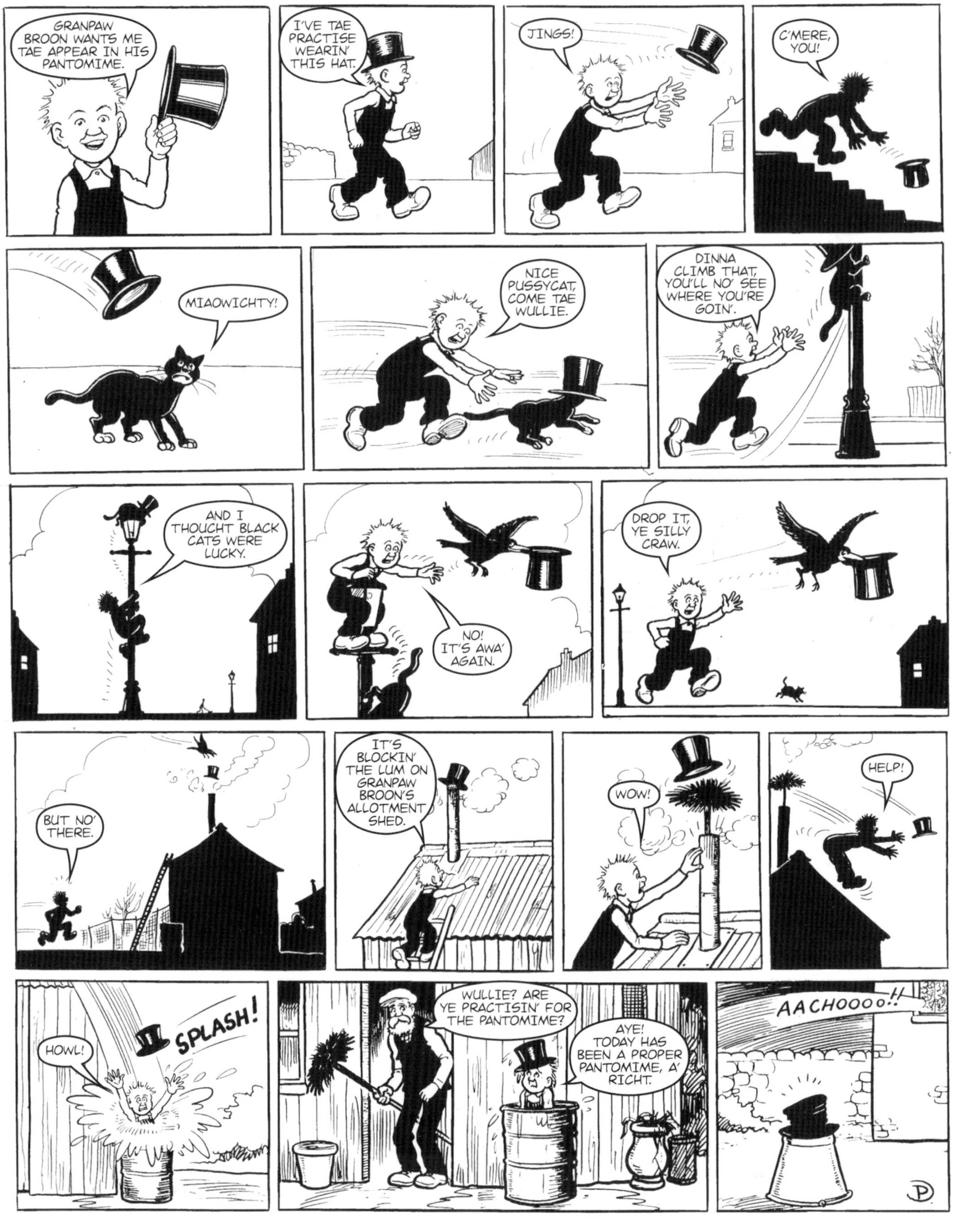

GRANPAW BROON WANTS ME TAE APPEAR IN HIS PANTOMIME.
I'VE TAE PRACTISE WEARIN' THIS HAT.
JINGS!
C'MERE, YOU!
MIAOWICHTY!
NICE PUSSYCAT, COME TAE WULLIE.
DINNA CLIMB THAT, YOU'LL NO' SEE WHERE YOU'RE GOIN'.
AND I THOUCHT BLACK CATS WERE LUCKY.
NO! IT'S AWA' AGAIN.
DROP IT, YE SILLY CRAW.
BUT NO' THERE.
IT'S BLOCKIN' THE LUM ON GRANPAW BROON'S ALLOTMENT SHED.
WOW!
HELP!
HOWL!
SPLASH!
WULLIE? ARE YE PRACTISIN' FOR THE PANTOMIME?
AYE! TODAY HAS BEEN A PROPER PANTOMIME, A' RICHT.
AACHOOOO!!

Maggie's trying tae get some heat
For her Granpaw's auld cauld feet

Now his name should be in lights
He's Prince Charming in a pair o' tights

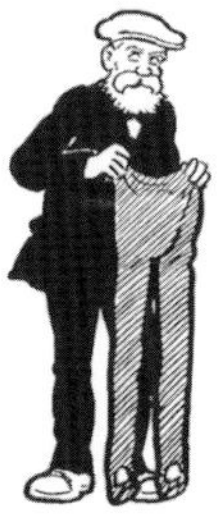

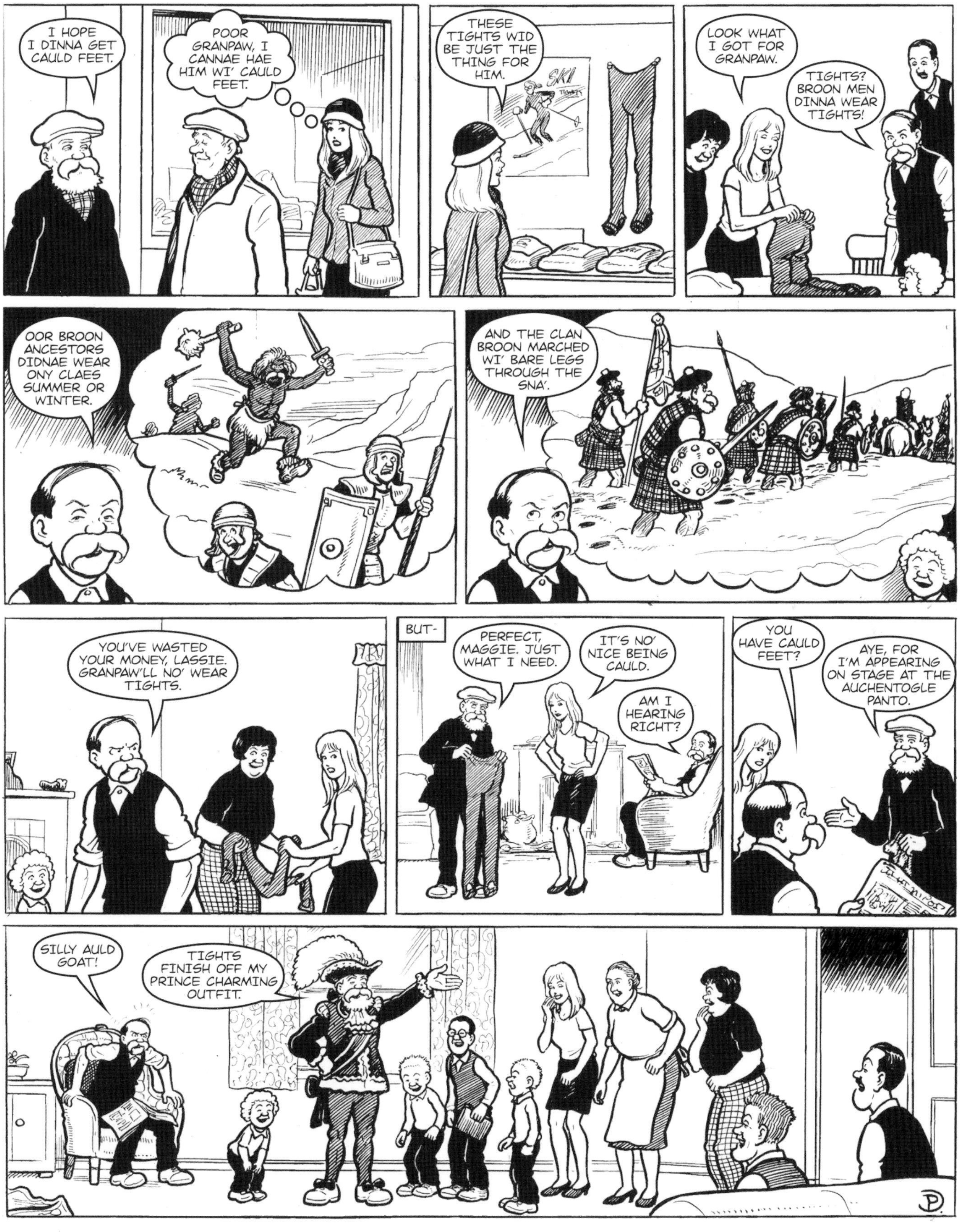

I HOPE I DINNA GET CAULD FEET.
POOR GRANPAW, I CANNAE HAE HIM WI' CAULD FEET.
THESE TIGHTS WID BE JUST THE THING FOR HIM.
SKI
LOOK WHAT I GOT FOR GRANPAW.
TIGHTS? BROON MEN DINNA WEAR TIGHTS!
OOR BROON ANCESTORS DIDNAE WEAR ONY CLAES SUMMER OR WINTER.
AND THE CLAN BROON MARCHED WI' BARE LEGS THROUGH THE SNA'.
YOU'VE WASTED YOUR MONEY, LASSIE. GRANPAW'LL NO' WEAR TIGHTS.
BUT-
PERFECT, MAGGIE. JUST WHAT I NEED.
IT'S NO' NICE BEING CAULD.
AM I HEARING RICHT?
YOU HAVE CAULD FEET?
AYE, FOR I'M APPEARING ON STAGE AT THE AUCHENTOGLE PANTO.
SILLY AULD GOAT!
TIGHTS FINISH OFF MY PRINCE CHARMING OUTFIT.

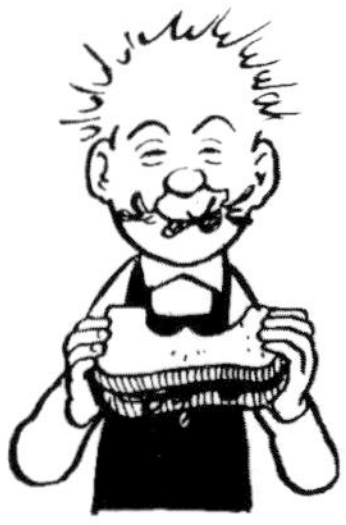

*Wullie's one-man-band —*

*is really something grand!*

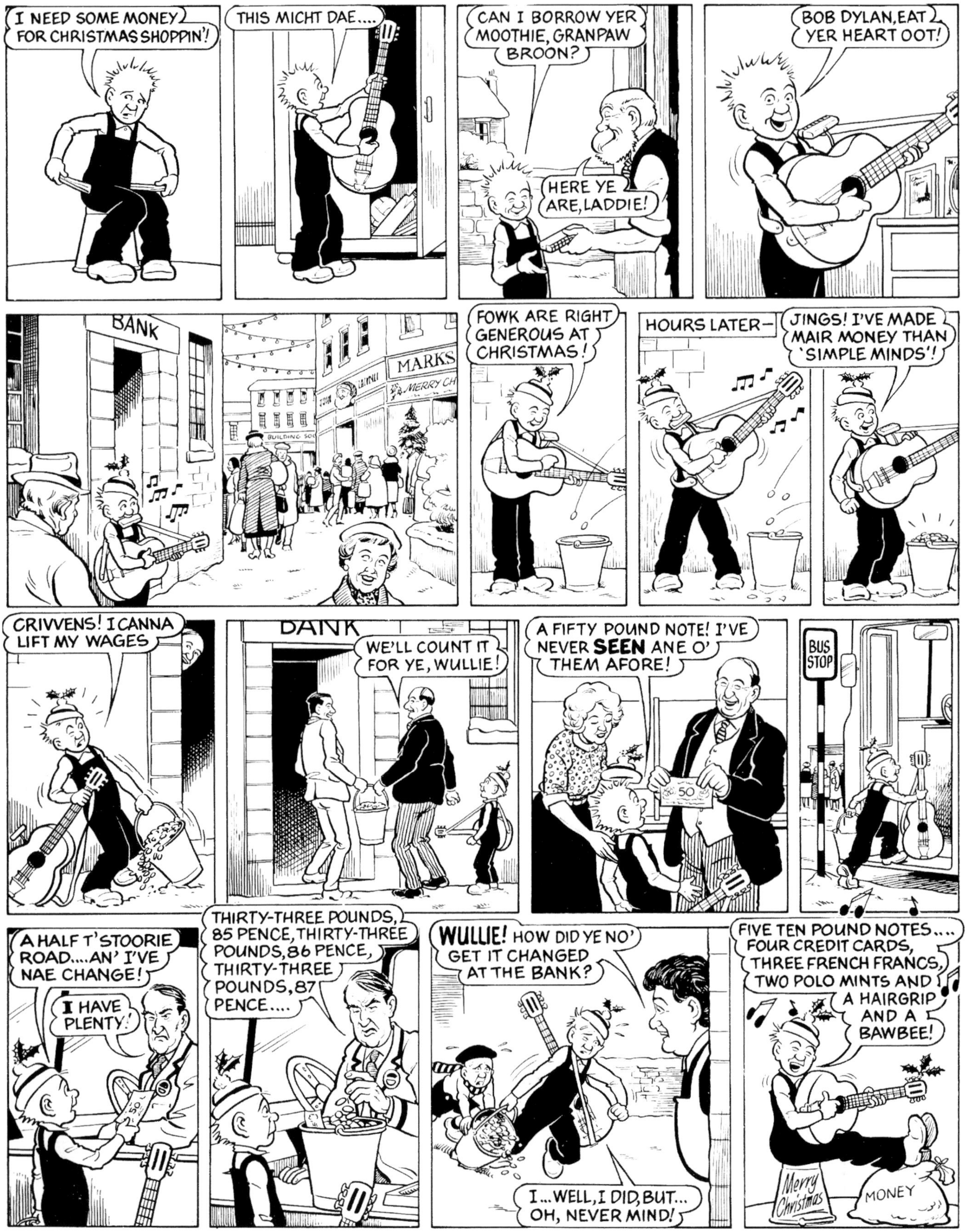

I NEED SOME MONEY FOR CHRISTMAS SHOPPIN'!
THIS MICHT DAE....
CAN I BORROW YER MOOTHIE, GRANPAW BROON?
HERE YE ARE, LADDIE!
BOB DYLAN, EAT YER HEART OOT!
BANK
MARKS
MERRY CH
FOWK ARE RIGHT GENEROUS AT CHRISTMAS!
HOURS LATER—
JINGS! I'VE MADE MAIR MONEY THAN 'SIMPLE MINDS'!
CRIVVENS! I CANNA LIFT MY WAGES
BANK
WE'LL COUNT IT FOR YE, WULLIE!
A FIFTY POUND NOTE! I'VE NEVER **SEEN** ANE O' THEM AFORE!
50
BUS STOP
A HALF T'STOORIE ROAD....AN' I'VE NAE CHANGE!
**I** HAVE PLENTY!
THIRTY-THREE POUNDS, 85 PENCE, THIRTY-THREE POUNDS, 86 PENCE, THIRTY-THREE POUNDS, 87 PENCE....
**WULLIE!** HOW DID YE NO' GET IT CHANGED AT THE BANK?
I...WELL, I DID, BUT... OH, NEVER MIND!
FIVE TEN POUND NOTES.... FOUR CREDIT CARDS, THREE FRENCH FRANCS, TWO POLO MINTS AND A HAIRGRIP AND A BAWBEE!
Merry Christmas
MONEY

*Their party music sounds sae grand . . .*

*. . . ye'd just think it was Jimmy Shand!*

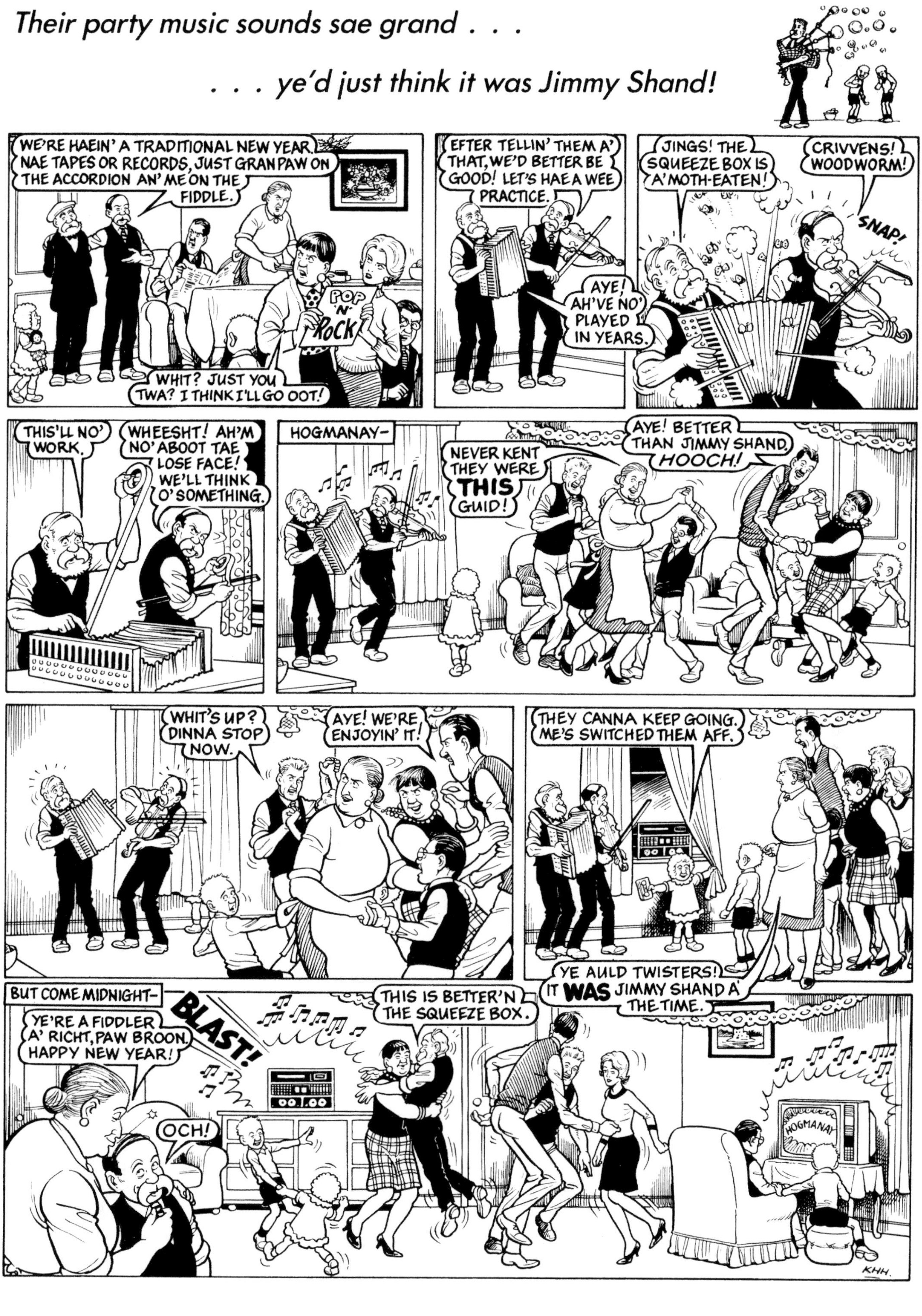
WE'RE HAEIN' A TRADITIONAL NEW YEAR. NAE TAPES OR RECORDS, JUST GRANPAW ON THE ACCORDION AN' ME ON THE FIDDLE.
POP 'N' ROCK
WHIT? JUST YOU TWA? I THINK I'LL GO OOT!
EFTER TELLIN' THEM A' THAT, WE'D BETTER BE GOOD! LET'S HAE A WEE PRACTICE.
AYE! AH'VE NO' PLAYED IN YEARS.
JINGS! THE SQUEEZE BOX IS A' MOTH-EATEN!
CRIVVENS! WOODWORM!
SNAP!
THIS'LL NO' WORK.
WHEESHT! AH'M NO' ABOOT TAE LOSE FACE! WE'LL THINK O' SOMETHING.
HOGMANAY—
NEVER KENT THEY WERE THIS GUID!
AYE! BETTER THAN JIMMY SHAND. HOOCH!
WHIT'S UP? DINNA STOP NOW.
AYE! WE'RE ENJOYIN' IT!
THEY CANNA KEEP GOING. ME'S SWITCHED THEM AFF.
YE AULD TWISTERS! IT WAS JIMMY SHAND A' THE TIME.
BUT COME MIDNIGHT—
YE'RE A FIDDLER A' RICHT, PAW BROON. HAPPY NEW YEAR!
BLAST!
OCH!
THIS IS BETTER'N THE SQUEEZE BOX.
HOGMANAY
KHH.

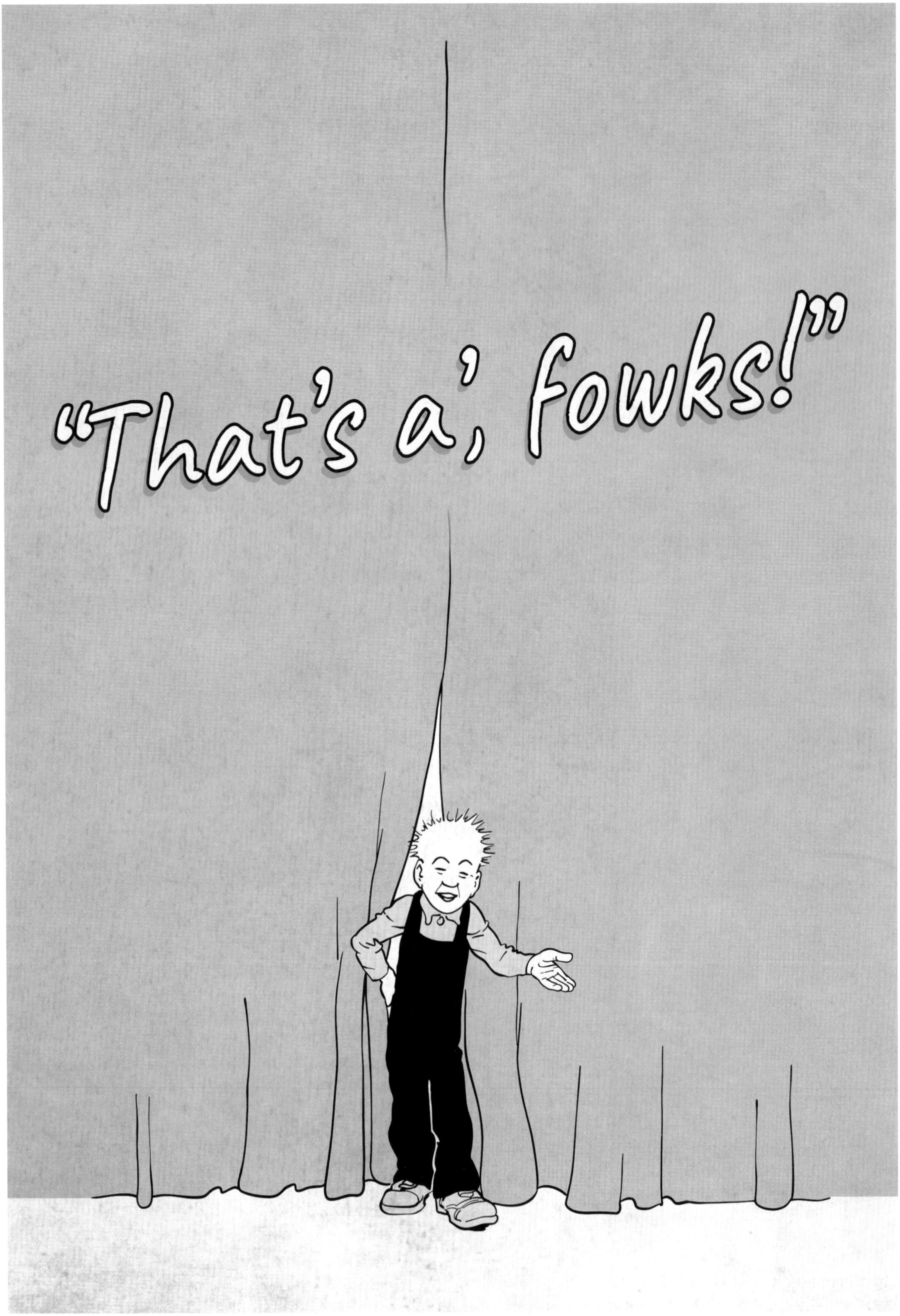
"That's a', fowks!"

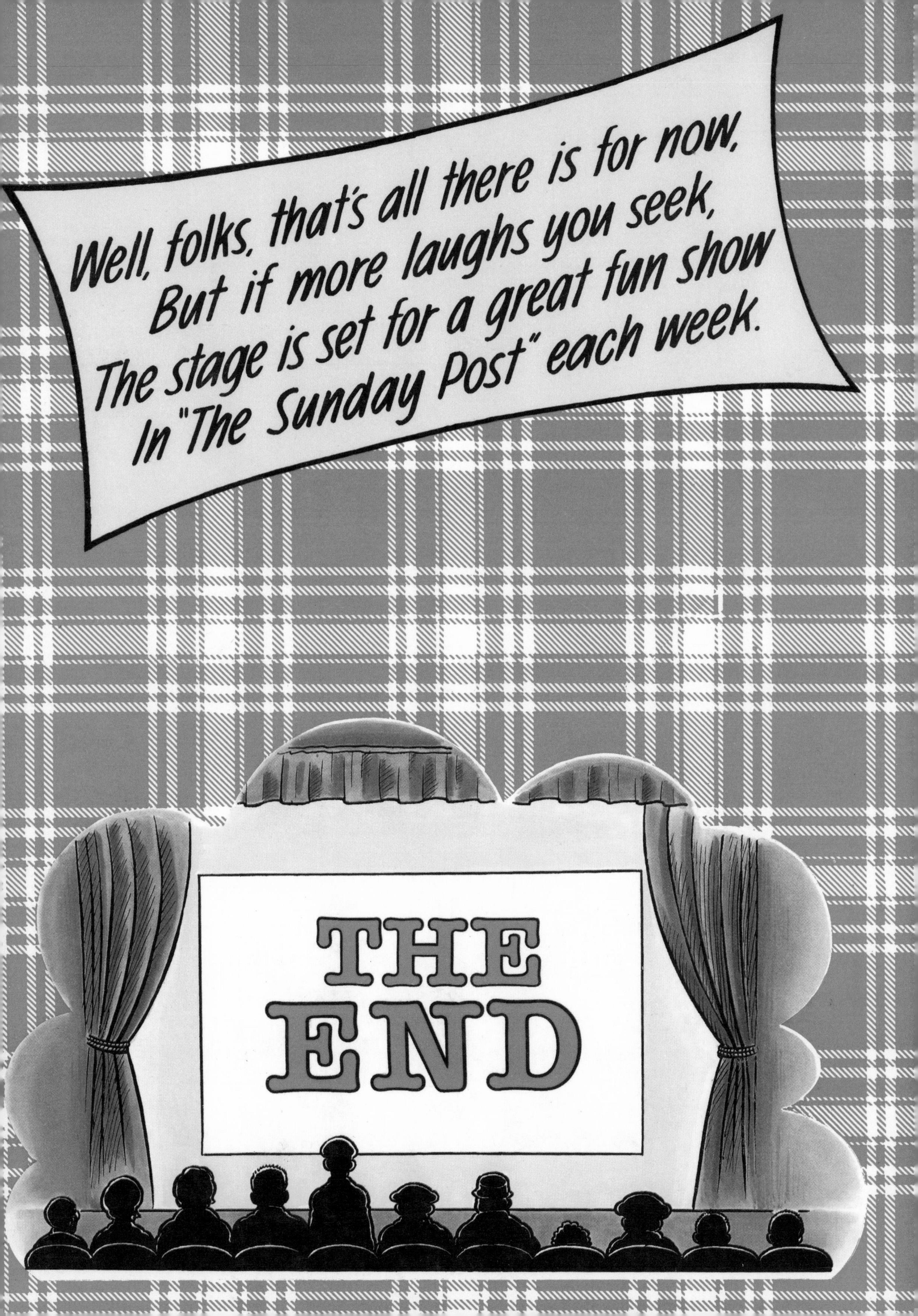

Well, folks, that's all there is for now,
But if more laughs you seek,
The stage is set for a great fun show
In "The Sunday Post" each week.
THE END

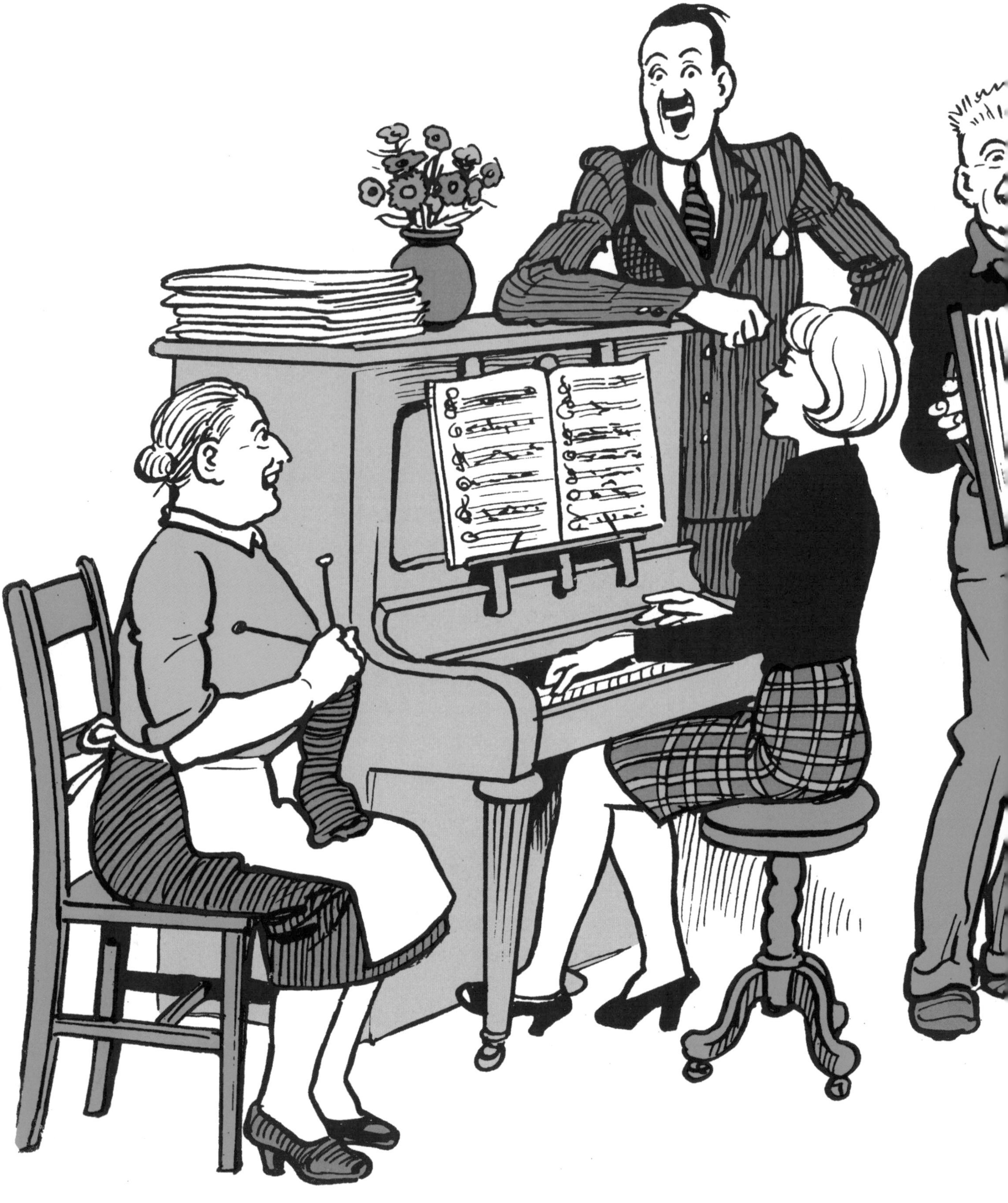